Die Zukunft gehört den Mutigen.

Für Amalka

WOLFGANG WODARG

FALSCHE PANDEMIEN

ARGUMENTE
GEGEN DIE HERRSCHAFT
DER ANGST

RUB|KON

Die Deutsche Nationalbibliothek verzeichnet diese Publikation in der Deutschen Nationalbibliografie; detaillierte bibliografische Daten sind im Internet über dnb.d-nb.de abrufbar.

ISBN 978-3-96789-018-1

5. Auflage 2021 © Rubikon-Betriebsgesellschaft mbH, München 2021

Lektorat: Annette van Gessel, Korrektorat: Susanne George

Konzept und Gestaltung: Buchgut, Berlin

Druck und Bindung: Friedrich Pustet GmbH & Co. KG, Regensburg

Printed in Germany

»SAY NO TO THE DEVIL, SAY NO!«

Svatopluk Karásek [1]

VORWORT

Als Medizinstudent habe ich gleich in den ersten Monaten etwas gelernt, was mein Leben für immer verändern sollte. Es war wie eine Erleuchtung. Dabei handelte es sich nur um eine kleine Zeichnung, das Bild eines Regelkreises.

Sie stand im Lehrbuch der Physiologie und als ich sie mir näher ansah, um das Dargestellte zu verstehen, fühlte ich, dass ich etwas Grundsätzliches entdeckt hatte. Früher in der Schule war auch schon davon die Rede, aber da war es mir nicht besonders aufgefallen. Doch jetzt ahnte ich plötzlich, wie Leben funktioniert.

Ich hatte die Bedeutung meiner Entdeckung zuerst nur gespürt und lange nicht verstanden. Dann, innerhalb kürzester Zeit, fand ich diesen kreisenden Selbstbezug, dieses auf Störungen reagierende und sich stabilisierende Selbst, wo ich auch hinschaute. Bei der Blutzuckerregulation, beim Blutdruck, bei der hormonellen Steuerung unserer Organfunktionen, bei der Wiederherstellung einer gesunden Darmflora, bei Reaktionen unseres Immunsystems auf störende Einflüsse durch Pollen oder Viren und selbst im sozialen Miteinander sah ich diese durch Rückkopplung und ein dynamisches Gleichgewicht gekennzeichneten Systeme. Das war eine faszinierende Offenbarung.

Die Welt und ihre Teile kreisten im Mikrokosmos wie im Makrokosmos, in allen Organen und Zellen, auf jeder Wiese, in Familien, Staaten und in meinem Kopf. Überall, wo Leben war, erkannte ich zahllose gekoppelte, sich gegenseitig beeinflussende und auf die größere Umwelt reagierende Netze, deren Maschen nach dem entdeckten Schema aus dem Physiologie-Lehrbuch funktionierten.

Die Vorstellung von unendlich vielen, voneinander abhängigen, verwobenen Regelkreisen, von einer in dauernder Bewegung pulsierenden Biosphäre und von meinem eigenen Körper, der als Biotop für Kleineres mitkreist und kreisen lässt, das war überwältigend. Während des Studiums sehnte ich mich aber eher nach Übersichtlichkeit und klaren Sachverhalten. Jedenfalls bis zum Staatsexamen. Ich entschied mich also, mich darum erst mal nicht mehr zu kümmern und Gitarre zu lernen.

Das kleine Bild des Regelkreises hat sich mir jedoch eingeprägt. Es ging mir nie mehr aus dem Kopf, denn es ist eine Art Werkzeug, mit dem man Prozesse leichter verstehen kann. Wer an oder in einem bestehenden System irgendetwas ändert oder stört, der ändert immer auch das Ganze. Alles wirkt auf alles zurück. Was ich tue, was man mit mir tut, was ich unterlasse, was ich auswähle und was ich überhöre, alles ändert mein Leben, laufend.

Ständig in diesem Bewusstsein zu leben wäre aber sehr anstrengend. Wir sind gezwungen, uns dauernd zu entscheiden. Und je länger man im Katalog der Möglichkeiten blättert, je mehr man dabei entdeckt, umso schwerer fällt die Auswahl. Müsste man dabei auch noch an alle Zusammenhänge und Konsequenzen denken, würde das Leben zu kompliziert. Weil niemand immer alles gründlich abwägen kann und wir uns trotzdem ständig entscheiden müssen, erschaffen wir für uns selbst und mit anderen Regeln, damit wir die tagtäglichen Aufgaben fast automatisch erledigen können. Dadurch gewinnt man mehr Freiheit für das Wesentliche und für Neues. In unserem Staat dient allen das unveränderliche Grundgesetz zur Orientierung. Genau wie die Gesetze, die davon abgeleitet sind oder ihm zumindest nicht widersprechen dürfen. Nach ihnen muss alles gesellschaftliche Leben ablaufen. So wie beim Fußball nach dessen Regeln.

Wer uns also schwächen und Macht über uns gewinnen will, der kann uns dadurch lähmen, dass er unseren Alltag möglichst tief und lange durcheinanderbringt und unsere abgestimmten Regeln außer Kraft setzt oder immer wieder schnell ändert.

Und jetzt denken Sie bitte nicht an Corona! Doch das ist aktuell kaum noch möglich. Etwas, in diesem Fall eine Virusart, die mit ihren wechselnden Mutanten schon immer unbeachtet vorhanden war, steht plötzlich im Fokus der Aufmerksamkeit und wird zum Maßstab unseres Alltags gemacht. Ununterbrochen reden alle von morgens bis abends über etwas, das man noch nicht einmal sehen oder fühlen kann. Sie brauchen einen negativen Test! Lassen Sie sich impfen! Wogegen? Leugnen Sie es etwa? Dieses ES bestimmt jetzt unser ganzes Leben. ES dient jetzt als Begründung für fast alles. Tun Sie dies nicht! Sagen Sie das nicht! Nur mit Maske! Abstand!

Plötzlich müssen sich Fußballmannschaften auf SARS-CoV-2 testen lassen. Den Cup gewinnt, wer nicht ins Quarantäne-Abseits muss. Das Spiel heißt Testen statt Fußball. Gespielt wird mit allen Tricks. So kann man mit der allgemeinen Angst vor Viren sogar die Bundesliga über den Haufen werfen. Mit unserem geregelten und eingespielten Alltag ist Ähnliches geschehen.

Es sieht so aus, als sei ein ganz komisches Programm unterwegs, das unsere dauernde Aufmerksamkeit auf sich zieht. Komisch auch, wo man sich nur hinwendet, haben sich schon alle darauf eingestellt.

Das geht wie von selbst. Und wenn es nicht von selbst geht, mit der Maske und dem solidarischen Abstand, dann wird man schnell von den anderen an ES erinnert. An was? Wo ist es eigentlich? Alle erzählen jetzt von etwas, wovon jetzt alle etwas erzählen. Etwas, das andere Gedanken völlig fortwischt. Einige kennen jemanden, der jemanden getroffen hat, der ES mit eigenen Augen gesehen haben soll. Was hat der gesehen? Na das, wovon alle immer reden! Wie sah das genau aus? Na ja, schlimm natürlich! Hat man so etwas früher nicht gesehen? Ja schon, aber doch nicht davon!

Es ist wie ein weltvergessenes enges Kreisen um eine tote Fledermaus. Nein, noch nicht einmal um eine Fledermaus. Um die kleine Lunge der Fledermaus. Nein, es ist viel kleiner, und ob es überhaupt das ist, wissen wir nicht genau. Da müssen wir noch mal schauen …

Aber Sie müssen unbedingt diesen Test machen! Und wenn dieser Test bei Ihnen etwas findet, etwas anzeigt, etwas, was Sie haben, ohne es zu merken, oder wenn er bei Husten, Schnupfen, Heiserkeit etwas anzeigt, von dem wir dann alle annehmen, dass es ES ist ...

DENKEN SIE BITTE IMMER UND BEI ALLEM AN CORONA!

Weltweit programmiert man uns mit Corona-Dauermassage nun schon seit über einem Jahr, dass wir ausschließlich auf Fallzahlen und R-Werte schauen. Diese beruhen auf den Ergebnissen eines in Silico[2] entworfenen, ungeeigneten Tests und mit großen finanziellen Anreizen[3] geförderten Codierungen einer einzigen Diagnose oder auch nur deren Verdachts. Testergebnisse sind das neue Politbarometer und alles hängt von ihnen und von intransparenten Fallzahlen und Inzidenzwerten ab. ES blendet alles Weitere aus und lenkt von dem großen Elefanten ab, der schon längst im Raum steht.

Die offiziellen, durch alle Kanäle gedröhnten Corona-Geschichten sind so einfallslos verbissen, dass immer mehr Menschen die alltägliche Propaganda hinterfragen.

Überall spürt man wachsenden Zorn über unsinnige Maßnahmen, über Widersprüchlichkeiten, Einschränkungen, Grausamkeiten und über die rasant zunehmenden sozialen Ungerechtigkeiten. Inzwischen hat sich viel Kraft und viel Wissen hinter diesem wachsenden Widerstand versammelt, und wer genau hinschaut und zwischen den Zeilen liest, der spürt das feine Zittern der Exekutive, die wachsende Unsicherheit und die hilflose Flucht in Versuche, jede gesellschaftliche Kommunikation immer drastischer zu unterdrücken. Das Handeln der Regierungen wirkt jetzt deutlich wie ein »Augen zu und durch«. Doch wir haben die Augen sehr weit offen und sehen, dass die Pläne der Mächtigen so schlecht sind, dass sie offenbar Angst haben, wir könnten darüber reden.

Weshalb fallen wir auf Menschen herein, die längst zu wissen glauben, was kommt, und ganz offen ihre Horrormärchen erzählen? Sie berichten uns stolz, welche cleveren Geschäfte sie vorbereitet haben und dass wir, auch wenn es uns schwerfällt, ihnen einfach nur folgen müssen. Wie selbstverständlich muten sie sich uns zu und meinen siegesirre grinsend:

>Die unglückliche Realität ist, dass Covid-19 vielleicht nicht die letzte Pandemie ist.«
Oder: »... die Vorbereitung auf eine Pandemie muss genauso ernst genommen werden wie die Bedrohung durch einen Krieg.«
Und: »Um die nächste Pandemie zu stoppen, müssen zig Milliarden Dollar pro Jahr ausgeben werden.«
Und: »Niemand, der die Pandemie I erlebt, wird sie jemals vergessen. Und es ist unmöglich, den Schmerz, den die Menschen jetzt empfinden und noch jahrelang empfinden werden, überzubewerten.«[4]

Wir sehen ihre Mitläufer täglich, wie sie uns freundlich lächelnd Angst machen, uns angespannt und in ständiger Unsicherheit zu halten versuchen. Die in Schlüsselpositionen von Politik, Medien und Wissenschaft geschleusten Young Global Leaders und all jene, die sich von dieser illegitimen Macht verführen lassen.

»We are coming out«, sagte Klaus Schwab in seiner Rede[5] beim Beijing Forum Anfang Dezember 2020. Der Gründer des Weltwirtschaftsforums (WEF), des Davoser Salons der Milliardäre, kündigte bereits im Sommer mit seinem neuesten Buch einen Great Reset oder – auf Schwäbisch – einen »Umschwung« an. Dabei sieht er in COVID-19 ein »Window of Opportunity«, das die Möglichkeit einer neuen Weltordnung eröffne.[6] Damit wiederholt er weitgehend, was der langjährige Finanzberater und Drahtzieher französischer Regierungen Jacques Attali bereits im Mai 2009 anlässlich der Schweinegrippe äußerte. Attali meinte, dass sich die Menschheit nur dann signifikant weiterentwickle, wenn sie wirklich Angst habe. Er regte an: »Une petite pandémie permettra d'instaurer un gouvernement mondial!«[7]

Viele Finanzexperten schildern seit Jahren sehr eindrucksvoll, wie hoffnungslos inzwischen die Situation für das Bankensystem und die verschuldeten Staaten in der riesigen Spekulationsblase beziehungsweise der gewaltigen Schuldenkrise geworden ist.[8] Alle sagen: »So geht es nicht weiter.« Damit rechtfertigen vermutlich viele beteiligte Politiker auch insgeheim ihre antidemokratische Komplizenschaft.

Doch was wir jetzt erleben, das ist kein »Umschwung«. Es ist eine offen angekündigte Machtübernahme, eine lehrbuchmäßige Schock-Strategie nach dem Muster von Milton Friedman.[9] Er hat vorgemacht, wie Notsituationen geschaffen und genutzt werden können, um ohne Widerstand der von Angst gelähmten Bevölkerung die Macht zu übernehmen oder eine radikale Privatisierung öffentlicher Güter einzuleiten.[10]

Chinas soziales Belohnungs- und Bestrafungssystem scheint dabei kopiert, perfektioniert und globalisiert zu werden. Nur dass der Westen wohl erst einmal aus dem Silicon Valley, der Wall Street und der City of London kontrolliert wird und nicht aus Peking. Bisher scheint unter der vorbildlichen Führung Deutschlands der »Umschwung« nach Plan abzulaufen.

Da stört also jemand gerade gewaltig die ganze Welt und kündigt uns – ohne zu fragen – einen Great Reset an. Doch glücklicherweise ist so ein Coup nicht berechenbar. Aus dem Great Reset könnte bald ein Great Regret werden oder vielleicht doch ein Reset, aber ein anderer, als ihn sich seine Macher erträumt haben. Das Leben ist eben nicht trivial und berechenbar und jede Einwirkung – berechnet oder nicht – erzielt nicht nur die gewünschte Reaktion, sondern wirkt sich auf alles aus. Und da wir eben keine Roboter oder Cyborgs sind, ist Fernsteuerung nicht drin.

Die Menschen sind zurzeit durch Angst und einen irrationalen, widersprüchlichen Alltag wie gelähmt. Wenn sich der künstliche

Nebel lichtet und die Machenschaften, die Korruption und Pläne hinter den Kulissen sichtbar werden, wird sich bald herausstellen, dass Menschen anders leben wollen, als die Schock-Strategen wünschen.

Das anonyme Gespenst einer globalen Supermacht, ständige Überwachung und Verhaltenskontrollen durch Freiheits- und Eigentumsentzug oder regelmäßige Zwangsuntersuchungen und -impfungen mit gentechnischen Eingriffen, das passt nicht zu unseren verfassungsmäßigen Sollwerten und nicht zu einer schönen und interessanten Welt voller Liebe, Neugier und Abenteuer.

Transhumanismus wird zum Ladenhüter, den Mars lassen wir in Ruhe, Soylent Green[11] essen wir nicht und wir lassen uns auch nicht gentechnisch verändern. Wir achten einander als »all different – all equal«, alle verschieden – alle gleich, schützen unsere Natur und lassen die Pandemisten zur Hölle fahren.

Man muss nicht Medizin studieren oder studiert haben, um zu wissen, dass Angst krank macht. Sie lähmt uns und nimmt uns, wenn wir sie lassen, die Kraft, den Verstand und die Freude an der Gemeinschaft.

Daher war es mir gleich am Anfang der angekündigten Pandemie ein Bedürfnis, Menschen angstfrei zum Nachdenken zu bringen. Ich sah widersprüchliche Daten und mir schwante recht früh, wer die Täter waren. Auch erkannte ich Strategien und Texte wieder, die mir von früheren Aktionen einiger Virologen und deren Sponsoren bei den Pandemie-Übungen der letzten dreißig Jahre sehr vertraut waren.

Obwohl viele Informationen gesundheitliche Entwarnung gaben, sehe ich, dass einige sich immer noch vor einer Krankheit fürchten, andere aber nur vor hohen Bußgeldern und sozialen Folgen. Der Druck von Politik, Behörden und Vorgesetzten ist groß und wer zu Anordnungen und Mainstream-Narrativen eine kritische Haltung zeigt, dessen Furcht vor Ausgrenzung und Jobverlust besteht zu Recht.

Es gibt also vielfältige Gründe, an das Corona-Narrativ zu glauben und die angeordneten Maßnahmen zu befolgen. Ich habe allerdings wenig Hoffnung, jene zu überzeugen, die dem Narrativ folgen, weil sie aus der Krise ihre Vorteile ziehen. Es sei denn, es gelingt, sie nachdenklich zu machen, sodass sie in der Tiefe ihrer Seele spüren, was es langfristig bedeutet, wenn man mit dem Teufel gemeinsame Sache macht.

Ich war Amtsarzt und bin kein »Impfgegner«. Aber gerade deshalb wurde ich zum scharfen Kritiker eines betrügerischen Missbrauchs von Impfungen durch skrupellose Pharmafirmen und ihre Investoren. Gegen die jedes Jahr in neuer Verkleidung wiederkehrenden Atemwegsviren brauchen wir überhaupt keine Impfungen. Keine Influenza-Impfung und erst recht keine Corona-Impfung. Diese Impfungen sind sogar für viele Menschen gefährlich. Wer Impfungen mit hohem Risiko und fraglichem Nutzen anpreist, will damit vor allem Geld verdienen oder verfolgt Zwecke, die mit unserer Gesundheit nichts zu tun haben können.

Mit einer Reihe weiterer Fehlentwicklungen und Verlockungen werden Ärzte und andere Akteure unseres Gesundheitssystems dazu gebracht, manchmal zu viel, manchmal zu wenig und oft auch das Falsche zu tun. Deshalb werde ich nicht nur über meine Erfahrungen mit Seuchen, Viren, Diagnostik und Prävention, sondern auch etwas über unser Gesundheitssystem, seine Tücken und Chancen berichten.

Mein Vater hatte mich vor der Politik stets gewarnt, er meinte, Politik sei ein »dreckiges Geschäft«, und deshalb wollte er mich davon fernhalten. Das hat nicht geklappt, denn nachdem ich mich einige Jahre im Krankenhaus und dann im öffentlichen Gesundheitsdienst als Opfer schlechter Politik geärgert hatte, bekam ich plötzlich und unvermittelt die Chance, es selbst besser zu machen. Das erschien vielen als ein Absturz vom angesehenen Stadtarzt zum Politiker.

Ich fand es sehr spannend zu lernen, wie sich einige Interessen in der Politik durchsetzen und wie andere kläglich und täglich unterdrückt werden. Ich musste schmerzhaft erkennen, dass es in der Politik selten wirklich um die Sache, aber immer um die Macht geht.

Ständig erlebte ich Versuche, bei denen mit Krankheit Angst erzeugt wurde. Vielfach wurde die Politik über die Medien unter Druck gesetzt, etwas zu tun. Und immer wieder waren es Pharmafirmen, die auf diese Weise ihren Vorteil suchten. Auf Beispiele werde ich näher eingehen.

Nach der Politik wechselte ich in die ehrenamtliche Antikorruptionsarbeit, wo ich mich vor allem um die Korruption im Gesundheitswesen, in der Wissenschaft und um institutionelle Korruption gekümmert habe. Das alles half mir, die Geschehnisse des letzten Jahres anders zu sehen, als uns die alten Mainstream-Medien präsentiert haben.

Mit diesem Buch möchte ich die Angst vor einem unsichtbaren ES durch Informationen auflösen, die Herdenimmunität gegen falsche Pandemien stärken und dazu beitragen, dass die Herrschaft der Angst keine Chance hat.

Wenn es gelingt, Zusammenhänge zu verstehen und die Hintergründe der Angstblase zu durchschauen, dann geht dieser die Luft aus und es entsteht mehr Platz für Vernunft und Liebe als Motor für Engagement und Änderungen.

1 Mein Freund Svatopluk Karásek war ein tschechischer evangelischer Pastor, Sänger und Politiker. Das zitierte Lied war sein Hit. Er starb am 20. Dezember 2020.

2 »In silico« bedeutet, im Computer mit seiner halbleiterbasierten Hardware und der darin programmierten Software zustande gekommen.

3 15 Euro für einen Rachentupfer. Im Durchschnitt behandelt ein Hausarzt täglich 52 Patienten, ein Facharzt 38. Wer also nicht ohne Test ins Wartezimmer darf, der weiß jetzt, was seinen Arzt von Corona überzeugt hat. Das sind wohl über 10.000 Euro im Monat zusätzliches Honorar pro Praxis. Selbst wenn er dafür eine neue Hilfskraft anstellt, hat sich das für den Doktor gelohnt.

4 »The unfortunate reality is that COVID-19 might not be the last pandemic.« / »... pandemic preparedness must be taken as seriously as we take the threat of war.« / »Stopping the next pandemic will require spending tens of billions of dollars per year ...« / »No one who lives through Pandemic I will ever forget it. And it is impossible to overstate the pain that people are feeling now and will continue to feel for years to come.«

https://www.gatesnotes.com/2021-Annual-Letter

https://www.gatesnotes.com/Health/Pandemic-Innovation

5 »Wir kommen raus.« https://www.facebook.com/XinhuaNewsAgency/videos/383128166255050

6 https://twitter.com/125OHD/status/1341004614800465924

7 Eine kleine Pandemie würde es erlauben, eine Weltregierung zu installieren.

https://solidariteetprogres.fr/actualites-001/attali-une-petite-pandemie.html

8 z. B. Ernst Wolff, »Unser Geld bekommt ein Verfallsdatum«:

https://www.youtube.com/watch?v=_DKQTDFCH8Q,

oder: die ehemalige republikanische Staatssekretärin Catherine Austin-Fitts:

https://www.youtube.com/watch?v=6zzy7pKs8Ck

9 https://de.wikipedia.org/wiki/Chicago_Boys

10 Naomi Klein, *Die Schock-Strategie*, S. Fischer Verlag, Frankfurt a. M. 2007

11 https://de.wikipedia.org/wiki/%E2%80%A6_Jahr_2022_%E2%80%A6_die_%C3%BCberleben_wollen

① EINFÜHRUNG

BEGEGNUNGEN MIT DEM DOGMA

Am 10. März 2020, ein Tag bevor die WHO eine Pandemie ausrief, war ich ins Berliner *ZDF*-Studio eingeladen worden. Ich sollte mich für die Sendung *Frontal-21* kritisch zur angekündigten Bedrohung durch eine aus China kommende Coronavirus-Infektion äußern. Die Seuche hatte – angeblich ausgehend von Wuhan – bereits Europa erreicht und wurde in allen Medien immer mehr zum Thema Nr. 1. Von den Betrügereien um die Schweinegrippe sensibilisiert, hatte ich mir die chinesischen Statistiken genauer angesehen und sofort bemerkt, dass da etwas faul war. Ich wollte im Interview darauf aufmerksam machen.

Nach vergeblichen Versuchen bei mir bekannten Journalisten großer Tageszeitungen hatte am 29. Februar 2020 endlich meine alte »Heimatzeitung«, das *Flensburger Tageblatt*, einen Artikel mit dem Titel »Panikmacher isolieren«[1], den ich Anfang Februar verfasst hatte, als Gastkommentar im hinteren Teil veröffentlicht. Das sehr neue zögerliche Interesse der mir vertrauten Redaktionen hatte mich schon stutzig gemacht.

Ende Februar 2020 galten in Deutschland 27 Menschen als infiziert, von denen 15 damals schon wieder »geheilt« sein sollten. Anfang März waren noch einige Handvoll Fälle hinzugekommen. Die Leipziger Buchmesse und weitere Großveranstaltungen waren bereits vorsichtshalber abgesagt worden.

Bei meinem Auftritt im *ZDF* versuchte ich, der erkennbaren Panikmache entgegenzuwirken, und konnte einige gute Beispiele und Argumente vortragen, da ich schon im Januar mit meinen Recherchen begonnen hatte. Nach der Sendung wurde noch ein Life-Chat[2] für den *Facebook*-Kanal des *ZDF* aufgezeichnet, der wie eine Art Sprechstunde ablief und der ein sehr positives Echo hatte.

Alles war gut gelaufen, aber als ich das Studio verließ, spürte ich in den Redaktionsbüros eine seltsame Stimmung. Ich nahm das nicht so ernst und machte mich, zufrieden mit den Hörergesprächen, auf den Heimweg. Am Torweg zum Hinterausgang stand ein Mann, der sich gerade eine Zigarette anzündete. Ich erkannte Hubertus Heil, mit dem ich im Gesundheitsausschuss des Bundestages vor Jahren zusammengearbeitet hatte. Mit einer scherzhaften Bemerkung über die gesundheitlichen Auswirkungen des Rauchens begrüßte ich also den Bundesminister für Arbeit und Soziales und seine mir unbekannte Begleitung. Als er mich fragte: »Was machst du denn hier?«, nutzte ich die Gelegenheit zur Bitte, er möge mir doch helfen, diese unnötige Panik schnell zu beenden. Daraufhin zog er noch einmal an der Zigarette, lächelte schweigend und wünschte mir ohne weiteren Kommentar alles Gute.

Kurz darauf rief mich ein mir bekannter Journalist, erkennbar bewegt, an, ich sollte mir unbedingt einen Anwalt nehmen. Als Begründung führte er an, es sehe so aus, als wolle man meinen guten Ruf zerstören, und es sei etwas ganz Schlimmes im Gange. Der Journalist hatte recht: Bereits am 18. März 2020 trat mein ehemaliger Fraktionskollege Karl Lauterbach mit einem diffamierenden Beitrag eine Hetzkampagne gegen mich los. Inzwischen haben sich überall die Maßstäbe verändert. Viele Menschen wurden erfolgreich in Angst versetzt und verstummten. Viele wurden diffamiert, verleumdet und beruflich oder privat aus der Bahn geworfen und viele sind dadurch krank geworden, die meisten offenbar ohne die ursächliche Einwirkung von Viren.

Da war es also, das neue Narrativ. Das Neue und Schockierende für mich war eigentlich nur sein Dogmen-Charakter. Die Bundeskanzlerin hatte seit Mitte März 2020 von allen Menschen gefordert,

»Solidarität« zu zeigen. Wer das Wuhan-Narrativ anzweifelte, der galt fortan als unsolidarisch, als Gefährder der Volksgesundheit. Was war da los? Weshalb schwiegen dazu all die klugen Menschen, die sich sonst um unsere Gesundheit kümmern?

DIE SUCHE NACH DER GUTEN MEDIZIN

Fehlentscheidungen und Irrtümer sind so alt wie die Medizin selbst. Sie kosten täglich Menschen das Leben, und das ist nicht hinnehmbar. Gute Ärzte sind sich möglicher Fehler und Irrtümer bewusst. Damit Medizin den Kranken immer mehr nützt und immer weniger schadet, sollten Forschungsergebnisse vollständig veröffentlicht und Befunde und Erfahrungen von möglichst vielen klugen und kritischen Köpfen bewertet werden.

Eine richtige und wichtige Bewegung in genau diese Richtung ist die Evidenzbasierte Medizin (EbM[3]). Die Experten des deutschsprachigen Kompetenz- und Referenzzentrums fordern, dass nach bestimmten Regeln in der guten medizinischen Praxis untersucht und geforscht werden soll. Wissenschaft kennt keinen Stillstand. Tausende von Wissenschaftlern zweifeln laufend das an, was Tausende vor ihnen zuvor an »Wahrheiten« gefunden haben. Der Austausch erfolgt transparent, wird vollständig veröffentlicht und Kritik ist erwünscht. All das geschieht, um die Medizin im Sinne der Patienten zu verbessern und Fehler, wo immer möglich, zu vermeiden. Wie in anderen Wissenschaften gilt auch in der Medizin: Medizinisches Wissen, das Ärzte ihren Entscheidungen zugrunde legen sollten, wird laufend nachgebessert.

Doch Evidenz ist gerade in der Medizin das Ergebnis eines Einigungsprozesses. Was dabei herauskommt, hängt sehr stark davon ab, wer an der Debatte beziehungsweise an der Einigung beteiligt war. Für jeden und jedes Mal ergibt sich eine andere Wirklichkeit, denn jeder sieht die Welt nur aus der eigenen Perspektive. Jeder hat seine Realität – auch Wissenschaftler. Objektivität sei die Wahn-vorstellung, man könne Beobachtungen ohne Beobachter machen, spottete der Physiker und Philosoph Heinz von Foerster.[4]

Aber seit März 2020 ist dieser wissenschaftlich offene Prozess, dieses wichtige Streiten und voneinander Lernen plötzlich wie gelähmt. Gelähmt wird alles durch ein Dogma, an dem zu zwei-feln die Karriere gefährdet. Ein von Regierungen und den von ihnen protegierten Wissenschaftlern verbreitetes Narrativ gibt die Rich-tung der Erkenntnis vor. Folgsame werden mit Forschungsgeldern belohnt, jede Kritik wird ignoriert oder sogar gelöscht. Ich habe erschrocken am eigenen Leibe erlebt, wie das Dogma sich überall ausbreitete und die Macht ergriff.

Unser Zusammenleben erfordert laufend gemeinsame Lösungen und Entscheidungen. In unserem Bemühen, Konflikte zu lösen, gehen wir ständig Kompromisse ein. Dabei ist uns bewusst, dass Emotionen und Haltungen die Sichtweisen aller Beteiligten mitprägen. Durch das neue Dogma der Regierung war aber nicht mehr der Konflikt in der Sache das Thema der Diskussionen. Stattdessen wurde diskutiert, wer noch solidarisch sei und wer nicht. Dabei hatte Solidarität einen bitteren Beigeschmack bekommen. Sie ähnelte jetzt eher Folgsam-keit oder Gehorsamkeit. Dieser Konflikt spaltet leider weiterhin die Wissenschaft und mit ihr die ganze Gesellschaft in zwei große Lager.

BEIM DOGMA GEHT ES NICHT UM WAHRHEIT ODER RECHT, SONDERN UM MACHT

Der Psychiater und systemische Therapeut Fritz Simon[5] schlägt vor, jeden Konflikt als einen Prozess zu sehen, der durch fortge-setzte Verneinung (Negation) der Verneinung gekennzeichnet ist: »Du willst nicht, dass ich nicht will ...« Dieser Prozess führe zur Unent-schiedenheit, die so lange währt, solange der Konflikt dauert. Kon-flikt und Unentschiedenheit endeten erst durch die Entscheidung.

In einer Demokratie haben sich die Menschen auf bestimmte Entscheidungsregeln geeinigt, in einer Autokratie finden Prozesse zur Entscheidungsfindung nicht in der Öffentlichkeit statt, sondern es wird »von oben« angeordnet. Die in einer Demokratie bewährten Regeln helfen aber offenbar zurzeit nicht viel weiter, da genau zwischen diesen beiden Formen der Entscheidungsfindung der Konflikt fortbesteht. Sowohl in der Demokratie als auch in der Autokratie steht man also vor einer Macht- oder Herrschaftsfrage.

Mithilfe geltenden Rechts wäre der Konflikt schnell zu klären, dazu brauchte man nur das Verfassungsgericht als entscheidende dritte Gewalt. Da die Richter aber in den wesentlichen Fragen anscheinend bisher durch autokratische Manöver weitgehend zum Schweigen gebracht werden konnten, geht es derzeit offenbar nicht mehr um Recht, sondern nur noch um die Macht, neue Regeln und Gesetze zu erlassen und durchzusetzen.

Fritz Simon erinnert übrigens auch daran, dass nicht jeder Konflikt mit einer bewussten Entscheidung endet. Manchmal könne er aus der Diskussion verschwinden, weil sich keiner mehr für ihn interessiere, weil er irrelevant oder einfach vergessen werde.

Seit nunmehr März 2020 scheinen also plötzlich die anderen Regeln, die autokratischen, zu herrschen – nicht nur in Deutschland. Wer mitreden darf, wer gehört wird und was dabei herauskommen soll, scheint festgesetzt. Ein solches System kann die übliche wissenschaftliche Wahrheitssuche nicht mehr zulassen.

Dafür blüht die Corona-Forschung. Forschern, die bereitwillig an den neuen Kleidern der neuen Kaiser mitweben, werden Unsummen von Fördermitteln angeboten und zugeteilt. So sind zum Beispiel alle Studien, die bescheinigen, dass die verordneten Masken sehr wohl die Untertanen vor sich unerwünscht ausbreitenden Viren schützen, nach dem Januar 2020 unters Volk gebracht worden. Wissen wurde zu Macht.

1   Download: https://www.wodarg.com/app/download/8945158814/+20200225+Corona+

    Artikel+WW.pdf?t=1600963115

2   Der Life Chat war wenige Wochen auf der *Facebook*-Seite anzuhören und hatte Hunderttausende von

    Klicks. Als er entfernt wurde, schickte mir jemand einen FB-Beitrag zu, in dem sich ein Schweizer

    IT-Unternehmer und Grüner Politiker, der früher als externer Berater für die Firma *Roche* gearbeitet

    hatte, damit rühmte, die Löschung meines Chats beim *ZDF* bewirkt zu haben.

3   Nicht zu verwechseln mit dem EBM, denn das ist der einheitliche Bewertungsmaßstab, der die

    Grundlage für die Abrechnung der vertragsärztlichen Leistungen darstellt. Der bundesweit geltende

    EBM wird erstellt vom Bewertungsausschuss, der sich aus Vertretern der Kassenärztlichen

    Bundesvereinigung (KBV) und des GKV-Spitzenverbandes zusammensetzt.

4   Heinz von Foerster, Bernhard Pörksen, *Wahrheit ist die Erfindung eines Lügners.*

    Gespräche für Skeptiker, Carl-Auer Verlag, Heidelberg 1998, S. 154

5   Fritz B. Simon, *Einführung in die Systemtheorie des Konflikts*, Carl-Auer Verlag, Heidelberg, 2018

2

VOM IRREN
UND IRREFÜHREN

In unserem Körper erfüllt jedes Organ eine spezielle Funktion. Der Magen verdaut Speisen, das Herz pumpt Blut, das Hirn lernt und steuert und die Nieren regulieren den Salz- und Wasserhaushalt. Jedes Organ braucht die gute Funktion der anderen. Wenn zum Beispiel der Magen damit begänne, seine Umgebung zu fressen, das Herz, die Lunge oder die Leber, dann hätte das den Tod des ganzen Organismus zur Folge. Vergleichbares gilt für unsere Gesellschaft. Auch unsere Gesellschaft ist nur dann leistungsfähig, wenn wir uns auf ihre Organe, die Justiz, die Polizei, das Finanzamt, die Krankenkassen, das Robert Koch-Institut (RKI) oder die Bundeskanzlerin, verlassen können. Nur wenn alle die ihnen anvertraute Arbeit leisten, können auch die anderen ihre Aufgaben erfüllen.

Wenn ein Organ unserer Gesellschaft gefräßig wird und aus Macht- oder Geldgier sich andere wichtige Funktionen einverleibt, zerstört es seine eigene Grundlage. Wenn die Hüter der Währung anfangen zu spekulieren und nach Boni jagen, die Chefärzte am Klinikumsatz beteiligt werden, die Krankenkassen sich im Wettbewerb nur noch um »gute Risiken« kümmern, das Kraftfahrtbundesamt vor dem Dieselruß die Augen verschließt und wenn die Macht vergisst, von wem ihr diese anvertraut wurde, dann frisst der Magen das Herz, und das alles funktioniert nicht mehr.

Deshalb ist es alarmierend, dass die für unser Wissen so wichtige Kritik unabhängiger Forscher nur noch dort toleriert wird, wo sie den wirtschaftlichen Erfolg oder die Macht nicht behindert. Dann fehlt jedoch die für alle so wichtige kritische Wahrheitssuche. Und damit fehlen auch die Forschungsergebnisse wachsamer Wissenschaftler als allgemein nutzbare verlässliche Entscheidungsbasis. Wie wir in der Corona-Krise schmerzlich erkennen, hat das in allen Bereichen verheerende Folgen für die zu treffenden Entscheidungen. Im Wissenschaftsbetrieb herrscht – kurz gesagt – die Korruption. Und da leider auch viele Medien käuflich sind, lesen, sehen und hören wir kaum etwas über dieses Phänomen. Wenn Ultrareiche wissen, was sie wollen, dann missbrauchen sie die Wissenschaft nur noch dazu, uns in ihrem Sinne etwas vorzumachen.

Für die meisten Menschen ist die mediale Hirnmassage zu Corona realer als das, was sie auf der Straße, im Wartezimmer des Arztes, bei der Arbeit oder in der Schule erleben. Oft denke ich in diesen Monaten an die Antiquiertheit des Menschen, wie sie Günther Anders nannte.[1] Sehr seherisch schildert er, dass Menschen die Welt nur noch als Matrize wahrnehmen. Er schreibt:

>»Natürlich können wir das Fernsehen zu dem Zwecke verwenden, um an einem Gottesdienst teilzunehmen. Was uns dabei aber, ob wir es wollen oder nicht, genauso stark ›prägt‹ oder ›verwandelt‹ wie der Gottesdienst selbst, ist die Tatsache, dass wir an ihm gerade nicht teilnehmen, sondern allein dessen Bild konsumieren.«

VOM IRREN UND IRREFÜHREN

Mein geschätzter Doktorvater, der Soziologe und Psychiater Professor Klaus Dörner, hat vor vierzig Jahren zusammen mit seiner Kollegin, der Diplom-Psychologin Dr. Ursula Plog, ein sehr erfolgreiches

Standardwerk mit dem programmatischen Titel »Irren ist menschlich« veröffentlicht. Darin beschreiben beide Autoren eine offene,
fragende und soziale Psychiatrie.[2] Das bahnbrechende Werk wird
seither laufend aktualisiert. Der Titel ist sehr weise gewählt. Wer in
der Demokratie als »irre« gilt, wird von den jeweils Stärkeren definiert. In manchen Fällen ist das auch die Mehrheit der Menschen.
Deshalb gilt: Wer heute angeblich irrt, den kann schon morgen eine
neue Mehrheit rehabilitieren und als vernünftig ansehen.

Manchmal führten große Skandale zu einer neuen Sicht der
Dinge. Manchmal musste dafür auch erst ein Krieg verloren werden.
Manchmal brauchten Gesellschaften Hilfe von außen oder Wahr-
heitskommissionen oder internationale Prozesse.

Dieses Buch schreibe ich deshalb, weil ich sehe, dass sich die
Menschen nach Vogel- und Schweinegrippe jetzt mindestens zum
dritten Mal[3] in die Irre führen lassen. In diese Irre führen sie offenbar unter anderem Spezialisten aus Virologie und Biomathematik,
die sich selbst gefährlich überschätzen. Diese Experten präsentieren uns mit sorgenvoller Stirn und ständig neuen Hochrechnungen
bisher nicht beachtete Details als bedrohliches Zukunftsszenario.
Ihr hochwissenschaftlich klingendes Fachlatein macht Eindruck
und bewirkt – medial verstärkt – zum wiederholten Male einen
irren Schutz-, Investitions- und Impfaktionismus. Noch hat die
Mehrheit offenbar nichts aus der Vergangenheit gelernt.

Für die erwähnten Spezialisten lohnen sich diese Pandemie-Kam-
pagnen. Geldgeber mit eindeutigen Wirtschaftsinteressen stärken
ihren Instituten den Rücken. Offenbar zahlt es sich für die oft büh-
nenerprobten Wissenschaftler immer wieder aus, sich »vor den
Karren anderer spannen« zu lassen.

Wir sind Zeugen eines Prozesses, der in den letzten Jahrzehnten
begann: Einer leider von Sponsoren aus der Impfindustrie völlig
abhängigen Weltgesundheitsorganisation, der WHO, ist es gelungen,
geschäftstüchtige Virologen für eine »Angstmaschine« zu gewinnen.
Zunächst wurde mit dieser Strategie »nur« Geld verdient, doch jetzt

wird eine gesellschaftliche Schocktherapie versucht, bei der man sich fragt, ob nicht die Therapeuten selbst behandelt werden müssten.

Das koordinierte Handeln der Akteure dieser Angstmaschine haben Vertreter aus Finanz-, Militär-, Big-Data- und Pharmaindustrie im Rahmen einer »Pandemic Preparedness« seit Beginn dieses Jahrtausends konzipiert, also bereits vor SARS und Vogelgrippe. Seitdem wird dieses Konzept perfektioniert und global ausprobiert. Da die Medien sensationshungrig, weitgehend wirtschaftlich abhängig sowie politisch beeinflussbar sind, spielen sie stets brav ihre Rolle als Panikmacher. Sie sind wichtige Partner beim Agenda Setting und bei der medialen Angstmache nach dem Rezept der von Naomi Klein beschriebenen Schock-Strategie.[4] Wir erleben einen »embedded journalism« im Krieg gegen die Viren.

Offenbar ist Terrorismus inzwischen als Angstmaschine überholt. Die Terror-Panikmache sorgte dafür, dass hauptsächlich die Aktienkurse der sogenannten Sicherheitsindustrie in die Höhe schnellten,[5] jetzt profitieren eindeutig wieder Pharma-Werte. Im kapitalistischen Wirtschaftssystem lässt sich an den Bilanzen leicht ablesen, wer irrt und wer nicht.

COVIDIOTEN UND FACHIDIOTEN

Derzeit müssen sich Menschen, welche die Dinge infrage stellen, oft beschimpfen lassen. Die sich noch in der Mehrheit Fühlenden haben zu meinem Bedauern Angst vor Viren, halten an ihrer Angst einander fernhaltend fest und neigen dazu, abweichende Ansichten und Denkweisen ebenfalls fernzuhalten, statt sich für sie zu interessieren. Andersdenkende heißen heute oft Spinner, Alu-Hüte, Verschwörungstheoretiker oder Covidioten.

Die Vorsitzende der deutschen Sozialdemokraten, Saskia Esken, war sich im Sommer 2020 einer Mehrheit wohl noch sehr sicher, als sie alle Demonstranten gegen Regierungsmaßnahmen als

»Covidioten« bezeichnete.[6] Nachdem ihr sogar ein Gericht bestätigt hat, dass ihr Missgriff nicht den Tatbestand der Beleidigung erfüllt, fühle ich mich frei, die Bedeutungen und Konnotationen der Begriffe Covidioten und Fachidioten zu untersuchen. Ich benutze diese Begriffe hier rein soziologisch-taxonomisch und spreche ihnen ausdrücklich jede beleidigende Bedeutung ab.

Die alten Griechen bezeichneten einfache, nicht politisch aktive Bürger oder einfache Soldaten als »Idiotes« (ἰδιώτης). Heute benutzen Menschen, die sich gern über andere erheben, diesen Begriff, um Andersdenkende abzuwerten. Wer also von Covidioten spricht, der möchte mit dieser Erniedrigung Andersdenkender selbst ein bisschen höher erscheinen. Es geht deshalb bei derartigen Versuchen nicht um Wissen, Wahrheit und Erkenntnis, sondern darum, Machtpositionen zu verteidigen.

Machtgerangel ist in der Politik normal. Politiker müssen – wie uns spätestens Niklas Luhmann[7] bestätigt hat – um Macht kämpfen, um ihrer gesellschaftlichen Funktion als Regelsetzer und Regelwächter nachkommen zu können. In einer Demokratie aber geht bekanntlich alle Macht vom Volke aus. Der Regierung wird die Macht also immer nur für kurze vier Jahre anvertraut. Während dieser Zeit gehört es zu ihren Pflichten, die unterschiedlichen Interessen der gesamten Bevölkerung bei ihren Entscheidungen zu beachten und Kompromisse zu finden. Politiker versagen und verfehlen ihre Aufgabe, wenn sie nicht aktiv für einen Meinungsabgleich in der Sache sorgen, sondern stattdessen Andersdenkende diffamieren, um sich so ohne inhaltliche Auseinandersetzung über sie zu erheben.

Als Student an der Freien Universität in Berlin habe ich die Ambivalenz des Begriffs »Idiot« bereits einmal eindrucksvoll erlebt. Als während der ersten studentischen Demonstrationen circa 1967 die rebellischen Studierenden den »Muff unter den Talaren« angriffen, wurde gegen unpolitische Spezialisten in universitären Fächern sehr häufig der Kampfbegriff »Fachidiot« verwendet. Damit versuchte die rebellierende, um politische Gestaltungsmacht kämpfende

Studentenschaft, sich über die dominante Professorenschar zu erheben, indem sie diese als Idiotes hinabwürdigte.

Ich werde den Konflikt am Kaffeetisch meines Kommilitonen und Freundes nicht vergessen. Sein Vater, damals bekannter Chefarzt und Dekan der medizinischen Fakultät, kam sehr wütend nach Hause und beschwerte sich entrüstet bei uns, dass AStA-Vertreter ihn als »Fachidioten« beschimpft hatten. Bei dem Versuch, sich zu verteidigen, machte er das Ganze aber noch schlimmer, als er sein hohes anerkanntes Spezialwissen als Gegenargument auf den Kaffeetisch legte. »In meinem Fach bin ich doch eine wissenschaftlich hoch anerkannte Autorität!«, äußerte er total empört. Vor lauter Fachlichkeit hatte er die politische Bedeutung des Begriffes nicht verstanden. Fachidioten wurden ja gerade Spezialisten wie er genannt, die für alle anderen Sichtweisen und Interessen neben ihrem Fach wenig Zeit und Verständnis aufbrachten. Mit seiner Argumentation hatte er mir, in meinem studentisch-aufmüpfigen Hochmut, den Beweis für die Richtigkeit dieser erniedrigenden Bezeichnung geliefert.

Vom Bielefelder Soziologen Niklas Luhmann stammt die Erkenntnis, dass Spezialisten von der Gesellschaft den Auftrag haben, ihre ganze Aufmerksamkeit und Kraft ihrem Spezialgebiet zu widmen, es vorrangig und unbeirrbar als das Wichtigste zu betrachten. Da ist es also ganz normal, dass sie in ihrer eigenen Realität leben. Sie entwickeln dafür sogar eine eigene Sprache, eigene spezielle Codes und eigene in ihrem Fach anerkannte Methoden. Das gilt übrigens für alle Spezialisten, wenn diese die ihnen anvertraute Aufgabe als primäres Interesse verfolgen.

Als ein Journalist den berühmten Physiker Heinz von Foerster in einem Interview zu seinem 90. Geburtstag[8] aus seinen erkenntnistheoretischen Betrachtungen auf den Boden der Realität zurückholen wollte, fragte dieser ernsthaft irritiert: »Von welcher Realität sprechen Sie, junger Mann?« Von Foerster erinnerte uns daran, dass je nach Blickwinkel, nach den verwendeten Instrumenten und genutzten Sprachen oder Grundannahmen sich für die vielen

Beobachter eine jeweils andere Sicht auf ihre Realität ergibt – auch in der Wissenschaft. Die Selbstüberschätzung von Spezialisten erscheint mir unausweichlich. Hebt sich doch ihr Fachwissen aus dem Kenntnisstand der Masse heraus. Dennoch spricht vieles dafür, sich nicht allein auf Virologen oder die Sichtweise einer speziellen Wissenschaft zu verlassen. Sonst kann es sein, dass man selbst der Idiot ist, der gesamtgesellschaftlich relevante Sachverhalte ignoriert.

Den ebenfalls diskriminierend benutzten Begriff »Corona-Leugner« finde ich aber völlig absurd. Ärzten zu unterstellen, sie leugneten die Existenz von Coronaviren, ist zum Beispiel paradox, weil diese sie natürlich schon immer als Variante der Grippeerreger im Auge haben mussten. Jemand, der die Existenz von Coronaviren insgesamt verneint, ist mir bisher weder persönlich noch in den Medien begegnet. Aber viele von denen, die solche Schimpfworte verwenden, haben 2019 noch nicht einmal gewusst, dass es diese Virenart überhaupt gibt. Geleugnet werden heute allerdings viele besorgniserregende Entwicklungen, zum Beispiel, dass durch das Herunterfahren der Wirtschaft Millionen Menschen im In- und Ausland in Existenznot, Hunger und Tod getrieben werden.

GHOSTWRITER UND FAKTENZAUBERER

Während meiner Tätigkeit als Arzt und als Politiker habe ich etliche Auseinandersetzungen erlebt, bei denen es nicht mehr um Wissen oder Wahrheit, also um das Geschenk eines professionellen wissenschaftlichen Zweifels, ging, sondern um wirtschaftliche Interessen. So werden aufgrund wirtschaftlicher Profitinteressen oder politischer Ansprüche störende Gegenmeinungen und Widersprüche, zum Beispiel mithilfe von eristischen Tricks[9], durch persönliche Diskreditierung oder durch erschwerten Zugang zu Veröffentlichungen, von Profis aus dem Weg geräumt, um damit inhaltliche Diskussionen zu verhindern.

Über systemische Verzerrung ihrer Wissensbereiche[10] durch Fremd-interessen und gekaufte Experten berichteten Wissenschaftler aus Energiewirtschaft, Agrar-Biotechnologie und Arzneimittelforschung auf einem Frankfurter Seminar zu Transparenz in Forschung und Lehre, an dem ich vor Jahren teilnahm. Besonders beeindruckt haben mich damals die von Dr. Angelika Hilbeck[11] von der Organisation ENSSER[12] zusammengetragenen Fälle aus der Agrarindustrie. Sie meinte, es sei dort inzwischen typisch, dass auf eine kritische Analyse zu Agrarchemikalien gleich ein Hagel von Veröffentlichungen im Sinne der Agrarindustrie folge. In denen würden Faktenzauberer dann versuchen, kritische Forschungsergebnisse zu neutralisieren oder gar ad absurdum zu führen. Auch aus der Arznei- und Impf-stoffforschung war mir Ähnliches bei Diskussionen und Anhörungen im Bundestag aufgefallen. Käufliche wissenschaftliche Ghostwriter kennen alle Tricks und haben Beziehungen zu bereitwilligen Medien, sodass sie sich ganz im Sinne ihrer Auftraggeber oder Gönner äußern können. So widerlegen diese zum Beispiel im Auftrag eines Ener-giekonzerns, der Tabakindustrie, von Monsanto oder der Pharma-industrie alle Ansichten und Meinungen, die sich deren Geschäf-ten mit Atomkraft, Zigaretten, Glyphosat, Psychopharmaka oder Impfungen entgegenstellen könnten.

WISSENSCHAFT FOLGT DEM GELDE

In den laufenden öffentlichen Diskussionen stelle ich erstaunt fest, dass medizinische Evidenz gar nicht gefragt ist. Gefragt sind junge dynamische Forscherinnen und Forscher, die auf der Corona-Welle reiten wollen und deren Lächeln zeigt, dass sie erfolgreich jeden Zweifel abgelegt haben. Die Wissenschaft ist in Europa primär für die Wirtschaft reserviert. Dadurch werden nachhaltig deren Prin-zipien korrumpiert und eine offen kooperierende und freie Arbeits-weise weitgehend verhindert.

Europa als »wettbewerbsfähiger wissensbasierter Wirtschaftsraum«[13] leidet unter dem dominierenden Druck des wirtschaftlichen Wettbewerbs und ist primär zum Raum für die Wirtschaft, den regulierten Egoismus mit seinen Geschäftsgeheimnissen, Monopolen und Patenten geworden. Und wo Wettbewerb herrscht, will jeder gewinnen und alles andere wird zweitrangig. Dieses wirtschaftliche Wachstum ist so gut wie gar nicht an der Lebensqualität und an den sozialen Folgen orientiert und richtet daher ökologische wie soziale Schäden an. Seit vielen Jahren führt das zu unkorrigierten Fehlentwicklungen im Energiesektor, in der Landwirtschaft, in der Verkehrsinfrastruktur, in der Kultur- und Bildungspolitik und im Bereich sozialer Sicherheit und Gesundheitspflege.

Ohne Frage braucht Wissenschaft Geld für Wissenschaftler, Forschungsmittel, Lehre und Kommunikation. Da aber in Europa – und nicht nur dort – aus den öffentlichen Kassen sehr wenig Geld in die freie Wissenschaft fließt, bleibt die öffentliche Förderung meist weit hinter den Angeboten privater Investoren zurück. So ist voraussehbar, wer in der Wissenschaft die Fragen stellen kann, wer Lehrstühle schafft, Stipendien vergibt, Hörsäle stiftet, Publikationsorgane kontrolliert, Fachgesellschaften sponsert und Kongresse finanziert. Damit ist auch klar, wer sich den ersten Zugriff auf die Ergebnisse der gekauften Forschung sichern kann und wer die Forschungsziele setzt oder blockiert und durch Stipendien, Preise und gezielte Förderungen über die Karrierechancen des Nachwuchses bestimmt.

Unsere Universitäten, Forschungsinstitute und große Teile der wissenschaftlichen Infrastruktur sind entweder schon in privater Hand oder in großem Maße abhängig von Drittmitteln, die private Sponsoren zweckgebunden vergeben. Sogar öffentliche Mittel werden ebenfalls primär zum Nutzen privatwirtschaftlicher Interessen verteilt. Durch diese Entwicklungen ist wissensbasierter Wirtschaftsraum zuerst zu einem Raum für die Wirtschaft geworden.

An fast allen Hochschulen ist inzwischen völlig akzeptierte Praxis, dass private Investoren die staatlichen Hochschulräume und die dort favorisierten Themen durch ihre Gelder stark beeinflussen.[14] Ein Rektor zuckt heute bestenfalls noch resignierend mit den Schultern, wenn man ihm sagt, dass die Virologie des Christian Drosten in der Berliner Charité Geld von der *Bill & Melinda Gates Stiftung* erhält. Das ist nicht mehr Freiheit von Wissenschaft. Diese segelt längst unter falscher Flagge. Das ist reines Geschäft und muss von der Wissenschaft streng und transparent getrennt werden.[15] Wenn das nicht geschieht, dann fällt der Tatbestand unter »institutionelle Korruption«.

Über Fehlentwicklungen besonders in der westlichen Welt klagen ja sogar Milliardäre des Weltwirtschaftsforums, wenn sie ihren »Stakeholder-Kapitalismus«[16] mit seinen frommen Versprechungen dagegensetzen. Aber genau diesem blinden, von Spekulationen und Habgier, Steuerschiebereien und wirtschaftlicher Monopolisierung geprägten krebsartigen Wachstum verdanken die meisten von ihnen ihre Milliarden.

UNIVERSITÄRE GRAUZONEN

Zudem arbeiten zunehmend zahlreiche wissenschaftlich gut ausgebildete Forscher in privaten großen Beratungsfirmen mit PR-Spezialisten, ehemaligen Behördenmitarbeitern oder Abgeordneten, Statistikern, Juristen oder Ghostwritern zusammen. Ihre Aufgabe besteht darin, zum Beispiel medizinische Zusammenhänge und Hintergründe zu lancieren und hochzuspielen.

Diese Unternehmen sind zum Teil *Clinical Research Organisations* (CROs) und manchmal reine Marketing- oder Lobby-Agenturen. Nach ihrem Selbstverständnis bauen sie »Brücken«, »schaffen den Produkten die Aufmerksamkeit, die sie verdienen«, haben »beste Kontakte zu Medien« oder »überwinden bürokratische Hemmnisse bei der Zulassung und Vermarktung«.

Agenturen wie »The Big Four«, also *Deloitte, Ernst & Young, KPMG* und *PricewaterhouseCoopers*, beschränken sich nicht nur auf Wirtschaftsprüfungen, sondern beraten die, die schon viel Geld haben, wie sie durch Steuervermeidung und politische Einflussnahme noch reicher werden können. Sie sind Spezialisten für Deregulierung, Privatisierung und globalisierte Korruption. Ihre Gehälter, auch derjenigen, die bei den großen Anwalts- oder PR-Konzernen arbeiten, sind immer viel höher als die ihrer Verhandlungspartner aus der öffentlichen Verwaltung. »They are accounting for corruption«,[17] heißt es in einer britischen Analyse solcher Firmen.

Unter ökonomischen Gesichtspunkten sehr attraktiv sind seit Jahren Ausgründungen staatlicher Universitäten, die versuchen, in der Grauzone zwischen Universitätsregeln und freier Wirtschaft in Public-private-Partnerships wirtschaftlich verwertbare Ergebnisse für den Markt zu liefern. Wie zu erwarten, sind die Gehälter dann meist höher als die in Universitäten oder staatlichen Forschungseinrichtungen. Aber eine Firma gibt für kluge Leute nur so lange Geld aus, wie die klugen Leute ihr helfen, noch mehr Geld zu verdienen.

DIE SEUCHE HEIßT INSTITUTIONELLE KORRUPTION

Inzwischen ist nicht mehr zu übersehen, dass große Teile der Wissenschaft und der Nachrichtenmedien in erschreckendem Maße zu käuflichen Dienstleistern oder zu Forschungs- und Entwicklungsabteilungen privatwirtschaftlicher Interessen mutiert sind.

Gerade im Arzneimittelbereich haben globale Monopole ihre Übergriffe auf Wissenschaft, Politik und Medien stark ausgeweitet und unübersichtlich internationalisiert. Niemand ahnt zum Beispiel, dass die Pharmaindustrie zum Teil die internationale Polizei Interpol finanziert.[18] Dafür säubert Interpol für die Sponsoren den Markt von Nachahmerprodukten. Interpol, WHO und viele andere internationale Agenturen sind längst zu Public-private-Partnerships verschmolzen. Auf der einen Seite bestimmen wenige finanzmächtige Monopolkonzerne durch ihre zweckgebundenen Beiträge, was zu tun ist. Auf der anderen Seite werden sich circa 190 Staaten nicht einig und schauen zu, wie sie entmachtet werden.

Auch indem sie mehr Gelder in Werbung investieren, nehmen die großen Pharmakonzerne immer stärkeren Einfluss auf die Berichterstattung der Medien. Durch solche finanziellen Abhängigkeiten bleibt auch der redaktionelle Teil der Medien nicht unbeeinflusst. In den USA soll das beängstigende Maße angenommen haben.

Daneben kontrollieren große Wissenschaftsverlage und Internet-Monopolisten zunehmend den wissenschaftlichen Austausch und die Veröffentlichung wissenschaftlicher Arbeiten. Wir erleben gerade, wie die GAFAM-Oligopole, also *Google, Amazon, Facebook, Apple* und *Microsoft*, einen wissenschaftlichen Streit über Sinn und Unsinn der Corona-Maßnahmen zensieren, steuern oder ganz verhindern.

Die Otto-Brenner-Stiftung veröffentlichte im Oktober 2020 eine Studie[19], in der eine »politische Landschaftspflege« durch den *Google*-Konzern näher beleuchtet wird. Sie zeigt, wie *Google* sich durch dreistellige Millionenbeträge in wichtigen Bereichen der Medienlandschaft Europas Einfluss erkauft.

Nicht nur Medien und Wissenschaftler, auch Politiker ließen sich schon immer mit Geld steuern und für fremde Interessen nutzbar machen. Heute geht solche Bestechung aber sehr viel effektiver und effizienter: Wenn wichtige Funktionen der öffentlichen Infrastruktur in privater Hand sind, dann entfällt die mühsame Suche nach einzelnen bestechlichen Beamten. Wenn ganze Wissenschaftsstrukturen wie die Arzneimittelforschung von der Wirtschaft vereinnahmt werden, dann bestimmt das Interesse der Investoren die Forschungsergebnisse.[20]

Bei derartigen Verschiebungen der Primärinteressen werden zum Beispiel Medien, die internationale Polizei oder Teile der

Weltgesundheitsorganisation zu ausgelagerten Abteilungen der Pharmaindustrie. Das hat für die Gesellschaft gefährliche Fehlleistungen zur Folge und führt – um im Bild des menschlichen Körpers zu bleiben – zum Organversagen. So ähnlich, als hätte sich der Magen an die Stelle des Herzens gefressen.

---

1 Günther Anders, *Die Antiquiertheit des Menschen*, C. H. Beck Verlag, München 1961

2 Klaus Dörner, Ursula Plog u. a. (Hrsg.), *Irren ist Menschlich. Lehrbuch der Psychiatrie und Psychotherapie*, 25. Auflage, Psychiatrie Verlag, Köln 2019

3 AIDS, BSE, SARS, MERS, Ebola und Zika kann ich hier nur anekdotisch mitbehandeln.

4 Naomi Klein, *Die Schock-Strategie*, S. Fischer Verlag, Frankfurt am Main 2007

5 »Private Military and Security Firms and Erosion of the State Monopoly on the Use of Force«, Assembly debate on 29 January 2009 (8th Sitting) (see Doc. 11787, report of the Political Affairs Committee, rapporteur: Mr Wodarg)

6 https://de.reuters.com/article/virus-esken-covidiot-idDEKBN25T1WM

7 Niklas Luhmann, *Die Gesellschaft der Gesellschaft*, Suhrkamp Verlag, Frankfurt a. M. 1998, S. 747–748: »… auf der Ebene des umfassenden Systems der Gesellschaft kann keine allgemeingültige, für alle Teilsysteme verbindliche Rangordnung der Funktionen eingerichtet werden. Keine Rangordnung heißt auch: keine Stratifikation. Vielmehr ergeht an alle Funktionssysteme der Auftrag, sich selbst im Verhältnis zu den anderen zu überschätzen, dabei aber auf eine gesamtgesellschaftliche Verbindlichkeit der Selbstbewertung zu verzichten.«

8 Ein wunderbares Interview: https://www.youtube.com/watch?v=2KnPBg-tanE

9 1864 wurde posthum die Eristische Dialektik von Arthur Schopenhauer veröffentlicht. Die Arbeit mit dem Untertitel »Die Kunst, Recht zu behalten« enthält 38 rhetorische Strategeme.

10 Wolfgang Wodarg, »Die Aufgabe der Wissenschaft«, *Le Monde Diplomatique*, Juni 2012, S. 3

11 https://geneticliteracyproject.org/glp-facts/angelika-hilbeck-ecologist-claims-agri-corporations-stalk-claiming-gmos-dangerous

12 https://ensser.org/tag/angelika-hilbeck

13 Die Ideologie der EU, die einem Primat der Wirtschaft folgt, wird in den Verhandlungen in Lissabon sehr deutlich, siehe: https://www.europarl.europa.eu/summits/lis1_de.htm

14 Zur erforderlichen Trennung von Wirtschaft und Wissenschaft an Hochschulen ist das BGH-Urteil von 2002 eine gute Orientierungshilfe: BGH, Urteil vom 23. Mai 2002 – 1 StR 372/01 – LG Heidelberg (Heidelberger Herzklappenskandal)

15 https://www.heise.de/tp/features/Wahrheit-mit-beschraenkter-Haftung-3382250.html

16 https://www.weforum.org/press/2020/01/stakeholder-capitalism-a-manifesto-for-a-cohesive-and-sustainable-world

17 David Whyte (Hrsg.), *How corrupt is Britain?*, Pluto Press, London 2015, ISBN 9780745335308 (Paperback)

18 https://www.interpol.int/News-and-Events/News/2013/INTERPOL-and-pharmaceutical-industry-launch-global-initiative-to-combat-fake-medicines

19 https://www.otto-brenner-stiftung.de/wissenschaftsportal/informationsseiten-zu-studien/studien-2020/medienmaezen-google

20 Bei *Transparency International* haben wir daraufhin eine Arbeitsgruppe gegründet, aus der das anfangs mit der Zeitung *taz* gemeinsam betriebene Portal *Hochschulwatch* hervorging, welches jetzt darunter leidet, dass die *taz* aus mir damals noch nicht ersichtlichen Gründen ausstieg. http://www.hochschulwatch.de/

3

WORAN ERKENNT MAN EINE PANDEMIE?

DAS VERÄNDERTE BILD DER PANDEMIE

Wer uns einreden will, neue Viren wären eine neue Bedrohung, ignoriert alle wissenschaftlichen Erkenntnisse der Virologie. Neue Viren sind nichts Neues, auch nicht für unser Immunsystem. Seit Menschengedenken leben wir mit dauernd neu mutierenden Mikroorganismen zusammen, lernen sie zu tolerieren, sie in Schach zu halten oder sie sogar zu nutzen. Jetzt verändern willkürliche, widersprüchliche und von der Mehrheit als sehr belastend empfundene Zwänge unseren Alltag völlig. Aus Angst vor Viren sollen wir unser Verhalten umstellen, dürfen uns vor lauter Solidarität nicht mehr treffen und umarmen, tragen Stofffetzen oder professionelle Atemschutzausrüstung vor Mund und Nase, sollen am besten zu Hause bleiben und uns vor den Bildschirmen über die neuesten Verordnungen informieren. Von den uns wahrscheinlich zukünftig regelmäßig angedrohten Impfzwängen ganz zu schweigen. In Endlosschleife bestimmen die Themen Viren, Infektionsrisiken und Sterberaten die öffentlichen Diskussionen und in den sozialen Medien streitet man ohne Unterlass über Sinn und Unsinn von Impfungen und von Infektionsschutzmaßnahmen. Trotz erheblicher epidemiologischer Verbesserungen in den letzten Jahrzehnten wütet seit März 2020 die Seuche in den Medien umso mehr.

Das war früher bei Seuchen anders. Früher galt das als Seuche, als Pandemie, was mit schweren Krankheitsverläufen, vielen Toten und allgemeiner Not in Verbindung gebracht und in die Katastrophenpläne geschrieben wurde. Erst während der Schweinegrippe 2009 wurde der Begriff verändert. Um den Pandemie-Begriff für ein Fearmongering, also zum Angstmachen, noch besser und häufiger nutzen zu können, verwendete die WHO den Begriff nach und nach klammheimlich immer inflationärer und erleichterte dadurch deutlich dessen allzeitige Einsetzbarkeit.

Neue Erreger, die sich schnell und weltweit verbreiten? Das soll reichen, um eine Pandemie auszurufen? Das machen doch die meisten! Auf jeden Fall die vielen Viren, die sich hinter dem Begriff »Grippe« oder englisch »Flu« verstecken.

GRIPPEWELLEN WURDEN IMMER FLACHER

Viele Viren gehören als Gäste zu unserem Winter. In den letzten Jahren wurden immer wieder einzelne aus der großen Menge der vorhandenen Atemwegsviren ausgewählt, mit Elektronenmikroskopen vergrößert, mit gruseligen Geschichten verzerrt und der ganzen Welt als schreckliche Gefahr präsentiert. Das machen Medien sehr gern mit und für dieses Geschäft werden sie von ihren Zuschauern oder Lesern ja Tag für Tag mit hohen Einschaltquoten beziehungsweise Auflagen belohnt. Durch das mediale Horror-Agenda-Setting werden viele, auch manche Politiker, erst auf die angeblich gefährlichen Erreger aufmerksam.

Seit Generationen kennen wir in Europa keine Seuchen mehr, die mit Massenerkrankungen, großer Not und vielen Toten durch die Lande ziehen. Dasselbe gilt seit dem Zweiten Weltkrieg für akute Atemwegsinfektionen, sowohl in Deutschland als auch in anderen europäischen Ländern. Die Opfer der jährlich in der dunklen und kühleren Jahreszeit auftretenden akuten respiratorischen

Erkrankungen (ARE) sind beträchtlich zurückgegangen. Das hängt auch stark vom Anteil sehr alter Menschen in einer Gesellschaft ab. Alte und sehr geschwächte Menschen sterben vermehrt zu Grippezeiten. Wenn die Zahl der Alten steigt, steigt auch die Sterberate – das merken wir gerade ein wenig.[1]

Die verminderte Letalität durch Influenza verdanken wir einerseits den insgesamt verbesserten Lebensverhältnissen und andererseits der Erfindung von Antibiotika, mit deren Einsatz die sonst als Komplikation auftretenden bakteriellen Superinfektionen beherrscht werden konnten. Diese Entwicklung war bereits vor Einführung der Grippe-Impfungen zu beobachten und ist durch diese nicht erkennbar beeinflusst worden. Die Grippe-Impfung vermindert übrigens auch nicht das Erkrankungsrisiko alter Menschen, sie verändert nur das Erregerspektrum[2] – zum Beispiel zugunsten von Coronaviren. Ähnliche Studienbefunde liegen inzwischen auch für Kinder[3] und für im Pentagon Angestellte[4] vor.

In den letzten dreißig Jahren steigt die Übersterblichkeit im Winter nur jeweils flach an und etwa alle drei bis vier Jahre erleben wir leicht erhöhte Wellen. Sogenannte »Pandemien«, wie die Vogel- oder die Schweinegrippe, haben nicht zu erkennbar mehr Todesfällen geführt. Die letzte stärkere Grippewelle mit einer erhöhten Sterblichkeit hatten wir im Winter 2017/2018 – ganz ohne Pandemie-Theater. Damals waren die Kliniken und Intensivstationen in Italien und in Deutschland voller als in der Wintersaison der Jahre 2019/2020 und 2020/2021. Obwohl die saisonale Übersterblichkeit in Deutschland im Winter 2017/2018 von sonst etwa 10.000 Toten bis auf 25.000 Tote anstieg, war darüber nicht viel in den Medien zu hören. Auch lief vor drei Jahren trotz erhöhter Sterblichkeit keiner mit Maske auf der Straße umher.

DAS TELEFON-SENTINEL IM GESUNDHEITSAMT

Aber woran erkennt man, ob eine akute Atemwegsinfektion mit vielen Erkrankten droht oder sich gar schon ausbreitet? Als 1983 und 1986 während der Grippesaison die Infektionszahlen deutlich anstiegen und immer mehr Menschen eine Arztpraxis aufsuchten oder eine Klinik in Anspruch nahmen, haben wir uns im Flensburger Gesundheitsamt ein sogenanntes Sentinel geschaffen, mit dem wir schnell erkennen konnten, ob in unserer Region in Sachen Grippe etwas im Busch war oder nicht.

Durch Verabredungen mit Arztpraxen, Kliniken, Schulen, Heimen, Kindergärten, Personalabteilungen richteten wir ein Instrument ein, mit dem wir durch wöchentliche, immer gleiche telefonische Anfragen die Auswirkungen einer Grippewelle sehr schnell abschätzen konnten. Das erledigte eine einzige Mitarbeiterin in der Infektionsabteilung jeden Montagvormittag, wofür sie jeweils drei bis vier Stunden brauchte. So haben wir den Beginn einer etwas stärkeren Infektionswelle gleich bemerkt und die Öffentlichkeit über die Tageszeitung gewarnt oder über Vorsorgemaßnahmen informiert. So alle zwei bis drei Jahre stieg die Zahl der Krankheitsfälle etwas an, überfordert war unser Gesundheitssystem aber nie.

Wie nicht anders zu erwarten, erkrankten in der dunkleren und kühleren Jahreszeit von Anfang Oktober bis Ende März in jeder Woche immer etwa 3 bis 10 Prozent der Bevölkerung an einem symptomatischen Infekt. Wenn man die Wochen der Grippesaison zusammenrechnete, konnte man schätzen, dass es jeden Winter um die 90 Prozent der Bevölkerung irgendwann einmal erwischte. Erstaunlicherweise sprach bis vor einem Jahr kaum jemand von Coronaviren, sondern besonders die Impfstoffhersteller und ihre Freunde in Medizin und Politik immer wieder nur von Influenza. Aus deren Sicht ist das verständlich, denn damals brachten sie die ersten Impfstoffe gegen diese Virenart auf den Markt. Dabei verursachten offenbar Coronaviren schon früher und in vielen Jahren häufiger leichte Infekte als Influenzaviren.

DAS RKI LIEFERT DEN ÜBERBLICK

Etwa 1992 begannen auch einige Impfstoffhersteller, mithilfe der von ihnen unterhaltenen Organisation *Grünes Kreuz* in Deutschland ein Netz von Beobachtungs- oder Sentinel-Praxen zu organisieren. Die *Arbeitsgemeinschaft Influenza* wurde gegründet und entwickelte sich zu einem Netzwerk von inzwischen fast 700 Haus-, Internisten- und Kinderarztpraxen. Dieses Netzwerk wird seit einigen Jahren vom Robert Koch-Institut gehostet und veröffentlicht wöchentliche Lageberichte, in denen die Zahl der Arztbesuche wegen akuter Atemwegserkrankungen, sortiert nach Alter und Geschlecht, anonym erfasst wird.[5] Ebenfalls wird differenziert, ob der Infekt mit oder ohne Fieber einhergeht. Falls Fieber auftritt, wird der Fall als Influenza-like Illness (ILI) gezählt, im zweiten Fall als ARE (respiratorische Atemwegserkrankung). Aus den eingegangenen Daten werden der Praxisindex für die jeweilige Kalenderwoche berechnet und die Abweichungen von einem ermittelten Normalwert, der gleich 100 Prozent gesetzt wird, als Prozentwerte angegeben.

Des Weiteren schicken etwa 100 Arztpraxen wöchentlich bis zu über 1.000 Abstriche ins Robert Koch-Institut, damit dort eine Virusdiagnostik stattfindet. Zu Beginn suchten die Mitarbeiter des RKI lediglich nach den unterschiedlichen Influenza-Virustypen, damit diese bei der Zusammenstellung des nächsten Impfstoffes berücksichtigt werden konnten. Nach und nach wurde die Diagnostik auf andere Atemwegsviren ausgeweitet und erst im März 2020 kamen Coronaviren hinzu.

In dem Bericht für die 51. Kalenderwoche des Jahres 2020[6] wurde zum Beispiel bei 38 Prozent der eingesandten 1.179 Proben ein Virus nachgewiesen. Die anderen 62 Prozent der Proben enthielten keines der Viren, für die das Robert Koch-Institut Tests zur Verfügung hat. Das heißt nicht, dass auf den Wattestäbchen keine Viren vorhanden waren. Es gibt einfach viel mehr Atemwegsviren als die, nach denen die Labore routinemäßig suchen.

Bei 31 Prozent der Abstriche fand man die meistens vorherrschenden Rhinoviren. Nicht entdeckt wurden Influenza-, RS-, Metapneumo- oder Parainfluenzaviren. In 7 Prozent der Abstriche waren SARS-CoV-2 mittels PCR nachweisbar. In der 51. Woche des Vorjahres sah das ganz anders aus. Damals fand man von jeder Virusart etwas, nur auf Coronaviren oder speziell SARS-CoV-2 wurde noch nicht geprüft.

Außerdem enthält der Bericht der *Arbeitsgemeinschaft Influenza* Daten über die sogenannten schweren akuten respiratorischen Infekte (SARI). In diesen Fällen mussten die Patienten aufgrund einer Atemwegserkrankung stationär aufgenommen werden. Für diese Statistik werden die Codierungen der Krankenhäuser benutzt.

Neben diesen Sentinel-Erhebungen gibt es seit März 2011 noch das *GrippeWeb* des RKI. Auf diesem Webportal können sich Freiwillige melden und regelmäßig anonym mitteilen, ob sie Symptome einer akuten Atemwegserkrankung erlebt haben oder nicht. In der 51. KW 2020 beruhten die Aktivitätsschätzungen auf Angaben von 7.474 *GrippeWeb*-Teilnehmern, von denen 213 eine ARE und 20 eine ILI meldeten. Das erinnert mich an unsere Aktion im Flensburger Gesundheitsamt, wo wir Ähnliches fast 30 Jahre zuvor regional per Telefon selbst organisiert hatten.

Zusammenfassend kann man sagen: Keines dieser guten Instrumente lieferte auch nur den geringsten Hinweis dafür, dass akute Atemwegserkrankungen in den Wintern 2019/2020 oder 2020/2021 – während der angeblichen weiteren Wellen der Pandemie – für das Krankheitsgeschehen im Lande außergewöhnliche Bedeutung erlangt hätten. Nach den Beobachtungsinstrumenten des RKI hatten in Deutschland im Jahr 2020 inklusive Corona nicht mehr Leute Husten, fieberhafte Atemwegserkrankungen oder sonstige verdächtige Symptome als die Jahre zuvor. Weder die Patienten in den Arztpraxen noch in den Kliniken. Es waren eher weniger. Auch schwere Fälle oder Todesfälle kamen nicht häufiger vor.

Wenn Sie also das nächste Mal in der Talkshow oder in einem Zeitungsartikel von einem schlimmen Corona-Fall hören oder lesen, mag das alles stimmen. Aber bitte denken Sie daran, dass solche schweren Verläufe immer wieder und jedes Jahr vereinzelt vorkommen und dass selbst eine Sammlung dramatischer Einzelschicksale eben keine systematische vergleichende Epidemiologie ersetzt.

EINFACHE FRAGEN ZU VIREN UND MAßNAHMEN HELFEN WEITER

Vor einem Jahr wussten viele noch nichts über Coronaviren. Inzwischen haben alle die medial verbreitete Stachelkugel wie ein Phantom vor Augen.

Was jetzt aber immer noch ausgeblendet wird: Coronaviren sind eine Virusfamilie unter vielen, die sich jedes Jahr auf den Schleimhäuten unserer Atemwege tummeln. Ihre Rolle als saisonale opportunistische Krankheitskeime ist seit Jahrzehnten bekannt. Und ja, sie verändern sich und mutieren, schon immer.

Wenn trotzdem jemand behauptet, es handle sich um etwas ganz Neues, lässt sich diese Aussage mit ziemlich einfachen Fragen überprüfen:

→ Woran erkennt man, dass es eine neue Krankheit ist? Macht nur diese Erkrankung solche Symptome? Und wenn die Symptome so sind wie bei der Grippe, weshalb kümmern wir uns dann nur um eines der Grippeviren?

→ Wie unterscheidet man die Wirkung eines einzelnen Grippevirus von der Wirkung anderer Viren und weshalb sind Coronaviren jetzt so viel wichtiger als alle anderen ähnlichen Atemwegsviren?

→ Weshalb hat niemand im schlimmen Grippewinter 2017/2018 mit weit mehr Grippe-Opfern als 2020 oder 2021 solche angeblich rettenden Maßnahmen wie Lockdown, Soziale Distanz und Masken in Erwägung gezogen?

→ Und wozu die Erpressung und Nötigungen zu elektronischen Immunitätsnachweisen und -registern? Welche Immunität soll denn darin dokumentiert werden – und zu welchem Zweck für wen?

→ Warum sollen die neuen und riskanteren gentechnischen Impfstoffe plötzlich besser wirken als die ohnehin sehr fragwürdigen klassischen Grippe-Impfungen?

→ Weshalb wurde der Schutz der Masken vor Viren immer durchweg negativ und erst seit Anfang 2020 plötzlich nur noch positiv bewertet?

→ Weshalb werden für die Prüfung von Schaden und Nutzen der Maßnahmen und Medikamente die üblichen Institute wie der Gemeinsame Bundesausschuss (GBA) und das *Institut für Qualität und Wirtschaftlichkeit im Gesundheitswesen* (IQWIG) umgangen?

1 CoDAG-Bericht Nr. 4 vom 11. 12. 2020:

https://www.covid19.statistik.uni-muenchen.de/pdfs/bericht-4.pdf

2 Josine van Beek et al., »Influenza-like Illness Incidence Is Not Reduced by Influenza Vaccination in a Cohort of Older Adults, Despite Effectively Reducing Laboratory-Confirmed Influenza Virus Infections«, JID 2017:216 (15 August), S. 415–425

3 Benjamin J. Cowling, »Increased Risk of Noninfluenza Respiratory Virus Infections Associated With Receipt of Inactivated Influenza Vaccine«, DOI: 10.1093/cid/cis307

4 Greg G. Wolff, »Influenza vaccination and respiratory virus interference among Department of Defense personnel during the 2017–2018 influenza season«, *Vaccine* 38 (2020), S. 350–354

5 https://influenza.rki.de

6 https://influenza.rki.de/Wochenberichte/2020_2021/2020-53.pdf

4

MEINE ERFAHRUNGEN MIT SEUCHEN

EPIDEMISCHES AUS ÄRZTLICHER SICHT

Als praktizierender Internist und Pneumologe habe ich in Kliniken und Arztpraxen viele Patienten medizinisch untersuchen, beraten und behandeln dürfen. Die wichtigsten infektionsepidemiologischen Herausforderungen waren dabei akute, ambulant oder erst im Krankenhaus erworbene Atemwegsinfektionen, die Grippe mit ihren vielen Erregern sowie die Tuberkulose mit den Resistenzproblemen bei der Therapie.

Es war bereits eine andere Perspektive als die in meiner früheren Rolle als Hafenarzt, der mit seiner Barkasse im Hamburger Hafen von Schiff zu Schiff dampfte, bei Gesprächen mit der Besatzung und in den Krankentagebüchern nach möglichen Ansteckungsrisiken suchte, gegen Pocken, Cholera und Gelbfieber impfte, Ratten und Getreidekäfer exotischer Herkunft daran hinderte, das jeweilige Schiff zu verlassen und auf die Hamburger Kaimauern zu entfliehen, oder der in der Kantine des *Bernhard-Nocht-Instituts für Tropenmedizin* (BNITM) die Neuigkeiten aus dem letzten WHO-Bulletin zur Therapie und Prophylaxe von Malaria tropica diskutierte.

Später wiederum, als Chef eines Gesundheitsamtes, kamen weiterhin viele Ratsuchende in meine Sprechstunden, doch bestand meine Aufgabe weit überwiegend darin, die Gesundheit in einer ganzen Region zu fördern und zu schützen. Ich sollte die Patientin »Bevölkerung« beobachten und pflegen. Auch im öffentlichen

Gesundheitsdienst muss man den Finger am Puls seiner Patienten haben und möglichst alles wahrnehmen, was einerseits gesundheitliche Risiken birgt und was andererseits Gesundheit fördern könnte. Ich ließ das Gesundheitsamt-Schild durch ein Gesundheitshaus-Schild ersetzen und nannte mich Stadtarzt statt Amtsarzt, um damit die Schwelle für die zu betreuenden Einwohner zu senken.

Die Arbeit war spannend und vielfältig und ich habe damals viel gelernt. Während dieser Tätigkeit erlebte ich wichtige Krisen wie die Radioaktivitätsbelastungen nach dem Reaktorunfall in Tschernobyl, die aufkommenden Probleme um die Bewertung und Entschärfung von chemischen Altlasten in Wasser und Boden und weiteren gesundheitsrelevanten Umweltrisiken und meine erste Pandemie mit der sehr belastenden Angst vieler Menschen vor AIDS.

Als Facharzt für Öffentliches Gesundheitswesen sammelte ich zwar sehr unterschiedliche Erfahrungen, aber infektionsepidemiologische Fragestellungen gehören natürlich im öffentlichen Gesundheitsdienst zur täglichen Routine. Viele Themen forderten mich gleichzeitig heraus oder wechselten sich regelmäßig ab: Grippewellen, Hepatitis- oder Salmonellose-Ausbrüche, Tuberkulose-Umgebungsuntersuchungen, Hygieneprobleme in Kliniken, Praxen, Kindergärten oder Altenheimen, Todesursachen-Auswertungen, Trink-, Bade- und Abwasserprobleme, Hebammen-Nachsorge, Pollen-Warndienst oder die Fragen nach dem Nutzen weiterer Präventionsmaßnahmen. Jedes Mal ergaben sich neue Aspekte und eine neue Sicht auf alles, was mit Gesundheit zusammenhängt.

Wegen der immer wiederkehrenden epidemiologischen Fragestellungen hatte ich mich um ein Stipendium für Epidemiologie beworben, die man in den 1980er Jahren in Deutschland kaum breit gefächert erlernen konnte. Ich hatte Glück und durfte an einem sehr produktiven und eindrucksvollen Epidemiologie-Crashkurs an der jetzt so berüchtigten, damals aber noch hoch renommierten Johns Hopkins University teilnehmen, der mich für epidemiologische Fragestellungen sehr sensibilisierte.

Als die Bewertung von Umweltgiften hohe Wellen schlug, wurde ich von der Ärztekammer Schleswig-Holstein gebeten, die unterschiedlichen Spezialisten aus Toxikologie, Hygiene, Epidemiologie und Arbeitsmedizin mit Praktikern an einen Tisch zu holen. So war ich zehn Jahre lang Vorsitzender des Fachausschusses gesundheitlicher Umweltschutz bei der Ärztekammer Schleswig-Holstein. Dort haben wir eine epidemiologische Task Force eingerichtet und versucht, ganzheitlich und überdisziplinär umweltmedizinische Probleme zu lösen. Gleichzeitig haben wir die erste deutsche Weiterbildung für Umweltmediziner didaktisch und organisatorisch auf die Beine gestellt. Ich erlebte eine Zeit intensiver praktischer Erfahrungen mit epidemiologischen Fragestellungen.

EPIDEMISCHES AUS POLITISCHER SICHT

Dann nahm meine Tätigkeit eine neue, völlig überraschende Wende. Nachdem ich mich schon als praktizierender Facharzt und dann noch mehr als Amtsarzt auch öffentlich über Fehler in der Gesundheitspolitik geärgert hatte, wurde ich überraschend gefragt, ob ich nicht für den Bundestag kandidieren wolle. Das hatte ich bis dahin nie in Erwägung gezogen, war also sehr überrascht und bat erst einmal um Bedenkzeit. Nach einigen Erkundigungen und Rückfragen traute ich mich zu kandidieren und wurde von den Sozialdemokraten für den Wahlkreis 1, Flensburg-Schleswig, ins Rennen geschickt. Zu meiner Überraschung wurde ich gleich beim ersten Versuch in den Bundestag gewählt.

Diese völlig neue Welt eröffnete mir fünfzehn Jahre lang völlig ungeahnte und überraschende Perspektiven nicht nur in Bezug auf das deutsche Gesundheitswesen. Im Europarat lernte ich durch den intensiven Vergleich der Systeme in Europa und in vielen weiteren Ländern, worauf es ankommt, wenn man mit möglichst wenig öffentlichen Mitteln möglichst viel für die Gesundheit der

Menschen erreichen will. Am wertvollsten erwiesen sich dabei die vielen Begegnungen mit hochkarätigen Wissenschaftlern, wichtigen Fachgremien und Behörden, streitenden Interessengruppen, machtbewussten Politikern und vor allem mit den vielen Menschen, die mir durch ihre Wahl diese wichtige Arbeit anvertraut hatten.

Von Anfang an hatte ich oft mit dem Bundesgesundheitsministerium und seinen nachgeordneten Behörden zu tun, beispielsweise mit dem Robert Koch-Institut, dem Paul-Ehrlich-Institut (zum Beispiel zuständig für Sera und Impfstoffe) und dem BfArM, der Zulassungsbehörde für Arzneimittel und Medizinprodukte. Für meine Fraktion war ich im Jahr 2000 auch Berichterstatter für das neue Infektionsschutzgesetz (IfSG), eine völlige Neufassung des Bundesseuchengesetzes, das endlich das Gesetz zur Bekämpfung von Geschlechtskrankheiten überflüssig machte, welches ich als Amtsarzt immer wieder als diskriminierend und entwürdigend verurteilt hatte.

Mir erschien das damalige IfSG als ein Fortschritt und ich war froh, dass wir in Deutschland Regeln geschaffen hatten, die eine gute Beobachtung der Epidemiologie und angemessene Reaktionen bei übertragbaren Krankheiten sicherstellen konnten. In meiner Rede dazu im Plenum des gerade nach Berlin umgezogenen Deutschen Bundestags am 12. Mai 2000 äußerte ich den Wunsch, das Robert Koch-Institut zu einer den *Centers for Disease Control and Prevention* (CDC) in den Vereinigten Staaten entsprechenden zentralen Einrichtung und zur Kontaktstelle für internationale Zusammenarbeit im Infektionsschutz zu machen.

Damals konnte ich noch nicht ahnen, dass globale Player beim Weltwirtschaftsforum (WEF) in Davos und bei der WHO in Genf bereits einige Monate zuvor begonnen hatten, das Geschäft mit der Angst vor Seuchen zu einem Schwerpunkt für die Pharmaindustrie, Big Data und Finanzinvestoren zu entwickeln. Sonst hätte ich diese Vereinnahmung der öffentlichen Daseinsvorsorge durch eine globalisierte Privatwirtschaft sicher schon da scharf kritisiert.

AIDS – MEINE ERSTEN ERFAHRUNGEN
MIT EINER PANDEMIE

AIDS aus Afrika, BSE aus England, der SARS-Ausbruch in Guangdong oder MERS bei den Dromedaren, das fliegende Gespenst der Vogelgrippe, die zur Lügen-Pandemie aufgeblasene H1N1-Influenza aus Mexiko, EHEC in Hamburg, Ebola in Westafrika, Zika in Brasilien und andere pandemische Übungen, das alles waren Ereignisse, die etwas mit dem zu tun haben oder gar die Basis für das sind, was wir jetzt erleben. Die Kenntnis dieser Ereignisse erleichtert das Verständnis der aktuellen COVID-19-Inszenierung. Deshalb will ich meine einschlägigen Erfahrungen mit diesen Vorkommnissen im Folgenden dokumentieren.

Als Amtsarzt erlebte ich sehr hautnah den Beginn der AIDS-Tragödie. Alle Medien berichteten Tag und Nacht über die Seuche, die von Afrika über Kalifornien und New York nach Schleswig-Holstein schwappte. In einer schnell improvisierten Beratungsstelle begegnete mir dann täglich die große Angst, die plötzlich jeden erfasste, der Blutprodukte erhalten oder Drogen injiziert hatte oder sich an möglicherweise riskante sexuelle Praktiken erinnerte. Auch Angst vor dem Zahnarztbohrer, vor gemeinsam benutzten Zahnbürsten oder ähnlichen, konstruierten hygienischen Risiken trieb die Menschen in die Beratungsstellen.

Als erste Beratungsstelle in Norddeutschland konnten wir um 1984 HIV-Tests ausprobieren, die uns das Robert Koch-Institut zur Verfügung stellte. Damals wurden Antikörper gegen HI-Viren gemessen und bei einem positiven Testergebnis durften wir Blut zur Western-Blot-Kontrolle nach Berlin schicken.

Wie jetzt bei den Tests auf SARS-CoV-2 hatten die Menschen auch bei HIV eine doppelte Angst: Die Angst vor der überall als sehr gefährlich dargestellten Erkrankung und die Angst vor einer gesellschaftlichen Diskriminierung. Die Diskriminierung HIV-Positiver ging damals allerdings weniger von lästigen Quarantäne-Behörden aus, sondern – viel schlimmer – von all jenen, die sich vor Kontakten mit positiv Getesteten scheuten, aus der oft völlig irrationalen Angst heraus, sich anzustecken. Hier leisteten die Beratungsstellen sehr große Aufklärungsarbeit.

Meine Hauptaufgabe bestand darin, durch Informationen den Menschen ihre Angst zu nehmen und ihnen einen vernünftigen und respektvollen Umgang miteinander zu erleichtern. Das hat mir immer schon sehr viel Freude gemacht, dieses »Ach so, na dann weiß ich jetzt selbst, was ich machen kann ...«

Ich erinnere mich an Vorträge mit spannenden Diskussionen in Schulen, Vereinen, Kliniken oder auf der Bühne bei einem großen Open-Air-Festival in Angeln, Schleswig-Holstein. Die selbst gemalten Strichmännchen mit T-Helferzellen, HI-Viren, B-Lymphozyten und Fresszellen habe ich gerade kürzlich in einem Aktenordner mit alten Overheadfolien wiedergefunden. Auch das Buch »Liebe in Zeiten der Cholera« von Gabriel Garcia Márquez lässt mich an diese Aktionen denken. Ich erhielt es von Dr. Erika Emmerich[1], der Präsidentin des Kraftfahrtbundesamtes, als Dank für einen aufklärenden Vortrag vor der versammelten »Belegschaft«.

Viele reagierten auf das Risiko AIDS mit Panik und die Infektionsgefahr störte so manche intime Beziehung. Die Rettung schien auch hier »der Test« zu sein. Als Lösung für die diskriminierenden Risiken der Ratsuchenden und erst recht für positiv Getestete hatte ich ein selbst gestricktes Instrument zur Wahrung der Anonymität der Beratenen entwickelt. Ich wollte deren Namen ja gar nicht wissen, musste aber die Beratung dokumentieren und bei Vorliegen der Testbefunde die richtige Karteikarte finden.

Mir war dafür eine sehr einfache Lösung eingefallen: Jeder Klient erhielt eine laufende Nummer mit Datum. Diese wurde auf der Karteikarte notiert und auf einer Ecke der Karte ein zweites Mal. Der Klient nahm diese Ecke, die ich jedes Mal etwas anders abriss, mit nach Hause. Jeder wusste, wenn er mir bei seinem nächsten Besuch diese in einmaliger Form abgerissene Ecke vorlegt, durfte er das Ergebnis erfahren. Das klappte jahrelang ohne Schwierigkeiten, ganz ohne digitale Datenerfassung und wirklich anonym.

Schon damals spielten die WHO und das RKI eine wichtige Rolle bei der Darstellung und der strategischen Bewältigung der neuen weltweiten Herausforderung. Nachdem Retro-Viren als Ursache gefunden wurden, begann ein erbitterter Wettbewerb um Ruhm und Patente im Rahmen der gesellschaftlichen Bewältigung der neuen Seuche. Von Anfang an sahen viele die starken Interessen der Pharmaindustrie als Haupttriebfeder dieser Slow Pandemic. Unstrittig ist inzwischen wohl, dass die unsichere und nebenwirkungsreiche Medikation viele Krankheitsbilder wesentlich mitformte. Das Nutzen-Risiko-Verhältnis mancher AIDS-Medikamente ist bis heute umstritten, und die damaligen Irrtümer werden immer deutlicher.[2]

Mein gesundheitspolitisches Hauptengagement als Bundestagsabgeordneter widmete ich danach viele Jahre lang dem Kampf gegen Patente auf wichtige Arzneimittel und setzte mich für einen bedarfsgerechten Zugang zu »Essential Drugs« ein. Dabei lernte ich die WHO, den *Global Fund* zur Bekämpfung von AIDS, Tuberkulose und Malaria mit Sitz in Genf, die von der *Bill & Melinda Gates Stiftung* dominierte Impfallianz *Gavi*[3] und die in den Organisationen und bei ihren Partnern auftretenden Konflikte zwischen Public-Health-Idealisten und den sehr zielbewusst verhandelnden Vertretern der Arzneimittelindustrie aus der Nähe kennen.

BSE – RINDERWAHNSINN VON MENSCHEN GEMACHT

Die durch eine skrupellose Futtermittelindustrie verursachte und aufrechterhaltene Rinderseuche BSE blieb lange ein Rätsel voller Widersprüche. Wiederkäuern Tiermehl zu verfüttern ist industrieller Kannibalismus. Als Bundestagsabgeordneter hat man viele

Möglichkeiten zu recherchieren, Türen stehen einem offen und die Regierung muss zu allen Fragen Rede und Antwort stehen. Um das BSE-Problem zu analysieren, hatte ich einen kritischen Tierarzt in mein Team aufgenommen. Wir haben Literatur gewälzt, Wissenschaftler und Praktiker befragt und versucht, die Transportwege des Tiermehls nachzuvollziehen.

Der damalige Vorsitzende des Landwirtschaftsausschusses im Deutschen Bundestag, der Landwirt Peter Harry Carstensen, machte sich in einer Rede im Plenum des Bundestages über meine »Panikmache« lustig und verharmloste das BSE-Problem. Vermutlich wollte der spätere CDU-Ministerpräsident in Schleswig-Holstein »seine« Landwirte vor den mit der Tiermehlverfütterung verbundenen Vorwürfen schützen. Als einige Monate später auch in seinem Wahlkreis in Nordfriesland junge schwarzbunte Rinder erkrankten, änderte er seine Meinung und wir konnten uns danach immer sehr freundlich und sachlich unterhalten.

Um der Sache auf den Grund zu gehen, besuchte ich im Frühjahr 2001 eine große Tierkörperbeseitigungsanstalt bei Neumünster, die Tierkadaver aller Art annimmt und verarbeitet. Lastwagen kippen die Tierleichen oder Tierteile in eine breite Rinne am Boden, an deren Grund sich eine große scharfkantige Metallschnecke dreht. Diese zerkleinert die Kadaver und befördert den stinkenden Brei in große Autoklaven, wo er mit Überdruck bei 130 Grad Celsius zerkocht und sterilisiert wird. Danach wird der Brei zentrifugiert, getrocknet und als bräunliches Tiermehl in Säcke gefüllt. So entsteht ein wertvolles Nährstoffgemisch – aber für wen? An Pflanzenfresser sollte man es jedenfalls nicht verfüttern. In der Abdeckerei wurde ich freundlich behandelt und offenbar waren alle sehr daran interessiert, mir die vorschriftsmäßige Verarbeitung der Tierkadaver transparent zu machen. Bei der Betriebsbesichtigung fand ich keinerlei Beanstandungen.

Ich wollte gerade mit dem Auto abfahren, als ein großer Lastwagen voller Knochen vom Schlachthof auf den Hof der Abdeckerei fuhr. Rinderknochen und Rinderschädel lagen traurig durcheinander. Als ich den Geschäftsführer beim Abschied fragte, ob die Knochen auch in die Tiermehlschnecke gekippt würden, meinte er: »Nein, die sind viel zu wertvoll, die werden extra behandelt und verwertet.« Ich sah noch einmal auf die Rinderschädel, dachte an das Gehirn darin und an BSE – und stieg wieder aus, um mir das weitere Prozedere genauer anzusehen.

Dabei stellte sich heraus, dass die Knochen ebenfalls zermahlen und erhitzt wurden, dass aber der Knochenbrei, der auch zermahlene Rinderschädel enthielt, zur Gewinnung von Knochenfett nur auf unter 100 Grad erhitzt werden durfte, um das wertvolle Knochenfett nicht zu zerstören. Doch die Erreger der BSE, die Prionen, machen sich gerade im fetthaltigen Hirngewebe breit und können bei 100 Grad keineswegs unschädlich gemacht werden. Also fragte ich – innerlich aufs Höchste angespannt –, ob die Knochen ebenfalls als Tierfutter Verwendung finden würden. Die Auskunft, dass das Knochenfett hauptsächlich in der Industrie, zum Beispiel in der Kosmetikindustrie, sehr beliebt sei und zumeist dorthin ginge, beruhigte mich etwas.

Mein tierärztlicher Mitarbeiter, dem ich davon berichtete, hat das zu Hause seinem Vater, einem erfahrenen Veterinär, erzählt. Am nächsten Morgen kam er aufgeregt ins Büro: »Mein Vater sagt, dass die Knochenfette für die Produktion von Milchaustauschern verwendet werden!«

Uns war sofort klar, was das bedeutete. Weil wir Menschen den Kälbern die Milch wegtrinken, werden diese schon gleich nach der Geburt mit einem künstlichen Milchersatz gestillt. Mit Milchaustauschern, die etwa 2 Prozent Knochenfett unter anderem aus Rinderhirnen enthielten. Deshalb erkrankten schon junge Rinder trotz der eigentlich langen Inkubationszeit am Rinderwahn.

Dennoch gelang es mir erst nach mehreren Anläufen und einem persönlichen Gespräch, den damaligen Landwirtschaftsminister Horst Seehofer davon zu überzeugen, dass er für ein europaweites

Verbot dieser Praxis sorgen müsse. Zum Glück war das BSE-Problem danach kein Thema mehr.

Vermutlich weil Menschen keine Milchaustauscher getrunken und kein Tiermehl gegessen haben, blieb die Prionenkrankheit nur ein Problem der Veterinäre. Der von einigen an die Wand gemalte Anstieg von Creutzfeldt-Jakob-Erkrankungen (CJK), einer Prionenkrankheit, die als analoge Form von BSE beim Menschen diskutiert wurde, blieb aus.

Die Creutzfeldt-Jakob-Erkrankung tritt bei Menschen normalerweise selten auf. In Deutschland sind es unter 10 Fälle pro Jahr, mit wohl unterschiedlichen Ursachen. Nach dem BSE-Skandal hatte man 2005 noch mit vielen Spätfolgen bei Menschen gerechnet. Bis zum Jahr 2015 verstarben im Vereinigten Königreich 177 Menschen an CJK.[4]

SARS UND MERS – DIE ERSTEN CORONA-TESTLÄUFE

Ab Mitte November 2002 wurde im Süden Chinas eine Häufung atypischer Pneumonien beobachtet. Bei dieser Lungenerkrankung dachte man erst an seltenere Bakterien oder an Paramyxo-Viren als Auslöser. In den ersten drei Monaten sollen laut chinesischer Regierung 305 Menschen erkrankt und drei gestorben sein. Erst am 26. März 2003 »identifizierte« man dann nahezu gleichzeitig in Atlanta (CDC), Hongkong und Hamburg die Erreger der Erkrankungen als Coronaviren.

Schon zwei Tage danach hatte Christian Drosten mit seinem Kollegen im Hamburger Bernhard-Nocht-Institut (BNITM) am Computer einen PCR-Test auf diese Viren zusammengestellt. Dieser wurde auch damals gleich auf der ganzen Welt vertrieben und diente überall dazu, zu zeigen, was SARS war und was nicht. Schon 2003 definierten also Drosten und Kollegen die Gensequenzen, an denen man die angeblich neuen Virusinfektionen erkennen können sollte. Den Vertrieb des Drosten-Tests übernahm eine Ausgründung des BNITM, die Hamburger Firma Artus, die mit Stellen in den USA und Singapur zusammenarbeitete.

Mithilfe des ersten Drosten-Tests zählte man weltweit über 8.096 SARS-Fälle und führte 774 Todesfälle auf die Infektion mit diesem Virus zurück, obwohl der volle Kausalitätsnachweis bei vielen zugerechneten Fällen ausblieb. Außerdem wurden bei zahlreichen Erkrankten nicht zugelassene antivirale oder immunsuppressive Behandlungen ausprobiert, deren Anteil an der damalig beobachteten Letalität strittig ist. Schon 2003 wurden mit dem neuen Test schwere Viruspneumonien ohne weitere Differenzialdiagnosen der neuen SARS-Gefahr angelastet.[5] Epidemiologisch relevante Erkrankungshäufigkeiten oder gar insgesamt erhöhte Todesraten beobachtete man auch damals nicht. Einzig die Zahl der durch PCR definierten Diagnosen von Drosten und Co. stieg an.

Um die Bedeutung dieser neu entdeckten Variante im Zusammenhang zu verstehen und sie epidemiologisch bewerten zu können, müsste natürlich auch hier die Frage geklärt werden: Was wurde bis dahin jedes Jahr als »normal« hingenommen?

Während in China 1990 noch jährlich mehr als 500.000 Menschen an einer Pneumonie verstarben und davon circa 80 Prozent im Kindesalter, waren es 2003 nur noch unter 200.000 und zwei Drittel davon über 70 Jahre alt.

In China hatte nicht zuletzt die Ein-Kind-Politik der Regierung den Anteil der Älteren an der Gesamtbevölkerung stark erhöht. Außerdem hatten sich im Rahmen der rasanten ökonomischen Entwicklung die dortigen Lebensverhältnisse deutlich gebessert. Das führt bekanntermaßen auch zu einem Rückgang der Kindersterblichkeit, die zuvor in China sehr hoch gewesen war.

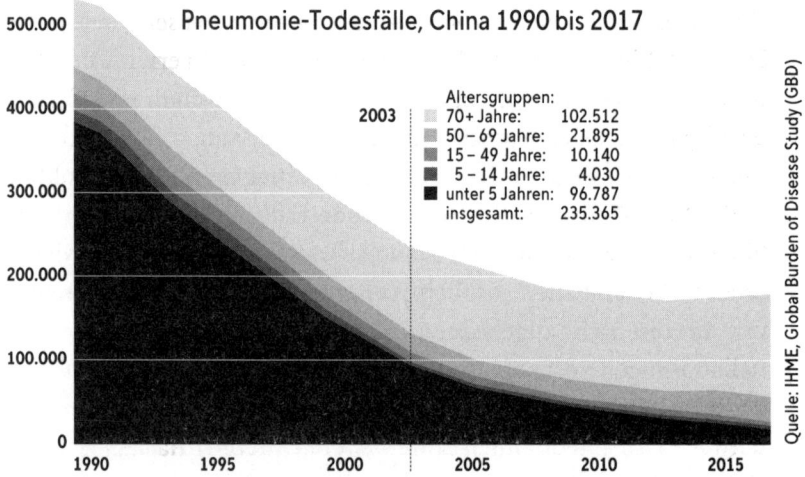

Pneumonie-Todesfälle, China 1990 bis 2017

500.000

400.000   2003

300.000

200.000

100.000

0

1990   1995   2000   2005   2010   2015

Altersgruppen:
70+ Jahre:	102.512
50 – 69 Jahre:	21.895
15 – 49 Jahre:	10.140
5 – 14 Jahre:	4.030
unter 5 Jahren:	96.787
insgesamt:	235.365

Quelle: IHME, Global Burden of Disease Study (GBD)

Wie die Statistik zeigt, starben in China 235.365 Menschen im Jahr 2003 an Pneumonie. Das würde im 1,4 Milliarden-Volk für die circa 110 Millionen Einwohner in der Provinz Guangdong bedeuten, dass dort etwa 18.000 Menschen an Pneumonie gestorben sind. Da Coronaviren erfahrungsgemäß 5 bis 15 Prozent der Viruspneumonien verursachen, könnten in der Provinz Guangdong im Jahr 2003 »normalerweise« etwa 2.000 Menschen an Corona gestorben sein, bevor dort epidemiologisch die roten Lichter aufleuchten müssten. Die 774 SARS-Corona-Todesfälle haben in dieser Zahl reichlich Platz. Aus meiner Sicht ist den Chinesen damals auch nur deshalb etwas aufgefallen, weil Virologen am Computer einen Test gebastelt hatten, der für den Nachweis von infektiösen Viren gar nicht geeignet war. Was wir heute erleben, war bei SARS-1 also schon genauso.

Ähnlich wie heute sagten die Schilderungen der WHO aber mehr darüber aus, wie sie das Krankheitsgeschehen beobachteten, als über die epidemiologische Situation selbst. Sicher ist wohl, dass einfache hygienische Maßnahmen, wie Händewaschen oder vorübergehende Isolierung der Infizierten, eine drohende »SARS-Pandemie« sehr schnell lokal eingrenzen und beenden konnten. Oder haben die Chinesen auch 2003 nur einfach aufgehört zu testen?

Das Virus SARS-1 hatte von Guangdong in China seit November 2002 angeblich auch Kanada erreicht. Ein Aufsehen erregender Ausbruch soll dort in einer Langzeitpflegeeinrichtung in British Columbia erfolgt sein. Die Aufregung zu jener Zeit in Kanada ähnelt der zu Anfang von COVID-19. Vom 1. Juli bis 22. August 2003 erkrankten in der Einrichtung 95 der 142 Bewohner (67 Prozent) und 53 der 160 Mitarbeiter (33 Prozent) an Atemwegsinfektionen. Das mediane Alter der betroffenen Bewohner lag bei 83,7 Jahren, mit einer Spanne von 43,6 bis 98,7 Jahren.

Die Symptome und Befunde waren sowohl bei den Bewohnern als auch bei dem Personal nicht einheitlich. Die meisten klagten über leichte klinische Beschwerden. 66 Prozent hatten Husten, 21 Prozent Fieber, 66 Prozent Schnupfen, 12 Prozent eine Pneumonie. Zwölf Bewohner wurden ins Krankenhaus eingeliefert, acht davon wegen einer Lungenentzündung. Von den Patienten mit respiratorischen Symptomen starben acht. Das waren etwa zwei mehr, als normalerweise in diesem Zeitraum verstarben. Keiner der 53 betroffenen Mitarbeiter starb, wurde ins Krankenhaus eingeliefert oder entwickelte eine Lungenentzündung.

Als eine Gruppe von Wissenschaftlern diesen angeblichen SARS-Ausbruch untersuchte, zeigte sich, dass die verwendeten Tests wohl nicht die wirklichen Ursachen erfasst hatten. Dieser angebliche SARS-Ausbruch erwies sich als eine saisonale Grippewelle, die zu einer leichten Übersterblichkeit geführt hatte. An der Grippe-Übersterblichkeit waren die lange bekannten Coronaviren HCoV-OC43 beteiligt. Die Wissenschaftler schreiben in der Zusammenfassung ihrer Auswertung:

»Ein anschließender Test mittels Reverse-Transkriptase-Polymerase-Kettenreaktion bestätigte die HCoV-OC43-Infektionen. Die Rekonvaleszenz-Serologie schloss SARS aus. Insbesondere zeigten die Seren eine Kreuzreaktivität gegen gemeinsame Nukleokapsid-Peptidsequenzen von HCoV-OC43 und SARS-CoV.«

Gut zehn Jahre später ereignete sich die Episode mit SARS-ähnlichen Coronaviren in mehreren arabischen Ländern und Nordafrika: die Fälle von MERS. Diese erneute Coronavirus-Episode sollten Dromedare auf den Menschen übertragen haben und die MERS-Viren sollten lebensbedrohlich sein. Bei all diesen neuen Ausbrüchen stand Christian Drosten mit seinen blitzschnell entwickelten Tests als »Mister Corona« der Presse zur Verfügung. Sowohl bei SARS als auch bei MERS und COVID-19 übernahm er die Rolle, durch das schnelle Hervorzaubern von PCR-Tests zu definieren, woran man diese Krankheitsneuschöpfungen erkennen können sollte.

Das Beispiel aus dem Jahr 2003 zeigt schon, dass ein positiver PCR-Test eben nicht als alleiniges Diagnosekriterium ausreicht, da er auch falsch positive Ergebnisse liefert und Kreuzreaktionen auftreten. Christian Drosten, der Promotor des SARS-Tests, wusste das damals noch ganz genau. Sogar bei MERS warnte er 2014 noch vor einer Überschätzung der PCR-Ergebnisse. Sechs Jahre vor COVID-19 scheint Drostens Rolle eine andere gewesen zu sein als jene, die ihm die deutsche Bundesregierung offenbar seit 2017 als Pandemie-Berater angedient hat.

Das virologische Bangemachen mit immer neuen Viren hört wohl nicht auf. Auch im Corona-Winter 2020/2021 wurden wir ständig mit neuen Alarmmeldungen über vorher völlig ungekannte Virusvarianten aus Dänemark, England, Brasilien, Südafrika oder Indien verunsichert. Das macht natürlich wieder Angst.

Virologen bieten uns Narrative an, die eher evolutionsideologisch begründet sind. Sie wirken tragisch veraltet angesichts unseres Wissens über die laufend sich wandelnden Erreger und ihre enorme Anpassungsfähigkeit.[6] Die Lebensformen der Viren und ihr laufender Wandel sind natürlich uralt. Oder glaubt jemand das Märchen, dass die Coronaviren ihre Eigenschaften erst verändert haben, seit Christian Drosten im Bernhard-Nocht-Institut mit Blick auf den Hamburger Hafen einige von ihnen mit Buchstaben versehen, auf seinen im Computer gebastelten Test reduziert und als PCR-Ikonen dem Markt der Angst angedient hat?

Die aus Meerkatzen, Fledermäusen, Nerzen, Hühnern, Tigern oder aus irgendwelchen anderen Tieren fast täglich neu isolierbaren SARS-ähnlichen Varianten sind für Virologen oder Mikrobiologen kaum noch etwas Besonderes. Tausende jährlicher Mutationen an Tausenden von unterschiedlichen Mikroorganismen füllen die globalen Datenbanken und geben einen Eindruck davon, wie schnell sich Kleinstlebewesen an ihre Umwelt anpassen, um zu überleben. Auch wenn Virologen wie Albert Osterhaus oder Christian Drosten damit immer wieder Schlagzeilen machen, neue Viren sind keine Sensation. Sie sind die biologische Normalität.

DIE TAMIFLU-ÜBUNG: VOGELGRIPPE

Ein weiterer virologischer Experte profilierte sich 2005 mit der Vogelgrippe als oberster Seuchenwächter der Weltgesundheitsorganisation (WHO): der Tierarzt Dr. Klaus Stöhr, der von 2001 bis 2006 als Koordinator des globalen Influenza-Programms und dann als Senior Advisor der Influenza-Pandemie-Impfstoffentwicklung der WHO arbeitete. Im Jahr 2007 wechselte er direkt zum Impfstoffproduzenten Novartis.

Ebenfalls Stöhr hatte für die WHO zwei Jahre zuvor bei SARS schon versucht, Alarm zu schlagen, doch da hat China anscheinend nicht richtig mitgemacht. Die anfangs von der WHO dem Virus H5N1, dem Vogelgrippe-Erreger, zugeschriebenen Fälle wurden im März 2003 dann als Coronavirus-Infektionen eingeordnet.[7] Der Spuk verlief sich – wie geschildert – ohne Lockdown und Impfungen, obwohl die Daten der in Kliniken gesammelten Fälle eine Letalität von über 10 Prozent ergaben. Diese hohe Sterblichkeit liegt vielleicht auch darin begründet, was die Ärzte in den Kliniken mit SARS-verdächtigen Kranken angestellt haben.

Damals hat man noch nicht die ganze Welt getestet, und der Test, den Christian Drosten mit seinen Kollegen im Bernhard-Nocht-Institut gebastelt hatte, wurde weniger erfolgreich vermarktet als das Nachfolgemodell 2020. Bereits bei der damals versuchten Impfstoffentwicklung wurden in den Vorstudien erschreckende Nebenwirkungen beobachtet, wie zum Beispiel das gefürchtete Antibody-Dependant Enhancement (ADE)[8], sodass die Studien rasch aufgegeben wurden.

An der Vogelgrippe profitierten daher vor allem die Anbieter der Neuraminidasehemmer, also von *Tamiflu*® und *Relenza*®, von der Panikmache der WHO-Experten. Als die Bush-Administration für etwa 1,5 Milliarden US-Dollar *Tamiflu*® bunkerte, um die US-amerikanische Bevölkerung vor der beschworenen Gefahr zu schützen, stellte sich bald heraus, dass sich der amerikanische Verteidigungsminister Donald Rumsfeld, ein Mitglied dieser Administration, an diesem Geschäft persönlich nicht unerheblich bereicherte. Rumsfeld war vor seinem Amtsantritt Vorstandsvorsitzender und danach weiterhin Großaktionär des Pharmariesen *Gilead Sciences*, Patentinhaber von *Oseltamivir* und damit Lizenzgeber für das so lukrative *Tamiflu*® von *Hoffmann-La Roche*. Auch der französische Konzern *Sanofi-Aventis* profitierte von diesem Geschäft mit der Angst. In einer Mitteilung vom 6. März 2006 verkündete er: »Sanofi liefert Rohstoff für Tamiflu.«[9]

Nachdem der Veterinär und Chef-Seuchenwächter der WHO Klaus Stöhr vor den Kameras der Weltpresse von Zugvögeln schwadroniert hatte, welche die Vogelgrippe um den ganzen Globus verteilen würden, suchte man von der Ostsee bis zum Mittelmeer nach verendeten Wildvögeln, die als H5N1-Opfer infrage kamen. Hier und dort fand man einige Exemplare, die dann in ihrem traurigen Zustand die Titelseiten der Sensationspresse schmückten. Dass grippekranke Vögel keine langen Strecken mehr fliegen können und deshalb als globale Verbreiter einer Seuche gar nicht infrage kommen, dieses Argument namhafter Ornithologen fand damals nicht den Weg in die Presse.[10] Auch für die Tatsache, dass jedes Jahr solche Grippe-Opfer steif gefroren zurückbleiben, hatte sich bis dahin niemand interessiert. Tote Vögel intensiv nach Viren zu untersuchen schien unwichtig. Inzwischen liegen schlüssige Belege dafür vor, dass die H5N1-Erreger durch Tierärzte, Händler und Futtermittel auf Tiere in Massentierhaltung übertragen wurden und die dort in einigen Beständen großen Schaden anrichteten.

ZIKA UND ANDERE PANDEMIE-KANDIDATEN

Nach MERS im Jahr 2014 folgte der glücklicherweise vergebliche Versuch, mit Zika-Viren in Südamerika Angst zu verbreiten. Diese Viren werden von der Mücke *Aedes aegypti* übertragen, die als Vektor für Gelbfieber, Dengue und Chikungunya bekannt ist. Nach einer Kampagne im Januar 2016, die jungen Frauen in Brasilien dadurch Angst machte, dass nach Zika-Infektionen vermehrt anencephale, also schwerstbehinderte Kinder geboren worden seien, stellte sich heraus, dass dafür keine validen epidemiologischen Hinweise vorliegen. Der Zika-Hype verging ziemlich rasch wieder. Jetzt fördert die WHO angeblich weiterhin die Entwicklung eines Impfstoffes gegen diese Viren.

Aber schon bei Dengue und anderen viralen Infekten hatte sich gezeigt, dass die ausprobierten Impfstoffe das Risiko von ADE, also von schweren immunologischen Komplikationen, sehr stark erhöhten. Vermutlich aus diesem Grund sind die Geschäftsideen mit Impfstoff gegen Dengue, Chikungunya oder Zika deutlich in den Hintergrund getreten. Vielleicht spielt bei den Investoren hinter der WHO trotz aller gegenteiligen Verlautbarungen auch eine Rolle, dass es sich bei den betroffenen Ländern überwiegend um wenig zahlungskräftige Kandidaten handelt. Das ist jetzt bei den COVID-19-Vakzinen ja völlig anders. Der Laden brummt! Mit Masken, Tests und Impfstoffen werden viele Milliarden Euro aus öffentlichen Kassen abgegriffen.

EBOLA

Im Frühsommer 2011 war ich als Berater einer Firma nach Conakry, der Hauptstadt von Guinea, geflogen. Der Präsident Alpha Condé war gerade zum ersten Mal gewählt und die Gelegenheit für Reformen schien günstig. Allerdings hatte Condé bereits versucht, sich der Opposition durch einen fingierten Anschlag auf sein Palais zu entledigen. Als ich in meiner Unterkunft eintraf, knallte es in der Nähe bedrohlich, und am nächsten Tag standen überall Polizeisperren und die Opposition wurde der Schießereien beschuldigt und verfolgt. Das scheint eine bewährte Methode zu sein, seine politischen Gegner loszuwerden.

Mein Auftraggeber wollte in Westafrika im Rahmen von Entwicklungshilfeprogrammen einen nachhaltigen Aufbau von gesundheitlichen Versorgungsstrukturen fördern. Ich sollte vor Ort bei der Konzeptentwicklung und bei den Gesprächen helfen, eine realistische Möglichkeit zur Verbesserung der Versorgung zu erarbeiten. In der Hauptstadt Conakry fanden Gespräche mit dem Ministerium, mit Vertretern von ausländischen Minenunternehmen und mit Medizinern aus der Praxis statt. Die Aluminiumindustrie vieler Staaten drängt sich in Guinea, um von den großen örtlichen Bauxitvorkommen zu profitieren.

Nachdem eine britische Privatarmee[11] den Krieg im Nachbarland Sierra Leone zugunsten des vom Vereinigten Königreich (UK) präferierten Regenten beendet hatte, standen die gesundheitlichen Strukturen der gesamten Region plötzlich wieder ohne fremde Helfer, ohne Hilfsgelder und ohne funktionierendes Management und Personal da. Während des Krieges hatten Hilfsorganisationen aus aller Welt weitgehend die Behandlung von Flüchtlingen und Kriegsopfern übernommen. Auch in weiten Gebieten Guineas lag deshalb die Versorgung am Boden. Eine der Ideen war, mit den Mineralkonzernen ins Geschäft zu kommen, weil die – so hofften wir – ja auch ein Interesse an der Lebensqualität und der Gesundheit der Mitarbeiter an ihren Standorten haben müssten. Das erwies sich aber als ein sehr sperriger Weg, der bisher leider wenig Erfolg gezeigt hat.

Im März 2014 rief mich der Leiter eines von einer deutschen Firma in Conakry betriebenen medizinischen Labors an, das ich bei meinem Aufenthalt kennengelernt hatte. Dieses Labor erbrachte praktisch als einziges dauerhaft und verlässlich die Labordiagnostik für die gesamte Region. In seinem Telefonat bat mich der Leiter um Hilfe, weil er von Ebola-Fällen in der Nähe erfahren hatte und dem Land mit der Unterstützung Deutschlands seine Hilfe bei der Diagnostik vor Ort anbieten wollte. Bei seiner Anfrage bei der deutschen Botschaft in Conakry war er belehrt worden, dass solche Hilfe über die UN-Organisationen laufen müsse.

Ebola wird praktisch nur durch Kontakt mit Körpersäften, also durch direkten Kontakt mit Erkrankten oder Verstorbenen oder durch kontaminierte Spritzen und Ähnliches übertragen. Daher lässt sich bei vorhandener Diagnostik ein solcher Ausbruch mit einfachen Hygienemaßnahmen relativ gut und zügig beherrschen. Das Labor in Conakry stand bereit, aber es wurde ignoriert. Wir waren fassungslos und mussten zur Kenntnis nehmen, dass niemand dieses wichtige Angebot unterstützen wollte. Aus welchen Gründen wurde diese notwendige und mögliche Hilfe ignoriert?

Leider arbeiteten die UN-Organisationen in Westafrika sehr langsam und reagierten erst viel später, als die Infektionszahlen in die Hunderte geklettert waren. Doch endlich kam eine Hilfsaktion langsam in Gang. Deutschland startete im September 2014 einen Aufruf für Freiwillige, die in einer vom Roten Kreuz koordinierten Hilfsaktion nach Afrika fliegen sollten. Das war viel zu spät und völlig daneben, denn zu diesem Zeitpunkt waren mehrere Tausend Menschen in Westafrika bereits an Ebola erkrankt, viele waren gestorben und das Chaos in der Region war groß. Ich weiß nicht, was aus der Idee des Roten Kreuzes geworden ist. Jedenfalls waren die Bundesregierung und das Robert Koch-Institut 2014, schon vorher, zu Beginn der Ebola-Epidemie, mit dem jetzigen Leiter ihres Hochsicherheitslabors, Dr. Andreas Kurth, in Guinea vor Ort.

Verlauf der Ebola-Epidemie von März 2014 bis Juli 2015[12]

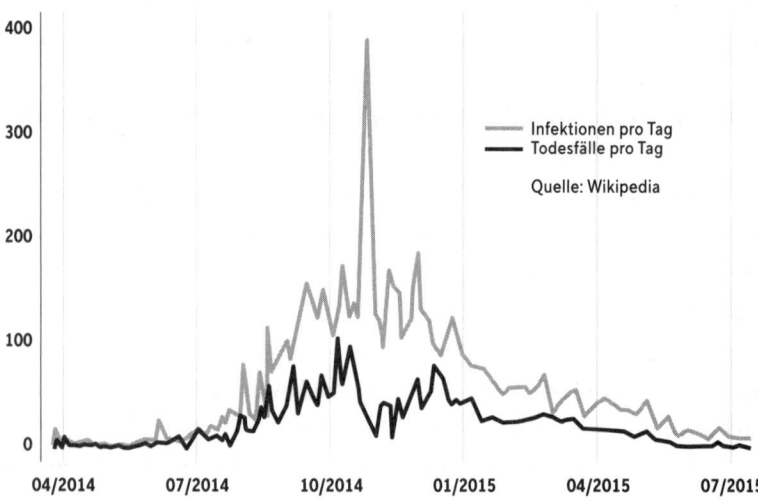

Der Ebola-Ausbruch wurde offiziell erst 2016 für beendet erklärt. Während dieser Zeit hat die Industrie die Situation in Westafrika intensiv genutzt, um viele Erfahrungen mit möglichen Medikamenten zu sammeln. Remdesivir war damals eines der Medikamente, die sich als wirkungslos herausstellten. An der über zwei Jahre lang in mehreren westafrikanischen Ländern laufenden Ebola-Tragödie mit 11.000 Toten und über 25.000 Erkrankungsfällen hat auch die Impfstoffindustrie erhebliches Interesse gehabt und dabei den ersten für die Nutzung am Menschen vorgesehenen gentechnischen Impfstoff entwickelt. Die Firma *Merck Sharp & Dohme* hat den Ebola-Ausbruch offenbar als Gelegenheit genutzt, um diese für sie sehr profitable neue Technologie im afrikanischen Feldversuch 2015 auszuprobieren.[13] Für Westafrika kam der Impfstoff zwar zu spät, aber bei weiteren, kleineren Ausbrüchen im Kongo konnte man den neuen gentechnischen Vektorimpfstoff *Ervebo* von *Merck Sharp & Dohme* mit seiner Notfallzulassung von der Europäischen Arzneimittel-Agentur (EMA) und der US-Zulassungsbehörde Food and Drug Administration (FDA) kurz vor dem beginnenden Corona-Boom dieser Technologie ausprobieren. Seither wird geworben, dass bereits eine Dosis dieses Impfstoffs eine Infektion verhindern könne. Wenn wir im März 2014 sofort angemessen reagiert und die Ebola-Epidemie gleich gestoppt hätten, gäbe es diesen Impfstoff vermutlich nicht.

Dieser am 18. Oktober 2019 von der EMA zugelassene Impfstoff ist der erste gentechnische Vektorimpfstoff für die Anwendung am Menschen. Er machte die Bahn frei für all jene Entwicklungen der in den Startlöchern stehenden Biotech-Szene, die diese lange durch entsprechende Einflussnahme auf die Gesetzgeber vorbereitet hatten.[14] Endlich durfte man den Menschen gentechnisch manipulieren, damit er selbst die Antigene produziert, welche die Industrie sonst aufwendig und viel kostenträchtiger in Hühnereiern oder Bioreaktoren anzüchten und reinigen lassen muss.

Das Zögern der WHO während des Ebola-Ausbruchs erscheint mir im Nachhinein in einem anderen Licht. Ich traue den Drahtziehern aus der Impfstoffindustrie und ihren Investoren zu, dass sie damals »Black Lives Matter« weniger ernst genommen haben als ihre ehrgeizigen globalen Impfpläne. Durch ihr unnötiges Warten nahmen die Verantwortlichen den Tod vieler Tausend Menschen skrupellos in Kauf.

EHEC

EHEC ist die Abkürzung für Enterohämorrhagische *Escherichia coli*. Diese Bakterien finden sich häufig im Darm von Wiederkäuern wie Rindern, Schafen sowie Ziegen und können starke Toxine produzieren. Die betroffenen Tiere erkranken daran in der Regel nicht. Im Menschen können EHEC-Bakterien jedoch blutigen Durchfall mit schweren Komplikationen wie Nierenversagen auslösen, das sogenannte hämolytisch-urämische Syndrom (HUS).

Menschen können EHEC-Coli mit verunreinigter Nahrung aufnehmen. Wer beispielsweise ungenügend gewaschenen Salat oder schlecht geputztes Gemüse isst, die mit tierischem Dung gedüngt wurden, kann sich mit diesen Erregern infizieren – oder selbstverständlich auch mit anderen schädlichen Mikroorganismen. Infektion oder keine Infektion ist dabei natürlich eine Frage der Erregerdosis. Das biologische Miteinander im menschlichen Organismus wird meistens durch ein Übermaß bestimmter Mikroorganismen oder durch sehr ungewöhnliche Keime durcheinandergebracht. Daher sind EHEC-Erkrankungen selten. Sie führen meist zu kleineren oder vereinzelten Ausbrüchen und sind oft auf mangelnde Küchenhygiene zurückzuführen. Doch von Mai bis Juli 2011 geschah etwas Ungewöhnliches, was das Robert Koch-Institut am 25. Juli 2011 wie folgt zusammenfasste:

»Zwischen dem 1. Mai und dem 25. Juli 2011 wurden dem RKI insgesamt 852 Fälle von HUS (beinhaltet auch HUS-Verdachtsfälle) und zusätzlich 3.469 EHEC-Fälle (inkl. 426 asymptomatische EHEC-Infektionen) gemäß Infektionsschutzgesetz übermittelt. Insgesamt 50 Patienten sind verstorben, darunter 18 EHEC-Erkrankte und 32 HUS-Patienten.«[15]

Diese zahlreichen und zum Teil sehr schweren und tödlichen Erkrankungen traten besonders in Norddeutschland, in und um Hamburg auf. Als Infektionsquelle wurde vor allem der Verzehr von in Deutschland aus Bockshornkleesamen gezogenen Sprossen verdächtigt. Doch auch Übertragungen von Mensch zu Mensch wurden beobachtet und andere, wahrscheinlich sekundär kontaminierte Lebensmittel kamen als Infektionsquelle infrage.

Das führte zur intensiven Fahndung nach möglichen Kontaminationsquellen. Unter anderem wurde nach der Herkunft der von den Erkrankten verzehrten Nahrungsmittel gesucht. Dadurch fiel der Verdacht auch auf die Bockshornkleesprossen vom Hamburger Gemüsegroßmarkt. Eine Reise nach Marokko zu den Bockshornkleefarmern ergab jedoch keinen weiteren Anhalt für die Herkunft der Krankheitskeime.

Solche »Medical Detectives« interessieren mich, seit ich in Baltimore an der Johns Hopkins University viel darüber gehört hatte. Nicht selten sind menschliche Fehlhandlungen der Grund für Erkrankungen, Unglücksfälle oder sonstige Schäden. Bei *Transparency International* hatte ich gelernt, dass die Arzneimittelindustrie wegen der Rendite schon oft über Leichen gegangen war, damit *BlackRock* oder andere Anleger ihr Geld nicht woanders investieren.[16]

Mir kam die Theorie mit dem Bockshornklee als Infektionsquelle jedenfalls seltsam vor. Da ich den Hamburger Gemüsegroßmarkt kenne, habe ich überlegt, wie die gefährlichen Darmkeime auf die Kleesprossen gekommen sein könnten. Als ich dann auch noch im Juni las, dass eine Pharmafirma sofort ihre Hilfe anbot und mit den Opfern eine klinische Studie durchführen wollte, für die sie sonst nie genügend Probanden zusammengekriegt hätte, schrieb ich eine E-Mail an den zuständigen Beamten in der Hamburger Gesundheitsbehörde. Darin bat ich ihn, in die Ermittlungen nicht nur Hygieniker und Mikrobiologen, sondern auch die zuständige Staatsanwaltschaft einzubinden. Ob das geschehen ist, weiß ich nicht.

Wenn Sie schon einmal an einem Sommertag über einen Gemüsemarkt gebummelt sind, sehen Sie häufig, wie die Verkäufer sehr bemüht sind, ihre Ware frisch und knackig aussehen zu lassen. Also besprühen sie diese wiederholt mit Wasser. Hätte jemand dieses Wasser absichtlich mit EHEC-Keimen verseucht, würde sich die Krankheit genauso verbreiten, wie die Hygieniker und das Robert Koch-Institut beobachtet hatten. Neben den Sprossen waren auch noch andere Gemüse wie Salat und Gurken in Verdacht geraten. Besprüht werden am Marktstand ja alle.

Meine damaligen Befürchtungen erzähle ich heute, in der Zeit von COVID-19. Das Narrativ der Corona-Pandemie, die angeblich »überall Menschen krank macht«, sitzt fest in den Gemütern, obwohl es sehr schwer ist, dafür die epidemiologischen Belege zu finden. Tatsächlich sterben an einigen Orten, wie in Bergamo oder in Sachsen an der tschechischen Grenze, wirklich mehr Menschen mit der Diagnose COVID-19. Doch fast keiner stirbt mehr an Influenza.[17] Im Winter 2017/2018 wurden in Deutschland der »Grippe« über 20.000 Opfer angelastet, ohne dass jemand nach Coronaviren gesucht hätte.

Aktuell bleibt uns zur Orientierung die in Sentinels erfasste Gesamtzahl der Atemwegserkrankungen, und diese liegt niedriger als in den Vorjahren. Was wir derzeit aber auch beobachten, ist die steigende Zahl der Depressionen und Suizide, die steigende Zahl der in Altenheimen vereinsamt sterbenden Menschen und die vielen kranken Menschen, die sich nicht mehr nach draußen wagen, nicht mehr mit ihren Beschwerden ins Wartezimmer ihres Hausarztes trauen, weil sie wissen, dort wird erst ein Nasen-Rachen-Abstrich gemacht, und wenn der positiv ausfällt, schickt das Gesundheitsamt sie in Quarantäne. Und zusätzlich zu diesem Druck werden uns auch noch Beschränkungen unserer Mobilität angedroht, wenn wir uns keine der hochriskanten gentechnischen Impfstoffe injizieren lassen. Bill Gates, der uns auf seiner Plattform *www.gatesnotes.com* ja seit Jahren eine große Pandemie ankündigt, warnt jetzt, dass die nächste Pandemie wohl zehnmal so schlimm sein könnte.[18] Woher weiß er das? Hat er hellseherische Fähigkeiten? Kennt jemand einen Epidemiologen, der das erklären kann, ohne auf kriminologische Gedanken zu kommen?

Die Übersterblichkeit in den Altenheimen begann in Deutschland erst Ende des Jahres 2020, zeitgleich mit den Test- und Impfaktionen. Was seitdem dort, bei den sogenannten vulnerablen Gruppen, geschah, weckt gruselige Erinnerungen – nicht nur in Deutschland. Wie kann man sonst die plötzliche Zunahme der Sterblichkeit gerade an jenen Orten erklären, die Test- und Impfteams angeblich zum Schutz der Schwachen und Alten seit Beginn des Winters am meisten heimsuchten? Die immer neuen »Mutanten« müssten sonst ja nur dort gefährlich geworden sein. Dafür gibt es weder Gründe noch Evidenz. Epidemien bringen Medical Detectives viel Arbeit.

1 Dr. Erika Emmerich war meine erste Bekanntschaft mit einer Drehtürkarriere. Gleich nach ihrer Tätigkeit als Leiterin des Kraftfahrtbundesamtes (KBA) wurde sie 1989 Präsidentin des Verbandes der Automobilindustrie (VDA).

2 Ausführlicher behandelt in: K. Kühnlein und T. Engelbrecht, *Viruswahn*, EMU-Verlag, Lahnstein 2020 (9. Aufl.), S. 133 ff

3 *Gavi* heißt »Global Alliance for Vaccines and Immunisation«. Sie wurde 2000 beim Weltwirtschaftsforum in Davos gegründet. Hauptsponsor ist die *Bill & Melinda Gates Foundation*.

4 https://de.wikipedia.org/wiki/Creutzfeldt-Jakob-Krankheit

5 Über eine epidemiologische Nachuntersuchung angeblicher SARS-Fälle in einem kanadischen Altenheim berichte ich später noch. Es stellte sich damals heraus, dass es sich um altbekannte Corona-Spezies handelte und dass SARS ein Fehlalarm war.

6 https://multipolar-magazin.de/artikel/krieg-gegen-einen-joker

7 http://www.who.int/csr/don/2003_03_16/en

8 Antibody-Dependent Enhancement (ADE) ist ein Sammelbegriff für durch nicht vollständig neutralisierende Antikörper ausgelöste Fehlsteuerungen der immunologischen Abwehr. Eine oft tödliche Folge ist der sogenannte Zytokinsturm, bei dem es durch die unkoordinierte Immunreaktion zu einer funktionsschädigenden Überflutung und Schädigung von Organen durch Abwehrzellen kommt.

9 Es handelte sich um Shikimisäure, einen wesentlichen Rohstoff für die Herstellung des Wirkstoffs von *Tamiflu®*. http://www.sanofi.de/l/de/de/layout.jsp?cnt=866A5117-2AEC-4920-8D7E-30EEC5DD5102

10 http://steiof.blogspot.de/2006/04/schreiben-vom-632006.html

11 Es war die Söldnerfirma *Sandline*, deren CEO Tim Spicer ich später bei einer Anhörung zu meinem Antrag über strengere Regeln für Private Militär- und Sicherheitsfirmen (PMSF)in Paris befragt habe. Inzwischen hatte seine Firma sich in *AEGIS* umbenannt und verdiente gut unter anderem am Horn von Afrika mit der Bekämpfung der Piraterie.

12 https://commons.wikimedia.org/w/index.php?curid=33768798

13 https://www.who.int/news/item/18-10-2019-major-milestone-for-who-supported-ebola-vaccine

14 2009 wurde im Arzneimittelgesetz (AMG) § 4 definiert, dass auch die Gabe von rekombinanten Nukleinsäuren als Impfstoff zählt. Die EU nahm Impfstoffe von den Regelungen für neuartige Therapien ausdrücklich aus, denn sonst wären sie eindeutig als Gentherapie strengeren Regeln unterworfen. Richtline 2009 2009/120/EG Der Kommissionen vom 14. September 2009

15 Robert Koch-Institut, *Epidemiologisches Bulletin*, Nr. 31/2011, S. 295

16 Hierzu gibt es reichlich gut recherchiertes Material bei Peter C. Gøtzsche, *Tödliche Medizin und organisierte Kriminalität*, Riva Verlag, München 2019

17 *Arbeitsgemeinschaft Influenza*, Wochenbericht 6/2021

18 https://www.entrepreneur.com/article/364371

5

SCHWEINEGRIPPE UND WHO

ALARM WEGEN EINES FEHLALARMS

Inzwischen sind viele Publikationen zum Thema H1N1-Pandemie, also der Schweinegrippe-Pandemie, erschienen, der Evaluations-bericht der WHO liegt vor und riesige Mengen der nicht benötig-ten Impfstoffe und Antigrippemittel sind verfallen, wurden an arme Länder verkauft und zum größten Teil vernichtet. Daher möchte ich – mitten in einer erneuten künstlich aufgebauschten Pandemie – schildern, wie es schon einmal zu riesigen Verschwen-dungen und Fehlleistungen der Weltgesundheitsorganisation (WHO) kommen konnte und welche Rolle die unterschiedlichen Akteure und Organisationen im Hintergrund gespielt haben. Manche Akteure tauchen auch in der Corona-Pandemie wieder auf. Nachträglich habe ich den Eindruck, als wäre die Schweine-grippe lediglich ein Probelauf für die Corona-Pandemie gewesen. Nationale Gesundheitsbehörden, die WHO, die Wissenschaft mit ihren Fachgesellschaften, Instituten und Experten, die Medien und nicht zuletzt die Politik, alle haben ihren Anteil an dieser Fehlentwicklung.

Ich finde es erstaunlich und beunruhigend zugleich, dass von 2010 bis 2020 ohne großes Aufsehen, aber kaum geheim, die Pan-demie-Idee immer weiter entwickelt und einflussreiche neue Bünd-nisse geknüpft wurden. Und das alles, ohne dass in den letzten Jahrzehnten irgendeine größere globale Massenerkrankung zu

Katastrophen geführt hätte. Hunger auf der einen und Fettleibigkeit auf der anderen Seite richteten und richten Jahr für Jahr weit größere Schäden an.

WIE HAT ES DIE WHO GESCHAFFT, EINE MILDE GRIPPE ZUR PANDEMIE AUFZUBLASEN?

Die WHO ist seit 2007 durch die Internationalen Gesundheitsvorschriften (IGV) ermächtigt, mit globaler Verbindlichkeit Pandemien auszurufen, die automatisch die entsprechenden weltweiten Notfallmaßnahmen auslösen sollen. Nach ihrer Unterschrift haben die Mitgliedsländer dies weitgehend in ihre nationalen Regelwerke implementiert. Allerdings hat die WHO seit 2007 die Definition einer gesundheitlichen Notlage von internationaler Tragweite mehrfach geändert, so senkte sie die Alarmschwelle und formulierte unschärfer.

Ende April 2009 entfernte die WHO ihre bislang gültigen Indikatoren für eine Pandemie von ihrer Homepage und veröffentlichte stattdessen einen Stufenplan, der einfach nur die globale Ausbreitung eines neuen Erregers, also das eigentlich normale Verhalten von Viren, zum Charakteristikum für die Auslösung eines weltweiten Pandemie-Alarms machte.[1] Nach dieser WHO-Definition haben wir seit 2009 quasi eine Dauer-Pandemie. Auf meine entsprechende Frage an Keiji Fukuda, den Repräsentanten der WHO bei der Anhörung 2010 in Straßburg, nickte dieser und meinte, das könne durchaus der Fall sein, man werde meine Frage aber noch prüfen.

Das hat die WHO wohl auch gemacht, und das Ergebnis zeigt in beschämender Offenheit, in welchem erschreckenden Maße sich die WHO der Arzneimittelindustrie angebiedert hat. Durch ihre dominierende Rolle und ihre intransparenten Kooperationen kann die Weltgesundheitsorganisation als Fearmonger, Angstmacher, bei der Vermarktung von Test-Kits, Impfstoffen, Medikamenten, Masken und anderen Produkten helfen. Sie kann diese als unbedingt erforderlich empfehlen und international die Regierungen so unter Druck setzen, dass sie der WHO widerspruchslos folgen, alles kaufen und mitmachen.

In den seit Ende April 2009 geltenden sechs Pandemie-Phasen hatte die WHO bereits die Kriterien zur Schwere der Krankheitsverläufe und zur Zahl der Todesfälle stillschweigend fallen gelassen. 2017 passte sie die Pandemie-Definition noch mehr den Wünschen der Impfstoffhersteller an. Seither befinden wir uns nach dem Verständnis der WHO und ihrer Partner aus Industrie und Politik in einem zyklischen Kontinuum von Pandemien,[2] wie ich es 2010 bei meiner Frage an Fukuda formulierte. Nach der Pandemie ist vor der Pandemie.

Das Geschäft wurde in vier Phasen eingeteilt:

→ *Interpandemische Phase:* Dies ist die Phase zwischen zwei Pandemien, in der Vorbereitungen auf eine mögliche Pandemie getroffen werden können.

→ *Bereitschaftsphase (Alert Phase):* Ein neuer Virus-Subtyp wurde beim Menschen nachgewiesen. Diese Phase ist gekennzeichnet durch erhöhte Wachsamkeit und sorgfältige Abschätzung möglicher Risiken auf lokaler, nationaler und globaler Ebene. Falls die Beurteilung der Risiken ergibt, dass keine weltweite Ausbreitung zu erwarten ist, kann eine Deeskalation eingeleiteter Maßnahmen erfolgen.

→ *Pandemische Phase:* Aufgrund der Beobachtung virologischer, epidemiologischer und klinischer Befunde gilt als gesichert, dass sich der neue Subtyp weltweit ausbreitet und Maßnahmen ergriffen werden müssen. Der Wechsel von der interpandemischen Phase zur Bereitschaftsphase und zur Pandemiephase kann rasch oder allmählich erfolgen.

→ *Übergangsphase (Transition Phase):* Sobald sich das Infektionsgeschehen abschwächt, also eine Verbesserung der Lage eintritt, kann eine weltweite oder durch einzelne Staaten veranlasste Deeskalation eingeleiteter Maßnahmen erfolgen.

→ *Interpandemische Phase:* Dies ist die nächste Phase zwischen
zwei Virus-Pandemien.

Seit 2017 hat sich die WHO wohl statt auf Influenza-Pandemien auf
einen neuen Feind eingeschossen. Bei der altbekannten Influenza
wäre es kaum möglich gewesen, neben neuartigen Impfstoffen auch
gleich einen Markt für eine ungeheuer vielversprechende Testin-
dustrie zu schaffen. Die Kombination aus Massentestungen, um
»Fälle« zu finden, und den dazu passenden Impfversprechen ist als
Geschäftsidee kaum zu überbieten. Mehr Tests – mehr Fälle, mehr
Fälle – mehr Angst, mehr Angst – mehr Impfungen. Diese Strategie hat zudem den Vorteil, dass sie für unterschiedlichste Beteiligte
Gewinne ermöglicht. Jeder, der dieses Spiel mitmacht, dem Narrativ
glaubt und es unterstützt, kann für seine Kooperationsbereitschaft
reichlich honoriert werden.

Die Corona-Rundumlösung hat die alte hausbackene Strategie der
alljährlich zusammengemixten Influenza-Impfcocktails ohne große
Diskussionen abgelöst. Die Kombination aus Tests und Impfstoffen
ist lukrativer, viel leichter und besser steuerbar als eine Infektionswelle, auf die man lange warten muss.

Wo ist eigentlich die bisher so bedrohliche Influenza geblieben?
Sie ist sicher noch irgendwo, wird aber zurzeit nicht benötigt.

Der Impfinvestor und wichtigste private Sponsor der WHO,
Bill Gates, weiß das längst, schließlich läuft alles bisher wie nach
seinem Skript »Die erste moderne Pandemie«, das er im April 2020
veröffentlich hat. Grinsend erzählen seine Frau Melinda und er seit
Monaten in allen Kanälen, wann und wie die Pandemie vorbei sein
werde, dass es wohl nicht die letzte sei und dass die nächste Pandemie wohl viel schlimmer werde.

URSPRÜNGLICH WAR DIE WHO
EINE GUTE INITIATIVE

Die WHO als oberste Seuchenwächterin hat sich früher viele Verdienste in der Bekämpfung und Ausrottung ansteckender Erkrankungen erworben. Zum Beispiel hat sie auch einen heldenhaften Einsatz gegen den Gesundheitsschädling Nr. 1, den Tabakrauch, geleistet. Den Kampf gegen die Tabaklobby und ihre käuflichen Protagonisten in Wissenschaft, Medien und Politik setzte sogar die damalige Generaldirektorin der WHO, Gro Harlem Brundtland, fort. Ohne diesen Einsatz gäbe es jetzt zum Beispiel nicht das hochwirksame Instrument der internationalen Tabak-Rahmenkonvention.

Ende der 1970er Jahre hatte sich die WHO auch sehr deutlich gegen die Initiative der Milchpulverindustrie eingesetzt, den Frauen in Entwicklungsländern das Stillen auszureden, sowie für die Schaffung einer Liste mit essenziellen Arzneimitteln, zu denen auch Kranke in armen Ländern unbedingt Zugang haben müssten. Eine WHO-Kommission unter der ehemaligen Schweizer Ministerin Ruth Dreifuss hinterfragte sogar Patente auf diese essenziellen Medikamente.[3] Beide Projekte hatten allerdings die in den USA ansässigen Lobbyisten der betroffenen Industrien verärgert. Die USA werteten daraufhin ihre wirtschaftlichen Interessen höher als die öffentliche Gesundheit und strichen aus Protest vorübergehend ihren Finanzierungsanteil an der WHO.[4]

In der Wirtschaft gilt ein unumstößlicher Code. Sie lebt vom Wettbewerb um den Verkauf möglichst vieler Waren und Dienstleistungen mit dem Ziel möglichst hoher privater Gewinnschöpfung. Auch die Pharmakonzerne produzieren ihre Medikamente oder Impfstoffe primär nicht, weil Kranke diese benötigen, sondern weil sie gewinnbringend vermarktet werden sollen. Die meisten Pharmakonzerne sind Kapitalgesellschaften und müssen das tun, was ihre Geldgeber von ihnen erwarten: Sie sollen das in sie investierte Kapital möglichst gut vermehren. Für die gesundheitlichen

Probleme armer Länder sind solche Unternehmen deshalb nur zu gewinnen, wenn sie einen eigenen Nutzen erwarten.

BIG PHARMA DEFINIERT MIT DER WHO
AUCH ANDERE KRANKHEITEN NEU

Die Arzneimittellobby sitzt seit 2001 bei der WHO in Genf mit am Tisch und konnte wirksamer dafür sorgen, dass neue Absatzmärkte für ihre Medikamente entstehen und dass ärmere Staaten oder Schwellenländer ihre Patentmonopole nicht infrage stellten. Zudem sitzen der Industrie nahestehende Experten in normsetzenden Gremien der WHO. Dadurch kann sie direkten Einfluss auf global gültige Definitionen nehmen, nach denen eine Störung oder Krankheit als behandlungsbedürftig angesehen wird oder nicht.

Vor der Corona-Pandemie hat sie zum Beispiel die beiden ICD-Ziffern für COVID-19-»Fälle« mit und ohne »Erregernachweis« geschaffen. Mit deren Hilfe können Kliniken ihre Fallpauschalen bei allen Krankheiten lukrativ anreichern unter der Voraussetzung, dass nur ein PCR-Test positiv ist oder wenn sie leichte Symptome und den Kontakt mit einer positiv getesteten Person dokumentieren. Da braucht die Klinik nur eine positiv getestete, sonst aber fitte Krankenpflegekraft durch die Klinik zu schicken und schon kann sie bei fast allen Patienten zusätzliche Sonderentgelte abrechnen. Wen wundert es, wenn in den Kliniken kaum ein Patient ohne COVID-19-Diagnose liegt.

Für weitere Normschöpfungen soll die Arzneimittellobby in der Zwischenzeit gesorgt haben, zum Beispiel für eine Absenkung der Normwerte für Blutdruck, damit die Zahl der Behandlungsbedürftigen hochschnellt.[5] Die Definition von Normwerten mit zu bestimmen verschafft der Arzneimittelindustrie eine sehr attraktive Möglichkeit, ihre Geschäftsfelder auszuweiten. Beispielsweise erhöhte die Absenkung der Normwerte für Cholesterin von 240 auf 200 mg/dl allein in den USA die Zahl der »Therapiebedürftigen« um 86 Prozent – ein Riesengeschäft für die Hersteller von Statinen und anderen Cholesterinsenkern.[6]

Der Trick, durch gekaufte Experten weltweite Gesundheitsnormen zu verändern, hatte sich offenbar so gut bewährt, dass er auch in Sachen Influenza genutzt wurde. Zumindest in den ersten Jahren war sich die Leitung der WHO des grundsätzlichen Interessenkonfliktes zwischen Public Health und Wirtschaft bewusst. Daher hat sie immer wieder versucht, Interessenkonflikte durch administrative Gegenmaßnahmen zu neutralisieren. Spätestens unter der Leitung von Dr. Margaret Chan wurde die Praxis dieser »Kontrollen« immer mehr zur Farce, wie aus dem Bericht des *British Medical Journal* von 2010 deutlich wird.[7] Interessenkonflikte sollten hinzugezogene Experten zwar angeben, nur hat das kaum jemand kontrolliert oder gar zum Gegenstand von Zuständigkeitsfragen oder Stimmberechtigungen gemacht.

Seit mit chinesischer Fürsprache der ehemalige Gesundheitsminister Äthiopiens, Tedros Adhanom Ghebreyesus, im Jahr 2017 als Generalsekretär installiert wurde, scheint der Begriff Interessenkonflikt in Genf keine Rolle mehr zu spielen.[8] Da die Gesundheitswirtschaft weitgehend und zunehmend die Interessen der gesamten Organisation prägt, haben die Verantwortlichen in der WHO auch weniger Konflikte, wenn sie deren Interessen vertreten. Die Frage nach der institutionellen Korruption wird immer dringlicher.

MITHILFE DER SENSATIONSPRESSE GESCHÄFTE MACHEN

Big Pharma kann dann die höchsten Preise für ihre Medikamente erzielen, wenn Patienten nach dem letzten Strohhalm suchen, wenn sie also in ihrer Angst und Not bereit sind, ihr Vermögen für etwas hinzugeben, was ihnen vielleicht Linderung oder Genesung verspricht. Deshalb gehören Krebskranke oder andere Patienten mit Angst oder chronisch quälenden Beschwerden zu den bevorzugten Zielgruppen der Arzneimittelindustrie. Hier kommt den Massenmedien als Marketing-Gehilfen der Pharmabranche eine große Bedeutung zu.

Haben Patienten jedoch keine Angst, muss man sie ihnen machen. Durch sensationsträchtige Berichte und aufrüttelnde Bilder gelingt das offenbar immer wieder. Wie wir seit der Vogelgrippe wissen, funktioniert diese Verkaufsstrategie offenbar auch auf dem Umweg über die Politik, die sich durch die verängstigte Bevölkerung genötigt sieht, für diese Pillen und Impfungen zu bestellen. Politiker sind primär an ihrem Machterhalt interessiert. Sie müssen deshalb immer darauf achten, was die Mehrheit ihrer Wählerinnen und Wähler von ihnen erwartet.

Kann eine Angst-Marketingkampagne in der Bevölkerung so viel Angst schüren, dass diese von der Politik mehrheitlich ein rettendes Eingreifen erwartet, so ist das Geschäft sicher und die Aktienkurse steigen. Bei militärischen Konflikten oder Terrorismusattacken sind es die Aktien der Sicherheits- und Rüstungsindustrie und bei Seuchengefahr profitiert die Pharmabranche, die sich auf solche Methoden der Nothilfe spezialisiert hat.

Nicht zufällig wurde James Murdoch, ein Sohn des Medienmoguls Rupert Murdoch, im Mai 2009 in den Vorstand des Grippe-Impfstoff- und *Relenza®*-Herstellers *GlaxoSmithKline* berufen. Angst lässt eben nicht nur die Auflagen und Einschaltquoten der Medien steigen, welche diese Angst verbreiten, sondern nebenbei auch noch die Nachfrage nach Medikamenten.

Übrigens wurde 2009 nicht die erste »Schweinegrippe« ausgerufen. Nachdem 1976 ein einziger Soldat an einer H1N1-Influenza gestorben war, forcierte die im Wahlkampf befindliche Regierung von Präsident Gerald Ford eine groß angelegte staatliche Impfkampagne. In langen Schlangen warteten die Menschen vor Schulen und Kliniken. Damals erhielten mehr als 40 Millionen Amerikaner – fast

25 Prozent der Bevölkerung – den Impfstoff gegen die Schweinegrippe, bevor das Programm im Dezember 1976, nach 10 Wochen, gestoppt wurde. Wahrscheinlich haben mehr als 500 Menschen nach der Impfung das Guillain-Barré-Syndrom entwickelt und 25 starben.[9]

WESHALB SPIELEN IMMER WIEDER VETERINÄRE BEI DEM THEATER UM PANDEMIEN EINE HAUPTROLLE?

Die im Lohn der Pharmaindustrie stehenden Experten scheinen bisweilen einen regelrechten Wettstreit darüber auszufechten, welche Erreger für die Zwecke des Fearmongering am besten geeignet sind. Dabei spielen Experten aus der Veterinärmedizin immer wieder eine Hauptrolle. Verständlicherweise haben Tierärzte viel zu bieten, weil die Ställe der Massentierhaltung Paradiese für übertragbare Krankheiten sind. Dort herrschen Bedingungen, wie sie seit den Zeiten der Spanischen Grippe bei menschlichen Populationen kaum noch anzutreffen sind.

Damals, zu Hungerszeiten und in den Elendsquartieren zum Ende des Ersten Weltkrieges und gleich danach, lebten in vielen Ländern geschwächte und hungernde Menschen oft in Massenunterkünften unter unhygienischen Bedingungen zusammen. Diese boten Influenzaviren, Tuberkelbakterien und weiteren Krankheitskeimen einen idealen Nährboden zur Vermehrung und Verbreitung. Auch die gefürchteten Komplikationen eines akuten Virusinfektes durch bakterielle Sekundärinfektionen oder Tuberkulose waren erst viel später, nach dem Zweiten Weltkrieg, allmählich durch Antibiotika beherrschbar.

Vor allem in jenen Ländern, in denen eine amtliche Aufsicht korrupt ist oder nicht existiert, finden Viren und Krankheitserreger in der industriellen Massentierhaltung sehr günstige Lebensverhältnisse. Eine Infektion zum Beispiel mit den H 5N 1-Vogelgrippeviren trifft hier selten auf immunkompetente Tiere. Bei welcher Gelegenheit sollten die Tiere eine Immunität gegen Erreger entwickelt haben, wenn sie bis zur Schlachtung meist nur wenige Wochen bis Monate leben? Selbst Mastschweine werden meist nicht älter als ein Dreivierteljahr. Deshalb ist hier der Markt für Pharmaunternehmen und Tierärzte gewaltig und die Veterinäre können ohne große ethische Diskussionen in der von der Öffentlichkeit schon aus hygienischen Gründen abgeriegelten Massentierhaltung ihre Spritzen verkaufen und Erfahrungen sammeln.[10]

In diesen Anlagen mit Tausenden von Tieren sind Veterinäre zu Hause. Hier impfen sie und verkaufen Antibiotika sowie andere Arzneimittel, was das Zeug hält. Antibiotikaresistente Erreger und gefährliche Krankheitskeime stammen vor allem aus diesen Brutstätten unserer perversen Nahrungsmittelproduktion. Vor allem für Geflügel stehen Tierärzten sehr viel mehr Impfstoffe gegen unterschiedlichste Viren zur Auswahl als Humanmedizinern. Zum Teil enthalten diese Impfstoffe abgeschwächte (attenuierte) lebende Viren. Unter den Bedingungen der Massentierhaltung können diese Viren aber rekombinieren[11] und dadurch ihre krank machende Funktion wiedergewinnen.

Aber nur bei besonders immungeschwächten oder wenig geschützten Haltern von Vögeln kommt es gelegentlich zu Zoonosen. Von einer Zoonose spricht man, wenn eine eigentlich nur bei Tieren auftretende Erkrankung auf Menschen übertragen wird, aber eine Mensch-zu-Mensch-Übertragung nicht die Regel ist.

LETZTE VORBEREITUNGEN AUF DIE »SCHWEINE-PANDEMIE«

Bis 1981 galten die im Jahr 1969 beschlossenen Internationalen Gesundheitsvorschriften (IGV), denen sich die meisten Staaten freiwillig unterworfen hatten. Als 1981 die Pocken weltweit als besiegt galten, wurden die IGV gelockert und regelten nur noch drei mögliche Seuchen: die Pest, die Cholera und das Gelbfieber. Während der Jahre 1999 bis 2009 arbeitete die frischgebackene Public-private-Health-Partnership unter Beteiligung der Industrie in diversen Arbeitsgruppen bei der WHO an weitaus umfassenderen Plänen zur global koordinierten Seuchenabwehr.

Im April 1999 wurde gleich der Grundstein für die Influenza-Kampagnen der kommenden Jahre gelegt. Das Papier »Influenza-Pandemieplan: Die Rolle der WHO und Richtlinien für die nationale und regionale Planung« verfassten industriegesponserte Experten gemeinsam mit der *European Scientific Working Group on Influenza* (ESWI). Die ESWI wird von Arzneimittelfirmen finanziert, die ein großes wirtschaftliches Interesse am Influenza-Thema haben.[12] Diese sich wissenschaftlich gebende Organisation hat »berüchtigte« Experten eingeladen und bezahlt, darunter Neil Ferguson, Biomathematiker vom Imperial College London, Arnold S. Monto, ehemaliger Präsident der *American Epidemiological Society*, Albert Osterhaus, Veterinär und Virologe an der Erasmus Universität Rotterdam, Jonathan Van-Tam, Professor für Gesundheitsschutz an der Universität Nottingham und langjähriger Mitarbeiter von *Roche* und *SmithKline Beecham*, sowie der Mitarbeiter des Robert Koch-Institutes und Infektionsepidemiologe Walter Haas. Die meisten Genannten waren oder sind immer noch intensiv in die Pandemie-Vorbereitungen der WHO eingebunden. Alle Pandemie-Experten mit wirtschaftlichen Verbindungen zur Pharmaindustrie aufzuzählen ergäbe eine sehr lange Liste. Mehr Informationen dazu enthalten die Veröffentlichungen des Europarates, des *British Medical Journal* und der Abschlussbericht des WHO Review Committee (WHO, Fineberg Report, April 2011).

Seit 1999 produzieren Expertenrunden regelmäßig in unzähligen Sitzungen Aktenordner voller Protokolle. Angeblich müssen alle Beteiligten jeweils vor den Sitzungen schriftlich ihre Interessenkonflikte dokumentieren. Diese Dokumente sind jedoch Chefsache und werden von der WHO bei Nachforschungen so weit wie möglich unter Verschluss gehalten. Von praktizierter Transparenz ist da nichts zu spüren.

2005 beschloss die Weltgesundheitsversammlung (WHA), die Versammlung der Regierungsvertreter und Sponsoren der WHO, die derzeit geltenden Internationalen Gesundheitsvorschriften (IGV 2), die 2007 in Kraft traten. Sie verpflichten alle Mitgliedsstaaten, die nicht ausdrücklich anders optiert haben, völkerrechtlich verbindlich zur Befolgung der von der WHO im Pandemiefall angeordneten Maßnahmen, insbesondere der Maßnahmen gegen Pandemien.

Gleichzeitig sind die Mitgliedsstaaten der WHO aufgefordert, nationale Pandemie-Pläne zu erstellen. Damit begannen die meisten Länder 2005/2006 unter dem Eindruck der Vogelgrippe und dem von der WHO vermittelten »Diesmal sind wir noch davongekommen«. Die Aufgeregtheit der Influenza-Lobby beflügelte seit SARS und Vogelgrippe diese Arbeit der Mitgliedsstaaten.[13] Unter dem Arbeitstitel »Pandemic Preparedness« drehte sich ab 2007 fast alles nur noch um Influenza, bei deren Bekämpfung die Industrie Hilfe versprach. Zuletzt ging es meistens sogar nur noch darum, wer diese Mittel wann herstellen und an wen zu welchem Preis liefern dürfe. Schließlich sollten auch die ärmeren Staaten »Zugang zum Fortschritt« haben.

Der Medienwirbel um eine für Menschen nachweislich niemals bedrohliche H5N1-Gefahr hatte ausgereicht, um den Pandemie-Tanker in Fahrt zu bringen. Kaum ein Vertreter einer nationalen Gesundheitsbehörde und ein in diesen Prozess einbezogener Wissenschaftler hat gegen den massiven, von der Pharmaindustrie gespeisten Mainstream eine Chance gehabt, das Megageschäft mit Arzneimitteln zu stoppen. Die Interessenkonflikte der beteiligten Virologen, Biomathematiker und anderer Experten wurden abgeheftet und ignoriert.

Das Motto lautet seitdem: Die nächste Pandemie kommt bestimmt – nur wie, wann und wo können wir noch nicht sagen.

PRIVATE FIRMA PRÄSENTIERT EINE
FOTOGENE GESCHICHTE

Nach so viel Vorarbeit schienen die Geschäfte weltweit in trockenen Tüchern, allerdings fehlte noch eine Pandemie. Doch die ließ nicht lange auf sich warten. Agenten einer erst 2007 gegründeten Firma namens *VeratectTM* wurden tätig, die sich auf das Aufspüren von Seuchengefahren und anderen Problemen spezialisiert hatten. Wer deren Einsatz bezahlte, muss ich offenlassen. Die Firma suchte, eigenen Berichten zufolge, seit dem 30. März 2009 nach der Quelle, bei der sich ein kanadischer Rechtsanwalt in Mexiko mit Atemwegsviren infiziert haben könnte, sodass er in Ottawa wegen einer Lungenentzündung behandelt werden musste. Weshalb von den vielen Pneumonien nach Auslandsaufenthalten gerade diesem Fall eine derartig gründliche Nachforschung zuteilwurde, bleibt ein Rätsel der Seuchengeschichte.

Sogleich fanden die Spürnasen aus den USA in der Nähe eines Schweinemastbetriebes auf der Hochebene um Veracruz eine Gesundheitsbehörde, die der örtlichen Gazette *Imagen del Golfo* eine verdächtige 15-prozentige Steigerung von Erkrankungen der Atemwege und von Magen-Darm-Infektionen gemeldet hatte. Dieser Meldung gingen die Spezialagenten von *Veratect* unter Einschaltung mexikanischer Behörden nach und verbanden sie nach Geheimdienstmanier in einer Art Rasterfahndung mit allem, was an Gerüchten und Meldungen in Mexiko dazu passte. Gleichzeitig wurden diese »Befunde« über Medien und Internet drei Wochen lang so intensiv gestreut, bis sich das CDC und die WHO dieser Sache annahmen.

Am 23. April 2009 klagten die *Veratect*-Mitarbeiter noch:

»Viele Kunden von Veratect, darunter auch kanadische, fragen sich, warum die USA keine Warnung herausgegeben haben, um ihr Gesundheitswesen zu sensibilisieren.«

Am 24. April ergänzten sie ihre Meldung:

»Veratect verzeichnet weiterhin eine dramatische Zunahme der Berichterstattung über die Situation in Mexiko. Die WHO bittet um Zugriff auf das Veratect-System. Veratect hat Kenntnis von Laborproben aus Mexiko, die positiv für das neuartige ›Schweinegrippe‹-Virus H1N1 sind. Die Weltmedien sind nun über die Situation in Mexiko informiert. Die CDC gibt eine Presseerklärung ab, ebenso die WHO.«[14]

MEDIALES AGENDA SETTING

Die Medien verfolgten daraufhin sensationslüstern alles, was mit der von den Seuchenjägern sogenannten »Schweinegrippe« in Verbindung gebracht werden konnte. Am 20. Mai 2009 nahm *GlaxoSmithKline* (GSK), der Hersteller der Pandemie-Vakzine *Pandemrix*®, den Medienspezialisten James Murdoch – einen Sohn vom Medienmogul Rupert Murdoch – offiziell in seinen Vorstand als Associate Director auf. Sein Vorstandskollege, seit 2007 bei GSK[15], der Epidemiologe und Direktor des Imperial College London, Sir Roy Anderson, verkündete schon am 1. Mai 2009 in einem denkwürdigen Interview der BBC:

»Die Schweinegrippe-Pandemie hat bereits begonnen.«[16]

Zu jener Zeit begann ich, die ganze Angelegenheit mit großer Verwunderung näher zu betrachten. Als der sehr pharmafreundliche Wissenschaftler Sir Roy Anderson seine seriös klingende Alarmmeldung äußerte, hatte sein Institutskollege, der Biomathematiker Neil Ferguson, den die Impfstoffhersteller *Baxter*, GSK und *Roche* schon vorher vereinnahmt hatten, seine Computer rechnen lassen. Ferguson lieferte der auf eine Pandemie wartenden Industrie eine

Steilvorlage direkt auf die Tische des inzwischen fieberhaft arbeitenden Emergency Committees von Margaret Chan bei der WHO. In einer Arbeit, die er und seine WHO-Kollegen der *Rapid Pandemic Assessment Collaboration* am 11. Mai 2009 veröffentlichten, hatte dieser Rechenkünstler aus wenigen Hundert angeblichen Fällen in Mexiko und den Passagierzahlen der mexikanischen Tourismusbehörde ein Ausbreitungsszenario errechnet. Dessen Ergebnisse waren für all jene sehr besorgniserregend, die entweder nichts von Epidemiologie verstanden oder nichts verstehen wollten.[17] Es scheint tatsächlich sehr schwierig zu sein, jemandem etwas verständlich zu machen, wenn sein Gehalt davon abhängt, dass er es nicht versteht.[18]

Diese relativ geringen Fallzahlen zur Grundlage eines Pandemie-Szenarios zu machen, erschien mir schon im Mai 2009 verdächtig, weil ich bei nur 150.000 Einwohnern in meinem Zuständigkeitsbereich während der Grippe-Ausbrüche schon bis über 10.000 Krankheitsfälle zu erwarten hatte. Wie konnten ernsthafte Epidemiologen bei weniger als 1.000 Fällen in einer Bevölkerung von 110 Millionen (allein im Großraum Mexiko-City leben über 20 Millionen Menschen) einen globalen Pandemie-Alarm auslösen? Das konnte nicht mit rechten Dingen zugehen und das war der Anlass für mein Engagement.

FOLGSAME POLITIK

Von Politikern der Länder, in denen die Impfstoffhersteller ihren Hauptsitz hatten, erhielten die Firmen und die WHO viel Rückenwind. Und selbstverständlich auch von all jenen, die durch die aufgeregte mediale Diskussion um Viren, Risikoabschätzung, Impfstoffwirksamkeit, Resistenzen, Produktionskapazitäten und unterschiedliche Präferenzen der Verteilung von Impfstoffen et cetera plötzlich im Rampenlicht der Öffentlichkeit stehen durften. Zum Teil sind es jetzt, bei Corona, wieder dieselben Akteure.

Auch die Spitzen der Politik mischten schon 2009 ganz vorne mit. Die deutsche Bundeskanzlerin Angela Merkel spendierte den beiden Impfstoffherstellern *Novartis* und *GlaxoSmithKline* rechtzeitig vor der Pandemie je zehn Millionen Euro Steuergelder für neue Kapazitäten zur Herstellung von Pandemie-Vakzinen. Frankreichs Präsident Nicolas Sarkozy flog zum 9. März 2009 nach Mexiko, um dort wenige Tage vor Ausbruch der Schweinegrippe Zeuge bei der Vertragsunterzeichnung seines mexikanischen Kollegen Calderon und des *Sanofi*-Generaldirektors Chris Viehbacher über ein neues mexikanisches *Sanofi*-Grippe-Impfstoffwerk im Werte von 100 Millionen Euro zu sein.

Fast weltweit folgten die Regierungen den Experten der WHO und schrieben wegen der von dort angekündigten Bedrohungen durch eine mögliche Pandemie die Katastrophenpläne um.[19] Währenddessen investierte die Pharmaindustrie – nach Aussagen ihrer Vertreter bei der Europaratsanhörung in Straßburg – etwa vier Milliarden Dollar in die Entwicklung und Bereitstellung der Medikamente und Impfstoffe für das erwartete Ereignis.

In der letzten Sitzungswoche des Deutschen Bundestages im Juli 2009 hatte ich während einer gut besuchten Fraktionssitzung die damalige Gesundheitsministerin Ulla Schmidt beschworen, auf den Schwindel nicht hereinzufallen und die reservierten 50 Millionen Dosen Pandemie-Impfstoff nicht abzunehmen. Die deutsche Gesundheitsministerin hat sich meine der gesamten SPD-Fraktion vorgetragenen Argumente angehört, geschwiegen und anschließend der Presse versichert, dass niemand einen Mangel an Impfstoff befürchten müsse. Politisch konnte ich in der aufgeheizten Vorwahlkampfszeit in Berlin gar nichts bewegen. Alles, was ich sagte, wurde als Wahlkampfgetöse missverstanden. Das hat mich sehr bedrückt und wütend gemacht.

DAS GESCHÄFT MIT DER ANGST

Im Sommer 2009 habe ich dann nicht nur vor dem »Geschäft mit der Angst« gewarnt, sondern auch darauf hingewiesen, dass die bestellten Impfstoffe speziell für einen Großschadensfall zugelassen wurden. Bei deren Zulassung durch die Europäische Arzneimittel-Agentur wären geringere Sicherheitsstandards in Kauf genommen worden als sonst bei Impfstoffen. Schon damals nutzte man die angebliche Notlage, um riskante Arzneien zu vermarkten.

Meine Warnungen sowie die Warnungen des *arznei-telegramms* und anderer Pharmakritiker hatten dann doch einen positiven Effekt. Die Ärzteschaft in Deutschland hielt sich bei der »Pandemie-Impfung« sehr zurück und schützte dadurch ihre Patienten vor vielen Nebenwirkungen. Von den 50 Millionen bestellten Impfdosen wurden in Deutschland nur etwa 4 Millionen Dosen verimpft.

Regierungen in aller Welt hatten in den Jahren 2007 bis 2009 bereits mit der Pharmaindustrie über ausreichende Impfstoffzuweisungen für den Fall des Falles verhandelt sowie über die zu liefernden Mengen und die Preise Verträge abgeschlossen, deren Geheimhaltung vertraglich vereinbart wurde. Whistleblower machten aber einige der Verträge im Spätsommer 2009 bekannt, zum Beispiel die der französischen und deutschen Regierung. Die dort vereinbarten Bedingungen wurden später zum Gegenstand öffentlicher Kritik, weil sie sehr günstige Konditionen für die Pharmaunternehmen enthielten, beispielsweise weitgehende Haftungsausschlüsse, hohe Preise für angeblich notwendige, patentierte Adjuvantien und vor allem sollte eine Klausel die Verträge automatisch in Kraft setzen, wenn die WHO Stufe 6 des Pandemie-Alarms ausrief. Der Generalsekretärin der WHO und dem sie beratenden Emergency Committee war also der Auslöser für den bis dahin größten und bestvorbereiteten Coup der Pharmaindustrie in die Hände gelegt worden.

TAUBE OHREN IN BERLIN –
ALARM IM EUROPARAT

Die Schweinegrippe erreichte Europa im Frühjahr 2009 über die Fernsehbilder aus Mexiko. Es war das Jahr der Bundestagswahl und es sah für die Sozialdemokraten sehr schlecht aus. Als schon klar war, dass ich wegen meines schlechten Listenplatzes aus dem Bundestag ausscheiden musste, blieb ich trotzdem noch bis Januar 2010 stellvertretender Leiter der deutschen Delegation und stellvertretender Fraktionsvorsitzender der Sozialisten in der Parlamentarischen Versammlung des Europarates. Außerdem blieb ich Vorsitzender des Unterausschusses für Gesundheit.

Meine Alarmrufe wegen der falschen Pandemie und wegen der hochriskanten Pandemie-Impfstoffe waren im deutschen Wahlkampfgetümmel auf taube Ohren gestoßen. Aber in der Straßburger Parlamentarischen Versammlung hatte ich die Chance, das Thema in alle europäischen Nationalparlamente und in die europäische Öffentlichkeit zu bringen. Diese Gelegenheit nutzte ich unverzüglich nach der Wahl und brachte folgenden Antrag auf einer Ausschusssitzung Anfang Dezember 2009 in Paris mit Unterstützung von dreizehn weiteren Abgeordneten aus neun Ländern ein:

»*Falsche Pandemien – eine Bedrohung für die Gesundheit.* Um ihre eigenen patentierten Medikamente und Impfstoffe gegen Influenza zu promoten, haben Pharmafirmen Wissenschaftler und offizielle Institutionen, die für die öffentliche Gesundheit verantwortlich sind, beeinflusst, knappe Gesundheitsressourcen für ineffiziente Impfstrategien zu verschwenden und Millionen von gesunden Menschen unnötig dem Risiko einer unbekannten Anzahl von Nebenwirkungen ihrer neuen Impfstoffe auszusetzen. Die ›Vogelgrippe‹-Kampagne (2005 bis 2006) und die ›Schweinegrippe‹-Kampagne scheinen nicht nur einigen geimpften Patienten und den öffentlichen

Gesundheitsbudgets großen Schaden zugefügt zu haben, sondern auch der Glaubwürdigkeit und Verlässlichkeit wichtiger internationaler Gesundheitsagenturen.

Die Definition einer alarmierenden Pandemie darf nicht unter dem Einfluss von Medikamentenverkäufern stehen.

Der Europarat und seine Mitgliedsstaaten sollten sofortige Untersuchungen und Konsequenzen sowohl auf nationaler als auch auf internationaler Ebene fordern.«[20]

Unterstützt durch die anderen Abgeordneten, forderte ich eine Untersuchung der Vorgänge, die zur erstmaligen Ausrufung einer Pandemie durch die Weltgesundheitsorganisation (WHO) in Genf geführt hatten. Einer Pandemie, die schon im europäischen Spätsommer als harmlose Grippe erkennbar war, die aber die WHO, viele nationale Experten und viele Medien bis weit in das Jahr 2010 hinein weiterhin beharrlich als gefährliche Seuche darstellten. Im Januar 2010 schied ich aus meinen Ämtern im Europarat aus, wurde aber von meinem Kollegen Paul Flynn (Labour Party, UK) weiter als Experte an den Untersuchungen beteiligt. Flynn hatte ich mir als Berichterstatter vorher ausgesucht und ihn durchgehend beraten.

Die Initiative beim Europarat erschien uns Antragstellern als einzige Möglichkeit, die nötige Aufmerksamkeit der Öffentlichkeit auf eine Fehlentwicklung zu lenken, die schon einige Jahre zuvor aufgefallen war. Als die Generalsekretärin der WHO Margaret Chan am 11. Juni 2009 eine Pandemie ausrief, war das Maß voll. Neben dem Europarat[21] gingen wir gemeinsam mit Deborah Cohen und Philip Carter, Journalisten des *British Medical Journal*, sowie den Wissenschaftlern Tom Jefferson (The Cochrane Collaboration) und Peter Doshi (Johns Hopkins University) dieser Sache schon sehr früh auf den Grund.

DIE VERSUCHE DER WHO,
EINE PANDEMIE ZU DEFINIEREN

Ein Bericht des Journalisten Frank Jordan für die Agentur *Associated Press*[22] lenkte meine Aufmerksamkeit auf den zweiten Trick, mit dem eine normale alljährliche Grippe zu einer gefährlichen Pandemie aufgeblasen werden sollte. Die geheimen Expertenrunden im Genfer Hauptquartier der WHO hatten die Zeit der beschriebenen Aktion in Mexiko genutzt, um die Norm für Pandemien zu ändern, wie es die Experten von Big Pharma schon erfolgreich für den Blutdruck und andere Erkrankungen gemacht hatten. Weil die Grippe zu harmlos für eine Pandemie nach bisheriger Lesart war, nahmen sie aus den Kriterien einfach die Parameter für Schwere und Tödlichkeit der Erkrankung heraus.

Unter der Überschrift »Staaten drängen die WHO, Kriterien für Pandemie zu ändern« schrieb Frank Jordan am 19. Mai 2009 über die Pressekonferenz der WHO mit dem Vertreter von Margaret Chan, dem ehemaligem CDC-Angestellten Dr. Keiji Fukuda:

»Dutzende von Ländern drängten die Weltgesundheitsorganisation (WHO), ihre Kriterien für die Ausrufung einer Pandemie zu ändern, und sagten, die Agentur müsse berücksichtigen, wie tödlich ein Virus ist – und nicht nur, wie weit es sich über den Globus ausbreitet. Aus Angst, dass die Ausrufung einer Schweinegrippe-Pandemie eine Massenpanik und wirtschaftliche Verwüstung auslösen könnte, baten Großbritannien, Japan, China und andere die Weltgesundheitsorganisation am Montag, vorsichtig zu sein, bevor sie ihre Alarmstufe erhöht. Einige verwiesen auf die kostspieligen und potenziell riskanten Folgen, wie die Umstellung vom saisonalen auf den Pandemie-Impfstoff, obwohl das Virus bisher mild zu sein scheint.«

Fukuda hat bei dieser Konferenz die nationalen Bedenkenträger damit abgespeist, dass man ihre Argumente gründlich betrachten werde. Doch die bemängelte Neudefinition der Pandemie-Kriterien wurde nicht wieder geändert.

Tom Jefferson von der *Cochrane Collaboration* hat mit sehr viel Mühe die unterschiedlichen Kriterien sortiert, mit denen die WHO eine Pandemie beschrieben hat. Diese hatte er bis zum 4. Mai 2009 noch auf den Seiten der WHO gefunden und konnte sie dokumentieren:

»Eine Influenza-Pandemie tritt auf, wenn ein neues Influenzavirus auftritt, gegen das die menschliche Bevölkerung keine Immunität besitzt, was zu weltweiten Epidemien *mit enormen Zahlen von Todesfällen und Erkrankungen* führt. Mit der Zunahme des weltweiten Verkehrs sowie der Verstädterung und der Überbevölkerung werden sich Epidemien durch das neue Influenzavirus wahrscheinlich schnell auf der ganzen Welt ausbreiten.« (Hervorhebung von Tom Jefferson)

Nach dem 4. Mai stand auf derselben Seite:

»Eine Krankheitsepidemie tritt auf, wenn es mehr Fälle dieser Krankheit gibt als normal. Eine Pandemie ist eine weltweite Epidemie einer Krankheit. Eine Influenza-Pandemie kann auftreten, wenn ein neues Influenza-Virus auftritt, gegen das die menschliche Bevölkerung keine Immunität hat [...] Pandemien können entweder mild oder schwer sein, wenn sie Krankheit und Tod verursachen, und der Schweregrad einer Pandemie kann sich im Verlauf der Pandemie ändern.«

In seinem Bericht vor dem Sozialausschuss der Parlamentarischen Versammlung des Europarates am 30. März 2010 hat Tom Jefferson insgesamt elf unterschiedliche WHO-Definitionen einer Pandemie zitiert. Seine und Peter Doshis Untersuchungen bestätigten die Richtigkeit meines Vorwurfes, die WHO habe »just in time« die Definition einer Pandemie geändert, um Partnern aus der Arzneimittelindustrie die gewünschten Geschäfte zu ermöglichen. Später, zu Weihnachten 2020, mutete die WHO der Welt sogar eine neue Definition der Herdenimmunität zu, die sich nur noch auf den Durchimpfungsgrad der Bevölkerung bezieht.

DIE WHO BEWERTET SICH SELBST

Als ich am 22. November 2010 nach einer Tagung der Weltgesundheitsorganisation zum Thema »Health for All« in Berlin am kalten Büfett plötzlich neben Margaret Chan stand, konnte ich es mir nicht verkneifen, sie anzusprechen. Ich stellte mich ihr als Initiator der Untersuchungen des Europarates vor und fragte sie, weshalb die WHO nur einmal zu einer Anhörung der Parlamentarischen Versammlung gekommen war und sich danach geweigert hatte, weitere Auskünfte zu geben. Diese unerwartete Begegnung hatte Frau Chan offensichtlich überrascht, doch sie wusste mich sofort richtig einzuordnen. Sie fasste mich am Arm und nahm mich für zehn Minuten beiseite, um mir erst einmal zu erzählen, dass ich mit meiner Aktion ja wohl völlig falschgelegen habe und dass die Weltgesundheitsorganisation jetzt selbst ein Audit in Auftrag geben werde, um in Zukunft solche Konflikte zu vermeiden.

Mir waren diese Pläne bekannt und ich hatte diese auf meiner Homepage schon deutlich kritisiert. Jetzt nutzte ich die Gelegenheit, meine Kritik ihr gegenüber zu wiederholen: »Wenn Sie Professor Van-Tam aus Nottingham den Auftrag geben, diese Untersuchungen zu leiten, dann machen Sie den Bock zum Gärtner und die WHO wird vollends unglaubwürdig.« Sie antwortete nur, sie werde das prüfen lassen. Ihre Prüfungen müssen mir wohl recht gegeben haben, denn der langjährige Mitarbeiter von *Roche* und

SmithKline Beecham erhielt den Auftrag nicht. Jonathan Van-Tam ist jetzt seit 2017 stellvertretender Chef der britischen Gesundheitsbehörde und ihr Sprachrohr in der Corona-Krise. Er schürt auf der Insel als Mr. Pandemics die Angst und füttert die Presse im UK mit immer neuen Verunsicherungen, so wie es Drosten, Söder und Lauterbach in Deutschland oder der »Flu-Commissioner« Marc Van Ranst in Belgien tun.

Das WHO Review-Committee, das dann unter der Leitung des US-Epidemiologen Harvey V. Fineberg das Selbst-Audit vornahm, wurde von der Öffentlichkeit mit Recht ebenfalls sehr kritisch gesehen, gehörten ihm wieder einige einschlägig bekannte Experten mit Interessenkonflikten und Beziehungen zur Pharmaindustrie an. Den Bericht des Gremiums[23] stellte Frau Chan am 5. Mai 2011 der WHA-Versammlung vor. Das Committee bewertet das Verhalten der WHO zur H1N1-Influenza 2009/2010 in der Zusammenfassung:

»Die WHO hat während der Pandemie in vielerlei Hinsicht gute Arbeit geleistet, war mit systemischen Schwierigkeiten konfrontiert und wies einige Unzulänglichkeiten auf. Das Komitee fand keine Beweise für Fehlverhalten.«

TIPPS EINES PANDEMIE-BERATERS

Dass sich publikumswirksame virologische Leitfiguren für Pandemie-Alarmismus bewährt haben, sieht man nicht nur an Van-Tam in UK, Fauci in den USA und Drosten in Deutschland. Ich finde es bedrückend, wie sich zum Beispiel gerade Experten der Virologie in der pharmafinanzierten *European Scientific Working group on Influenza* (ESWI)[24] prostituieren. Auch in der Schweinegrippe-Kampagne führte in Belgien ein Flu-Commissioner die nationale Regie: der Veterinär Marc Van Ranst. Dieser trug für die ESWI bei einer Veranstaltung des Chatham House in London am

22. Januar 2019 – also 10 Jahre nach seinem Einsatz – noch einmal eine sehr sehenswerte Manöverkritik der Schweinegrippe vor. Er gab vor Vertretern der Impfstoffindustrie in einer launigen Präsentation alle seine Tricks zum Besten und zeigte, mit welcher geschickten Strategie man mit dem Nimbus eines virologischen Fachmannes den Medien und damit der Bevölkerung die für Angst und Aufmerksamkeit erforderlichen Bilder und Kommentare vermitteln kann. Das Fachpublikum war begeistert. Unter dem Motto »Die nächste Pandemie kommt bestimmt, was müssen wir diesmal besser machen?« erwähnte er vor den Gästen der ESWI auch spottend die Untersuchungen des Europarates zur Schweinegrippe/Fake Pandemic im Frühjahr 2010 und meinte, ich sei mit meiner Initiative im Europarat ja wohl zu spät gekommen, nämlich erst dann, als das Geschäft längst in trockenen Tüchern war. Er hatte damit insofern recht, als ich mir mit meinen frühen Warnungen damals kaum Gehör schaffen konnte und der Europarat erst ab Dezember 2009 die Aufarbeitung sehr gut wahrnahm, als die 18 Milliarden Dollar für unnütze Impfstoffe vermutlich überall längst gezahlt waren. Der Hauptnutzen meines Einsatzes lag eher darin, dass die risikoreiche Pandemie-Vakzine nicht benutzt, sondern entsorgt wurde. Bezahlt hatte die Regierung natürlich schon. Der Moderator der strategischen Sitzung im Chatham House war übrigens ESWI-Chef und Pandemie-Veteran Albert Osterhaus. Schon aus präventiv-psychologischen Gründen ist diese Aufzeichnung sehr sehenswert.[25]

Interessant ist in diesem Zusammenhang, dass das deutsche Pendant zu Van Ranst, Christian Drosten, schon 2009 versuchte, mit seinem Steckenpferd, dem PCR-Test, ins Geschäft zu kommen. Auch bei der Schweinegrippe hatte er einen Test gebastelt[26] und ihn zum Nachweis der Erreger angeboten. Die Möglichkeiten des »Testen, Testen, Testen« waren bei der Schweinegrippe jedoch noch nicht so ausgefeilt entwickelt wie beim heutigen Fearmongering.

GEÄNDERT HAT DIE KRITIK WENIG

Schon damals schwand sehr schnell die Hoffnung, dass sich an der institutionellen Korruption der WHO etwas Grundlegendes ändern würde. Soweit ersichtlich, macht die Weltgesundheitsorganisation keinerlei Anstalten, die Regeln und Vertrauenskriterien ernsthaft zu bedenken, die ihr die Vertreter von 47 europäischen Parlamenten aufgaben, oder gar deren Umsetzung in die Praxis zu ändern.[27] Bewirken könnte das nur die WHA, die Versammlung der Regierungsvertreter und Sponsoren der WHO. Denen ist aber offenbar weiterhin die Förderung ihrer Wirtschaft und ihrer Pharmaunternehmen wichtiger als die Gesundheit der Weltbevölkerung.

Eigentlich ist die WHO ja eine UN-Behörde und sollte deshalb auch von den Regierungen der UN-Mitgliedsstaaten beauftragt, finanziert und kontrolliert werden. Aus diesem Grund finden jährlich die Weltgesundheitsversammlungen (WHA) in Genf statt, auf denen sich die Botschafter und Delegationen der Mitgliedsstaaten treffen und die Interessen ihrer Regierungen miteinander aushandeln sollen. Allerdings hungerten die Mitgliedsstaaten die WHO nach und nach finanziell aus. Und als sie schwach genug war, war sie billig zu haben. Das ließen sich diejenigen Interessenten nicht entgehen, die genau wissen, wie und wo sie mit der Not der Menschen, mit Armut und Krankheit Geschäfte machen können.

Im Gefolge der damaligen Gesundheitsministerin Ulla Schmidt konnte ich im Juni 2007 bei der WHA in Genf dabei sein. Zu dieser Gelegenheit habe ich hautnah erlebt, wie schwierig es in diesem von Wirtschaftsinteressen dominierten Feld der Gesundheitspolitik ist, gesundheitlich vernünftigen Maßnahmen gegen die Lobbyisten der Pharmaindustrie Geltung zu verschaffen.

PATENTE – EIN VERSUCH, DAS LEBEN
DEM HABEN ZU UNTERWERFEN

Die Botschafter mehrerer wachsamer und aufstrebender Industrieländer, darunter Thailand, Brasilien und Indonesien, hatten 2007 einen Antrag in die WHA-Versammlung eingebracht, mit dem sie sicherstellen wollten, dass bei ihnen gefundene Krankheitserreger nicht von großen Pharmafirmen oder anderen fremden Interessenten patentiert werden dürfen. Schließlich handle es sich um heimische Erreger und sie seien selbst in der Lage, gegen diese bei Bedarf Impfstoffe oder Medikamente herzustellen. Ausländische oder gar globale Patente könnten das verhindern, erschweren oder verteuern.

Da man sich im Plenum der WHA nicht einigen konnte, wurde die große Sitzung unterbrochen, damit eine kleine Expertenkommission einen Kompromissvorschlag erarbeitete. Ein Botschafter, der mich kannte, bat mich, die Interessen der Antragssteller bei diesen Verhandlungen zu unterstützen. Während der sehr harten, erbittert geführten Verhandlungen fragte ich die beiden US-Anwälte auf der anderen Seite des Tisches, wie viele Menschen denn sterben müssten, bis sie ihren gierigen Auftraggebern empfehlen würden, auf solche Patente zu verzichten. Statt einer anschließenden Abstimmung wurde ins Protokoll lediglich eine verallgemeinernde Floskel aufgenommen.

Leider erhalten Parlamentarische Gremien weder bei der Weltgesundheitsorganisation noch bei anderen UN-Administrationen eine direkte Kontrollmöglichkeit mit Akteneinsicht. Während die Pharmaindustrie bei der Weltgesundheitsorganisation in den Entscheidungsgremien vertreten ist und ihre Vertreter einen Hausausweis besitzen, warten demokratisch legitimierte Volksvertretungen vor verschlossenen Türen.

2013 schrieb ich zusammenfassend in einem Aufsatz über die Schweinegrippe:

»Wir haben Big Pharma und der Finanzwirtschaft unser wichtigstes Gut, unsere Gesundheit, zum Geldverdienen überlassen. Wenn wir nichts ändern, werden sie das weiterhin skrupellos nutzen. Bei der nächsten ›Angst-Kampagne‹ – und erste Vorbereitungen der einschlägig bekannten ›Experten‹ sind schon wieder erkennbar[28] – wird es jedoch noch weniger Vertrauen in die Seuchen-Wächter geben als bisher. Unser Misstrauen ist weiterhin berechtigt.«[29]

1 Pandemic Influenza Preparedness and Response: A WHO Guidance Document. Geneva, World Health Organization, 2009, S. 27

2 WHO (Hrsg.), Pandemic Influenza Risk Management, World Health Organization, Genf 2017, S. 13

3 Report of The Commission on Intellectual Property Rights, Innovation and Public Health, Download: https://www.who.int/intellectualproperty/documents/thereport/ENPublicHealthReport.pdf?ua=1

4 Fiona Godlee, »Conflicts of interest and pandemic flu«, BMJ 2010; 340: c2947- doi: 10.1136/bmj. c2947 pmid: 20525680

5 888 Haus- und Fachärzte, Pharmakologen und Wissenschaftler aus 58 Ländern veröffentlichten am 16.03.1999 im Internet einen Brief an die damalige Generaldirektorin der WHO, Frau Gro Harlem Brundtland (http://www.uib.no/isf/letter/), in dem sie ihre Bedenken gegenüber den von der WHO festgelegten niedrigen Blutdruck-Grenzwerten äußern: »Wir fürchten, dass die neuen Empfehlungen dazu benutzt werden, einen steigenden Verbrauch von blutdrucksenkenden Medikamenten zu fördern, mit hohen Kosten und geringem Nutzen.«

6 Gilbert Welch u. a., Overdiagnosed, Beacon Press, Boston 2012, S. 24

7 BMJ 2010; 340:c2912, http://www.bmj.com/content/340/bmj.c2912.extract

8 Der ehemalige äthiopische Gesundheitsminister Tedros Adhanom Ghebreyesus

9 https://www.latimes.com/archives/la-xpm-2009-apr-27-sci-swine-history27-story.html

10 Interessant ist dabei, dass Tierärzte im Gegensatz zu Humanmedizinern die Medikamente, die sie verordnen, selbst verkaufen dürfen: https://www.bundestieraerztekammer.de/btk/downloads/ fachausschuesse/Dispensierrecht.pdf

11 sich genetisch rückverwandeln

12 http://www.eswi.org/about-eswi/eswis-scientific-independence

13 WHO, Internationale Gesundheitsvorschriften (2005), 2. Auflage, Seite Vii: Nach umfangreichen Vorarbeiten zur Überarbeitung, die das WHO-Sekretariat in enger Abstimmung mit den WHO-Mitgliedsstaaten, internationalen Organisationen und anderen interessierten Partnern durchgeführt hat, und unter Berücksichtigung der Dynamik, die durch das Auftreten des Schweren Akuten Respiratorischen Syndroms (der ersten globalen gesundheitlichen Notlage des 21. Jahrhunderts) entstanden ist, hat die Gesundheitsversammlung im Jahr 2003 eine zwischenstaatliche Arbeitsgruppe eingesetzt, die allen Mitgliedsstaaten offen steht, um einen Entwurf zur Überarbeitung der Vorschriften zu prüfen und der Gesundheitsversammlung zu empfehlen.

14 Selbstdarstellung und Bericht der Firma (aufgerufen 25. August 2012, 9:05, die dort angegebene Originalquelle ist inzwischen nur noch leer aufrufbar): http://mundo.paralax.com.mx/noticias/69-influenza/104-influenza-ne-mexico-linea-de-tiempo.html

15 Funktionen und die üppigen Bezüge der beiden Vorstandsmitglieder sind, ebenso wie die mit deren Tätigkeit verknüpften wirtschaftlichen Erfolge der Impfstoffsparte, in dankenswerter Offenheit im Jahresbericht des Konzerns veröffentlicht: GSK-annual-report-2010.pdf. Download unter www.gsk.com/corporatereporting

16 Das gesamte Interview stand hier am 26.05.2012 zum Download bereit: http://news.bbc.co.uk/today/hi/today/newsid_8028000/8028295.stm

17 Neil W. Ferguson et al., DOI: 10.1126/science.1176062, www.sciencemag.org/cgi/content/full/1176062/DC1

18 Nach einem Zitat von Upton Sinclair

19 Im nationalen Pandemieplan Deutschlands Teil I vom Mai 2007 ist zu lesen: »Eine Influenzapandemie (Phase 6 WHO) ist unter dem Aspekt des allgemeinen Krisenmanagements eine lang anhaltende, länderübergreifende Großschadensiage. Zuvorderst greifen die zum Infektionsschutz und zur Seuchenbekämpfung vorgesehenen Mechanismen. Eine Influenzapandemie ist allerdings – wie andere Großschadenslagen auch – ein Schadensereignis, das einerseits durch eine Überforderung der initial zu seiner Bewältigung verfügbaren Infrastruktur gekennzeichnet ist, andererseits derart nachhaltige Schäden verursacht, dass die Lebensgrundlage zahlreicher Menschen gefährdet oder zerstört wird. Daher werden auch bei einer Pandemie die von Bund und Ländern errichteten Strukturen des Krisen- und Katastrophenmanagements für Großschadenslagen genutzt.«

20 PACE Doc. 12110, 18 December 2009, »Faked Pandemics – a threat for health, Motion for a recommendation« presented by Mr Wodarg and others

21 Conseil de L'Europe, Assemblée Parlementaire, Doc. 12283, 7 June 2010, »The handling of the H1N1 pandemic: more transparency needed«, Report: Social Health and Family Affairs Committee, Rapporteur: Mr Paul FLYNN, United Kingdom, Socialist Group

22 http://www.cnsnews.com/news/article/48316

23 WHO A64/10, SIXTY-FOURTH WORLD HEALTH ASSEMBLY Provisional agenda item 13.2, 5 May 2011

24 https://eswi.org

25 https://vimeo.com/320913130

26 https://www.ncbi.nlm.nih.gov/pmc/articles/PMC7095450

27 s. Fußnote 21

28 »Vom Terrorvirus zur Mutation des Schreckens«, *Ärztezeitung*, 24. 6. 2012, http://www.aerztezeitung.de/extras/druckansicht/?sid=816495&...

29 »Falscher Alarm: Die Schweinegrippe-Pandemie«, in: Mikkel Borch-Jacobsen (Hrsg.), *Big Pharma*, Piper Verlag, München 2015, S. 310 ff

6

UND DANN KAM CORONA

Die meisten Menschen hatten die Schweinegrippe längst vergessen. Niemand hatte auf die WHO, die Aktivitäten des Weltwirtschaftsforums oder auf Ereignisse wie »Event 201« geachtet. Die Politik hat auch nicht erkennen lassen, dass sie längst auf Schock-Strategie vorbereitet worden war. Die Medien erzählten Weihnachtsgeschichten wie immer und niemand ahnte, was auf uns alle zukommen würde.

Aber dann erlebten wir plötzlich

→ Eltern und Lehrer, die mit ansehen, wie ihren in keiner Weise durch Infektionen gefährdeten Kindern der Mund zugebunden und das Lachen und Atmen schwer gemacht wird,

→ Großeltern, die nicht mehr besucht werden dürfen,

→ Nachbarn, die sich in ihrer Angst in Feinde und Denunzianten verwandeln,

→ unterbesetzte Altenheime, welche die Angehörigen hilfsbedürftiger Bewohner aussperren, Hilfsbedürftige und Gebrechliche, die allein verwahrlosen und sterben, weil ihre gesunden Pflegekräfte wegen eines Tests in Quarantäne geschickt werden,

→ maskierte Gastwirte, die aus Angst vor Bußgeldern ihre Gäste separieren und deren Privatadressen erheben,

→ Geimpfte, die es richtig finden, wenn Menschen, die sich nicht impfen lassen wollen, diskriminiert und deren Freiheiten eingeschränkt werden,

→ Ärzte, die unsinnige Tests machen und ihre Diagnosen so stellen, dass ihre Honorarsummen steigen,

→ Kliniken, die Notfälle abweisen und zu Hause sterben lassen, weil sie für leer stehende Betten bezahlt werden,

→ Amtsärzte, die alles, was sie einmal über Infektionsschutz gelernt haben, aus Angst vor Disziplinarmaßnahmen verraten oder vergessen,

→ Krankenkassen, die den Betrug an ihren Mitgliedern schweigend tolerieren, solange sie dafür einen finanziellen Ausgleich erhalten,

→ Patientenvertreter oder zuständige Prüfinstitute für Nutzen und Schaden von Gesundheitsmaßnahmen, die sich als nicht zuständig abwenden oder umgangen werden,

→ Wissenschaftler, die ihren professionellen Zweifel vergessen und zu politischen Handlangern werden,

→ staatlich vereinnahmte oder extrem zensierte Medien mit stromlinienförmigem Journalismus und Meuten von sogenannten Faktencheckern,

→ Hofberichterstattung und virtuelle Bücherverbrennungen im Internet,

→ Polizei als Büttel einer korrupten Politik, die friedliche, für ihre Grundrechte demonstrierende Menschen bedrängen und auf den Boden werfen lässt,

→ gewählte Politiker, die sich Plutokraten unterwerfen und ganz offen Großinvestoren für deren Leadership danken,

→ Minister, die als Lobbyisten unsere Gesundheitsdaten der Privatwirtschaft andienen,

→ eine Kanzlerin, die Milliarden für unnötige riskante Impfstoffe verschleudert, die sie uns aufnötigen lässt und für die deren Hersteller nicht haften müssen,

→ einen Lockdown des öffentlichen Lebens, der unter anderem zum Verlust vieler Arbeitsplätze und zur weitgehenden Zerstörung der klein- und mittelständischen Wirtschaft und des kulturellen Lebens führt,

→ nur durch die Demokratie legitimierte Staatenlenker, die sich daranmachen, diese abzuschaffen,

→ Großinvestoren, die im Staatsfernsehen maliziös lächelnd große wiederkehrende Gefahren ankündigen, vor denen sie uns mit ihren Injektionen retten wollen,

→ eine Regierung, die Geld druckt, um alle, die mitmachen, zu bestechen,

→ eine selbstverwaltete Ärzteschaft, die schweigend für irrelevante Tests kassiert und dabei hilft, wenn ihre Patienten massenhaft mit militärischer Hilfe zu hochriskanten gentechnischen Experimenten genötigt werden,

→ eine Weltgesundheitsorganisation, die im Sinne der Arzneimittelindustrie immer wieder Angst und Schrecken verbreitet, Krankheiten definiert und Normen verschiebt, um den Menschen schädliche Medikamente und Impfstoffe aufzuschwatzen,

→ uns alle, die wir das alles sehen und nicht glauben wollen, dass es trotz Demokratie und anderslautender Grundrechte möglich ist, dass eine Clique unser ganzes Leben verändern und dauerhaft kontrollieren will.

7

VIREN – WITHIN YOU AND WITHOUT YOU[1]

DIE VIREN UND WIR

Wer nicht immer wieder Opfer der Profiteure der Angst werden will, der tut gut daran, sich intensiver mit Viren und unserem Immunsystem zu befassen.

Viren sind viel älter als alle Lebewesen und unendlich variantenreich. Sie besetzen jede mögliche ökologische Nische und sind beispielsweise millionenfach in jedem Tropfen Meerwasser enthalten sowie ebenfalls in unserer Tränenflüssigkeit. Wissenschaftler streiten sich darüber, ob Viren Moleküle oder gar Lebewesen sind. Wer sich einen tieferen Einblick in die Welt der Viren verschaffen möchte, dem empfehle ich das Buch *Supermacht des Lebens* von Karin Mölling.[2]

Viren besiedeln unseren gesamten Körper und vermehren sich auf allen unseren Oberflächen. Ihre Gesamtheit bezeichnen Wissenschaftler als Virom. Das Virom wohnt auch dauerhaft in Nase und Rachen, also ebenfalls auf den Schleimhäuten unserer Atemwege. Wer dabei gleich an Krankheiten denkt, begeht einen ökologischen Kurzschluss. Viren leben im Gleichgewicht mit unseren Körperzellen und sind lediglich Opportunisten, die zum Beispiel bei Stress oder Vitamin-D-Mangel ihre Chance nutzen und sich kräftiger vermehren, sodass wir auch Symptome spüren. Dass dieses Gleichgewicht erhalten bleibt, stellt unser Immunsystem sonst durchgehend sicher.

Viren müssen sich vermehren, um zu überleben. Auf den Schleimhäuten unserer Atemwege wetteifern sie mit anderen »Siedlern«. Beispielsweise kämpfen dort Coronaviren mit Influenzaviren um einen Platz. Manche Virusarten wirken symbiotisch zusammen, während andere sich als Konkurrenten gegenseitig verdrängen. Das wird in der modernen Infektionsforschung auch bei Atemwegsinfektionen immer häufiger thematisiert. Ich werde noch ausführlicher darauf eingehen.

Das Zusammenspiel unserer inneren Biotope, die Abwehr-, Toleranz- und Symbiosemechanismen zwischen Mikroorganismen untereinander und mit ihren Wirten näher zu durchleuchten, verspricht ein wichtiges Forschungsfeld für die Zukunft zu werden. Dadurch könnten völlig neue Konzepte und Verfahren sowohl in der Prävention als auch in der Therapie die Holzhammermethoden mit Antibiotika oder Impfungen gegen einzelne Erreger ablösen. Probiotische[3] Verfahren und Phagentherapie[4] weisen bereits in diese Richtung.

Als Auslöser von Atemwegsinfekten kommen zwar über hundert Erreger in Betracht, im medizinischen Alltag spielen jedoch nur wenige eine Rolle. Das sind nur die Viren, für die es anerkannte Tests gibt. Amtlich zugelassen und transparent validiert sollten diese Tests deshalb sein, weil technische Verfahren generell zu sehr unterschiedlichen Ergebnissen führen können und nie fehlerfrei arbeiten. Wenn zum Beispiel ein Test auf Coronaviren positiv ausfällt und gleichzeitig Symptome einer Infektion vorhanden sind, so können diese dennoch von ganz anderen, ebenfalls vorhandenen und meistens gefährlicheren Viren wie Influenza-, RSV, Parainfluenza- oder humanen Metapneumoviren verursacht werden, auf die aber gar nicht getestet wurde. RSV steht für Respiratory Syncytial Virus, eine Virusart, die ebenfalls die Atemwege befällt. Dass Testverfahren nicht spezifisch einen bestimmten Virustyp erfassen, ist nicht selten. Die Anwesenheit von Viren kann man unter bestimmten Umständen am eigenen Leibe spüren (Symptome). Sie lassen sich aber auch im Labor mit von der Wissenschaft konsentierten Methoden indirekt sichtbar machen (Laborbefunde).

DER JOKER AUS WUHAN

Finden Mikrobiologen ein ihnen unbekanntes Virus, dann isolieren sie es am besten durch Anzüchtung, sodass sie Reste anderer Mikroorganismen sicher ausschließen können. Anschließend sequenzieren sie das Virus-Genom möglichst vollständig. Danach wird diese Information in die Gendatenbank des *National Center for Biotechnology Information* (NCBI) mit Sitz in Bethesda, Maryland, USA, aufgenommen. Das bedeutet beim Coronavirus, dass die wohl 29.903 Nukleotide (Gen-Buchstaben) des RNA-Moleküles abgelesen und dokumentiert werden müssen. Das »Isolat« Wuhan-Hu-1[5] mit der NCBI-GenBank-Nummer MN908947 wurde nie angezüchtet und bleibt für die Nachwelt lediglich eine Computerdatei. Die unterscheidbaren Abschnitte (Frames) der fast 30.000 Nukleotide enthalten vermutlich den Bauplan für circa zehn Proteine. Ob es ein natürliches Pendant des im Computer zusammengestellten Virus-Genoms je gegeben hat, wurde nie bewiesen.[6]

Seit Wuhan sind allerdings zahlreiche SARS-CoV-2-Viren angezüchtet und sequenziert worden, die jetzt auch von geeigneten Laboren bestellt werden können. Die Viren, oder Teile von ihnen, kommen aus Ljubljana, mehreren holländischen Laboren, Marseille, Berlin, Bratislava, Rom, Greifswald, London, Hamburg oder Solna in Schweden und sind je nach Aufarbeitung für einige Hundert bis über 2.000 Euro pro Portion in Ampullen mit zum Beispiel 250 Mikrolitern zentrifugiertem Überstand zu haben.[7]

Sobald jetzt irgendwo auf der Welt die Gensequenz eines »neuen« Virus entschlüsselt ist, wird diese mit anderen sequenzierten Viren aus den großen Datenbanken verglichen. Manchmal stellt sich heraus, dass das Virus nicht neu ist, manchmal sind nur kleine Abschnitte verändert und seltener werden ganz neue Sequenzen entdeckt, die zu merklichen Veränderungen der Virusstrukturen und seiner Eigenschaften führen können. Vielleicht haben das die chinesischen Wissenschaftler nach Recherche in der Datenbank in Wuhan so gesehen. Vergleichbares könnten aber jederzeit auch Mikrobiologen in zum Beispiel in Potsdam, Lyon, Bangkok, Istanbul oder Husum eingesammelten Proben finden, also überall dort, wo es Coronaviren gibt.

Ob noch – quasi zwischendurch – einige Virologen absichtlich das Virus verändert haben,[8] spielt angesichts der schnellen, in der ganzen Welt laufend stattfindenden Mutationen keine große Rolle. Welche Viren sich in einer bestimmten Bevölkerung vermehren können, hängt von deren Immunitätslage ab. Unabhängig davon unterscheiden sich allerdings die Immungedächtnisse einzelner Individuen sehr stark voneinander. Wenn Sie das vor Augen haben, können Sie sich vorstellen, weshalb ich die Einführung eines Immunitätsausweises für den größten Unsinn oder für einen riesigen Schwindel halte.

Ganz egal ob die jeweilige Variante oder Mutante eines Virus schon in einer der Datenbanken dokumentiert ist oder ob Stammbaumforscher der Virologie sie noch nicht entdeckt und sequenziert haben, unser Immunsystem erkennt sie zum überwiegenden Teil trotzdem (Kreuzimmunität) und wehrt sie ab. Nach dem Motto: Ach, ihr schon wieder. Und das war's. Auch Varianten des SARS-Virus schwirren ja schon seit mindestens zwei Jahrzehnten um die Welt. Vermehren können sich also nur die Viren, die für ihre Wirte derart neu sind, dass die Immunzellen in Nasen-, Mund- und Rachenschleimhaut sie nicht sofort wegputzen. Das sind dann vielleicht die 5 bis 15 Prozent der »Grippefälle«, bei denen auch neue Influenza- oder Coronaviren nachgewiesen werden. Deshalb verändern sich Viren ja ständig. Und es scheint ihnen zum Teil auch zu gelingen, uns zu einem immunologischen Viren-Update zu zwingen.

Gemäß den jüngsten Angaben der *International Civil Aviation Organization* (ICAO) haben die Airlines der Welt 2018 bei rund 38 Millionen Starts 4,3 Milliarden Fluggäste befördert. Die Summe der von allen Passagieren zurückgelegten Flugkilometer lag bei rund 8,2 Billionen.[9] Viren fliegen immer mit um den Globus und vermehren sich dann dort, wo sie die günstigsten Bedingungen vorfinden. Weil sie sonst gegen das Immunsystem der Milliarden Menschen keine Chance haben, bauen sie sich laufend genetisch um und tauschen Gene miteinander aus, um mit immer neuen Oberflächenstrukturen ihre Wirte überlisten zu können. Dieser Prozess verläuft in rasantem Tempo, sodass wir fast jährlich mit neu »verkleideten« Atemwegsviren rechnen können, beispielsweise mit neuen Corona- oder Influenzaviren. Das ist auch der Grund, weshalb Influenza-Impfstoffe immer mehrere der zirkulierenden Subtypen enthalten, meist drei verschiedene Varianten. Wenn in Australien Winter herrscht, kann man dort schon sehen, welche Influenza-Subtypen und -Varianten ein halbes Jahr später die Nordhalbkugel verunsichern werden – und umgekehrt.

Da sich Viren laufend und überall gleichzeitig verändern, finde ich es geradezu rührend, wie die Virologen ihre mikrobiologischen Jagd-trophäen zu Stammbäumen formen. Das erinnert mich an Hirschge-weihe und Jägerstuben, hat aber wenig mit der genetischen Vielfalt des Mikrokosmos zu tun. Ich habe das einmal als Weihnachtsmär-chen bezeichnet und kurz zusammengefasst.[10]

Laut GISAID-Datenbank, einer weltweit auf Initiative von Wis-senschaftlern entstandenen Genomdatenbank von Influenza- und SARS-CoV-2-Viren, hat sich seit Wuhan SARS-CoV-2 mehrfach ver-ändert. Auf der folgenden Doppelseite sind in der kreisförmigen Grafik mit Monatsringen die weltweit nacheinander oder gleichzei-tig gefundenen Mutanten des »ursprünglichen« Wuhan-SARS-CoV-2 nach Abstammungszweigen (»Clades«) farbig angeordnet.

Man sieht vom im Zentrum dargestellten Wuhan-Virus nach außen hin Tausende von Mutationen sich kontinuierlich weiter verändern und mutieren. Diese Viren sind sequenziert und können molekülgenau verglichen werden.

Vom ins Zentrum gesetzten »Wuhan-Virus« sind innerhalb eines Jahres über 4000 mutierte Varianten beschrieben worden.

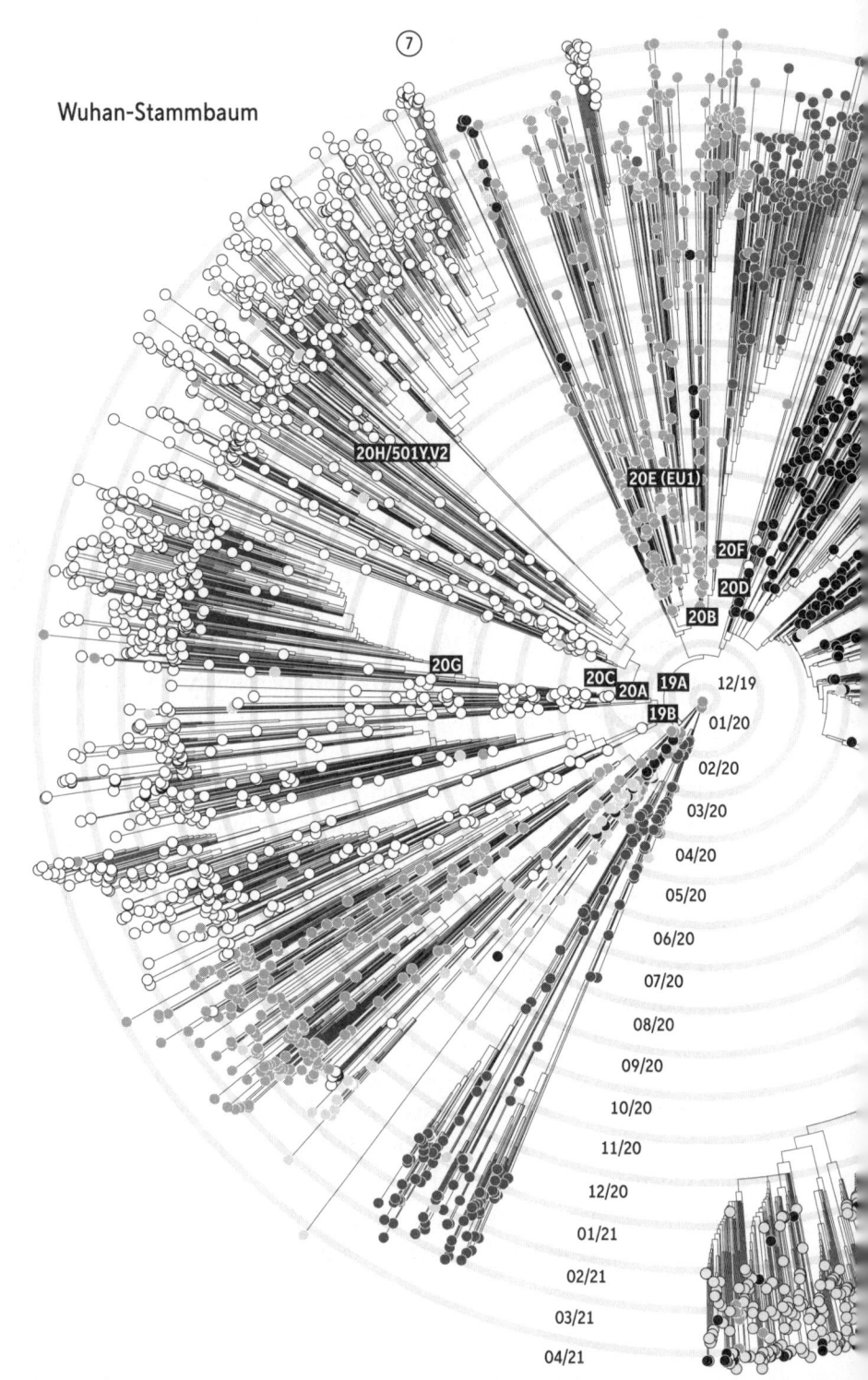

⑦

Wuhan-Stammbaum

20H/501Y.V2

20E (EU1)

20F

20D

20B

20G

20C

20A

19A

20A

19B

12/19

01/20

02/20

03/20

04/20

05/20

06/20

07/20

08/20

09/20

10/20

11/20

12/20

01/21

02/21

03/21

04/21

Hier sind die seit Weihnachten 2019 identifizierten und mit dem Wuhan SARS-CoV-2 verwandten Mutationen bis April 2021 als kreisförmiger Stammbaum mit Monatsringen dargestellt. Es handelt sich um eine Grafik aus der Virusdatenbank GISAID, in der seither über 13.000.000 Millionen Meldungen über mutierte SARS-Viren eingegangen sind. Die einzelnen Stammbaum-Äste sind im Original farbig unterschieden, und beim Anklicken der Punkte erfährt man den Ort der Entdeckung der jeweiligen Mutation. Es wird immer wieder versucht, die Neuheit einer Mutation als neue Gefahr darzustellen. Die gesundheitliche Relevanz der vielen Mutationen lässt sich aber nur epidemiologisch bestimmen. Wenn man nun bedenkt, dass solche Stammbäume von jedem beliebigen Virus ausgehend angefertigt werden könnten, dann wird klar, wie willkürlich es ist, gerade Wuhan als Ursprung eines SARS-Virus-Stammbaums zu wählen. SARS-Varianten sind seit 2002 bekannt und verbreiteten sich vermutlich schon vorher global.

20J/501Y.V3

20I/501Y.V1

Quelle: GISAID, 04/2021

Wie sähe die Taxonomie wohl aus, wenn man zum Beispiel bereits am 24. Dezember 2018 in Husum an der Nordsee ein SARS-Virus gesucht und entdeckt hätte? Dort hat natürlich vor 2020 wohl kaum jemand nach SARS-Viren gesucht. Wenn aber doch, wäre dann der Subtyp aus Wuhan vielleicht am 24. Dezember 2019 auf einem der Husumer Äste aufgetaucht? Wer von Ursprung redet, der zeigt damit nur, an welchem Punkt er angefangen hat zu denken.

MUTANTEN –
GLOBALISIERTE VERWANDLUNGSKÜNSTLER

Wer die Fähigkeit der Verwandlungskünstler kennt, kann sich über folgende Schlagzeilen nur wundern: Jetzt kommen die Mutanten! Habt Angst, sie kommen zu uns aus England, Südafrika, Brasilien oder Indien!

Halt, aber wo ist denn die schwere Seuche aus Wuhan geblieben? Welche von den Tausenden neuen Mutanten hat man sich denn jetzt ausgesucht?

Erfahrene Virologen berichteten mir über die bisher entdeckten und sequenzierten Verwandten des Wuhan-Virus. Im Januar 2021 waren circa 32.000 Sequenzen mit nicht-synonymen, also die Aminosäure verändernden Punktmutationen (SNP) in der Datenbank bei CoV-Glue hinterlegt.[11] CoV-Glue ist eine Online-Datenbank zur Interpretation und Analyse von SARS-CoV-2-Virus-Genomsequenzen mit dem Schwerpunkt auf Variationen der Aminosäuresequenz.

Dort werden aber nur Sequenzen mit maximal 10 Punktmutationen gegenüber der Referenzsequenz[12] registriert. Sequenzen mit mehr Mutationen nimmt man dort gar nicht an. Dasselbe wird von der GISAID-Datenbank berichtet: In dieser weltweit auf Initiative von Wissenschaftlern entstandenen Genomdatenbank von Influenza- und SARS-CoV-2-Viren liege die Grenze bei maximal 15 SNPs. Der Grund für diese Verfahrensweise erschließt sich mir nicht.

Ungeachtet der genannten Einschränkungen ergeben die Daten eine enorme Zahl an Mutationen.

Trotz aller Datenerfassung ist klar, dass man die weit überwiegende Mehrzahl der Mutationen (Replacements, Insertions und Deletions – mit oder ohne Frameshift) in circa 7,5 Milliarden menschlichen Atmungsorganen gar nicht kennen kann. Von tierischen Wirten ganz zu schweigen. Daher werden die Gendatenbanken weiterhin nur einen Minimalausschnitt der natürlichen Virusvielfalt zeigen. Möglicherweise verursachen gleich mehrere Corona-Varianten gemeinsam oder konkurrierend eine Infektion der Atemwege. Der verwendete PCR-Test kann ja nur wenige Varianten erfassen, noch nicht einmal das vollständige Corona-Virom eines Menschen.

Zur Beurteilung verschiedener Virusvarianten legen Wissenschaftler unter anderem sogenannte Konsensussequenzen fest. Darunter verstehen Molekularbiologen die Abfolge von Nukleoid- oder Aminosäureketten, die beim Vergleich zweier Viren am häufigsten auftritt. Welche Bedeutung ein genetischer Abstand zwischen Konsensussequenzen[13] für die Schwere einer Erkrankung haben soll, ist vollkommen unklar. Es werden Sequenzen von Viren verglichen, die zu einem großen Teil nie gleichzeitig auf diesem Planeten existiert haben, sondern deren Existenz teilweise Jahre auseinander liegt. Niemand kennt die unzähligen Generationen, die dazwischenlagen. Vermutlich ist die Mehrzahl von Virusvarianten längst wieder verschwunden, bevor sie jemand entdecken konnte.

So ist es auch »unserem Original-Wuhan-Virus« ergangen. Inzwischen ist das Virus, vor dem wir alle im Lockdown schon seit Monaten zittern, wieder verschwunden und wird schon länger nicht mehr sequenziert.[14]

Also bleibt festzuhalten: Wann und wo eine Gensequenz zuerst gefunden worden ist, sagt nichts darüber aus, wann und wo sie zuerst entstanden ist. Von den Orten und Zeitpunkten der Probenentnahmen eine Ausbreitungsdynamik abzuleiten, ist eine sehr fragwürdige Methode.

Virus-Genetik und Erkrankungssymptomatik verlaufen nicht parallel. Ob eine neue Mutante uns kränker macht als andere zuvor, liegt weniger am Virus als an unserem Immunsystem. Unser Immunsystem hat da das letzte Wort. Bei einer wirksamen zellulären Kreuzimmunität wird es selbst für neue Mutanten schwer, uns ernsthaft krank zu machen. Die Gefährlichkeit eines Virus lässt sich nicht an seiner Struktur ablesen, sondern an den Krankheitsfällen, die es verursacht. Niemand weiß außerdem, wie viele unterschiedliche Coronaviren sich bei Gesunden wohlfühlen.

In England waren Ende 2020 »neue Mutanten« aufgefallen, nicht weil mehr Kranke gezählt wurden, sondern weil ein Test mit einer Kombination von drei Virussequenzen angeblich nur noch zwei davon vermehrte und nachwies. Also hat man die »neue« Mutante sequenziert und fand eine Reihe Genmutationen (Deletions), die zu einer kleinen Veränderung der Aminosäuren am Spike-Protein führen könnten. Als Spike-Proteine bezeichnen Wissenschaftler die stachelförmig nach außen ragenden Proteinstrukturen einer Virushülle. Sofort forderte das ECDC, das Europäische Zentrum für die Prävention und die Kontrolle von Krankheiten, die Länder Europas zu mehr Wachsamkeit, mehr Sequenzierungen, mehr Sicherheitsmaßnahmen und Kontaktverfolgung auf.[15]

Bei Grippeviren hatte man sich teures Sequenzieren gespart. Vor etwas mehr als einem Jahr hat man noch nicht einmal mit PCR-Primern nach Coronaviren gesucht. Jetzt spekulieren Virologen im Staatsfunk über molekulare Veränderungen und verblüffen die ehrfurchtsvoll-ängstlich erschaudernde Hörer- und Zuschauerschaft mit taxonomischen Koordinaten und Codierungsspekulationen. Und da man ja nicht genau wisse, was die Veränderungen für die Bindungsfähigkeit der Spikes zukünftig bedeuten, müsse der Lockdown ganz Europas leider wohl auf unbestimmte Zeit verschärft werden. Wie war das noch mit »Fachidioten« und »Covidioten«?

Sind in England mit Einführung der lukrativen, aber infektionsepidemiologisch überflüssigen Sequenzierungen als Routinescreening jetzt die Taxonomen am Ruder, die uns an den Molekülen abzählen, welches Virus gefährlich ist und welches nicht? Haben die Vertreter von Big Pharma bei der EU einen Vertrag als Angstmacher, als Fearmonger? Als im April 2020 so viele Londoner im Lockdown starben, welche Mutanten waren da beteiligt? Die müssen ja noch gefährlicher gewesen sein. The show must go on ...?

Den wunderbaren Virenwandel verfolgen Virologen heute meist vor dem Computer. Als Superspezialisten nehmen sie ihr Fach sehr wichtig, haben uns aber leider mit ihrer begrenzten Weltsicht schon mehrfach in die Irre geführt. Aktuell machen sie uns wieder Angst mit »neuen Varianten, die noch unbekannte Risiken bringen«. Ja, das tun die Viren, aber schon seit Tausenden von Jahren.

Aber nicht nur die Krankheitserreger haben sich globalisiert, auch das Immungedächtnis der globalen »Herde« hat inzwischen intensiv trainieren können und kennt selbst Gäste aus China, Vietnam, Korea oder Thailand längst. Mit diesen Ländern herrschte ja auch ein reger Flugverkehr. Nur einsame Menschen ohne viele Kontakte trainieren ihr Immunsystem weniger. Sie sind es, mit denen wir vorsichtiger umgehen müssen.

WIR EXOSOMEN

Viren sind Definitionssache. »Draw a distinction!« sagt George Spencer-Brown[16] in seinem genialen Klassiker *Laws of Form*. Das bedeutet, ziehe einen Trennstrich, definiere! Tut man das, so lässt sich ein ganzes Weltbild davon ableiten. Immer weiter ableiten. So wie die Schöpfungsgeschichte oder die Urknallgeschichte, oder die Geschichte der Evolution mit ihrer Ahnenforschung, die Lieblingsgeschichte der Taxonomen.

Geschichten müssen gut sein, sonst bemerkt sie niemand und keiner hört zu. Und was niemand bemerkt oder bemerken kann, das existiert nicht. Auch Dinge existieren für uns, sobald wir uns darauf geeinigt haben, dass sie existieren. Inzwischen haben sich Menschen auf vieles geeinigt. Selbst dass die Welt eine Art Kugel ist, war ja mal strittig.

Inzwischen gehen viele davon aus, dass Kommunikation ein Kennzeichen für Lebewesen ist: Die Kommunikation zwischen A und B macht A und B zu Lebewesen. Da stellt sich die Frage: Können Viren kommunizieren? Oder sind sie nur molekulare, komplexe stoffliche Botschaften zwischen noch komplexeren lebenden Einheiten wie Zellen? So wie Lebendes über Schall- oder Lichtwellen Botschaften sendet und miteinander kommuniziert? Wie komplex können Botschaften sein? Für Zellen? Für Menschen? Auf die Bedeutung der Wörter, deren Buchstaben aus Druckerschwärze Sie gerade lesen oder die als Leuchtpunkte vor Ihnen auf dem Bildschirm erscheinen, haben wir uns geeinigt. Aber über die Aussagen ganzer Sätze lässt sich vortrefflich streiten. Denken Sie zum Beispiel an die Artikel unseres Grundgesetzes oder die Bedeutung genetischer Codes und andere komplexe Botschaften. Der wissenschaftliche Streit darüber nimmt kein Ende. Dieses Suchen, Streiten und sich letztlich Einigen bildet die Basis unseres Wissens. Wissen ist also nicht statisch, sondern wird immer wieder neu geschaffen. Doch wenn wir auf einem bestimmten Wissensstand beharren, dann machen wir das Wissen zu einem Glauben. Das ist wohl manchmal unvermeidbar, weil wir es gar nicht schaffen, bestehendes Wissen ständig anzuzweifeln.

Manche Zweifler bestreiten – nicht erst seit März 2020 – sogar die Existenz von Viren. In ihrer Geschichte berufen sie sich auf die äußere Ähnlichkeit von Viren mit sogenannten Exosomen. Exosomen sind wenig erforschte Zellausstülpungen, die sich von der Außenmembran von Zellen abschnüren. Sie sind den Viren deshalb sehr ähnlich, weil sie aus einer Hülle und darin enthaltenen molekularen Informationen bestehen. Sie sollen eine Rolle bei der Fernkommunikation zwischen lebenden Zellen spielen. Auch weisen die Vertreter dieser Geschichte auf die große Überlappung der in beiden enthaltenen Peptidmoleküle hin. In der Virus-Exosomen-Debatte streitet man sich also auf wissenschaftlichem Niveau darüber, wer irrt und wer nicht.

Meine kreative Anregung wäre, doch die Exosomen als »mobile Endoviren« oder die Viren als Intersomen, als Kommunikationsvehikel zum Austausch molekularer Information zwischen ihren Wirten zu begreifen. Manchmal bringt eine andere Beobachterposition ja neue Impulse.

Viren könnte man so sehen wie Exosomen, die zwischen den Menschen Botschaften übertragen. Sie haben auch unser Genom, unseren eigenen Bauplan, über die Jahrtausende langsam ergänzt und verändert. Damit wir Menschen auf diesem Globus gesund überleben konnten und können, sind Viren unverzichtbar. Ohne Viren würden wir vielleicht immer noch Eier legen.

In einem Interview erklärt der damals neunzigjährige Physiker und Kybernetiker Heinz von Foerster die Rolle solcher Theorien über »Teilchen«, wie Viren oder Exosomen, sehr humorvoll und verständlich.[17] Ich empfehle jedem, sich diese fünf Minuten anzusehen.

BESONDERS GEFÄHRLICHE ERREGER KOMMEN NICHT WEIT

Die Vorgänge in Wuhan haben die Weltöffentlichkeit darauf aufmerksam gemacht, dass in China die virologische Forschung sehr fortgeschritten ist und seltsame Blüten treibt. Was in den USA verboten ist, kann in China offenbar umgesetzt werden. Paul Schreyer hat hierzu interessante Recherchen veröffentlicht und den Zusammenhang zwischen der Biowaffenforschung und einer möglichen Nutzung neuer Laborschöpfungen für die Inszenierung von Angst und Schrecken aufgezeigt.[18]

Schon bei SARS-1 wollte sich die chinesische Regierung anfangs nicht so recht in die Karten gucken lassen. Bereits damals ist es ihr aber ohne Probleme und ohne jede Impfung gut gelungen, den

Ausbruch zu stoppen. In Bezug auf den Virusnachweis sind auch bei SARS-1 allerdings viele Ungereimtheiten ungeklärt. Zur Erinnerung: Ab März 2003 hatte man sich – ähnlich wie bei SARS-CoV-2 – darauf geeinigt, dass SARS-Viren überall dort sind, wo Drostens PCR-Test positiv ausfällt.[19]

Eine Schwierigkeit besteht nach wie vor darin, zwischen den Folgen der Virusinfektion und Folgen experimenteller Behandlungen zu unterscheiden. Wie anfangs schon in Italien, New York, Brasilien oder Madrid wurden offenbar auch in Guangdong an Erkrankten Remdesivir und andere für die Indikation COVID-19 nicht zugelassene Medikamente ausprobiert. Diese Arzneimittel hatten damals wie heute auch tödliche Nebenwirkungen. Abgesehen davon sollten aus meiner Sicht als Facharzt alte Schwerkranke möglichst nicht auf einer Intensivstation behandelt, sondern intensiv, aber schonend möglichst zu Hause gepflegt werden.

In den meisten Studien, die sich mit den pathologischen Folgen einer SARS-CoV-2-Infektion beschäftigen, fehlen Angaben über die vorangegangene Medikation, geschweige denn über erfolgte Impfungen der Verstorbenen. Solche Informationen sind allerdings unverzichtbar, um zum Beispiel mögliche Effekte einer gefährlichen Überreaktion des Immunsystems durch infektionsverstärkende Antikörperreaktionen (ADE = Antibody-Dependent Enhancement) von anderen Faktoren unterscheiden zu können.

Sollten aber tatsächlich einmal Viren oder andere Erreger unterwegs sein, die sehr krank machen, sind die Infizierten schnell so stark beeinträchtigt, dass sie zu Hause im Bett bleiben, bis es ihnen wieder besser geht. So gehen bei einer stärkeren Grippewelle, ausgelöst durch Influenzaviren, die unserem Immunsystem noch fremd sind, Infizierte mit heftigen Symptomen eher nicht aus dem Haus. Haben sie die Infektion überstanden, sind sie kaum noch oder gar nicht mehr infektiös. Weil die Ausbreitung besonders »gefährlicher« Viren also selbst limitierend ist, habe ich keine Angst vor einer solchen »Gefahr« – auch nicht in Zukunft. Wenn ein Mensch durch eine Infektion stirbt, tendiert die Wahrscheinlichkeit gegen null, dass er noch viele andere Menschen ansteckt.

Andere Erreger jedoch wie die Rhinoviren beeinträchtigen die Betroffenen fast gar nicht, oft läuft die Nase nur ein bisschen. Die meisten Erkälteten gehen weiterhin zur Arbeit und haben dadurch Kontakt zu vielen Menschen. Dadurch vermehren sich diese Viren sehr schnell und überall. Dass Rhinoviren eine gefährliche Pandemie auslösen, ist eher unwahrscheinlich. Dasselbe galt bis zum Frühjahr 2020 unter infektionsepidemiologischen Aspekten auch für andere saisonal auftretende, harmlosere Atemwegsviren. Zu den »Erkältungsviren« zählten bisher auch Coronaviren, was man auch daran erkennen kann, dass das RKI es bis April 2020 nicht für erforderlich hielt, sie ebenfalls in sein Sentinel-Beobachtungsspektrum aufzunehmen.

Bei einer echten Epidemie ist es übrigens leicht, die Ausbreitung der Infektion zu beobachten und die Opfer zu zählen. Die Betroffenen fehlen in der Schule oder bei der Arbeit und erkrankte Nachbarn verlassen plötzlich das Haus nicht mehr. Dafür klingelt das Telefon in den Arztpraxen Sturm und die Flure der Kliniken füllen sich mit hustenden, fiebernden Kranken. Das kann man vor der Öffentlichkeit nicht geheim halten.

Alle diese typischen Anzeichen fehlten bisher bei Corona, von einzelnen Schilderungen gestresster Ärzte und Pflegekräfte aufgrund des chronischen Personalmangels einmal abgesehen. Selbst die Statistiken des Robert Koch-Instituts zeigen eindeutig: Die Arztpraxen waren leerer als sonst und die Kliniken machten Kurzarbeit und schafften Betten ab. Wie blind müssen Menschen sein, um das nicht zu erkennen?

Zwischen Viren und Menschen besteht also eine Art selbstregulierender Mechanismus, der ihre Koexistenz sichert. Künstliche Störenfriede aus Horrorlaboren haben meines Erachtens geringe bis gar keine Überlebenschancen. Wer allerdings mit der Angst Geschäfte machen möchte, bedient sich der Geschichte von »tödlichen« Viren.

EINE VIRUSART KOMMT SELTEN ALLEIN

Als Erreger von akuten Atemwegsinfektionen (ARIs = Acute Respiratory Infections) kommt eine Vielzahl von Viren infrage. Manchmal verursacht nur eines allein die Infektion, häufiger mehrere gemeinsam, denn als ökologische Nische können die Atemwege gleichzeitig mit mehreren Erregern infiziert werden. Aufgrund ihrer raschen Ausbreitung und ihres flächendeckenden Vorkommens haben ARIs weltweit einen erheblichen Einfluss auf die öffentliche Gesundheit und alle Bereiche des Alltagslebens.

Sind auch tiefere Atemwege entzündet, sprechen Lungenärzte von Community Aquired Pneumonia (CAP) und unterscheiden sie von den Lungenentzündungen, die Patienten erst im Krankenhaus »erworben« haben. Laut Untersuchungen kommen die häufigsten Pneumonie-Patienten aus Senioren- und Pflegeheimen, weshalb Ärzte die Erkrankung früher »Nursing home-acquired pneumonia« (NHAP) nannten. Zudem ist das Risiko der Senioren- oder Pflegeheimbewohner für die Besiedlung durch Krankenhauskeime, also auch mit multiresistenten Erregern (MRE), generell erhöht.

Direkt vor Beginn der PCR-Test-Orgien, am 19. Dezember 2019, veröffentlichten Jan Rupp und Ruth Hörster, zwei norddeutsche Kollegen, eine Arbeit über »Das neue Verständnis pulmonaler Infektionen«.[20] Über die Diagnostik molekularer Erreger, zum Beispiel mit dem PCR-Test, schreiben sie:

»Was für epidemiologische Betrachtungen zunächst einmal hoffnungsvoll erscheint, da durch eine vermehrte Sensitivität vermeintlich eine größere Anzahl von Erregern entdeckt werden kann, bereitet häufig Schwierigkeiten in der Interpretation. So können zum Beispiel einzelne Viren nicht eindeutig als Krankheitserreger klassifiziert werden, da die Pathogenität bislang wenig untersucht wurde beziehungsweise auch

Vergleichskollektive von Patienten ohne entsprechende Symptomatik fehlen. In gleicher Weise finden sich nun gehäuft Koinfektionen von mindestens zwei Erregern, welche zuvor häufig auch mal übersehen werden konnten. [...] Es ist davon auszugehen, dass der zunehmende Nachweis viraler Erreger zunächst Ausdruck der verbesserten diagnostischen Möglichkeit ist. In mehreren Studien gelang bei bis zu 30 Prozent der Patienten mit CAP der Nachweis von Viren, darunter vor allem Influenza A/B, Rhinovirus, RSV (Respiratory Syncytial Virus), Coronaviren und humanes Metapneumovirus[21]. Wie allgemein bekannt, weisen viral-bakterielle Koinfektionen starke saisonale Unterschiede auf und treten auf der Nordhalbkugel mit einer Häufung im Winter und Frühling und einem Peak im 1. Quartal des Jahres auf. Während dieser Zeit sind Koinfektionen sogar häufiger als jede Infektion für sich.«[22]

Um so absurder muss umsichtigen Lungenärzten jetzt die hypnotische und durch viele monetäre Anreize begünstigte Fixierung auf die massenhafte isolierte Suche nach nur einer Virusunterart mittels einer chaotisch unübersichtlichen Testpraxis erscheinen. In Fernsehinterviews wirkt einer der beiden norddeutschen Autoren auch sehr vorsichtig und man spürt seine Furcht davor, etwas politisch Inkorrektes zu sagen.[23]

Die Frage, welche Erreger gleichzeitig für die beobachteten Symptome verantwortlich sind, interessiert immer mehr neugierige Forscher. Daher ist das Zusammenspiel der Viren in unseren Atemwegen ein Schwerpunkt schottischer Infektiologen um Dr. Sema Nickbakhsh von der Universität in Glasgow.[24] Während schwerere Erkrankungen meist mit der Co-Infektion durch Bakterien in Verbindung gebracht werden, deuten ihrer Meinung nach Studien zur Virom-Ökologie darauf hin, dass Virus-Virus-Interaktionen sich erheblich auf das Infektionsrisiko auswirken können und somit auch die Erregerausbreitung in der Bevölkerung beeinflussen.

Das hätte in der Tat eine große Bedeutung für die Gestaltung von Interventionsmaßnahmen bei viralen Ausbrüchen. Die Wissenschaftler in Glasgow schreiben dazu:

»Wenn zum Beispiel zwei Viren antagonistische Wechselwirkungen aufweisen, können Bekämpfungsmaßnahmen gegen einen Erreger die Inzidenz des anderen beispielsweise steigern. Das Verständnis der Ökologie, Epidemiologie und Evolution von Atemwegsviren und die Identifizierung der viralen Faktoren, die sich auf den Ausgang von Atemwegserkrankungen auswirken, ist von zentraler Bedeutung für zahlreiche präventive und therapeutische Fragestellungen.«

Zu diesem Zweck sei es wichtig, in einem Multi-Pathogen-Ansatz die vielen gleichzeitigen Befunde, die bei jedem einzelnen Patienten und auf der Bevölkerungsebene beobachtet werden, zu integrieren. Die sogenannte Multiplex-Technik ermöglicht inzwischen, über 20 verschiedene Virusarten gleichzeitig zu bestimmen, und das Verfahren ist technisch so einfach wie ein isolierter Corona-PCR-Test.

Da stellt sich natürlich die Frage: Weshalb wird bei positivem SARS-CoV-2-Test und bestehenden Krankheitssymptomen nicht nach weiteren wichtigen Erregern gesucht? Wenn es juckt, dann kann man schließlich auch Läuse und Flöhe haben.

Erstaunlich ist, dass es lange Zeit niemand für nötig gehalten hat, die Suche nach den Nachkommen der SARS- und MERS-Viren in die Multiplex-Tests zu integrieren. Obwohl sie doch angeblich so gefährlich sind, durften sich SARS-Spezies offenbar über 17 Jahre lang klinisch und epidemiologisch nahezu unbeobachtet verbreiten, vermehren und verändern, bevor sie mithilfe des Herrn Drosten plötzlich wieder hervorgezaubert wurden und allgegenwärtig zu finden sind.

Die folgenden Bilder zeigen beispielhaft die Ergebnisse solcher Multiplex-Monitoring-Studien.

Relative Virusprävalenz bei ARE in Glasgow (UK), 2005 bis 2013

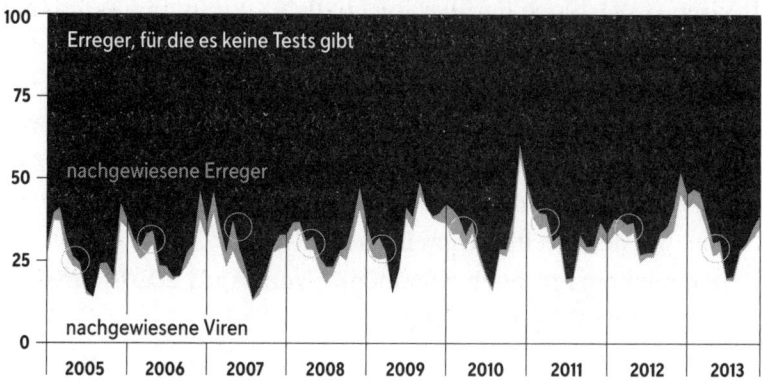

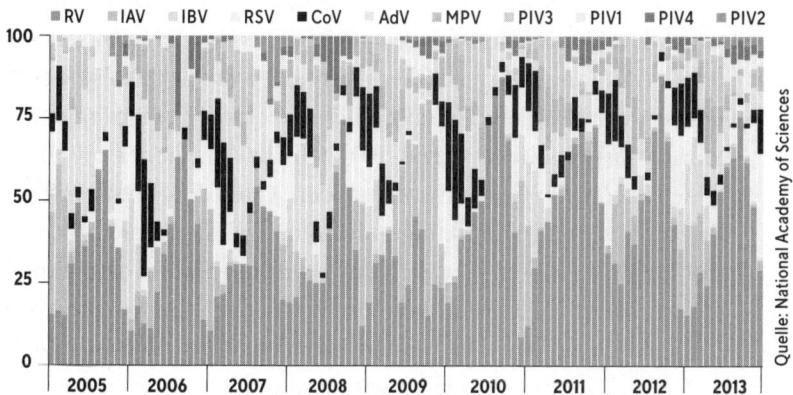

Im oberen Teil der Grafik sehen wir, dass bei einem großen Teil der Patienten keine Viren gefunden wurden, obwohl ja immer irgendwelche Erreger für die akute Atemwegsinfektion verantwortlich sein müssen. In der schwarzen Zone verstecken sich also all die vielen Erreger, für die es noch keine Virusdiagnostik gab.

Der untere, im Original farbige Teil zeigt die jahreszeitlich wechselnden prozentualen Anteile der nachweisbaren Erreger. Also nur derjenigen Viren, die in der oberen Grafik in den weißen und grauen Bereichen liegen. Man sieht unten die ganzjährig dominierenden

Rhinoviren, darüber die Influenza-A-Viren (IAV) und die Influenza-B-Viren (IBV). Noch darüber folgen die RS-Viren und dann, hier schwarz, die Coronaviren. Coronaviren treten danach hauptsächlich von Februar bis März und häufig gemeinsam mit mehreren anderen Viren auf. Übrigens zeigen die grauen Zonen der oberen Grafik den prozentualen Anteil der Messungen, bei denen mehr als ein Erreger gefunden wurde. Coronaviren sind sehr oft der graue Schnee auf den zweiten Gipfeln (siehe Kreise).

In einem ergänzenden Kommentar vom April 2020 schreiben die Glasgower Wissenschaftler:

»Die Ergebnisse könnten darauf hindeuten, dass SARS-CoV-2, das Coronavirus, das Covid-19 verursacht, mit den aktuellen saisonalen Coronaviren konkurriert und entweder Schwierigkeiten hat, langfristig zu überleben, oder dass es eines oder mehrere der bestehenden saisonalen Coronaviren verdrängen könnte. Bisher scheint Covid-19 der Grippe ähnlicher zu sein als den saisonalen Coronaviren, was den Anteil der Fälle betrifft, die zu schweren Erkrankungen führen, und das ältere Altersprofil, obwohl dieser Vergleich derzeit durch Datenverzerrungen erschwert wird. Detaillierte Informationen über saisonale Coronaviren werden wichtig sein, um vorherzusagen, was langfristig mit Covid-19 passieren wird und welche Auswirkungen es auf andere Atemwegsviren haben wird. [...]
Eine Studie ergab auch, dass saisonale Coronaviren häufiger mit bestimmten häufigen Atemwegsviren, Adenovirus und Parainfluenza, koinfizieren als mit anderen Gruppen von Atemwegsviren. Dies deutet darauf hin, dass Coronaviren wahrscheinlich eher kooperative als kompetitive Formen von Beziehungen mit anderen Gruppen von Atemwegsviren eingehen.«[25]

Aus dieser neuen virus-ökologischen Sichtweise ergeben sich völlig neue Schwerpunkte in Bezug auf die wichtigen Fragen nach

Herdenimmunitäten, Kreuzreaktionen, geeigneten Monitoringverfahren und Methoden angemessener Risikoeinschätzungen.

Eine weitere Studie[26] erbrachte mit Simultaner Mehrfach-Erregersuche den Hinweis dafür, dass die gleichzeitige Anwesenheit von Coronaviren bei Infekten mit humanen Metapneumoviren (hMPV) oder mit Respiratory Syncytial Viren (RSV) das Risiko für schwere Atemnot erhöhte.

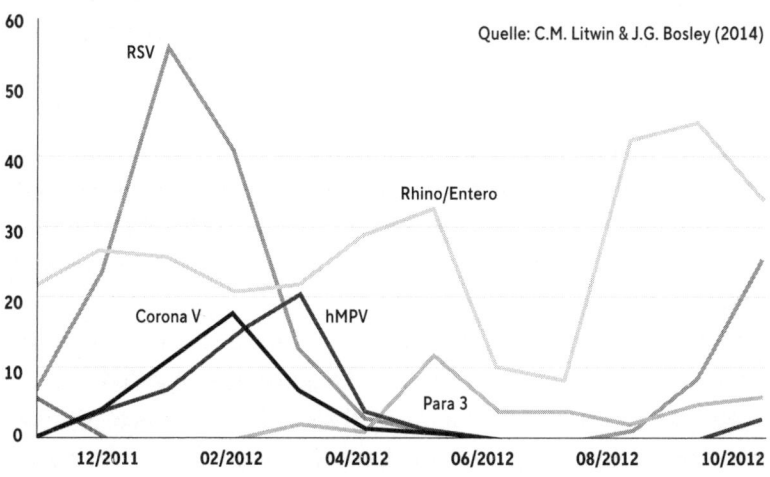

Dem Narrativ, dass Atemwegsinfekte von nur einem einzigen Erreger verursacht werden, folgen selbst Spitzenwissenschaftler wie Professor John P. A. Ioannidis[27], der international von seinen Kollegen meistzitierte Epidemiologe der Stanford University (USA). Auch Ioannidis lässt weitere Errreger in seiner sonst sehr verdienstvollen Studie im Jahr 2020 unerwähnt. Prof. Ioannidis überprüfte darin größere COVID-19-Seroprävalenz-Studien weltweit und schätzte die Infektionsfatalitätsrate (IFR) jeder Studie, indem er die regionale Anzahl der COVID-19-Todesfälle durch die Anzahl der Menschen teilte, die in diesen Regionen schätzungsweise infiziert waren. Unter Berücksichtigung einiger relevanter Fehlermöglichkeiten und Unsicherheiten kam er zu dem Ergebnis, dass die

Infektionsfatalitätsrate von COVID-19 fast die Gleiche sein könnte wie die einer normalen Grippe.[28] Die IFR gibt den Prozentsatz der an einer bestimmten Infektion erkrankten Menschen an, die gestorben sind. Unter Berücksichtigung von 50 internationalen Einzelstudien ergab sich eine globale IFR von 0,24 Prozent und für unter 70-Jährige von 0,04 Prozent.[29]

Hielt der renommierte Stanford-Professor die Glasgower Beobachtungen nicht für relevant? Oder hat er sie gar vergessen? Durch langjährige Forschungen ist bekannt, dass Unterarten von hCov, IVA, IVB, hMPV, hPIV, hRSV, hRV, hAV und anderen Atemwegsviren zusammen auftreten und uns jeden Winter die Erkrankung bringen, die wir als »Grippe« zusammenfassen. Bei der Berechnung der Todesfälle durch Grippe werden normalerweise alle zusammengezählt, unabhängig vom jeweiligen Erreger. So erhalten wir undifferenziert eine infektionsbezogene Letalität (IFR), die meistens um etwa 0,1 Prozent liegt.

Obwohl »Grippe« durch Dutzende unterschiedlicher Viren verursacht wird, fasst der Arzt alle in der Diagnose »Grippe« oder Akute Saisonale Atemwegserkrankung (ARI plus ILI) zusammen. ARI oder auch ARE ist die Abkürzung für Akute Respiratorische Erkrankung ohne Fieber und ILI steht für »Influenza-like Illness«, für die Fälle, die mit Fieber einhergehen. Es wird dabei in der Praxis selten differenziert, ob nur eines der Viren eine Grippe-Erkrankung verursacht hat oder ob sogar zwei oder mehr Viren gemeinsam die Symptomatik ausgelöst haben. Schon aus logischen Gründen kann deshalb zum Beispiel die Menge der an Corona Erkrankten nicht größer sein als die der Grippe-Kranken. Wohl aber kann man innerhalb der Grippe-Toten nachschauen, wie viele unterschiedliche Viren und welche Erreger bei ihnen am häufigsten anzutreffen sind.

Also wird bei akuten Atemwegserkrankungen ähnlich verfahren wie bei den Opfern von Verkehrsunfällen. Zur Berechnung der Todesrate bei Autounfällen wird auch nicht unterschieden, ob die Opfer bei einem Unfall mit einem Porsche, einem Toyota, einem

Volkswagen oder einem Peugeot zu Tode kamen. Noch eine Parallele: Auch an Unfällen sind oft mehrere Fahrzeugmarken gleichzeitig beteiligt.

Häufig haben Kinderärzte berichtet, dass zumindest bei stationär behandelten Säuglingen und Kindern Coronaviren sehr oft mit Influenza- und anderen Viren einhergehen. Es gibt Hinweise darauf, dass in fast der Hälfte der Fälle, in denen Coronaviren gefunden werden, auch andere Virusspezies pathogenetische Co-Faktoren sein könnten (siehe einige grob gesammelte Quellen zum Herunterladen auf meiner Homepage[30]).

Zur Beurteilung der aktuellen Situation sollten wir also immer die Tatsache berücksichtigen, dass viele Fälle von ILI oder ARI gleichzeitig von SARS-CoV-2 und anderen Virusarten ausgelöst werden können. Ich habe den Eindruck, dass viele Wissenschaftler durch Porsches, pardon, durch SARS-CoV-2 in ihrer Aufmerksamkeit gefangen sind. Wenn andere Viren einen gewissen Anteil an den Todesfällen hätten, die derzeit COVID-19 zugeschrieben werden, wäre die Sterblichkeit bei »Corona«-Infektionen noch geringer. Nochmals: Da Coronaviren immer einen Teil der »Grippe«-Infektionen ausmachen, ist es schon logisch unmöglich, dass ihr Anteil größer wird als der aller Atemwegsviren zusammen. Das ließe dann die Ergebnisse von P. A. Ioannidis in einem noch günstigeren Licht erscheinen.

LÄUSE UND FLÖHE

Bei vielen grippalen Infekten spielen also humane Metapneumoviren, Respiratorische Synzytiumviren oder Parainfluenzaviren und andere ebenfalls eine Rolle. Das wird bei der derzeitigen Teststrategie völlig missachtet. Wir wissen jedoch: Wenn es juckt, kann man Läuse oder Flöhe haben. Man kann aber auch gleichzeitig Läuse und Flöhe haben.

Bei Husten, Schnupfen, Hals- und Gliederschmerzen suchen aber derzeit alle nur noch nach einem einzigen Virus. Ist der PCR-Test positiv, nehmen die »Maßnahmen« ihren Lauf. In sogenannten Pandemie-Zeiten wird völlig verdrängt, dass an grippalen Infekten sehr oft mehrere Virusarten als Übeltäter beteiligt sind.

Damit will ich jetzt aber nicht noch mehr Testungen fordern, sondern nur bewusst machen, dass es außerhalb von wissenschaftlichen Studien überhaupt keinen Sinn macht, nach einer einzigen Virusart zu suchen. Über 100 verschiedene Grippeviren machen ähnliche Beschwerden und mit vertretbarem Aufwand könnten wir derzeit ohnehin nicht mehr als 20 davon im normalen Medizinbetrieb nachweisen. Zudem macht eine solche Differenzierung keinen Unterschied in der Behandlung oder bei der Vermeidung von Ansteckungen. »Grippe« oder »grippaler Infekt« reicht als Diagnose deshalb meistens völlig aus.

Die geschilderten Zusammenhänge sind übrigens extrem bedeutsam in der Diskussion um jede Impfung oder Immunisierung gegen solche saisonalen Erreger. Da diese in circa 10 bis 20 Prozent der Fälle und bei Kindern bis zu 50 Prozent der Fälle gemeinsam aktiv sind,[31] sich manchmal gegenseitig verstärken und manchmal miteinander konkurrieren, kann derzeit niemand evidenzbasiert den Nutzen einer Impfung gegen saisonale Atemwegserreger vorhersagen.

Seltsamerweise sind Influenza-Fälle seit dem Frühjahr 2020 und bis ins Jahr 2021 hinein nicht nur in Deutschland fast völlig verschwunden. Beim Vergleich der Sentinel-Werte vom Vorwinter, als etwa 20.000 Influenza-Fälle labortechnisch nachgewiesen wurden, findet das RKI im zweiten Corona-Winter nur vereinzelte oder gar keine Influenzaviren mehr. Wo sind sie nur geblieben?

Einige sogenannte Faktenchecker lobten sogleich linientreu den Erfolg der Infektionsschutzmaßnahmen und fachsimpelten über das Präventionsparadox. Weshalb die Präventionsmaßnahmen nur bei Influenza und – weil Faktenchecker ja an die PCR-Ergebnisse glauben – nicht auch bei Coronaviren zum Verschwinden geführt haben sollen, dafür hatte sich offenbar kein plausibles Narrativ finden lassen.

Der Epidemiologe Knut Wittkowski meinte in einem Interview[32] Ende Dezember 2020, möglicherweise würde eine ganze Reihe, vielleicht sogar der größte Teil von Influenza-Fällen wegen der Tests unter COVID-19 laufen. Wittkowski äußerte auch, es gäbe keine Evidenz dafür, dass die Masken die Influenza gestoppt hätten, denn dann hätten sie die etwas größeren SARS-CoV-2 erst recht stoppen müssen. Für die Hypothese, dass das Maske-Tragen die Übertragung von Influenza wirksam reduziert, hatte auch die Weltgesundheitsorganisation in einer Studie aus dem Jahr 2019 keine Beweise gefunden.

ÜBER DEN ANGEMESSENEN UMGANG MIT VIREN

Rhinoviren, Adenoviren, Metapneumoviren, Coronaviren, RS-Viren, Influenza- oder Parainfluenzaviren und weitere Viren machen alle recht ähnliche Krankheitsbilder. Nach der Infektion spüren wir sie zuerst in den oberen Atemwegen, in der Nase (Schnupfen, Niesen), im Rachen (Kratzen und Wundsein) oder in den oberen Luftröhrenabschnitten und dem Kehlkopf (Husten und Heiserkeit). Gegen diese Viren gibt es keine Antibiotika, sondern nur die übliche symptomatische Therapie. Antibiotika wirken allein gegen Bakterien, die in manchen Fällen beteiligt sind, und auch die Grippe-Impfung richtet sich nur gegen den kleinen Teil der Influenzaviren.

Da die Stärke einer Infektion aber auch von der Menge der Erreger abhängt, können wir einerseits unser vielleicht überfordertes Immunsystem durch Mittel entlasten, welche die Viruslast beziehungsweise die Infektionsdosis reduzieren. Andererseits können auf das Immunsystem wirkende Stoffe, wie die Vitamine D und C, oder die sogenannte orthomolekulare Substitution systemisch wirken und das Immunsystem bei seiner Arbeit unterstützen.

Aus Griechenland kommt ein wohlschmeckendes Hausmittel bei Kratzen im Hals, welches möglicherweise ebenfalls einen solchen positiven Effekt haben kann. Mir sind zwar keine randomisierten Doppelblindstudien für Zistrosentee bekannt, aber der hat mir schon oft das Kratzen im Hals verjagt. Der Grog, den man in meiner Heimatregion zwischen den Meeren gegen Erkältung empfiehlt, wärmt zwar sehr schön, doch das schert die Viren wenig. An einer Doppelblindstudie zur Wirksamkeit dieses Getränks würde ich mich allerdings während eines kalten Winterabends zur Not beteiligen.

WESHALB IM WINTER?

Im Januar 2021 stellte ich eine Grafik auf meine Homepage, die sehr viele positive »Covid-19-Fälle pro Einwohner« in Europa und den USA zeigte, während es auf der Grafik so aussah, als bliebe der Rest der Welt verschont. Dazu fragte ich provozierend – wie in einem Corona-Quiz: »Wie nennt man eine Pandemie, die sich besonders gut in westlichen Demokratien ausbreitet?«

Prompt machte mich ein kritischer Leser darauf aufmerksam, dass Australien, obwohl dort sehr wenig Fälle registriert waren, ja schließlich auch eine »westliche Demokratie sei«. Politisch hatte er wohl recht, doch offenbar hatten wir beide nicht daran gedacht, dass in Australien gerade Hochsommer war. Und das ist bekannterweise keine Grippe-, also auch keine Corona-Zeit.

Nun, warum kommt es im Winter zu diesen Gipfeln der grippalen Infekte? Dazu kenne ich drei Theorien und habe mich entschieden, alle richtig zu finden, denn keine Theorie schließt die beiden anderen aus. Die Theorien lauten etwa so:

→ Die im Winter fehlende Sonnenstrahlung lässt unseren Körper weniger schützendes Vitamin D bilden und das schwächt unser Immunsystem.

→ Die kondensierende Feuchtigkeit unserer warmen Atemluft in winterlichen Temperaturen transportiert die Viren wirksamer zum nächsten potenziellen Opfer.

→ Menschen infizieren sich in der kalten und dunkleren Jahreszeit häufiger, weil sie enger in Innenräumen zusammenkommen.

Die Bedeutung der einzelnen Theorien scheint noch nicht ausdiskutiert zu sein. Vermutlich nützt alles zusammen den Viren in der kühlen Jahreszeit.

VIELE NAMEN FÜR GRIPPE

Unser Wissen über die Vielfalt der saisonalen Viren auf unseren Schleimhäuten stammt wegen der komplexen Nachweisverfahren überwiegend aus Krankenhäusern. Vor allem in den Kinderkliniken wurde weltweit am meisten nach den unterschiedlichen Erregern gefahndet. Bei fast der Hälfte der klinisch behandelten Kinder waren Coronaviren von weiteren Viren begleitet. Die Untersuchungen unserer Besiedlung mit Atemwegsviren wurden fast ausschließlich an Menschen vorgenommen, die sich ärztlich behandeln ließen, die also Krankheitssymptome hatten. Das gibt natürlich ein schiefes Bild in Bezug auf die bei Gesunden anzutreffenden Viren.

Eine Übersichtsarbeit zu Atemwegsinfektionen bei Kindern, die im September 2014 im *Deutschen Ärzteblatt* veröffentlicht wurde, vermittelt ein sachlich fundiertes Bild von der medizinischen Bedeutung des Themas. Weil auch viele Mediziner in die Corona-Hysterie einstimmen und ich mir eine Versachlichung der Bewertung von Befunden wünsche, zitiere ich zwei kurze Passagen aus diesem Artikel[33]:

»Klein- und Grundschulkinder ohne besonderes Risiko erleiden drei bis zehn fieberhafte Atemwegsinfektionen pro Jahr. Die meisten dieser Infektionen sind viraler Genese und selbstlimitierend.«

»Der PCR-Nachweis von respiratorischer Synzytialvirus-, humanerMetapneumovirus-, Parainfluenzavirus- oder Influenzavirus-RNA belegt meist eine akute Infektion durch diese Erreger und ist damit klinisch wegweisend.« [nicht beweisend, Anm. d. Autors]

»Nukleinsäuren von Adeno-, Boca-, Rhino- oder Coronaviren können hingegen auch bei asymptomatischen Menschen nachgewiesen werden, vermutlich infolge zurückliegender oder subklinischer Infektionen sowie bei banalen Infektionen der oberen Luftwege. Insbesondere bei Kindern können wegen der Infekthäufigkeit in den Wintermonaten akute von zurückliegenden Infektionen nicht sicher unterschieden werden.«

Klein- und Grundschulkinder tauschen ihre Viren ohne Masken – manchmal täglich – mit ihren Eltern und Großeltern, mit Erziehern und Lehrern sowie ihren Freunden. Kinder fiebern drei- bis zehnmal pro Jahr und haben oft monatelang eine Rotznase nach der anderen. Ihre Immunsysteme lernen dabei fürs Leben. Die Erwachsenen haben ihre Immunausbildung ja bereits hinter sich und erhalten nur gelegentlich von den Kindern Viren-Updates. So war es und so ist es jetzt immer noch. Mit dieser »Normalität« konnten alle gut umgehen. Und dann drehte sich plötzlich alles nur noch um Corona und alles andere wurde vergessen, obwohl sich im Biotop nichts geändert hatte.

Nachdem der Corona-Alarm in Wuhan ausgelöst wurde, habe ich bei meiner Literaturrecherche weit überwiegend pädiatrische Arbeiten gefunden.[34] In denen berichten Kinderärzte, welche der messbaren Viren sie bei ihren kleinen Patienten am häufigsten antrafen. Neben bis zu zehn anderen Arten waren regelmäßig zwischen 5 und 15 Prozent Coronaviren vertreten. Doch waren die Ärzte meist unsicher, welche der manchmal gleichzeitig gefundenen Viren bei den behandelten kranken Kindern den größten Schaden angerichtet hatten, Coronaviren offenbar nicht.

Saisonale Virusinfektionen mit Husten, Schnupfen und Heiserkeit attestieren Hausärzte meist als grippalen Infekt, Epidemiologen zählen sie als akute respiratorische Erkrankung ohne Fieber (ARE). Anstrengendere Grippeverläufe mit Fieber wurden früher als »Echte Grippe« bezeichnet, Epidemiologen grenzen sie von den ARE als ILI ab, was »Influenza-like Illness« bedeutet. Während ARE fast die gesamte Bevölkerung irgendwann mindestens einmal im Jahr heimsucht, sind die schwereren ILI-Verläufe deutlich seltener und erwischen ihre Opfer nur alle paar Jahre.

Wenn sich unser Immunsystem intensiver mit solchen Viren auseinandersetzt, werden weitergehende Kräfte des Körpers alarmiert. Diese Anstrengung verspüren die Infizierten als Schwächung und allgemeines Krankheitsgefühl. In solchen Fällen zeigt dann auch eine erhöhte Körpertemperatur an, dass unser Immunsystem intensiv arbeitet. Solche umfangreicheren Reaktionen auf eine Virusinfektion gefährden ernsthaft die Gesundheit ohnehin bereits Geschwächter. Vernünftigerweise legen sich Betroffene dann ins Bett, schonen sich und lassen sich gerne – wenn möglich – von lieben Mitmenschen drei bis zehn Tage lang mit heißen Tees oder kalten Wickeln verwöhnen. Menschen, deren Leben sich dem Ende zuneigt, können solche Anstrengung nicht mehr leisten. Sie sterben dann oft an den Komplikationen ihrer individuellen Krankheiten und werden von den Statistikern als saisonale Übersterblichkeit gezählt.

CORONA SPIELTE FRÜHER EINE NEBENROLLE

Obwohl schon immer viele Erreger Grippe verursachten, setzte die Industrie bisher nur auf Influenza Typ A, B und C. Nach den Beobachtungen der Glasgower Infektiologen lösen diese drei Influenzaviren in stark wechselndem Maße um die 10 Prozent der grippeähnlichen Erkrankungen aus.[35] Grippe-Impfungen könnten daher also nur vor höchstens 10 Prozent dieser meistens zur kühlen Jahreszeit auftretenden Erkrankungen schützen.

Vergleichende Untersuchungen in mehreren Ländern ergaben, dass Coronaviren allein oder mit weiteren Viren deutlich häufiger für Husten, Schnupfen, Heiserkeit mit oder ohne Fieber sorgen als die Influenzaviren.[36] Trotz dieser Kenntnisse kamen Coronaviren bis März 2020 in den Sentinel-Berichten des RKI einfach nicht vor.

Mit Labortests nachweisbare Erreger bei 211 von 497 Erkrankungen der oberen Atemwege:

ERREGER	EINZEL-INFEKTION	MEHRFACH-INFEKTION	INSGESAMT
Rhinoviren	107	14	121
Coronaviren	45	14	59
Influenza A und B	19	3	22
RS-Viren	11	6	17
Parainfluenza	6	1	7
Chlamydien	3	0	3
Mycoplasma Pneum.	1	0	1
Adenoviren	1	0	1
Insgesamt	193	38	231

Quelle: K. G. Nicholson et. al. BMJ 1997; 315:1060-4

Die Tabelle aus dem Jahr 1997[37] zeigt den Anteil der Erreger an Erkrankungen der oberen Atemwege, lange Zeit vor den bekannten Pandemie-Planungen. In der Aufzählung fehlen unter anderem noch die wichtigen humanen Metapneumoviren, aber Coronaviren sind schon an zweiter Stelle mit aufgeführt und waren deutlich häufiger als Influenza nachweisbar. Zudem sieht man, dass von den 59 Fällen mit Corona-Nachweis 14 Fälle mit weiteren Virus-Nachweisen einhergingen. Ob das Ausmaß unserer Beschwerden davon abhängt, dass uns verschiedene Viren gleichzeitig infizieren, wissen wir nicht sicher.

Die genannte Arbeit der Wissenschaftler aus Glasgow zeigt, dass in Schottland ein guter öffentlicher Gesundheitsdienst die richtigen Fragen stellt. Dort starrt niemand wie hypnotisiert auf ein einziges Virus, sondern versucht die Gesamtheit der Viren in uns, das Virom, und das wechselnde Zusammenspiel der unterschiedlichen Virusarten zu verstehen. Multiplex-Tests zur Untersuchung eines Rachenabstrichs bei Patienten mit typischen Atemwegsbeschwerden sind technisch nicht viel aufwendiger als ein PCR-Test. Solche Tests sind längst automatisiert und erlauben die gleichzeitige Suche nach Sequenzen von mehr als 25 Erregern. Gemeinsam mit anderen Viren könnte man mit dieser Methode vermutlich bei Patienten verschiedene SARS-Coronaviren und nicht nur die derzeit endemisch werdende Corona-Variante entdecken. Dann müsste selbstverständlich geklärt werden, welche der vorhandenen Viren zum Beispiel für Organschäden verantwortlich sind oder ob gerade die Kombination der gefundenen Viren die Patienten besonders krank macht. Aus meiner Sicht sollte sich das Robert Koch-Institut, ähnlich wie die Gesundheitsbehörden und die Wissenschaftler in Schottland,[38] solcher Technologien vermehrt bedienen, um von der Fixierung auf einzelne Erreger zu einer ökologischeren Sicht des Infektionsgeschehens zu kommen.

Meine Faustformel für eine Grippesaison lautet daher:
Auf 100.000 Einwohner ist mit
mehr als 80.000 symptomatischen Fällen,
5.000 bis 10.000 Arztbesuchen wegen ARE/ILI,
50 bis 500 stationären ARE/ILI-Fällen (= SARI)
und 5 bis 25 Todesfällen wegen ARE/ILI zu rechnen.

Sowohl bei ARE als auch bei ILI kann eine Vielzahl unterschiedlicher Atemwegserregern eine Entzündung von Luftröhre, Bronchien oder Teilen des Lungengewebes hervorrufen. Zudem führen im Verlauf der Erkrankung Bakterien zu einer Superinfektion und überlagern die Virusinfekte, besonders bei Patienten mit einer vorgeschädigten Lunge, zum Beispiel mit COPD, Asthma, Emphysem oder Mukoviszidose. Eine genaue Diagnostik, welcher Erreger die akute Atemwegserkrankung ausgelöst hat, ist schwierig und bei Viren für die Therapie ohne wesentlichen Nutzen, weil sich aus der Diagnose bisher keine sicheren therapeutischen Konsequenzen ableiten lassen. Wichtig ist dann eine entzündungshemmende Behandlung, die die Symptome lindert und gegebenenfalls die Atmung und Sauerstoffzufuhr unterstützt. Ein Klinikaufenthalt birgt zusätzliche Risiken und sollte nur erfolgen, wenn die Behandlung in der gewohnten Umgebung nicht zu organisieren ist. Das gilt insbesondere für hochbetagte Menschen.

In den letzten Jahren fahnden Wissenschaftler allerdings vermehrt nicht nur nach einer Art oder nach einzelnen Viren, um Erkenntnisse über Infektionsketten zu gewinnen und genauer zu verstehen, wie Viren sich gegenseitig beeinflussen. Sie hemmen oder verstärken offenbar ihre Wirkung, je nachdem, in welcher Kombination und in welcher zeitlichen Reihenfolge sie auftreten.

Dass die Influenza-Impfung keine Grippe verhindert, sondern nur das Erregerspektrum der Grippe verändert, ist inzwischen unstrittig. Selbst wenn der richtig zusammengesetzte Impfstoff die Influenzaviren bremst, entsteht daraus ein Vorteil für all die anderen Viren. Die Lücke wird sofort besetzt, zum Beispiel von Corona- und weiteren Viren. Dieser Vorgang ist wissenschaftlich abgesichert, das heißt, es gibt dafür reichlich klinische Evidenz.[39/40] Das gilt selbstverständlich auch umgekehrt für jede Impfung gegen Coronaviren und so weiter.

Es ist völlig unsinnig, jedes Jahr ein anderes Virus aus unserem Biotop verjagen oder ihm in Quarantäne entkommen zu wollen. Es wäre viel sinnvoller, unser Immunsystem durch eine möglichst gesunde Lebensweise zu stärken und durch eine ausreichende Dosis Vitamin D sowie uns durch ein laufendes Immuntraining so lange wie möglich fit zu halten. Wer sich vor einer viralen

Atemwegserkrankung schützen will, muss einerseits seine Widerstandskraft stärken und andererseits Ansteckungen vermeiden. In jedem Fall verbessert eine gute immunologische Konstitution auch im Falle einer Ansteckung die Chancen, trotz Infektion nicht ernsthaft krank zu werden. Zudem sinkt die Gefahr, andere anzustecken.

WIE KANN MAN SICH UND ANDERE VOR ATEMWEGSINFEKTEN SCHÜTZEN

An viralen Atemwegsinfekten erkranken vor allem Menschen mit Vorerkrankungen schwer oder sterben sogar. So ist in einer sehr alten Gesellschaft, wie der in Norditalien oder jetzt auch zunehmend in Deutschland, allein dadurch mit mehr Todesfällen zu rechnen. Man kann zwar versuchen, die alten Menschen zu schützen, wird ihr Sterben aber nicht grundsätzlich verhindern können.

Ich finde es scheinheilig und unmenschlich – unter dem Motto »Die Schwachen schützen« –, diesen Menschen vor ihrem Tod die Autonomie zu nehmen. Sie sollten selbst entscheiden können, ob sie sich lieber isolieren oder ihre Familie häufiger sehen möchten. Dieselbe Entscheidungsfreiheit sollte übrigens genauso für alle Impfungen gegen akute Atemwegserkrankungen gelten. Selbstverständlich ist eine gute und auf die Betroffenen zugeschnittene Aufklärung nötig – auch wenn sie Zeit kostet. Jede Impfung hat Nebenwirkungen und einfach jeden zu impfen nach dem Slogan »Wir haben hier was Gutes für Sie, ist ja nur ein kleiner Piks,« ist für den, der so handelt, eine Lüge und für den, der so behandelt wird, entwürdigend.

Die laufende Impfaktion mit den unzureichend getesteten, hoch risikoreichen und fraglich wirksamen Verabreichungen von Impfstoffen mit Nukleinsäuren finde ich unverantwortlich. Den Betroffenen oder ihren Bevollmächtigten bleibt nicht genug Zeit für eine

wirklich gut informierte Entscheidung, stattdessen findet eine übereilt durchgedrückte Massenbehandlung statt. Das Ganze erzeugt
bei mir das Bild einer Aktion, die erst die Opfer schafft, mit denen
den Ungeimpften dann wieder Angst bereitet werden kann. Ich
hoffe, dass ich mich irre.

STECK MICH/DICH NICHT AN

Wie sie eine Ansteckung vermeiden, wissen die meisten Menschen
schon lange. Für Coronaviren gelten keine besonderen Maßnahmen. Sie sind schon immer Teil der Viren, die wir mit der Atemluft abgeben, wenn wir husten oder niesen. Die Menge der abge-
gebenen Viren richtet sich vor allem nach der Stärke und dem
Stadium der Infektion. Wer keine Symptome merkt, kann auch
keine Viren weitergeben. Für diejenigen, die spüren, dass sich ein
Infekt anbahnt, gilt: Je stärker die Schleimhäute anschwellen und
je mehr Sekret, Zelltrümmer und Viren sie produzieren, zum Beispiel wenn wir ein Taschentuch brauchen, um so eher können sie
jemanden infizieren.

Beim normalen Atmen ist das Risiko der Virenabgabe noch sehr
gering, beim Sprechen und Singen sowie bei Anstrengungen etwas
größer, beim Husten noch mehr und das Aerosol beim Niesen
enthält meist sehr viele Viren. Wer also im Bus oder im Gedränge
niest, kann sehr leicht dafür sorgen, dass die Viren viele neue Wirte
finden. Ob diese dann erkranken oder die neuen Viren nur zu einem
immunologischen Virus-Update führen, hängt sehr vom Trainings-
zustand derjenigen ab, die angeniest wurden.

Wer sich beim Husten und Niesen die Hand vor Mund oder Nase
hält, sammelt in der Handinnenfläche viele Viren ein, die er zum
Beispiel danach beim Händeschütteln weitergibt. Das kann zu einer
Infektion führen, wenn der mit dem Händeschütteln Begrüßte sich
anschließend mit der Hand ins Gesicht fasst. Deshalb sollte man

immer in die Ellenbeugen husten oder niesen und sich dabei auch möglichst von anderen ein bisschen entfernen. In der Kleidung des Ärmels trocknen Viren relativ schnell aus und sind dann kaum noch infektiös.

Auf Methoden der Immunstärkung und weitere allgemeine Präventionsmöglichkeiten kann hier nicht ausführlich genug eingegangen werden. Unstrittig ist wohl, dass ein ausreichend hoher Vitamin-D-Spiegel die Kommunikation zwischen Immunzellen verbessert und so das Immunsystem stärkt. Für die körpereigene Bildung von Vitamin D benötigt der Körper Sonnenstrahlen auf der Haut. Das erklärt unter anderem, warum in der dunkleren Jahreszeit – mit niedrigeren Vitamin-D-Spiegeln und weniger agilem Immunsystem – mehr Menschen an Virusinfekten erkranken.

Auch für das Immunsystem gilt die grundsätzliche Regel der Medizin: Was wir nutzen und trainieren, das wird meistens stärker und leistungsfähiger, während das Unbenutzte zurückgebaut wird. Unsere Immunzellen können nämlich auch vergessen, was sie einmal gelernt haben.

Aber es gibt auch Lebewesen – kleine und große –, denen wir lieber nicht zu nahe kommen sollten. So sollte man sich, besonders bei einer Abenteuerreise ins »wilde« Ausland, nicht von einem tollwütigen Hund lecken oder gar beißen lassen. Dessen Viren töten einen Menschen mit Sicherheit, wenn dieser nicht geimpft war oder sofort Antikörper gegen Tollwutviren injiziert bekommt.

Weil die Tollwutviren tödlich sind, haben wir auch keine Chance, dagegen immun zu werden. Eine ausreichende Verständigung zwischen ihnen und unserer Abwehr kommt nicht zustande.

Es gibt eben nicht nur Haifischbecken oder Löwenkäfige, sondern auch mikroskopisch kleine Biotope, denen wir uns nicht aussetzen sollten. Aber alles dazwischen? Ist Leben vielleicht eine Frage der Verständigung?

IMMUNITÄT –
EINE FRAGE GELINGENDER KOMMUNIKATION

Mit Löwen könnten wir vielleicht noch einen Deal hinkriegen. Das zeigen uns die Zirkusdompteure. Bei Haien wird es schon schwieriger, aber bei Mikroben aller Art scheint das unmöglich. Wie soll man mit denen kommunizieren? Aber was uns auf den ersten Blick unmöglich erscheint, ist bei genauerer Betrachtung natürlich und selbstverständlich. Sonst könnten wir doch gar nicht mit all den Mikroorganismen zusammenleben, die uns besiedeln und die uns bei der Verdauung helfen oder gegen fremde Mikroorganismen aktiv werden. Diese permanente Verständigung scheint also automatisch zu funktionieren.

Wie wunderbar die Mikroorganismen untereinander kommunizieren, zeigt folgendes Beispiel: Wenn wir unsere Darmflora einmal mit unvernünftiger Ernährung total durcheinandergebracht haben, dann setzen Kommunikations- und Regelprozesse zwischen den Mikroorganismen und unserem Immunsystem ein, sodass nach einiger Zeit das natürliche Verhältnis der Mikroorganismen, das sogenannte Quorum, wiederhergestellt ist. Auch dabei sorgen Regelprozesse in unserem Körper für das erforderliche Gleichgewicht der mikrobiellen Teamspieler.

DAS QUORUM WIRD
AUTOMATISCH WIEDERHERGESTELLT

So etwas konnte man analog übrigens auch im Bundestag beobachten, als dieser noch normal mit Regierungsparteien und Opposition im demokratischen Prozess funktionierte. Dort sah man die Fraktionsgeschäftsführer der Regierungsparteien sich vor jeder Abstimmung immer vergewissern, ob das nötige Quorum für die Regierungsmehrheit im Plenum anwesend war. Gelingt das nicht, so könnte nämlich die Opposition davon profitieren und überraschend ein Gesetz blockieren oder könnte theoretisch sogar die Kanzlerin per Misstrauensantrag abwählen. Das Quorum im politischen Organ wäre gestört und das hätte spürbare Folgen für die gesamte Gesellschaft.

Im Parlament gibt es allerdings dann vorher noch die Möglichkeit, solch eine Überraschung durch Beantragung eines Hammelsprungs zu verhindern. Diesen zu organisieren dauert einige Zeit, und das schafft den Regierungsfraktionen dann doch noch die Möglichkeit, ihre Leute für eine »gesunde« Mehrheit zusammenzutrommeln.

Als solch ein Hammelsprung zur Erhaltung eines Quorums, auch in unserem Körper, könnte eine Krankschreibung angesehen werden. Sie verschafft uns die Pause, die wir brauchen, damit sich unser gestörtes mikrobielles Quorum wieder einreguliert und die normalen biologischen Verhältnisse wiederhergestellt sind.

Alle diese Kommunikations- und Regelprozesse zwischen Mikroorganismen und unserem Immunsystem werden gerade sehr intensiv erforscht. Die Ergebnisse dieser Mikrobiom-Forschung füllen bereits Bücherregale und Festplatten,[41] denn auch in unserem Körper gibt es eine komplexe Arbeitsteilung zwischen unterschiedlichsten Spezialisten, die in verschiedenen Organen gebildet und ausgebildet werden.

Sogenannte Wächterzellen schlagen Alarm, wenn sie etwas Fremdes spüren. Daraufhin geben erkennungsdienstliche Zellen ihre Eindrücke an Abwehrkoordinatoren weiter, die wiederum veranlassen, dass bestimmte Spezialisten ausgebildet oder rekrutiert werden. Manche davon neutralisieren das Fremde mit Antikörpern, was wiederum bestimmte Fresszellen anlockt, die dann das Fremde abräumen, und so weiter. Bei manchen Abwehrprozessen ist der ganze Körper fieberhaft alarmiert, vom alltäglichen lokalen Unschädlichmachen merken wir meist gar nichts.

Doch nach dem Alarmschlagen, Neutralisieren und Fressen müssen alle Zellen möglichst umgehend wieder damit aufhören, wenn die Gefahr vorbei ist. Das heißt, auch im Immunsystem ist – wie beim Auto – eine funktionierende Bremse unverzichtbar und überlebenswichtig. Die Rückkopplung, das Feedback im biologischen Regelkreis, muss schnell und dosiert erfolgen. Die Abwehrzellen befinden sich meistens in der Nähe der möglichen Erreger-Eintrittspforten, also im Nasen-Rachen-Raum, aber auch im Darm und in den Lymphknoten längs der Hohlorgane wie im Magen-Darm- und Urogenitaltrakt. Diese Spezialisten kommunizieren, soweit wir bisher wissen, mit chemischen Botenstoffen und reagieren auf Neurotransmitter und Stresshormone aus der Nebenniere wie Kortikoide. Diese bremsen das Abwehrgeschehen, was man bei der sogenannten Kortisontherapie nutzen kann.

Manchmal versagt allerdings die bremsende Rückkopplung, beispielsweise geschieht so etwas nach einer unvollständigen Immunisierung. Dabei entstehen Antikörper, die sich an die Oberfläche von Viren binden, diese jedoch nicht neutralisieren, sondern sogar wie trojanische Pferde zu einer verbesserten Aufnahme der Viren in die Zellen führen. Damit wird die Ausbreitung und Vermehrung des Virus begünstigt und ein sehr heftiger Immun-Alarm ausgelöst. Die Alarmierung der Immunzellen geschieht durch freigesetzte Zytokine. Davon werden fünf Hauptgruppen unterschieden, die jeweils andere Aufgaben im Körper übernehmen. Interferone und Interleukine gehören beispielsweise dazu. Speziell die Interleukine dienen der Kommunikation der Immunabwehrzellen untereinander. Bei einem solchen Alarm kann es zum gefürchteten Zytokinsturm kommen. Dabei werden plötzlich viel zu viele Zytokine gebildet. Er ist für den Körper quasi die Alarmstufe Rot, weil alle Abwehrzellen gleichzeitig mobilisiert werden, noch nach Verstärkung rufen und die Funktionsfähigkeit der Organe durch einen völlig überschießenden generalisierten Abwehrkampf total gelähmt wird. Ein solcher Schock führt zum Zusammenbruch des Kreislaufs und zum Tode.

Es gibt warnende Stimmen, die eine solche Reaktion nach einer mRNA-Impfung gegen COVID-19 befürchten, weil bei

SARS-Impfstudien an Tieren derartige Beobachtungen dazu geführt hatten, eine Impstoffentwicklung nicht weiter zu verfolgen. Die geimpften Tiere waren unter den Zeichen eines Zytokinsturmes gestorben, als sie den Wildviren ausgesetzt wurden. Gleiches kennt man beim Dengue-Virus. Aber auch bei MERS-Impfstoffstudien starben die Versuchstiere, als sie den Wildviren exponiert wurden.[42] Erfahrene Immunologen warnen schon länger vor der SARS-CoV-2 -Impfung, weil es durchaus auch hier das Risiko einer Antibody-Dependent Enhancement (ADE) gibt. Bei einer ADE-Reaktion versagt offenbar die »Bremse« der Immunabwehr. Das soll auch bei SARS-Viren daran liegen, dass durch Teile von Coronaviren sogenannte M2-Makrophagen blockiert werden, welche sonst den anderen Immunzellen das Signal geben, nach getaner Arbeit den Kampfplatz wieder zu räumen. Wenn sie als Bremser also ausfallen, wird so lange gekämpft, bis zum Beispiel das Lungengewebe total zerstört ist.

Wie diese dramatischen Geschehnisse zeigen, ist Leben von einer geregelten, sich selbst organisierenden Kommunikation auf allen Ebenen abhängig. Und Kommunikation kann im Großen wie im Kleinen durch äußere Einwirkung erheblich gestört werden.

»Life goes on within you and without you«, sangen die Beatles. Regelkreise und Biokybernetik gibt es auf allen Ebenen des Lebens. Was wir wahrnehmen, ist nur ein kleiner Bruchteil all der Wunder in der Welt, von denen wir ja nur eines sind.

KINDER ALS GEFÄHRDER?

Im März 2020 gelangte ein vertrauliches Papier aus dem Bundesinnenministerium[43] an die Öffentlichkeit, das die technokratische Kälte spüren lässt, die im Rahmen der deutschen Umsetzung einer Pandemie-Schock-Strategie herrschte. Dort heißt es:

»Kinder werden sich leicht anstecken, selbst bei Ausgangsbeschränkungen, zum Beispiel bei den Nachbarskindern. Wenn sie dann ihre Eltern anstecken, und einer davon qualvoll zu Hause stirbt und sie das Gefühl haben, Schuld daran zu sein, weil sie zum Beispiel vergessen haben, sich nach dem Spielen die Hände zu waschen, ist es das Schrecklichste, was ein Kind je erleben kann.«

In der Tat sieht es so aus, als wäre diese Art staatlichen Kindesmissbrauchs ein Teil der Schock-Strategie. Von Kindern sollte eine derartige Gefahr ausgehen, dass ihnen in der Öffentlichkeit niemand mehr zu nahe kommen wollte.

Die Schock-Strategen aus dem Bundesinnenministerium haben die Aussagen und Befunde der eigenen Epidemiologen völlig ignoriert und entgegen besseren Wissens »Rotznasen«, welche für Kinder zur Ausbildung ihres erworbenen (spezifischen) Immunsystems enorm wichtig sind, zu einer Gefahr für die Gesundheit der Bevölkerung erklärt. Sogar den Kindern, die so gut wie nie ernstlich durch Coronaviren erkranken und die eine natürliche Quelle für die Auffrischung des elterlichen und oft auch großelterlichen Immungedächtnisses sind, werden mit äußerster psychologischer Grausamkeit täglich Angst- und Schuldgefühle eingehämmert. Es wird ihnen in gefährlicher Weise mit gesundheitsgefährdenden Faserchemie-Masken die Atmung behindert und man lässt sie sich sogar mit medizinischer Gerätschaft beim Selbsttest in Mund und Nasen stochern.

Wenn ein Lehrer 2009 während der Schweinegrippe oder sogar 2017/2018 in der schweren Grippewelle so etwas Perverses versucht hätte, hätte man ihn zu Recht mit Entrüstung vom Dienst suspendiert und wegen Kindesmisshandlung vor Gericht gestellt.

Wenn das heute ein medizinisch dummer Minister sogar gegen den Rat von erfahrenen Kinderärzten, Kinderpsychologen und pädiatrischen Fachgesellschaften durchsetzt, handelt es sich deshalb meines Erachtens um einen schweren Straftatbestand.

Pflichtbewusste Staatsanwälte und die Richterschaft haben hier eine große Verantwortung für den Schutz des Kindeswohls. Sowohl wegen nicht befolgter Regeln der Unfallversicherungsvorschriften, wie Einweisung in die Maskennutzung und Überwachung der Gesundheitsschutzvorschriften für Atemschutzträger durch die Schulleitungen, als auch wegen der durch die Masken bei Kindern verursachten multiplen Schädigungen oder wegen des fehlenden Datenschutzes hätten sie längst einschreiten müssen. Am 8. April 2021 ist ein Familiengericht in Weimar[44] erstmals zum Schutz der Kinder tätig geworden und hat endlich pflichtgemäß eine Beweiserhebung durchgeführt.[45] Sofort versuchten die verantwortlichen Stellen, mithilfe der Presse nicht die Sachverhalte anders darzustellen, sondern griffen die gutachterlichen Stellungnahmen ad personam an. Die Gutachter seien voreingenommen und weitere, schlimmere Beleidigungen wurden verlautbart. Die beklagten thüringischen Behörden hatten dabei aber selbst, trotz Aufforderung, keine inhaltliche Stellungnahme oder fachliche Begründung für die Angemessenheit ihrer Maßnahmen abgegeben, versuchten dann aber das Urteil durch ein gefügiges Verwaltungsgericht wieder auszuhebeln. Die rechtsferne Willkür von Behördenseite wurde durch die nach dem Urteil sofort einsetzende Richterschelte noch bedenklicher. Selbst für Laien wird eine Duldung solcher Misshandlungen inzwischen überall immer untragbarer. Auch die Selbsttestungen durch die Schülerinnen und Schüler waren angeordnet und wurden vom Gericht zu Recht untersagt. Dazu gab es bereits – unabhängig vom Prozess abgegebene – Stellungnahmen von zahlreichen Kinderärzten.

Nochmals: Von Kindern ist bekannt, dass sie extrem selten schwer an einer Infektion durch Atemwegsviren erkranken, wenn sie nicht durch andere Krankheiten besonders geschwächt sind. Im Gegenteil, sie brauchen ihre Kontakte mit den alljährlich wiederkehrenden Mikroorganismen, damit sie so nach und nach alle opportunistischen respiratorischen Viren kennenlernen. Laut einer Untersuchung in China besteht bei Kindern schon etwa nach dem sechsten

Lebensjahr eine stabile zelluläre Kreuzimmunität gegen alle bekannten Coronaviren. Die Autoren der Studie schreiben:

>»Der rasche Anstieg sowohl der IgM- als auch der IgG-Seroprävalenz deutet darauf hin, dass die Primärinfektion mit allen vier endemischen HCoV-Stämmen schon früh im Leben stattfindet, und unsere Analyse dieser Daten gibt uns eine Schätzung für das mittlere Alter der Primärinfektion (MAPI) zwischen 3,4 und 5,1 Jahren, wobei fast jeder im Alter von 15 Jahren infiziert ist.«[46]

Kinder werden also durch Coronaviren nicht krank und sind nach dem Erstkontakt so lange immun, bis ihre eigenen Kinder das neue Viren-Update aus der Schule mitbringen, sodass sie dann wiederum weiterhin geschützt sind. Die chinesischen Wissenschaftler haben diese Prozesse in der Studie sehr gründlich an den bekannten endemischen Coronaviren untersucht und gehen davon aus, dass das Immunsystem die aktuellen SARS-CoV-2 erkennen und abwehren wird, die sich offenbar als aktuelle endemische Corona-Varianten etabliert haben. Die möglichen Gründe für die früher berichtete erhöhte Letalität bei SARS-1 und MERS werde ich später erläutern.

Die vorliegenden Daten ergeben mit einiger Wahrscheinlichkeit, dass die natürlich erworbene Immunität etwa eine Generation schützt und dass dann die Auffrischung der Immunität durch den Kontakt mit Kindern und Enkelkindern geschehen muss. Hierdurch wären auch die geringe Erkrankungsrate und die leichten Verläufe bei jüngeren Menschen erklärbar.

Auch den zuständigen ärztlichen Fachgesellschaften schien die Verhältnismäßigkeit der von der Politik angeordneten Maßnahmen fraglich. Die *Deutsche Gesellschaft für Pädiatrische Infektiologie* (DGPI) und die *Deutsche Gesellschaft für Krankenhaushygiene* (DGKH) veröffentlichten am 18. April 2021 eine gemeinsame Stellungnahme mit sehr überzeugenden Fakten.[47] Sie stellen fest, dass seit Beginn der »Pandemie« von den schätzungsweise 14 Millionen Kindern und

Jugendlichen in Deutschland etwa 1.200 mit einer SARS-CoV-2-Infektion im Krankenhaus (< 0,01 Prozent) behandelt worden sind. In der gesamten Zeit seit März 2020 seien nur 4 Kinder an einer COVID-19 Infektion verstorben (< 0.00002 Prozent).

Das ist in jedem Fall ein schreckliches Schicksal, aber im Vergleich dazu seien im Winter 2018/2019 in deutschen Kliniken 9 Kinder an Influenza verstorben und im Jahr 2019 seien 55 Kinder durch Verkehrsunfall und 25 durch Ertrinken ums Leben gekommen. Wenn man also möglichst viele Kinder vor solchen Schicksalen bewahren will, sollte man sich eingestehen, dass die Corona-Präventionsmaßnahmen für Kinder ohne jede medizinische Evidenz verordnet wurden und dass sie schon deshalb keine Behandlung, sondern eine massenhafte Misshandlung von Kindern und Jugendlichen darstellen.

Was hingegen nicht nur von Bestattern berichtet wird, das ist eine bedrohliche Zunahme von Suiziden. Zahlreiche Fachärzte und Psychologen haben wegen zunehmender psychischer Störungen bei Kindern und Jugendlichen und wegen einer angeblich steigenden Selbstmordrate auch bei Jugendlichen seit dem ersten Lockdown Alarm geschlagen. Über die Veränderungen der Suizidraten seit Anfang 2020 gibt es aber leider noch immer keine offiziellen Daten, obwohl diese leichter zu erheben sind als die von wirklichen Corona-Todesfällen.

Professionelle Erzieher sind meistens nicht nur in Bezug auf eine Virenart Immunathleten und erkranken deshalb nicht so oft und ernsthaft an viralen Infekten. Auch die nicht kontaktscheuen Lehrer sind demnach super im Immuntraining. Bei im Sommer 2020 untersuchten 20.000 Lehrern in Bayern war der PCR-Test in 22 Fällen positiv, also einer auf tausend. Das liegt niedriger als die zu erwartende Falsch-Positiv-Rate und von Kranken war auch gar nicht die Rede. Das Risiko eines schwereren Infektionsverlaufes besteht ja ohnehin hauptsächlich bei solchen Menschen, die wenig im Training sind, die also wenig Kontakt mit kleinen Kindern oder deren Eltern haben.

Wenn Rotznasen-Enkel also häufig auf dem Schoß ihrer Großeltern sitzen, dann bekommen diese ihre jährlichen Updates gegen das, was in den Kindertagesstätten alles so ausgebrütet wird. Sie sind dann besser geschützt als jene, bei denen dieses erst nach langer Pause einmal wieder passiert. Also nicht jeder ältere Mensch ist besonders vulnerabel. Nur die Menschen, deren Immunsystem lange nicht trainiert wurde.

Und da wirken sich Soziale Distanz und Lockdown natürlich fatal aus. Das passt schon zur Geschäftsidee der Impfindustrie, die uns mittels WHO erzählen lässt, dass Herdenimmunität im Zeitalter des chronisch rezidivierenden Lockdowns nur noch mit Impfungen zu erreichen ist. Es kann einem schon der Kragen platzen, bei so viel Anmaßung aus reiner Hab- und Machtgier.

DAS MÄRCHEN VON SYMPTOMLOSEN ANSTECKERN

Als eine aus China stammende Mitarbeiterin eines deutschen Autoteile-Zulieferers im Januar aus Wuhan zurückkehrte, soll sie die Seuche nach Bayern gebracht haben. Die *Süddeutsche Zeitung* zitiert aus einer im *New England Journal of Medicine* veröffentlichten Studie[48], bei der das RKI und die Berliner Charité den größten Teil der Autoren stellten:

> »In der Nachverfolgung infizierter Mitarbeiter wurden 217 Menschen als enge, aber haushaltsfremde Kontakte ermittelt. Davon haben sich elf infiziert. Die sekundäre Befallsrate liegt bei 5 Prozent und scheint gering, wie es in der Studie heißt.«

Bei genauerer Durchsicht setzen die Autoren dieser Studie aber auch eine Aussage in die Welt, welche sie danach ständig wiederholen. Diese Aussage dient seither zur Begründung der strengen

Einschränkung unserer Freiheiten, des öffentlichen Lebens und vieler Gerichtsentscheidungen. Die Autoren formulieren als Befund:

»Übertragungsereignisse traten wahrscheinlich präsymptomatisch für einen Fall (möglicherweise fünf weitere), am Tag des Symptombeginns für vier Fälle (möglicherweise fünf weitere) und der Rest nach dem Tag des Symptombeginns oder unbekannt auf. Ein oder zwei Fälle resultierten aus dem Kontakt mit einem Fall während der Prodromalphase.«

Das ist für eine wissenschaftliche Arbeit sehr viel undifferenziertes »wahrscheinlich« und »möglicherweise«. Klarer wäre die Aussage gewesen, dass man eine präsymptomatische Übertragung nicht habe nachweisen können. Dann wäre es auch nicht so peinlich geworden, als sich herausstellte, dass schon diese erste Indexpatientin aus China zuvor Paracetamol eingenommen hatte. Dass sie also doch wohl nicht so symptomlos war wie behauptet.

Bei der Einschätzung der Schwere der Infektionskrankheit durch die Viren aus Wuhan hatte man sich offenbar wieder einmal ausschließlich auf Spezialisten mit molekularbiologischer Sicht verlassen und nicht genauer nach bestehenden Krankheitszeichen gefragt. Das hat später ein Journalist nachgeholt und die ganze virologische Story dadurch ad absurdum geführt.[49] Dennoch wurde die Studie bisher immer noch nicht zurückgezogen.

Von präsymptomatisch kann man übrigens immer erst hinterher sprechen, also erst dann, wenn Symptome aufgetreten sind. Nur Hellseher beanspruchen für sich die Fähigkeit, in die Zukunft zu schauen. Da die WHO seit 2020 eine Zeit ohne Krankheitsfälle als präpandemische Phase definiert, ist sie sich offenbar sicher, dass die nächste Pandemie bald kommt. Folgerichtig müssen wir die WHO und die Autoren von der Charité wohl jetzt in die Kategorie der Hellseher einordnen.

In China hält man sich mit solchen börsenrelevanten Vorhersagen augenscheinlich zurück. Deshalb hat man im Sommer 2020 genauer nachgeforscht und empirisch ausgeschlossen, dass asymptomatische Menschen und damit natürlich auch präsymptomatische ihre Mitmenschen anstecken können. Das Ergebnis[50] veröffentlichte die wissenschaftliche Zeitschrift *Nature*. Dort steht:

>»In der zu Beginn des Jahres durch den Corona-Ausbruch und die dann bis Ende Februar folgenden rigorosen Maßnahmen bekannt gewordene Region um Wuhan wurde von der chinesischen Gesundheitsverwaltung ein stadtweites SARS-CoV-2-Nukleinsäure-Screening-Programm zwischen dem 14. Mai und dem 1. Juni 2020 durchgeführt. Alle Einwohner der Stadt im Alter von sechs Jahren oder älter waren teilnahmeberechtigt und 9.899.828 (92,9 Prozent) nahmen teil. Es wurden keine neuen symptomatischen Fälle und 300 asymptomatische Fälle identifiziert.«

Die Pekinger Ergebnisse sind eindeutig:

>»Bei den 1.174 engen Kontakten der 300 asymptomatischen Fälle gab es keine positiven Tests.«

Damit sollte das Märchen von einer infektionsepidemiologisch relevanten asymptomatischen Ansteckungsfähigkeit endlich vom Tisch sein.

BLEIB ZU HAUSE, WENN ES IM HALSE KRATZT ODER DIE NASE LÄUFT

Dass Menschen mit einer saisonalen Atemwegserkrankung andere anstecken, obwohl sie selbst keine Symptome zeigen, ist sehr unwahrscheinlich. Und wer einem Menschen mit Symptomen begegnet, kann sich von ihm fernhalten und damit vor einer Ansteckung schützen. Auch sollten Menschen mit Symptomen so verantwortungsbewusst handeln, dass sie sich selbst isolieren und dafür sorgen, niemanden anzustecken. Die meisten besorgen sich dann beim Hausarzt einen »gelben Schein«. Das ist die Kurzbezeichnung für eine AU- oder Arbeitsunfähigkeitsbescheinigung. Gelb ist übrigens auch die Farbe der Quarantäneflagge in der Schifffahrt.

Im Unterschied zu Zeiten vor Corona muss heute niemand mehr im Wartezimmer noch ein wenig warten, husten und niesen und dadurch gleich weitere Wartende mit einem grippalen Infekt infizieren. Die Möglichkeit, sich elektronisch krankschreiben zu lassen, gibt denjenigen einen Vertrauensvorschuss, die zu Hause bleiben wollen, damit sie ihre Kollegen oder Mitschüler nicht anstecken. Das ist vernünftig und war aus infektionsepidemiologischer Sicht längst überfällig, obwohl ich das damit verbundene zentralisierte Datensammeln als unnötig und kritisch ansehe.

Solche üblichen Vorsichtsmaßnahmen bei allen risikoreicheren Infektionskrankheiten kennen Verantwortliche in Haushalten und Einrichtungen, sodass das Gesundheitsamt gar nicht erst aktiv werden muss. Es ist für alle besser, bei auftretenden Symptomen einer ansteckenden Erkrankung möglichst alle Kontakte zu vermeiden. Menschen, die husten und mit laufender Nase in eine voll besetzte U-Bahn oder S-Bahn steigen, können sich ausrechnen, dass viele andere in Zukunft auch unter Husten und laufender Nase leiden werden. Für immunschwache Menschen oder Patienten, die immunsuppressiv behandelt werden, kann die Bahnfahrt den Beginn einer lebensbedrohlichen Komplikation einläuten. Bei COVID-19 traut man der Bevölkerung solch einen selbstständigen, vernünftigen und bei der Grippe eingeübten Umgang nicht mehr zu, obwohl Coronaviren immer ein Teil der Grippe waren und sind – ein Teil.

HELFEN MASKEN?

Bei Kindern und geschwächten alten Menschen, insbesondere bei Lungenkranken, kann die vielerorts herrschende Maskenpflicht als propagierte Präventivmaßnahme zusätzliche Schäden anrichten. Hier steht ein möglicher Nutzen von Masken nicht mehr in einem vernünftigen Verhältnis mit möglichen Schäden. Masken wurden leider pauschal angeordnet, und alle müssen ihre Folgsamkeit unter Beweis stellen. Überall, wo Menschen sich begegnen, ja selbst draußen beim Wintersport, müssen sie Mund und Nase bedecken.

Eine hygienisch unsinnige und gesundheitlich belastende Demutsgeste soll die Folgsamen von den Kritikern unterscheidbar machen und so für Denunziation und Spaltung den Boden bereiten. Diese Anordnung wurde mit psychologischer Hinterhältigkeit als »Solidarität« betitelt und missbraucht. Sie hat in der gesellschaftlichen Wirklichkeit die Menschen voneinander entfernt.

Jeder, der meint, er könne die Umwelt mit einer Stoffmaske oder einer einfachen OP-Maske schützen, fällt auf Propaganda herein und irrt. Bei den sehr kleinen Viren ist der Bremseffekt einer Maske marginal. Niemand spuckt beim einfachen Atmen Tröpfchen um sich. Beim Husten gelangen weniger Tröpfchen in die Umgebung, aber schon beim Niesen hält die Maske wenig zurück, denn durch den Druck des Atemstoßes entweicht viel Luft mit Aerosolen nach allen Seiten. Also nicht die vor einem, sondern die daneben Stehenden kriegen diese Aerosole ab. In den Ellenbogen zu husten oder zu niesen ist vermutlich wirksamer und hygienischer, weil sich dort keine feuchte Kammer bildet und Viren schnell austrocknen. Corona- oder Influenzaviren schweben außerdem durch die großen Gewebeporen solcher Masken leicht hindurch, wie durch ein offenes Fenster. Feinstaubmasken mit stärkerer Filterwirkung und engerem Sitz würden natürlich die Atmung noch mehr behindern. Deshalb gelten für die Träger von FFP2-Masken strenge Höchsttragezeiten und Pausenregelungen. Diese kennen die Opfer der

Zwangsmaßnahmen in Bussen, Bahnen, Läden, Wartezimmern und auf Märkten meistens nicht und ihnen wird damit eine sicher gesundheitsschädliche Pflicht aufgenötigt.

Zu einer besonderen Gefahr werden Masken dadurch, dass sie schon nach kurzem Tragen zu feuchten Kammern werden, in denen Viren und andere Mikroorganismen sich so richtig wohlfühlen und viel länger leben als in der trockenen Ellenbeuge.

Masken muss man ja zwischendurch auch mal kurz abnehmen. Beim Essen, Trinken, Rauchen (Achtung: Rauchen schadet der Gesundheit!) oder verständlicherweise, wenn man einmal wieder richtig durchatmen möchte. Wegen des Durchatmens tragen sehr viele Maskierte ja ihren »Lappen auf halb acht«. Diese Redensart habe ich in Norddeutschland gelernt. Sie bedeutet, dass man die Maske unter die Nase zieht, damit seitlich etwas mehr Beiluft einströmen kann, mancher Bartträger zieht sie unter das Kinn, damit er völlig ungehindert atmen kann.

Aber das Mal-kurz-Abnehmen ist wohl das größte Risiko. Denn dann greift man jedes Mal voll in die Virus-Pilz-Bakterien-Zuchtanlage. Und wohin dann mit der Maske, wenn man wieder frei atmen darf? In die Hosentasche? Auf den Tisch oder in das Seitenfach im Auto? Egal wo, überall warten die zahlreichen Erreger darauf, neue Bekanntschaften zu machen.

Alle seriösen Studien vor Beginn der großen wissenschaftlichen Abkehr von der Evidenz, also alle vor Januar 2020 erschienenen, ergaben, dass Stoffmasken und einfache OP-Masken die Übertragung von viralen Atemwegserkrankungen nicht verhindern, sondern im Gegenteil meistens sogar noch befördern.

Letzteres durch die Risiken, die das Handling der Masken mit sich bringt. Hygieneprofis wie Prof. Ines Kappstein[51] wissen das selbstverständlich. Sie hatte ihre Ansicht zu Masken Anfang 2020 – wohl in der Hoffnung, damit Unsinn vermeiden zu helfen – in einer guten Übersichtsarbeit aufbereitet und in einer renommierten deutschen Zeitung veröffentlicht. Sicherlich war sie auch nicht so naiv anzunehmen, dass die Maskenpflicht für alle als ehrlich gemeinte Infektionsschutzmaßnahme gedacht war.

Während sich jeder 2020 noch den Schal vor Mund und Nase schieben durfte, um nicht mit einem Ordnungsgeld bestraft zu werden, haben offenbar neue Trittbrettfahrer der Pandemie erfolgreiche Lobbyarbeit geleistet. Wer mit Söder, Kurz und Co. seine Geschäfte abstimmt, scheint sich einer exorbitant hohen Rendite für Infektionsschutzartikel erfreuen zu können. Später stellte sich heraus, dass auch einige Bundestagsabgeordnete und Regierungsmitglieder als Lobbyisten der Maskenhändler ihre Vorteile gesucht hatten.

Ich würde mich als langjähriger Korruptionsbekämpfer wundern, wenn bei diesen »Notlage«-Milliardengeschäften mit Masken, PCR- und Schnelltests, mit Kontakt-Apps, mit Impfstoffen und mit weiteren Maßnahmen alles sauber und transparent zuginge. Korruption ist der Missbrauch anvertrauter Macht zum privaten Nutzen oder Vorteil. Wenn unsere demokratisch anvertraute Macht missbraucht wird, um die Demokratie und die dafür erforderlichen Grundrechte abzubauen, so reicht es, sich anzuschauen, wer jetzt von dieser Krise profitiert, um das Ausmaß der korrupten Geschäfte zwischen Politik und privaten Interessen abzuschätzen. Korruption ist dabei, sich bei uns zu institutionalisieren.

Zur Maskierung meldete der *SWR* im September 2020: »Im März 2020 beschloss das Bundesgesundheitsministerium, selbst Schutzausrüstung zu beschaffen: mit mehr als 700 Verträgen über insgesamt rund 6,4 Milliarden Euro. Jetzt sitzen Lieferanten auf der bestellten Ware und warten auf ihr Geld.«[52] In der *SWR*-Sendung *plusminus* beklagte sich auch eine clevere Unternehmerin, die rechtzeitig Masken aus China geordert hatte, dass das Bundesministerium sie jetzt darauf sitzen lasse.

Sie und andere gingen vor Gericht, und bald darauf stellte eine neue Verordnung die Entsorgung dieser voreiligen Bestellungen sicher. Alle mussten fortan solche Masken tragen. Also unterschrieb Bundesgesundheitsminister Jens Spahn im Dezember

2020 eine Art Entsorgungsprogramm für die zu früh bestellten und gehorteten Masken.[53]

In seiner Coronavirus-Schutzverordnung vom 15. Dezember 2020 regelt er, dass in Deutschland über 60-Jährige und Kranke vom 1. Januar bis zum 15. April 2021 je zweimal sechs FFP2-Masken-Gutscheine zugeschickt bekommen und diese gegen eine Selbstbeteiligung von zwei Euro pro 6er-Pack in der Apotheke einlösen können. Der normale Verkaufspreis für eine solche Maske liegt etwa bei ein Euro, aber vermutlich für den administrativen Aufwand (?) erhält die Apotheke neben der Selbstbeteiligung des Versicherten auch noch eine »Mitmachprämie« pro Maske von den Krankenkassen, die erst sechs Euro und nach Protesten immerhin noch 3,90 Euro betrug.

Stellen Sie sich mal ein älteres Rentnerehepaar vor, das erst ohne vorschriftsmäßige Masken in die Apotheke gehen muss, um seine Zuteilungsmasken abzuholen. Dann kaufen die beiden vermutlich einmal pro Woche mit Maske im Supermarkt ein. Bei der Schlepperei der Wochenvorräte wird unter der Maske die Luft schon mal knapp. Dann müssen die Masken ja auch für den Arztbesuch alle vierzehn Tage noch reichen. Da lässt man die Fahrt im Bus zu den Kindern wohl lieber ausfallen. Ach ja, die können ja neue Masken mitbringen. Ach, dann bleibt man wegen des ganzen Theaters lieber ganz zu Hause.

Zu Beginn des Jahres 2021 machten als Erste der bayrische Ministerpräsident Söder und der österreichische Bundeskanzler Kurz die angeblich »besseren« und teureren FFP2-Masken in Läden, auf Märkten, in Praxen und öffentlichen Verkehrsmitteln zur Pflicht und nahmen damit den Menschen noch stärker die Luft zum Atmen.

Eigentlich sollen solche Masken Arbeiter in staubiger Umgebung schützen. Die Berufsgenossenschaften schreiben FFP2-Masken als professionelle Atem- und Arbeitsschutzmaßnahme bei bestimmten staubigen Arbeiten vor. Damit sie den Arbeitern mehr nutzen als schaden, sind sie nach Vorschrift zu benutzen. Die maximale Tragezeit für FFP2-Masken ohne Ventil beträgt laut Bundesanstalt für

Arbeitsschutz und Arbeitsmedizin (BAuA) 75 Minuten, danach muss eine Pause von 30 Minuten folgen.[54] Durchfeuchtete Masken müssen ersetzt werden. Menschen, die dieser Belastung ausgesetzt werden, müssen gesund sein und im Umgang mit den FFP2-Masken geschult werden. Das Ganze muss ein Arbeitsschutzbeauftragter im Sinne der Beschäftigten überwachen.

Der Grund für die Tragezeitbegrenzung liegt nicht nur in der reduzierten Sauerstoffversorgung. Auch die Chemikalien und Mikrofasern direkt vor Mund und Nase sind nicht ganz ungefährlich. Die FFP2-Masken bestehen aus Kunststoffen, in denen zahlreiche gesundheitsrelevante Chemikalien enthalten sind, die in die Atemluft abgegeben werden. In den zertifizierten Masken wurden unter anderem Formaldehyd, Anilin und flüchtige organische Kohlenwasserstoffe gefunden.[55] Außerdem geben die Masken noch Mikrofaserpartikel in genau der richtigen Größe ab, sodass sie sich tief in unserer Lunge festsetzen oder weiter durch den Körper wandern können. Ähnliche Mechanismen sind von Asbestfasern bekannt, bei denen es 30 Jahre gedauert hat, bis ihre starke krebserregende Wirkung bewiesen wurde.

Es ist ein Elend und eine entwürdigende Last, welche uns diejenigen, die das alles schon lange geplant haben, nach und nach rücksichtslos auferlegen. Doch wir sollen uns ja alle solidarisch verhalten, daher müssen auch arme Rentner in den Genuss dieser gefährlichen Masken kommen. Und wir alle bezahlen sie über unsere Krankenkassenbeiträge und über Steuern. Nicht nur die Masken, sondern auch das Schweigegeld für die, die solche Geschäfte mitmachen.

ZOONOSEN UND GAIN-OF-FUNCTION

Bei der Vogelgrippe, dem ersten größeren Versuch eines Geschäftes mit der Angst, redeten uns zunächst Veterinäre der WHO ein, Zoonosen hätten wahrscheinlich dazu geführt, dass der Influenza-A-Erreger vom Subtyp H5N1 auf menschliche Wirte übergriff.

Als Beweis nannten sie unter anderem einzelne vermutete Zoonose-Fälle in Asien. Dabei wechseln Viren den Wirt vermutlich häufiger, als wir merken. Das Immunsystem von Tieren und Menschen ist lernfähig und schwere Epidemien als Folgen solcher Prozesse sind glücklicherweise relativ selten. Die Vogelgrippe ist hierfür ein gutes Beispiel.

Albert Osterhaus, Veterinär und Virologe an der Erasmus Universität Rotterdam, ist Vorsitzender im Leitungsgremium des von der Pharmaindustrie finanzierten Experten-Forums ESWI, der *European Scientific Working group on Influenza*. Er nennt sich gern Dr. Flu und sein Hochsicherheitslabor ist bekannt für eine Sammlung exotischer und gefährlicher Viren. Seiner Zunft mit ihren engen Verbindungen zur Industrie und deren Lobby in der Politik verdanken wir den Eindruck, als seien die in ihren Kollektionen gehegten Viren das größte Gesundheitsproblem der Weltgesellschaft. Hier hat das bereits geschilderte Fachidiotentum inzwischen deshalb gefährliche Formen angenommen, weil unkritische beziehungsweise korrupte Medien einigen virologischen Gigolos der Politik immer wieder die Bühne für ihre Panikauftritte geboten haben.

Wie wir wissen, basteln weltweit in etlichen Laboren Wissenschaftler an Mikroorganismen herum. So experimentierten Forscher zum Beispiel in den Hochsicherheitslaboren in Wuhan mit transgenen humanisierten Mäusen und mit SARS-Fledermausviren, damit diese sogenannte ACE2-Rezeptoren für eine Infektion nutzen können. ACE2-Rezeptoren befinden sich hauptsächlich in Lunge, Herz und in Endothelzellen, der Innenauskleidung der Blutgefäße, da sie dort ein wichtiges Enzym binden. Die Wissenschaftler bauen also einem Fledermausvirus den Schlüssel ein, der ihm die menschlichen Zellen öffnet. Das wird »Funktionssteigerung« genannt.

Die Experimentierfreude umfasst auch, Genstränge zu zerschneiden und neu zusammenzusetzen, Viren unterschiedlicher Herkunft in unterschiedlichen Wirten zusammenzubringen. Das alles kann man so lange betreiben, bis etwas »Interessantes« entstanden ist. Diese gefährlichen Versuche heißen Gain-of-Function. Doch das Wort »Gain« hat mehrere Bedeutungen. Unter anderem bedeutet es Anstieg oder Zunahme, aber auch Gewinn oder Profit, beides wirkt reichlich optimistisch. Natürliche Viren gefährlicher zu machen, damit sie als Waffe benutzt werden könnten, und dann einen Impfstoff zu entwickeln, der die eigenen Leute im verseuchten Land schützt, das ist so eine Wahnsinnsidee, mit der Virologen in ihren Hochsicherheits-Spielhöllen immer wieder Geld akquirieren, ob in Wuhan, Rotterdam, Berlin oder anderswo. Die Idee, mit Viren einen Krieg zu führen, ist schon deshalb problematisch, weil das gefährliche Virus ja irgendwann am Menschen ausprobiert werden muss. Schließlich muss man herausfinden, ob ein Impfstoff dagegen wirkt.

In den USA kritisierten Parlamentarier vor einigen Jahren den Direktor des *National Institute of Allergy and Infectious Diseases* (NIAID) Anthony Fauci heftig, als es hieß, er sei mit seinen Projekten nach Wuhan umgezogen. Zu den Befürwortern der Gain-of-Function-Forschung gehört Christian Drosten von der Berliner Charité.[56] Wichtig an diesen Experimenten scheint zu sein, dass sich die Forscher für ihre Neuschöpfungen sogleich alle Patente sichern. Und das tut man meistens, wenn man weiß, dass mit solchen Ideen viel Geld zu verdienen ist. Auf diesen Zusammenhang trifft die Übersetzung von »Gain« als Profit besser zu. Da muss ich wieder an das WHO-Projekt der »Pandemic Preparedness« denken. An die neuen Definitionen von Pandemie[57] und von Herdenimmunität[58] der von Bill Gates gesponserten Genfer Agentur. Pandemie, Interpandemische Phase, Pandemie, Interpandemische Phase und so weiter und so fort, so wünschen es sich die Impfstoffinvestoren und Gesundheitsdatensammler. Wir sollen uns an die Vorstellung ständig neuer Erregerwellen gewöhnen und dass zur Herstellung der neuen Herdenimmunität immer wieder neuer Impfstoff an sieben Milliarden Menschen verimpft werden soll. Jetzt, wo die Impfstoffproduktion mit mRNA und gentechnischen Vektorimpfstoffen so billig und schnell erlaubt wurde, brauchen wir nur noch Politiker, die wie Angela Merkel oder Ursula von der Leyen dafür sorgen, dass die erforderlichen öffentlichen Gelder bereitgestellt werden. Das Geschäft ist also clever eingefädelt.

Zielvorstellung von Profiteuren wie Bill Gates oder von Ugur Sahin ist derzeit, dass wir uns circa alle sechs Monate jeweils zweimal gentechnisch auffrischen lassen und dass dieses mindestens für zehn Jahre so laufen soll. Grund dafür seien neue Mutanten und die dann jeweils abgesunkenen Antikörperspiegel. Das mit dem absinkenden Antikörperspiegel ist auch bei einer Infektion normal. Aber wir werden darüber hinweggetäuscht, dass unsere natürliche T-Zell-Kreuzimmunität über viele Jahre anhält – jedenfalls wenn sie nicht über eine Impfung, sondern infolge einer harmlosen Infektion der oberen Atemwege erworben wird.

Nicht zu vergessen: Die Bevölkerung muss also geschickt dazu gebracht werden, eine Dauerpandemie zu tolerieren. Genau deshalb wurden wir mit Vogel- und Schweinegrippe in Angst und Schrecken versetzt und jetzt mit COVID-19. Und damit wir aus dem Angstmodus nicht mehr herauskommen, basteln die Gain-of-Function-Spezialisten in Wuhan, Rotterdam, Berlin und anderswo immer neue Virus-Überraschungen. Ich finde es erschreckend, wie die Mehrheit sich offenbar immer wieder in Panik versetzen lässt und sofort aufhört, solche kriminellen Praktiken zu hinterfragen. Inzwischen müssten das eigentlich sehr viel mehr Menschen verstanden haben.

Damit die Angst-Impf-Angst-Impf-Maschine schnell und reibungslos funktioniert, soll der ganze Prozess digitalisiert und mit automatischer Aufforderung per Handy-App verbunden werden, sodass man das Handy erst wieder benutzen kann, wenn es durch Aktualisierung des Impfausweises freigeschaltet oder das elektronische bargeldfreie Konto entsperrt wurde. What a Gain-of-Function! Dazu schreibt Philip Alcabes in seinem Bestseller *Dread*:

»Wir sollten auf eine Pandemie mit irgendeiner Art von Grippeviren vorbereitet sein, weil die Grippebeobachter, die Leute, die ihren Lebensunterhalt mit der Erforschung der Viren verdienen und die immer mehr Fördergelder brauchen, um sie weiter zu erforschen, die Geldgeber von der Dringlichkeit der Bekämpfung einer kommenden Seuche überzeugen müssen.«[59]

Die Wirklichkeit scheint Alcabes' Vision längst überholt zu haben, und zwar seit private Investoren erkannt haben, dass es sich finanziell auszahlt, solche Sicherheitslabore als Angstmaschinen selbst zu betreiben. Diese Labore standen früher immer unter strenger staatlicher Überwachung. Aber jetzt – ohne großes Aufsehen– sind sie längst von privaten Sponsoren abhängig geworden.

Gain-of-Function, also Funktionssteigerung von Viren, kann nur Schaden anrichten. Die alleinige Funktion, die ein solches künstlich für Infektionen beim Menschen hergestelltes Virus haben kann, ist aus meiner Sicht: Angstmachen.

Mir kommt das Ganze wie eine neue und globalisierte Variante der Schutzgelderpressung vor, denn auch die traditionelle Mafia lebt von Bedrohungen, vom Angstmachen. Sie nimmt Schutzgeld und verschont diejenigen, die ängstlich zahlen, mit ihrer Gewalt. Genau das scheint das Geschäftsmodell der Impfmafia zu sein. Sie erpresst ganze Staaten, indem sie mit dem Horrorbild der Pandemie Panik erzeugt, und schließt Schutzverträge für Milliarden Euro ab für ihre Impfstoffe, die uns angeblich vor ihren Viren retten sollen. Die Gain-of-Function-Labore sind ihre Waffenschmieden und funktionieren aber nur, solange wir glauben, dass sich die Natur durch solche Genbasteleien ins Handwerk pfuschen lässt. Das heißt, die Impfmafia wird uns so lange weiter in Angst, Panik und Existenznot versetzen, bis wir den Panik-Virologen nicht mehr glauben.

1 Die Beatles sangen 1967 auf ihrem Album *Sgt. Pepper's Lonely Hearts Club Band*:
   »Life goes on within you and without you«

2 Karin Mölling, *Supermacht des Lebens*, C. H. Beck Verlag, München 2015

3 diverse Quellen hier: https://de.wikipedia.org/wiki/Probiotikum

4 Eine leicht verständliche Einführung: https://www.deutschlandfunkkultur.de/wenn-antibiotika-nicht-
   mehr-helfen-zur-phagen-therapie-nach.976.de.html?dram:article_id=449514

5 https://www.ncbi.nlm.nih.gov/nuccore/MW425851.1?report=graph

6 https://www.nejm.org/doi/pdf/10.1056/NEJMoa2001017?articleTools=true

7 European Virus Archiv Global (EVAg), https://www.european-virus-archive.com/evag-portal?portal_
   search=sars-cov-2&advanced_ictv_tax_search=

8 Siehe auch später unter »Gain-of-Function«

9 www.flugrevue.de/zivil/icao-meldet-zahlen-fuer-2018-erneutes-rekordjahr-fuer-die-zivile-luftfahrt

10 Taxonomie bedeutet so viel wie Klassifikationsschema, Stammbaumstruktur. Die Nachverfolgung
   von laufend stattfindenden Mutationen wird benutzt, um Infektionsketten nachzuspüren. Es ist aber
   nicht sicher, ob dabei nicht nur dokumentiert wird, welchen Spuren die Forscher gefolgt sind.
   Biologisch-systemisch machen Stammbäume meines Erachtens keinen Sinn, da die Viren eher wie in
   einem gigantischen Netzwerk gegenseitig laufend molekulare Informationen austauschen.

11 CoV-Glue, » Amino acid analysis for the SARS-CoV-2 pandemic«, http://cov-glue.cvr.gla.ac.uk/#/home

12 CoV-Glue, »Excluded sequences«, http://cov-glue.cvr.gla.ac.uk/#/excludedSeqs

13 Das sind die taxonomisch anerkannten »Jagdtrophäen« der Virologen. GISAID, »Official hCoV-19
   Reference Sequence«, https://www.gisaid.org/epiflu-applications/hcov-19-reference-sequence

14 SARS-CoV-2 Lineages, »Lineage A«, http://web.archive.org/web/20200930044912/https://cov-
   lineages.org/lineages/lineage_A.html [Bemerkung: Es wird ein Snapshot des WebArchives
   verwendet, da man die Grafik inzwischen angepasst hat und die Summe aller Linien zeigt.]

15 ECDC, Threat Assessment Brief, Rapid increase of a SARS-CoV-2 variant with multiple spike protein
   mutations observed in the United Kingdom, 20. Dezember 2020

16 George Spencer-Brown, *Laws of Form*, Allen & Unwin, London 1969 (Erstausgabe)

17 https://www.youtube.com/watch?v=2KnPBg-tanE (Ausschnitt aus Lutz Dammbecks film *The Net*, 2003)

18 Paul Schreyer, *Chronik einer angekündigten Krise*, Westend Verlag, Frankfurt a. M., 2020

19 Drosten C, Günther S, Preiser W, van der Werf S, Brodt HR, Becker S, Rabenau H, Panning M,
   Kolesnikova L, Fouchier RA, Berger A, Burguière AM, Cinatl J, Eickmann M, Escriou N, Grywna K,
   Kramme S, Manuguerra JC, Müller S, Rickerts V, Stürmer M, Vieth S, Klenk H-D, Osterhaus AD,
   Schmitz H, Doerr HW., »Identification of a novel coronavirus in patients with severe acute respiratory

syndrome«, *N Engl J Med.* 2003;348:1967–1976. doi: 10.1056/NEJMoa030747. [PubMed] [CrossRef] [Google Scholar]

20 J. Rupp u. R. Hörster, »Das neue Verständnis pulmonaler Infektionen«, Pneumologe 2020. 17:105– 112, https://doi.org/10.1007/s10405-019-00291-8, Online publiziert: 10. Dezember 2019

21 Self WH, Williams DJ, Zhu Y et al (2016), »Respiratory viral detection in children and adults: comparing asymptomatic controls and patients with community-acquired pneumonia«. J Infect Dis 213:584–591. Sie schreiben: Der Nachweis von Influenza, respiratorischen Synzytialviren und humanen Metapneumoviren bei Patienten mit CAP aller Altersgruppen weist wahrscheinlich auf eine ursächliche Rolle hin, während der Nachweis von Parainfluenza, Coronaviren, Rhinoviren und Adenoviren, insbesondere bei Kindern, weitere Untersuchungen erfordert.

22 Holter JC, Müller F, et al. (2015), »Etiology of community-acquired pneumonia and diagnostic yields of microbiological methods: a 3-year prospective study in Norway«, BMC Infect Dis15:64

23 https://www.ardmediathek.de/ndr/video/schleswig-holstein-magazin/infektiologe-prof-jan-rupp-lockerungen-sind-verantwortbar/ndr-schleswig-holstein/ Y3JpZDovL25kci5kZS9kMmM5YjY0NC1jNTMzLTRhMzQtOTgxZS1kNjBjOTBhM2M3MGQ

24 Sema Nickbakhsh et al. (2019), »Virus–virus interactions impact the population dynamics of influenza and the common cold«, MRC-University of Glasgow, Centre for Virus Research

25 https://www.myscience.org/news/2020/patterns_of_common_coronavirus_infections_could_aid_understanding_of_COVID_19-2020-glasgow

26 Litwin, C. M., & Bosley, J. G. (2014), »Seasonality and prevalence of respiratory pathogens detected by multiplex PCR at a tertiary care medical center«, Archives of virology, 159(1), 65–72. https://doi.org/10.1007/s00705-013-1794-4

27 John P. A. Ioannidis, »Infection fatality rate of COVID-19 inferred from seroprevalence data«, Publication: Bulletin of the World Health Organization; Type: Research, Article ID: BLT.20.265892

28 Ebd.

29 https://www.medrxiv.org/content/10.1101/2020.05.13.20101253v3

30 https://www.wodarg.com/app/download/9026962714/more%20than%20one%20virus%20TRIP%20SEARCH.docx?t=1603900910

31 s. Fußnote 24

32 https://justthenews.com/politics-policy/coronavirus/influenza-levels-continue-cratering-some-cite-COVID-measures-even-COVID#article

33 Krause JC, Panning M, Hengel H, Henneke P, »The role of multiplex PCR in respiratory tract infections in children«, *Deutsches Ärzteblatt,* Int 2014; 111: 639–45. DOI: 10.3238/arztebl.2014.0639

34 Einige Ergebnisse solcher Studien habe ich schon im März 2020 in einer Präsentation gezeigt, die als Diashow auf meiner Homepage läuft: https://www.wodarg.com

35 s. Fußnote 24

36 Viral etiology of influenza-like illnesses in Huizhou, China, from 2011 to 2013

37 Nicholson KG, Kent J, Hammersley V, Cancio E., »Acute viral infections of upper respiratory tract in elderly people living in the community: comparative, prospective, population based study of disease burden«, *BMJ*, 1997 Oct 25;315(7115):1060-4. doi: 10.1136/bmj.315.7115.1060. PMID: 9366736; PMCID: PMC2127683

38 https://pubmed.ncbi.nlm.nih.gov/26931455

39 Wolff GG., »Influenza vaccination and respiratory virus interference among Department of Defense personnel during the 2017-2018 influenza season«, *Vaccine*, 2020 Jan 10;38(2):350-354. doi: 10.1016/j.vaccine.2019.10.005. Epub 2019 Oct 10. PMID: 31607599; PMCID: PMC7126676.

40 Downloaded from https://academic.oup.com/jid/article-abstract/216/4/415/3958807 by guest on 15 February 2020, Seite 417

41 Hier nur mal eine der vielen auch für Laien verständlichen Darstellungen unseres Immunsystems zum Download: https://www.google.com/url?sa=t&rct=j&q=&esrc=s&source=web&cd=&cad=rja&uact= 8&ved=2ahUKEwiH_P6FjuLuAhUVolwKHaelBWwQFjACegQIAxAC&url=https%3A%2F%2Fwww.physik. uni-muenchen.de%2Flehre%2Fvorlesungen%2Fwise_08_09%2Fsystemsbiophysics%2F007_ Immunologie.pdf&usg=AOvVaw2IuGfpMR-W2bisP0nMeCyE

42 Anurodh Shankar Agrawal et al., »Immunization with inactivated Middle East Respiratory Syndrome coronavirus vaccine leads to lung immunopathology on challenge with live virus«, *Human Vaccines & Immunotherapeutics*, 2016, VOL. 12, NO. 9, 2351–2356, http://dx.doi.org/10.1080/ 21645515.2016.1177688

43 https://fragdenstaat.de/dokumente/4123-wie-wir-COVID-19-unter-kontrolle-bekommen

44 Amtsgericht Weimar, Beschluss vom 08.04.2021, Az.: 9 F 148/21

45 https://2020news.de/wp-content/uploads/2021/04/Amtsgericht-Weimar-9-F-148-21-EAO-Beschluss-anonym-2021-04-08_online.pdf

46 W. Zhou, W. Wang / H. Wang, R. Lu, W. Tan, »Immunological characteristics govern the transition of COVID-19 to endemicity«, https://science.sciencemag.org/content/early/2021/01/11/science.abe6522.full

47 Reinhard Berner, Peter Walger, Arne Simon, Thomas Fischbach, Jörg Dötsch, Hans-Iko Huppertz, Johannes Hübner, »Hospitalisierung und Sterblichkeit von COVID-19 bei Kindern in Deutschland – Stellungnahme der Deutschen Gesellschaft für Pädiatrische Infektiologie (DGPI) und der Deutschen Gesellschaft für Krankenhaushygiene (DGKH)«, Stand 18. 04. 2021

48 Camilla Rothe et al., »Transmission of 2019-nCoV Infection from an Asymptomatic Contact in
Germany« (publiziert am 30. 1. 2020, Update am 6. 2. 2020 auf der Website des *New England Journal
of Medicine*); https://www.nejm.org/doi/full/10.1056/NEJMc2001468

49 https://www.corodok.de/die-legende-uebertragung

50 Shiyi Cao et al., »Post-lockdown SARS-CoV-2 nucleic acid screening in nearly ten million residents
of Wuhan, China«; https://www.nature.com/articles/s41467-020-19802-w#change-history

51 Ines Kappstein, »Mund-Nasen-Schutz in der Krankenhaushygiene«, *up2date 2020*;15:279-295

52 https://www.youtube.com/watch?fbclid=IwAR0sPMsdU2a7mRLvMaLd7A-
WjCOMYtz0WZg23tv4e6jsyy1Pn-wHjjKIx_Y&v=Mn-PfBkWg_o&feature=youtu.be

53 https://www.bundesgesundheitsministerium.de/fileadmin/Dateien/3_Downloads/C/Coronavirus/
Verordnungen/SchutzmV_BAnz_AT_15.12.2020.pdf

54 DGUV Regel 112–190 »Benutzung von Atemschutzgeräten« und bei der BAuA. Bei einer FFP2-Maske
ohne Ausatemventil beträgt die maximale Tragezeit längstens 75 Minuten mit anschließender
Mindesterholungsdauer von 30 Minuten.

55 https://www.buchkomplizen.de/blog/autoren/fuehrerschein-fuer-einkaufswagen/maskenpflicht-gift-
im-gesicht

56 https://www.cidrap.umn.edu/news-perspective/2014/07/scientists-voice-support-research-
dangerous-pathogens

57 Die letzte Pandemie-Definition geht von einem wellenförmigen »Kontinuum« aus, mit
interpandemischen Phasen. https://apps.who.int/iris/bitstream/handle/10665/259893/WHO-WHE-
IHM-GIP-2017.1-eng.pdf;jsessionid=FF0E44DE342CCEF9F0A31E1EFB14C8E8?sequence=1

58 Herdenimmunität kann jetzt nach der neuen Definition der WHO nur durch eine breite
Durchimpfung erreicht werden. S. o.: Die WHO definiert sogar die Immunität neu

59 Philip Alcabes, *Dread: How Fear and Fantasy Have Fueled Epidemics from the Black Death to the
Avian Flu*, PublicAffairs, New York 2010, ISBN 978-1586486181

8

DER TEST IST DIE NEUE SEUCHE

WENN DER TEST NICHT WÄRE ...

»Wenn der Test nicht wäre, hätte niemand etwas Besonderes bemerkt. Wir messen derzeit nicht die Inzidenz von Coronavirus-Erkrankungen, sondern die Aktivität der nach ihnen suchenden Spezialisten.«

Diese Sätze bildeten die Kernaussage meines ersten Alarmrufes im Februar 2020.[1] Alle weiteren Nachforschungen, Diskussionen und Studien konnten sie nicht widerlegen. Meine Kernaussagen gelten weiterhin und haben gewaltige Konsequenzen. Mit »der Test« meine ich die seit Januar 2020 nicht amtlich geprüften PCR-Suchtests, die als Inhouse-Tests angeblich geeignet sein sollen, Coronaviren aus Wuhan mit der Bezeichnung SARS-CoV-2 nachzuweisen.

Mit PCR-Tests kann man typische molekulare Merkmale von Mikroorganismen finden und darstellen. Diese Merkmale sind meistens Gensequenzen, die für die gesuchten Erreger jeweils vorherbestimmt werden. PCR-Tests sind hochsensibel und störanfällig. Sie werden normalerweise gründlich und amtlich an Referenzerregern validiert, als Medizinprodukte zugelassen und in den Handel gebracht.

PCR-Tests werden in der klinischen Medizin meist nicht isoliert angewendet, sondern sind Teil einer differenzialdiagnostischen Erregersuche. Dazu werden in der Praxis schon länger auch Multiplex-Tests eingesetzt, die ein ganzes Spektrum von bis zu

25 unterschiedlichen Viren und Bakterien gleichzeitig erfassen können. Da Atemwegsviren zu klein für optische Diagnoseverfahren sind und da alle ähnliche Symptome und Krankheitsbilder verursachen, bedarf es ausgefeilter Methoden, um sie zu finden und zu unterscheiden.

Die PCR-Tests leisten also manchmal gute Dienste bei bekannter Symptomatik und als grobe Vororientierung für die Richtung der Erregersuche. Wer mittels PCR-Tests nach einer oder mehreren kurzen Nukleinsequenzen sucht, der findet sie mit dieser Methode. Der Befund sagt aber über Krankheiten und Infektionsgefährdungen ungefähr so viel aus wie eine Radkappe über die Fahrtüchtigkeit eines Autos.

Den SARS-CoV-2-PCR-Test entwickelte Christian Drosten wenige Tage nach Bekanntwerden einiger atypischer Pneumonien in Wuhan zum Jahreswechsel 2019/2020 am Computer. Sofort empfahl die WHO ihn als geeignete Nachweismethode einer Infektion mit SARS-CoV-2. Er wird in vielfacher Weise gefertigt und in Laboren gehandhabt, was seine Aussagekraft weiter erheblich schwächt.

Regierungen und Medien priesen den Test als höchst präzises molekülgenaues Analysetool, mit dem man Corona-Fälle suchen und finden kann. Der Testbefund reichte den Behörden für die Anordnung ihrer Infektionsschutzmaßnahmen und so wurde er zum wichtigsten Instrument zur Beurteilung der sogenannten epidemiologischen Lage von nationaler Reichweite. Damit wurde der Test zweckentfremdet und millionenfach eingesetzt, um Angst zu schüren und Willkürmaßnahmen zu rechtfertigen.

Inzwischen weist selbst die WHO auf ihrer Website darauf hin, dass »PCR-Tests als Hilfsmittel für die Diagnose gedacht sind und dass daher die Anwender jedes Ergebnis in Kombination mit dem Zeitpunkt der Probenahme, dem Probentyp, den Test-Besonderheiten, den klinischen Beobachtungen, der Vorgeschichte, dem Status etwaiger Kontakte und weiterer epidemiologischer Informationen berücksichtigen müssen«.

Trotz der Warnung und Relativierung aus Genf setzen Behörden den PCR-Test weiterhin überall und unzulässigerweise mit einem Infektionsnachweis gleich und missbrauchen ihn als Begründung für freiheitseinschränkende Maßnahmen. Deutschland betreibt solche Methode zur Fall-Schaffung intensiver als andere Länder.

Inzwischen steht auf dem wachsenden Markt auch eine Art schnellerer Antigentest zur Verfügung. Dieser ist als Selbsttest sehr sensibel und soll bei positivem Ergebnis von anderer Stelle durch einen PCR-Test kontrolliert werden. In Läden und öffentlichen Einrichtungen wird dieser sinnlose, aber teure Test als Ritual der Angst jetzt oft sogar freiwillig von der Bevölkerung vollzogen. Bei solchen rituellen Handlungen darf dann sogar kurz die Maske abgenommen werden.

SCHON IMMER VORHANDEN, ABER NIE WAHRGENOMMEN

Wie mache ich möglichst vielen Menschen Angst? Dafür muss ich etwas finden, was sie normalerweise nicht bemerken, was die Handelnden nicht selbst überprüfen und einschätzen können, aber was bei Bedarf jederzeit furchterregend aus dem Hut gezaubert werden kann. Der österreichische Philosoph und Psychotherapeut Paul Watzlawick berichtet in seinem Buch *Wie wirklich ist die Wirklichkeit* von einer solchen Epidemie, die man jederzeit und überall herbeizaubern konnte.

In den 1950er Jahren hatten in Seattle mehrere Autobesitzer gleichzeitig pockenartige Kratzer auf den Windschutzscheiben ihrer Autos bemerkt. Diese waren auf der reflektierenden Oberfläche besonders gut erkennbar, wenn man das Glas von außen näher inspizierte. Die Nachricht verbreitete sich schnell in der ganzen Stadt und immer mehr Autobesitzer untersuchten sorgenvoll ihre Windschutzscheiben. Sehr viele wurden fündig und die ersten Theorien über die Entstehung des Schadens machten die Runde. Atomversuche oder beim Straßenbau in letzter Zeit verwendete Chemikalien wurden verantwortlich gemacht. Ein amtlicher Untersuchungsausschuss brachte Licht in diese Scheibenpocken-Pandemie. Es zeigte sich, dass solche Pocken ein weitverbreitetes Phänomen waren, das nur sichtbar wurde, wenn man die Reflexe einer Autoscheibe von außen in einem bestimmten Winkel absuchte. Welcher Autofahrer macht das normalerweise? Von innen war ja nichts Störendes zu erkennen.

Zum Glück wird nicht immer alles untersucht, was untersucht werden könnte! Böse Zungen haben den Spruch geprägt: Wer gesund ist, der ist nur noch nicht ausreichend untersucht worden.

EIN JOKER WIRD VORGESTELLT

Wenn jemand die Bevölkerung mit Viren in Angst und Panik versetzen möchte, so sollte er möglichst Viren wählen, die eigentlich immer vorhanden sind, die aber bis dahin noch keiner für bedeutsam gehalten hat. Die meisten akuten Atemwegsviren sind wegen ihrer schnellen und weltweiten Ausbreitung somit sehr geeignete Objekte, um damit Angst zu schüren. Auch sind sie sehr klein und lassen sich nur in Speziallaboren nachweisen. Besonders eignen sich Kandidaten, deren Namen bisher kaum jemand kennt und die nicht üblicherweise bei Kinderkrankheiten, saisonalen Infekten oder anderen häufigen Symptomen genannt werden. Auch ist es gut, wenn Ärzte sich mit diesen neuen »Gefährdern« nicht wirklich auskennen, denn die Ärzteschaft muss ebenfalls verunsichert werden. Das geht am besten mit unwichtigen, bisher kaum beachteten, aber ubiquitären Keimen. Diese Kriterien erfüllen zum Beispiel humane Metapneumoviren, RS-Viren und besonders Coronaviren. Und um die richtigen zu finden, braucht man gefügige Virologen und ihre Tests.

Coronaviren hatten den Eignungstest bei begrenzten virologischen Einsätzen wohl schon bestanden, 2003 bei SARS in China oder 2014 bei MERS im Vorderen Orient. Bei diesen Erkrankungen zeigte sich, dass sehr wohl schwere Verläufe – wie ja auch bei Influenza – möglich sind, dass diese aber durch riskante, unerprobte Medikation vermehrt auftraten und dann auch häufiger als eine »normale« Grippe zum Tode führten. In beiden Episoden setzte man häufig neben Antibiotika auch Aciclovir, ein nebenwirkungsreiches und bei Corona-Infektionen nicht zugelassenes Virustatikum, sowie hochdosierte Kortikoide, also Immunsuppressiva, ein. Das reicht vermutlich bereits aus, um aus einer normalen Grippe einen Fall für die Intensivstation zu machen, wo ja bekanntlich viele weitere nosokomiale Risiken lauern.

Experten zufolge sind alle der inzwischen taxonomisch definierten SARS-Viren Varianten ein und derselben Virusart. Das *Deutsche Ärzteblatt* teilte am 21. Februar 2020 mit, dass SARS-CoV-2 zu den Coronaviren zähle und dass sieben Vertreter dieser Gruppe beim Menschen Atemwegserkrankungen verursachen. Von dreien – SARS-1, MERS und SARS-CoV-2 – sei bekannt, dass sie mitunter schwere Symptome auslösen.

Da SARS-Abkömmlinge sich beim Um-die-Welt-Ziehen seit 2003 natürlich auch laufend verändert und rekombiniert haben, finde ich es erstaunlich, dass man sie im Dezember 2019 trotzdem so schnell identifiziert hatte und im von Wuhan weit entfernten Berlin ohne biologisches Substrat sofort auf dem Computer genetische Sequenzen laden konnte. An diesen Sequenzen sollte man SARS-CoV-2 sofort erkennen können. Diese Behauptung hat die WHO erstaunlich unkritisch und offenbar ohne weitere externe Validierung sofort übernommen. Durch ihre Empfehlung, mit dem von Drosten und Kollegen am 23. Januar 2020 publizierten Test nach der Pandemie zu suchen, hat sie praktisch und bis heute wirksam den Angst-Erreger inthronisiert. Der Erreger, der gefährliche unbekannte und unsichtbare Angstmacher, der Feind im Krieg gegen die Seuche, war ab dem 23. Januar 2020 genau das, was der von Drosten und Kollegen zusammengebastelte PCR-Test anzeigte.

Dass die Virologen damit einen wirklichen Joker kreiert hatten, wurde erst Monate später immer mehr klar denkenden Menschen deutlich – und das waren längst nicht immer Mediziner.

EINWEG-VIRUS

Eigentlich hätten die verantwortlichen Mediziner und Regierenden nach den Ereignissen in Wuhan erst einmal fragen sollen: Um welchen Schaden geht es eigentlich? Wo tritt er auf, und woran erkennt man mögliche Risiken und Auswirkungen der Bedrohung? In China hatte man das Problem ja relativ schnell gelöst. Nach den Schreckensmeldungen aus Wuhan wurde nur dort und in einigen anderen Städten ein weltweit beachtetes Exempel hygienischer Maximalprophylaxe statuiert, das – angesichts einer ohnehin auf Gehorsamkeit eingestellten Bevölkerung – reibungslos und medial wirksam die ganze Welt sehr beeindruckte. Dann hat China bereits Anfang März 2020 aufgehört, innerhalb des Landes weiter zu testen, und hat in den anschließenden Monaten nur noch über wenige »vom Ausland eingeschleppte« Fälle berichtet.

Offenbar hat es niemanden irritiert, dass im riesigen China mit 1,4 Milliarden Einwohnern die Verbreitung eines Virus so schnell gestoppt werden konnte, während im kleinen Europa die Maßnahmen wild durcheinandergingen, je nachdem, wo und wie oft getestet wurde. Und dass, obwohl sich Atemwegsviren bekanntermaßen nicht für Grenzen oder Regierungsformen interessieren, sondern sich weltweit jährlich über alle Grenzen und Masken hinweg munter vermehren. Aber das Wuhan-Virus war offenbar ein chinesisches Einweg-Virus.

PARS PRO TOTO

Leider hat sich der Rest der Welt darauf eingelassen, dass hoch spezialisierte Molekularbiologen und Virologen bestimmen, wo sich eine Seuche ausbreitet und wo nicht. Das Team um Christian Drosten war ja schon bei SARS, Schweinegrippe und MERS schnell mit einem PCR-Test zur Hand, sobald von Ausbrüchen oder Pandemien die Rede war. Selbst ohne die Viren isoliert[2] und sequenziert zu haben, definierte Drosten gleich nach Silvester in seinem Computer ratzfatz einige kurze Basenfolgen, die ab dem 23. Januar 2020 der Welt sagten, wo sich das Wuhan-Virus ausgebreitet hatte. Die WHO hat ohne weitere Prüfung die von Drosten zugeschnittenen Gensequenzen als molekulare Virusdefinition akzeptiert und ihn damit zum Schneidermeister der Angst gemacht.

Seitdem wurde überall, wo man den Test oder seine anschließend zahlreich variierten Alternativkopien benutzte, das eigentlich Unsichtbare gefunden. Der Test wies überall RNA-Sequenzen nach, die als Bruchstücke des Wuhan-Virus fürs Ganze genommen wurden. Damit wurde ein Pars-pro-Toto-Prinzip installiert. Das verlieh den Ergebnissen zu Unrecht Gewicht. Die Anwesenheit von Virusbruchstücken wurde außerdem mit Infektionen und dann sogar mit Ansteckungsfähigkeit gleichgesetzt. Selbst bei Menschen, die keinerlei Symptome spürten und kerngesund waren. Jeder positive Test war ab sofort ein »Fall« und wurde am Billboard der privaten Johns Hopkins University der Welt gezeigt und auf den rasch wachsenden Haufen der Fälle gelegt. Auch wer mit einer gesunden, aber positiv getesteten Person Kontakt hatte, wurde mit Quarantänemaßnahmen seiner Freiheiten beraubt. So etwas hatte es bis dahin nicht einmal bei Pest und Cholera gegeben.

TESTEN, TESTEN, TESTEN

Die öffentlich geförderte Test-Manie ist das geeignetste Instrument, die Orte und das Ausmaß einer falschen Pandemie zu gestalten. Je nachdem, wo, wie oft und mit welchen Produkten und Verfahren ich messe, finde ich »Fälle«. Ob Menschen kerngesund aus dem Urlaub kommen oder gebrechlich ihre letzten Tage im Pflegeheim verbringen, der PCR-Test macht sie in der Statistik zu COVID-19-Fällen. Und diese Fallstatistik mit ihren abstrusen Grenzwerten löst entsprechende ministerielle Lockdown-Maßnahmen aus und steuert die gewünschten staatlichen Eingriffe. Vermehrte positive PCR-Testergebnisse geben dann das Signal, die Seuche greife wieder gefährlich um sich.

Bei über einer Million Tests pro Woche in Deutschland kann ohnehin niemand mehr die Qualität der beauftragten Labore sicherstellen. Wenn dann die Polymerase-Kettenreaktion (PCR) irgend etwas so lange amplifiziert, bis jeder Test positiv wird, oder wenn Labore schon beim Nachweis einer Gensequenz[3] – statt der bei vollständiger Testung üblichen zwei oder gar drei Gensequenzen des Virus – das Ergebnis als »positiv« herausgaben und -geben, dann durchschauen das Ganze bisher höchstens wachsame Mannschaftsärzte[4] von Profi-Fußballern oder widerspenstige Amtsärzte. Mancher Sportwettkampf wurde zumindest durch vorübergehende, also meistens falsch positive Testergebnisse beeinflusst. In mehreren Fällen blieben die Mannschaftsärzte skeptisch, ließen nachtesten und behielten recht.

Je nachlässiger ein Labor arbeitet, umso unspezifischer wird der Test und umso mehr positive Tests liefert es. Zwischen den Laboren existieren offenbar große Unterschiede, über die das RKI aber bei Nachfrage keine Auskunft geben wollte. Mit Krankheiten hatte der PCR-Test ja von Anfang an wenig zu tun. Die Fachinstitutionen des Bundes und die Experten auf Landesebene wissen es mit Sicherheit: Je mehr Tests und je niedriger die Prävalenz, umso höher ist der

Anteil der Falsch-Positiven am Gesamtergebnis. Das gilt selbst für sehr gute Tests. Die Positiv-Rate steigt mit sinkender Qualität der Diagnostik und die Qualität der Diagnostik sinkt mit der Menge der eingesandten Proben. Wer eine Pandemie vortäuschen will, der muss also nur testen, testen, testen.

Das passt gut, denn mit jedem Test verdienen Ärzte, Kliniken, Leichenschauer, Labore, Testhersteller und weitere Beteiligte richtig Geld. Einige der Getesteten sind vielleicht auch gar nicht böse, wenn sie als Gesunde mit einem positiven Testergebnis, zum Beispiel als Lehrer oder Pflegekraft, einige Tage dem Stress ihres Arbeitsplatzes entkommen können. So brummt die Angstmaschine und kann weitere Wellen produzieren. Deshalb fühlen sich Drosten, Gates, Lauterbach und Co. bei ihren Vorhersagen immer so sicher.

Daher ist es kein Wunder, dass die Positiv-Rate der SARS-CoV-2-PCR-Massentestungen nach der Sommerpause innerhalb von nur sechs Wochen von etwas über 1 Prozent auf fast 8 Prozent gesteigert werden konnte. Dieser Mechanismus funktionierte sogar schon vor der eigentlich erst nach Jahresbeginn 2020 anlaufenden Corona-Saison. Durch solche Tricks kann man sich bei Politikern beliebt machen, die eine hohe Trefferquote zur Bestätigung ihrer Panikmache brauchen.

EIN UNEHRLICHES INSTITUT

Das Paul-Ehrlich-Institut (PEI) ist zwar nicht für die Akkreditierung von Medizinprodukten zuständig, denn das übernimmt normalerweise das Bundesamt für Arzneimittel und Medizinprodukte (BfArM), wohl aber für Seren, Blutprodukte, Gentherapeutika, Impfstoffe und weitere biomedizinisch und immunologisch relevanten Produkte. Bezüglich der biomolekularen Medizin überschneiden sich also die Bereiche. Das PEI prüft und genehmigt zudem die klinischen Studien für diese Bereiche. Dazu betreut es unter anderem für die Europäische Arzneimittel-Agentur (EMA) die Corona-Impfstoffe.

Seit 2005 arbeitet das Paul-Ehrlich-Institut bei der Qualitätssicherung für Blutprodukte und In-vitro-Diagnostika und seit 2013 auch für Impfstoffe eng mit der WHO zusammen. So verwundert es nicht, dass sich das Institut auch zum Thema PCR-Test zu Wort meldet. Wie bereits erwähnt, empfahl die WHO sofort den von Drosten und Kollegen im Januar 2020 zum Aufspüren von SARS-CoV-2-Erregern vorgeschlagenen Test als Standardmethode. Da wird der enge Draht zwischen Charité, PEI und WHO wohl eine Rolle gespielt haben, denn die WHO selbst verfügt gar nicht über genügend eigene wissenschaftliche Kapazität zur Qualitätssicherung solcher biomedizinischen Methoden.

Ebenso wie die WHO hat das PEI den Drosten PCR-Test empfohlen. Auf der Homepage des Paul-Ehrlich-Institutes vom 23. März 2020 wies ein Text auf zweierlei Dinge hin, die beide von maßgeblicher Bedeutung sind und die ich deshalb näher betrachten möchte.[5] Unter dem Titel »Covid-19-Tests: NAT-Tests gelten als Goldstandard« behauptet das Paul-Ehrlich-Institut, Tests mit der Nukleinsäure-Amplifikations-Technik (NAT) seien »die derzeit verlässlichsten Covid-19-Tests, um Infektionen mit dem neuen Coronavirus SARS-CoV-2 zu diagnostizieren«. Darunter falle »auch die von einer Arbeitsgruppe der Charité in Berlin erarbeitete PCR-Methode (Polymerase Chain Reaction, PCR)«. Mithilfe dieser Methode könne das SARS-CoV-2-Virus bei Infizierten auf Basis eines Rachenabstrichs direkt nachgewiesen werden.

Diese amtliche Mitteilung ist grob irreführend, denn der PCR-Test kann, wie schon beschrieben, selbst wenn er noch so hochwertig und sauber durchgeführt würde, keine Infektionen »diagnostizieren«, auch nicht mit SARS-CoV-2. Eine Infektion liegt dann vor, wenn die Viren beginnen, sich in den Körperzellen des Wirtes zu vermehren. Für diesen Prozess sammelt der PCR-Test aber keinerlei Hinweise, denn er findet mit weniger oder mehr Amplifikationen der gesuchten

Sequenzen nur die definierten Virus-Abschnitte. Auch ein niedriger Ct-Wert, also ein schnelles Finden, ist kein Beweis für eine Infektion. Professor Ulrike Kämmerer äußerte im *Corona-Ausschuss* (s. S. 367):

»Der PCR-Test zeigt nur die Nukleinsäuren an, *nicht* das Virus, er kann *keine* Infektion nachweisen. Der PCR-Test kann *nicht* nachweisen, ob das Virus replikationsfähig ist, sich in dem Wirt tatsächlich vermehrt und ob der Mensch damit ursächlich krank wird. Wenn beim PCR-Test auf der Oberfläche des Abstrichs diese Virus RNA ist, heißt das noch nicht, dass es in den Zellen drin ist und ob eine intakte vermehrungsfähige Viruslast vorhanden ist.«[6]

Auch nach dem IfSG hat sie völlig recht, denn dort gilt als Infektion:

»... die Aufnahme eines Krankheitserregers und seine nachfolgende Entwicklung oder Vermehrung im menschlichen Organismus«.

Selbst wenn der »Infizierte« Symptome einer Infektion zeigt und der SARS-CoV-2-PCR-Test positiv ist, können die Symptome zum Beispiel von Influenza-, humanen Metapneumoviren oder RS-Viren ausgelöst worden sein und die vom empfindlichen PCR-Test gefundenen Corona-Fragmente könnten von einem unschuldigen Coronavirus stammen, das dem Untersuchten nur mal zusätzlich »über die Schleimhaut gehuscht« ist. Obwohl ein PCR-Test auch im Sinne des Infektionsschutzgesetzes (IfSG) keine Infektion nachweisen kann, behauptet das PEI als Bundesamt das Gegenteil. Andererseits schreibt das PEI aber ganz offen:

»Alle Covid-19-Tests unterliegen der EU-Richtlinie über In-vitro-Diagnostika (IVD), die derzeit in Europa die Marktzulassung für IVDs regelt. Gemäß dieser Richtlinie können die

Hersteller die Covid-19-Tests – als ›IVD niedrigen Risikos‹ – noch selbst zertifizieren und auf eine unabhängige Überprüfung der Tests verzichten, bevor sie auf den Markt gebracht werden.«

Mit anderen Worten bestätigt das Bundesamt: Jeder kann testen, wie er will.

Auch bei Antigentests, die im Internet und in Apotheken angeboten werden, sind aus Sicht des Paul-Ehrlich-Instituts, Bundesinstitut für Impfstoffe und biomedizinische Arzneimittel, nachweislich Fälschungen im Handel. Nach der künftigen IVD-Verordnung, die erst ab Mai 2022 umgesetzt werden muss, müssen ein EU-Referenzlabor sowie eine weitere Stelle hinzugezogen werden, da die COVID-19-Tests dann voraussichtlich in die höchste Risikoklasse gehören. Bisher ist alles so offen geregelt, dass es die Pandemie nicht stört. Allerdings werden Menschen wegen derartig beliebiger Messungen in ihren Freiheiten beschränkt. Da macht es wenig Hoffnung, wenn im selben Text als letzter Satz steht: »Das Paul-Ehrlich-Institut bereitet sich darauf vor, sich als eines der EU-Referenzlabore zu bewerben.«

PCR WIRD MISSBRAUCHT

Seit Mitte Februar 2020 habe ich immer wieder auf den Missbrauch des PCR-Tests für die Suche nach Infizierten und für die Identifizierung von Ansteckungsfähigen hingewiesen. Qualitativ gut hergestellte und sauber durchgeführte PCR-Tests haben ihren Platz in der Diagnostik nur im Zusammenspiel mit klinischer Symptomatik, virologischer Differenzialdiagnose und weiteren technischen und klinischen Verfahren, je nach Fragestellung. Als Beobachtungsinstrument für seuchenhygienische Fragestellungen sind sie nachrangig und irreführend, wenn sie, wie bei der COVID-19-Infektionssuche, massenhaft und unkritisch angewendet werden. Hier wegen seiner Bedeutung ein weiteres Mal: Die Aussage des PEI, dass man mit dem PCR-Test Infektionen diagnostizieren könne, ist falsch.

Im PEI-Text steht ein weiterer, erheblicher Fehler: Auch bei wirklich Infizierten kann man mit dem PCR-Test nur die gesuchten Teile eines Virus nachweisen, nicht das ganze SARS-CoV-2-Virus. Und schon gar nicht kann man aus dem Test irgendwelche Aussagen über einen kausalen Zusammenhang mit Symptomen, über Krankheitserscheinungen oder über Übertragbarkeit ableiten.

Wenn man ein Virus als kausales Agens, das heißt als (alleinigen) Verursacher einer Krankheit, identifizieren will, dann sind folgende Schritte erforderlich: Das Virus müsste

→ 1. aus einem Erkrankten isoliert,

→ 2. in Kulturen angezüchtet und vermehrt,

→ 3. von störenden Fremdsubstanzen gereinigt und als Entität dargestellt (zum Beispiel vollständig sequenziert) werden und

→ 4. dann in einem Infektionsversuch zeigen, dass es auch die Krankheit hervorruft, deren Symptome ihm zugeschrieben werden.

Beim PCR-Nachweis können sehr wohl andere Virusvarianten zu einem positiven Testergebnis führen, die in den gesuchten kurzen Molekülsequenzen zwar identisch sind, aber an anderen Stellen deutliche Unterschiede zeigen.

Unbestritten ist der PCR-Test ein empfindliches differenzialdiagnostisches Hilfsmittel. So kann er bei Menschen mit klinischen Zeichen einer Infektion, zum Beispiel Symptomen, einen Hinweis liefern, nach welchen Viren man weiterhin forschen sollte. Wenn aber das Paul-Ehrlich-Institut behauptet, man könne damit das SARS-CoV-2-Virus bei Infizierten auf Basis eines Rachenabstrichs direkt nachweisen, ist das ebenfalls nicht korrekt. Denn mit dem PCR-Test werden lediglich jene Sequenzen nachgewiesen, die vorher durch Primer definiert wurden.

Auch wenn der PCR-Test bei einem niedrigem Ct-Wert sicher positiv ausfällt, zeigt er eben doch nur das Vorhandensein der bekannten Gensequenzen an, aber nicht, was sich im Gesamt-Genom der abgetasteten Erreger sonst noch verbirgt. So fällt der im Januar 2020 von der WHO favorisierte Test aus der Charité Berlin ja bekanntermaßen bei weiteren SARS-Varianten positiv aus. Die verwendeten Tests sind ja nicht anhand von angezüchteten und eindeutig identifizierten Viren aus Wuhan amtlich validiert worden. Wie können die klugen Mitarbeiter des PEI das ignorieren?

Nochmals: Selbst ein perfekter, höchst spezifischer und sensitiver PCR-Test ist also für den Nachweis einer Infektion nicht geeignet und sagt erst recht nichts über die Anwesenheit von vermehrungsfähigen Viren. Er fällt ja bei Virustrümmern positiv aus. Dennoch wurde seit Anfang 2020 und – wenn man einmal genauer nachforscht – schon bei SARS seit 2003 immer wieder der Anschein erweckt, als könne man allein mit PCR-Tests etwas über die Ausbreitung einer Infektionskrankheit aussagen. Und das ist sicher falsch, wie die WHO endlich zugibt.[7]

In diesem Zusammenhang möchte ich an eine Aussage des politischen Lobbyisten dieser Technologie erinnern. Noch 2014 hat Christian Drosten bei einem Interview mit der *Wirtschaftswoche* zu MERS höchstpersönlich davon abgeraten hat, PCR-Testungen zum Gradmesser einer infektionsepidemiologischen Aussage zu machen. Er beruhigte seine Gesprächspartner damals mit den Worten:

»Ja, aber die Methode ist so empfindlich, dass sie ein einzelnes Erbmolekül dieses Virus nachweisen kann. Wenn ein solcher Erreger zum Beispiel bei einer Krankenschwester mal eben einen Tag lang über die Nasenschleimhaut huscht, ohne dass sie erkrankt oder sonst irgend etwas davon bemerkt, dann ist sie plötzlich ein MERS-Fall. Wo zuvor Todkranke gemeldet wurden, sind nun plötzlich milde Fälle und Menschen, die eigentlich kerngesund sind, in der Meldestatistik enthalten.

Auch so ließe sich die Explosion der Fallzahlen in Saudi-Arabien erklären. Dazu kommt, dass die Medien vor Ort die Sache unglaublich hoch gekocht haben.«[8]

Und jetzt, sechs Jahre später, bei SARS-CoV-2 kocht derselbe Virologe mit seinen ungeeigneten Tests nahezu täglich in den Medien die Angst vor seinen Lieblingsviren hoch. Die zuständigen Bundesbehörden sehen zu und helfen ihm bei dieser schädlichen Täuschung.

Wenn man davon ausgeht, dass die Protagonisten der Krise etwas gesucht haben, mit dem sie sehr gezielt und dosierend die Angst auf dem Globus steuern können, dann haben sie mit Drosten offenbar den richtigen Schneider für das Gewand der Angst vor COVID-19 in ihre Dienste genommen.

DURCH DEN EINSATZ UNKONTROLLIERTER TESTS IST DIE PANDEMIE GESTALTBAR

Da der PCR-Test nicht amtlich standardisiert und die Art seiner Durchführung in zahlreichen Laboren ohne gemeinsame Qualitätskontrolle kaum nachprüfbar ist, lassen sich mit der Anzahl der Tests und durch die steuerbare Falsch-Positiven-Quote die Angstszenarien sehr leicht herstellen, vor denen Christian Drosten bei MERS sehr klar gewarnt hatte. Wen interessieren da die Ct-Werte, die Temperaturen, die Laborkontaminationen oder die Zahl und Art der amplifizierten Gensequenzen? Jedes Labor validiert selbst seine Tests und die für die Aufsicht beim BfArM oder die bei der Europäischen Union Verantwortlichen halten wegen der angeblichen Notlage die Augen geschlossen. Steuerbar sind die Testergebnisse auf vielerlei Weise:

Wo nicht getestet wird, ist die Seuche verschwunden – wie plötzlich Mitte März 2020 in China.

Je mehr getestet wird, umso höher steigt der R-Wert, mit dem die Kanzlerin ihre Bevölkerung in Schach hält. Mit circa 1,5 Millionen Tests pro Woche wurde in deutschen Laboren zum Beispiel der Start der »zweiten Welle« herbeigetestet. Kreuzkontamination und Kontrollen fraglicher Befunde sind bei derartigem Massenbetrieb nach Aussagen der Laborbetreiber nicht mehr zu garantieren.

Je mehr Amplifikationszyklen gebraucht werden, um ein Signal in der Messapparatur sichtbar zu machen, umso schwerer waren die gesuchten Molekülketten zu finden. Je häufiger die Prozedur wiederholt werden muss, umso leichter werden auch falsch positive Signale erzeugt. Wenn nur wenige Vermehrungszyklen für den Nachweis ausreichen, dann ist der sogenannte Ct-Wert (abgeleitet von cycle-treshold) niedrig. Sind für den gewünschten Nachweis mehr Vermehrungszyklen nötig, ist der Ct-Wert hoch. Bei Ct-Werten unter 20 gehen die meisten Autoren davon aus, dass das gesuchte Material tatsächlich vorhanden ist. Das müssen aber trotzdem noch keine vermehrungsfähigen Viren sein. Bei Ct-Werten über 35 wird das Ergebnis eher als negativ interpretiert. Liegen die Zyklen zwischen diesen beiden Werten, ist das Ergebnis umstritten. Der im Drosten-Test anfangs tolerierte Ct-Wert reichte bis zu 45 Zyklen, führte also mit Sicherheit zu sehr vielen falsch positiven Ergebnissen.

Durch den Ort der Testungen kann man nach Bedarf die »Hotspots« dort schaffen, wo man unter dem Vorwand des Seuchenschutzes in das Leben der Menschen eingreifen möchte.

Auch die ins Infektionsschutzgesetz (IfSG) geschriebenen regionalen Fall-Grenzwerte als Auslöser für strengere Lockdown-Maßnahmen sind mit der Zahl und der Qualität der Testungen steuerbar und können ein echtes Infektionsrisiko nicht abbilden.

Wer schockierende Ergebnisse von vielen Kranken und Toten mit COVID-19 haben will, muss die schlechten Tests nur häufig genug dort machen lassen, wo viele Kranke sind beziehungsweise bei möglichst allen Verstorbenen.

Wer Urlaubsrückkehrer an Flughäfen testet, produziert die Fälle, mit denen er zeigen kann, dass freie Kontakte im Urlaub gefährlich sind und auch junge Menschen nicht von Viren verschont bleiben. Nein, erkrankt war von den positiv getesteten Urlaubern kaum einer. Diese Testerei machte ja sogar den Bundesgesundheitsminister verlegen, als er in einem Fernsehinterview zugab, dass die hohe Anzahl der Testungen für die vielen »Fälle« mit verantwortlich sein könne.

VERNICHTENDE REVIEW-KRITIK DES DROSTEN-TESTS

Eine große Gruppe hochrangiger Wissenschaftler mit den Hauptautoren Pieter Borger und Ulrike Kämmerer reichte offiziell am 27. November 2020 einen umfangreichen kritischen Übersichtsbericht (Review) bei der *Eurosurveillance*-Redaktion ein.[9] Diesem Übersichtsbericht lag eine von allen Haupt- und Co-Autoren unterschriebene Aufforderung bei, in der sie verlangten, dass die Redaktion die Publikation[10] von Corman, Drosten und Kollegen vom Januar 2020 zurückziehen möge.

In ihrem externen Peer-Review des RT-PCR-Tests zum Nachweis von SARS-CoV-2 nannten die Autoren zehn wesentliche wissenschaftliche Fehler auf molekularer und methodischer Ebene und folgerten: Daraus würden sich falsch positive Ergebnisse ergeben. Die ausführlich belegten Fehler seien so wesentlich, dass die Arbeit zur Vermeidung weiterer Schäden widerrufen werden müsse. Massive Interessenkonflikte von Drosten und Kollegen seien in dem Ursprungsartikel unterschlagen worden und es sei nicht hinnehmbar, dass Christian Drosten als Mitherausgeber von *Eurosurveillance* jetzt selbst verhindere, dass seine schlechte und so folgenreich gefährliche Arbeit zurückgezogen werde. Christian Drosten fühlt sich offenbar als Dienstleister der Pandemie bei seinen Sponsoren sicher aufgehoben. Das vernichtende Urteil der Kritiker lautet:

»Das Corman-Drosten-Papier enthält die folgenden spezifischen Fehler:

1. Es gibt keinen spezifizierten Grund für die Verwendung dieser extrem hohen Konzentrationen von Primern in diesem Protokoll. Die beschriebenen Konzentrationen führen zu erhöhten unspezifischen Bindungen und PCR-Produktamplifikationen, wodurch der Test als spezifisches Diagnoseinstrument zur Identifizierung des SARS-CoV-2-Virus ungeeignet ist.

2. Sechs nicht spezifizierte wackelige Positionen führen zu einer enormen Variabilität in den realen Laborimplementierungen dieses Tests; die verwirrende unspezifische Beschreibung im Corman-Drosten-Papier ist nicht als Standard-Arbeitsprotokoll geeignet, was den Test als spezifisches Diagnoseinstrument zur Identifizierung des SARS-CoV-2-Virus ungeeignet macht.

3. Der Test kann nicht zwischen dem ganzen Virus und viralen Fragmenten unterscheiden. Daher kann der Test nicht als Diagnostikum für intakte (infektiöse) Viren verwendet werden, wodurch der Test als spezifisches Diagnoseinstrument zur Identifizierung des SARS-CoV-2-Virus ungeeignet ist und keine Rückschlüsse auf das Vorliegen einer Infektion zulässt.

4. Eine Differenz von 10 °C in Bezug auf die Annealing-Temperatur Tm für Primerpaar 1 (RdRp_SARSr_F und RdRp_SARSr_R) macht den Test ebenfalls ungeeignet als spezifisches Diagnoseinstrument zur Identifizierung des SARS-CoV-2-Virus.

5. Ein schwerwiegender Fehler ist das Fehlen eines Ct-Wertes, bei dem eine Probe als positiv und negativ angesehen wird. Dieser Ct-Wert findet sich auch nicht in den Folgeanträgen, was den Test als spezifisches Diagnosewerkzeug zum Nachweis des SARS-CoV-2-Virus ungeeignet macht.

6. Die PCR-Produkte wurden nicht auf molekularer Ebene validiert. Diese Tatsache macht das Protokoll als spezifisches Diagnosewerkzeug zum Nachweis des SARS-CoV-2-Virus unbrauchbar.

7. Der PCR-Test enthält weder eine eindeutige Positivkontrolle, um seine Spezifität für SARS-CoV-2 zu bewerten, noch eine Negativkontrolle, um das Vorhandensein anderer Coronaviren auszuschließen, wodurch der Test als spezifisches Diagnoseinstrument zur Identifizierung des SARS-CoV-2-Virus ungeeignet ist.

8. Das Testdesign im Corman-Drosten-Papier ist so vage und fehlerhaft, dass man in Dutzende von verschiedenen Richtungen gehen kann; nichts ist standardisiert und es gibt keine SOP. Dies stellt die wissenschaftliche Validität des Tests stark infrage und macht ihn als spezifisches Diagnoseinstrument zur Identifizierung des SARS-CoV-2-Virus ungeeignet.

9. Höchstwahrscheinlich wurde das Corman-Drosten-Papier nicht peer-reviewed, was den Test als spezifisches Diagnoseinstrument zur Identifizierung des SARS-CoV-2-Virus ungeeignet macht.

10. Wir finden schwerwiegende Interessenkonflikte bei mindestens vier Autoren, zusätzlich zu der Tatsache, dass zwei der Autoren des Corman-Drosten Papers (Christian Drosten und Chantal Reusken) Mitglieder des Redaktionsausschusses von Eurosurveillance sind. Am 29. Juli 2020 wurde ein Interessenkonflikt hinzugefügt (Olfert Landt ist Geschäftsführer von TIB-Molbiol; Marco Kaiser ist Senior Researcher bei GenExpress und dient als wissenschaftlicher Berater für TIB-Molbiol), der in der ursprünglichen Version nicht deklariert war (und in der PubMed-Version immer noch fehlt); TIB-Molbiol ist die Firma, die ›als erste‹ PCR-Kits (Light Mix) auf der Basis des im Corman-Drosten-Manuskript veröffentlichten Protokolls herstellte, und nach eigenen Worten diese PCR-Test-Kits schon vor der Publikation vertrieben hat [20]; außerdem haben Victor Corman & Christian Drosten ihre zweite Zugehörigkeit nicht erwähnt: das kommerzielle Testlabor ›Labor Berlin‹. Beide sind dort für die Virendiagnostik verantwortlich [21] und die Firma ist im Bereich der Real-Time-PCR-Tests tätig.

Bei unserer erneuten Überprüfung des im Corman-Drosten-Papier beschriebenen Testprotokolls zum Nachweis von SARS-CoV-2 haben wir entsprechende Fehler und inhärente Irrtümer festgestellt, die den SARS-CoV-2-PCR-Test unbrauchbar machen.«

WELCHE VIREN WERDEN EIGENTLICH GESUCHT?

Im Zusammenhang mit dem Test müssen auch die Zusammenhänge dargestellt werden, die sich aus der rasch wechselnden Gestalt der Coronaviren ergeben. Das Coronavirus eignet sich nämlich prima als Joker, um Angst zu verbreiten. Wie im Viren-Kapitel ausgeführt, finden in der Natur auch bei Coronaviren laufend Mutationen, Kombinationen und Deletionen statt. Anfangs sollte der PCR-Test das Wuhan-Virus erfassen. Das existiert vermutlich längst nicht mehr, denn die Viren stehen unter hohem Anpassungsdruck. Sie wechseln die Wirte und tauschen Strukturteile aus. Nicht alle sind bekannt und in den Computern gespeichert. Das wird jetzt während des Corona-Hypes erst richtig deutlich. In einem längeren Aufsatz mit dem Titel »Krieg gegen einen Joker«[11] berichtete ich im April 2020 über den damaligen Stand des Coronavirus-Watching. Die rasant zunehmenden Virus-Differenzierungen und das Monitoring nicht nur von Coronaviren haben während der Corona-Krise der Virologie sicher einen kräftigen Schub gegeben.

Ende 2020 begann man, dieses Mutieren argumentativ zu nutzen und uns vor neuen Mutanten Angst zu machen. Dabei ist das eine Banalität. Bei RNA-Viren, zu denen auch SARS-CoV-2 gehören, ist die Mutationsrate immer sehr hoch. Die laufenden Veränderungen werden eindrucksvoll auf der Website *CoV-Glue* dargestellt.[12] Inzwischen werden dort für SARS-CoV-2 Tausende von Mutationen aufgeführt. Und das sind ja nur die Daten von ein paar Tausend SARS-CoV-2-Viren, die man seit Wuhan sequenziert hat. Die Natur kennt sicher sehr viele weitere. Bei diesen

Mutationen werden andere Aminosäuren in die Proteine des Virus eingebaut. Diese verändern die chemischen Eigenschaften dieser Proteine und damit ihre möglichen Wirkungen im Wirtsorganismus. Diese Mutationen akkumulieren innerhalb von Wochen (!), wie die Daten zeigen. Insertionen und Deletionen sind interessant, da sie unter anderem zu einem sogenannten Frameshift führen können, bei dem die gesamte nachfolgende Basenkette anders gelesen wird. Des Weiteren kommen Mutationen hinzu, die zwar die Primärstruktur der SARS-CoV-2-Proteine nicht ändern, aber dennoch eine Rolle in der Diagnostik spielen können.

Hätten diese ganzen Vorgänge eine Bedeutung für unsere Gesundheit, dann müssten wir ja dauernd alle Viren beobachten, die mutieren, und wir kämen zu nichts anderem mehr. Gott sei Dank ist das nicht nötig, denn das macht unser Immunsystem automatisch. Es fasst dabei zahlreiche Mutanten zusammen und erkennt die Eindringlinge trotz ihrer »Verkleidung« schon an wenigen ihrer vielen einzelnen typischen Strukturmerkmale (Epitope). So entsteht die sogenannte Kreuzimmunität, die unser zelluläres Immungedächtnis jahrelang speichert. Weil das Immunsystem sich auch ohne unser Zutun seit Jahrtausenden auf unendlich viele Viren und andere Erreger eingestellt hat, war die Forschung nach mutierenden Virusvarianten bisher nur zum Beispiel für die Herstellung von Impfstoffen relevant. Eine exaktere Analyse hat klinisch-praktisch bisher kaum erkennbare Bedeutung. Sie könnte allerdings das Verständnis der komplexen Kommunikationsprozesse in unserem Abwehrsystem langfristig fördern. Das aber auch nur, wenn eine systemische Sicht und eine intensive, transparente und interdisziplinäre Zusammenarbeit uns vor weiteren verhängnisvollen Allmachtsfantasien einzelner »Fachidioten« schützen.

Diese Zusammenhänge machen klar, wie absurd es ist, einer Subvariante aus Wuhan hinterher zu testen, die es schon längst nicht mehr gibt. Auch deshalb bestanden von Anfang an Zweifel am PCR-Test und an seiner Bedeutung zur Risikoabschätzung einer Pandemie.

8

SPIELT DIE EU AUF ZEIT?

In ihren Leitlinien für In-vitro-Tests zur Diagnose von COVID-19 (2020/C 122 I/01) gibt die EU-Kommission wichtige Hinweise für eine Qualitätssicherung, von der die in Deutschland arbeitenden fast 200 Labore leider noch keinen Gebrauch machen müssen. Sie gelten erst ab 2022. Die Kommission empfiehlt,

> »Covid-19-Tests durch den Vergleich mit einer Referenzmethode in einer ausreichend großen Zielpopulation zusätzlich zu validieren, bevor die Produkte in die klinische Routine aufgenommen werden. Es wird dringend empfohlen, einer Peer-Review unterzogene wissenschaftliche Ergebnisse für die klinische Validierung kommerzieller COVID-19-Tests abzuwarten, bevor diese sicher und zuverlässig für die Entscheidungsfindung in den Bereichen Medizin und öffentliche Gesundheit verwendet werden.« Und weiter: »Da es kaum Referenzmethoden und -materialien gibt, sind diese Validierungsstudien genauso wie die Bewertung der Leistung eines Produkts durch die Hersteller schwierig.«

Und auch die EU-Kommission versteht etwas vom Joker, denn sie schreibt:

> »Mit jedem neu infizierten Patienten kann sich das Virus verändern (mutieren), und diese Mutationen wiederum können einen bestimmten Test weniger wirksam oder sogar unwirksam werden lassen.«[13]

RKI UND BFARM DRÜCKEN DIE AUGEN ZU

Die deutschen Behörden verstehen das offenbar so, dass man sich derzeit gar keine Gedanken um Testqualität und Aussagefähigkeit der wöchentlich über eine Million PCR-Tests machen muss. Um wenigstens einen Eindruck zu bekommen, wie die tägliche Testpraxis in Deutschland aussieht, fragte ich schon im Sommer 2020 beim RKI an, wie hoch und wie unterschiedlich die Positiv-Raten der circa 180 in Deutschland meldenden Labore ausfallen. Diese Beobachtung hätte sehr einfach und wirksam helfen können, bundesweit einen Überblick zu erhalten, um wirkliche Infektionsherde von Schwerpunkten falscher Laborergebnisse zu unterscheiden. Doch nicht einmal dafür interessierte sich das RKI damals. Erst im Februar 2021 veröffentlichte das RKI eine interessante Auswertung, welche die große Schwankungsbreite der Testqualität und deren Abhängigkeit von der Zahl der durchgeführten PCR-Tests sehr deutlich zeigt.[14] Das RKI hatte jetzt Gruppen gebildet und die Labore nach Zahl der durchgeführten Tests eingeordnet. Die Auswertung zeigt wöchentliche Daten von der 12. Kalenderwoche (KW) 2020 bis zur 5. KW 2021, also vom 16. März 2020 bis zum 7. Februar 2021. Zudem ist deutlich zu erkennen, dass nach den Sommerferien die Mehrzahl der Tests von Großlaboren durchgeführt wird (Massentests an Flughäfen et cetera) und dass die Streubreite der Positiv-Raten bei den beteiligten Laboren sehr groß ist und zum Jahreswechsel 2020/2021 fast 100 Prozent betrug. Leider fehlen bei den länderspezifischen Vergleichen die Positiv-Raten der einzelnen Labore mit Angaben der benutzten Ct-Grenzwerte oder der nachgewiesenen Genabschnitte. Aus den großen Qualitätsschwankungen der Tests ergeben sich natürlich große Schwankungen bei der Anordnung der davon abhängig gemachten Maßnahmen. Das wäre alles so einfach zu überschauen, aber daran scheint niemand Interesse zu haben. Der Bericht enthält keinerlei Kritik an der Praxis der PCR-Testungen.

DIE WHO WURDE VORSICHTIGER

Nachdem die WHO dem schlampig zusammengeschusterten PCR-Test der Charité als Instrument zur Fallfindung im Januar 2020 unkritisch grünes Licht gegeben hatte, musste sie am 7. Dezember 2020 endlich zurückrudern und vor Fehlern warnen, die bei einer missbräuchlichen Anwendung dieses hochempfindlichen Verfahrens unvermeidlich sind. Im Rahmen einer Produktwarnung zu Nukleinsäuretest-Technologien (NAT), die Echtzeit-Polymerase-Kettenreaktion (RT-PCR) zum Nachweis von SARS-CoV-2 verwenden, macht die WHO auf etwas aufmerksam, was zum medizinischen Basiswissen gehört, indem sie auf ihrer Website schreibt:

»... Wenn die Positivitätsrate für SARS-CoV-2 abnimmt, sinkt auch der positive prädiktive Wert. Das bedeutet, dass die Wahrscheinlichkeit, dass eine Person mit einem positiven Ergebnis tatsächlich mit SARS-CoV-2 infiziert ist, mit abnehmender Positivitätsrate sinkt. Das geschieht unabhängig von der Spezifität des Tests. Daher wird den Gesundheitsdienstleistern empfohlen, die Testergebnisse zusammen mit den klinischen Anzeichen und Symptomen, dem bestätigten Status aller Kontakte und so weiter zu berücksichtigen.«[15]

Laienhaft heißt das: Je seltener die Erkrankung, umso größer wird der prozentuale Anteil der falsch positiven Tests.

Wenn man das dieser Warnung zugrunde liegende Baye's Theorem[16] anwendet, haben die Labore in den Sommermonaten 2020 fast alle positiven PCR-Tests auf SARS-CoV-2 falsch positiv beurkundet. Alle darauf beruhenden Zwänge und Maßnahmen waren somit unbegründet und rechtswidrig. Von Mai bis Oktober lag die Positiv-Rate um 1 Prozent und war extrem niedrig. Auch bei den Millionen Tests in der Corona-Hochsaison betrug deren Trefferquote höchstens 8 Prozent bis 10 Prozent, was immer noch mit einer Falsch-Positiv-Rate von weit über 50 Prozent einhergeht.

Ab März 2021 wurden die Testungen ausgeweitet und inflationär als Schnelltests und Selbsttests vermarktet. Für alle Tests gilt weiterhin eine Notzulassung durch das BfArM, ihre Aussagekraft wird noch weniger vergleichbar sein. Inzwischen hat sich die Welt allerdings so sehr an diese irreführenden Testungen gewöhnt, dass die Mehrheit der Menschen sich resigniert täuschen lässt. Die Menschen trauen ihren eigenen Augen nicht mehr. Aber sie benutzen die Ergebnisse, um sich gegenseitig zu taxieren oder gar zu diskriminieren. »Darf ich mich zu Ihnen setzen?« »Nur wenn Sie vorher einen Test machen.«

Der Test ist ein Götze geworden, wird verkauft wie Zahnseide und hat weder etwas mit einer Krankheit noch mit medizinischer Diagnostik zu tun. Das Ganze ist ein kollektiver Irrsinn.

Da selbst viele Gerichte bei Prozessen monatelang nur auf die regierungsamtliche Praxis verwiesen und keinerlei Interesse an einer wissenschaftlichen Evidenz ihrer Entscheidungsgrundlagen zeigten, können millionenfache Grundrechtsverletzungen den Menschen in Deutschland so lange das Leben zur Hölle machen, bis die Gerichte ihre Entscheidungen wieder auf der Grundlage evidenzbasierter medizinischer Diagnostik treffen.

DIE TESTSTRATEGIE IN HEIMEN HAT NICHT GESCHÜTZT, SONDERN VIELEN GESCHADET

Die Teststrategie, die etwa im Oktober 2020 unter dem Titel »Schutz der besonders Gefährdeten« begonnen wurde, wirkt sich auf zweifache Weise verheerend aus. Die ohnehin große Personalnot in den Pflegeeinrichtungen und Kliniken wurde durch Quarantäneanordnungen beim Personal weiter verstärkt. Das verschärft die bestehenden Pflegedefizite und hat bei den Pflegebedürftigen schädliche

Folgen, mit vermehrten Todesfällen und riskanten Klinikeinweisungen. Die eingeschlagene Teststrategie produziert erst die vorzeigbaren Opfer der Seuche. Damit drängt sich mir zunehmend der Verdacht auf, die Opfer würden vorsätzlich in Kauf genommen. Aber das werden die Gerichte klären müssen.

Der Teil der Heimaufsicht, den die Freunde und Angehörigen sonst gewährleisten, wurde durch das Testhindernis und durch Kontakt- und Besuchsverbote weitgehend außer Kraft gesetzt. So manche Pflegeheimbetreiber sparten Personalkosten, ohne dass es jemand kontrollieren konnte. Und ob die ohnehin überlasteten Gesundheits-, Sozial- und Ordnungsbehörden der Kommunen überhaupt noch Kapazitäten für ihre amtliche Heimaufsicht fanden, ist anzuzweifeln. Auch die medizinischen Dienste der Pflegeversicherungen werden wohl kaum mehr Zeit für die Qualitätssicherung in der Pflege aufgewendet haben als in ruhigeren Zeiten. Durch Abriegelung der Heime wurde letztlich auch die schutzarme Zone geschaffen, in der Impfteams ihre ethisch wie rechtlich nicht hinnehmbaren Massenversuche durchführen können.

Das dadurch geschaffene Elend in den Heimen ist ein Riesenskandal und wurde nur durch zahllose Berichte von alarmierten Whistleblowern oder Angehörigen der Öffentlichkeit bekannt. Die Mainstream-Medien decken diesen Skandal mit dem Mantel der »Solidarität in der Not« zu und zeigen rührende Bilder von Senioren und deren hinter Glasscheiben winkenden maskierten Angehörigen. Das alles war und ist möglich nur wegen der ungeeigneten Tests. Wer sich über das Elend informieren möchte, kann beim Verein *Pflegeethik Initiative* berührende und anklagende Berichte lesen.[17] Ich bin weiterhin der Meinung, ob Grippe oder Corona, dass die Menschen in Heimen immer selbst und informiert entscheiden sollten, ob sie sich dem Risiko einer Infektion aussetzen oder auf Besuche verzichten wollen. Ob Test, ob Impfung, derzeit werden Heimbewohner und ältere Menschen laufend bevormundet oder gar genötigt.

POPEL-EPIDEMIOLOGIE

Zur Erinnerung: In der Grippesaison 2018/19 starben in Deutschlands Kliniken 118 Kinder an Influenza.

In den etwa 14 Monaten der angeblichen Pandemie starben dort 4 Kinder an COVID-19.

Das Weimarer Urteil zu Masken und zu den zweimal wöchentlichen Selbsttests für Schülerinnen und Schüler möchte ich zum Anlass nehmen, diese medizinisch unsinnigen und schon deshalb rechtswidrigen diagnostischen Eingriffe und ihre weitere Bedeutung für die »Beurteilung der epidemischen Lage« zu erläutern.

Seltsamerweise muss man dabei heutzutage etwas eigentlich Selbstverständliches vorausschicken. Wer als Kind, Jugendlicher oder als Lehrkraft zum Unterricht geht, der gilt normalerweise nicht als krank. Es werden also mit den Tests normal leistungsfähige Lehrkräfte und vor allem Kinder untersucht, denen höchstens mal die Nase läuft.

Diese Kinder gehörten besonders im Winter auch in den Klassenräumen schon immer dazu. Sie durchleben ohne Probleme die ersten Kontakte mit zahlreichen Atemwegsviren, tauschen diese untereinander aus und werden dadurch für viele Jahre gegen sie immun. Wenn sie nach Hause kommen, lassen sie auch ihre Familie an diesem Immuntraining teilnehmen.

Obwohl es sich dabei um Influenza-, Parainfluenza-, Rhino-, Adeno-, RS-, Metapneumo- und eben auch Coronaviren handelt, führt das in über 99 Prozent der Fälle höchstens gelegentlich zu Husten, Schnupfen, Heiserkeit. Die allermeisten merken von ihren Viruskontakten aber gar nichts. Es resultiert aus diesen regelmäßigen physiologischen Kontakten eine zelluläre, lang anhaltende Herdenimmunität gegen alles, was so ähnlich aussieht wie die kontaktierten Viren (Kreuzimmunität).

Und in dieses notwendige und gesunde Geschehen hinein kommen jetzt die Corona-Wächter der Schulverwaltungen und bohren denen in der Nase, die sich wie immer zum Unterricht treffen. Sie tun das, um nur eines der vielen Viren zu finden. Nämlich jenes, welches als Legitimation dafür gesucht wird, dass den Kindern weiterhin Mund und Nase verbunden werden dürfen.

Hat man etwa bisher Kinder nur wegen laufender Nase oder wegen etwas Husten von der Schule nach Hause geschickt? Dabei waren solche Kinder doch alle sogar symptomatisch infiziert! Nur wer starke Symptome hatte, der sollte zu Hause bleiben und sich auskurieren. Dafür sorgten Eltern und Lehrkräfte gemeinsam. Jede dieser Rotznasen verteilte seine Viren an Spielgefährten oder Mitschüler und sicher auch an die Lehrkräfte. Keiner hat sich irgendwann einmal, ja noch nicht einmal in den schlimmsten Grippe-Wintern dafür interessiert, welche Art von Viren in Rotz und Popel wohl zu finden wären. Als langjähriger Chef eines schulärztlichen Dienstes weiß ich, wovon ich rede.

Eine derart unsinnige Präventionsmaßnahme, wie sie jetzt von den Landesregierungen den Schulen zugemutet wird, kann man nur als Popel-Epidemiologie bezeichnen. Wer so etwas früher versucht hätte, wäre zu Recht vom Schulhof gejagt worden. Und das wäre nach dem gut begründeten Urteil des Weimarer Familiengerichtes ja auch jetzt weiterhin berechtigt.

Welch ein teurer und schädlicher Unsinn die Selbsttests und Schnelltests für Schulen sind, hat die *Deutsche Gesellschaft für Kinder- und Jugendmedizin e. V.* in ihrer Stellungnahme vom 26. März 2021 uns sehr deutlich vor Augen gehalten:

»Bei 12 Mio SchülerInnen und 780000 LehrerInnen in Deutschland, die regelmäßig zwei Mal in der Woche getestet werden, ergibt sich bei einer Spezifität von 98 % eine Summe von 511.000 falsch positiv getesteten Personen in einer Woche, die in ein Post-Testverfahren eingeschleust werden müssen und bis zum Ergebnis des PCR-Kontrolltestes isoliert werden müssen (inkl. Kontaktpersonen der 1. Kategorie).

Wenn die Posttest-Logistik dann nicht in ausreichendem Maß zur Verfügung steht, wird das Vertrauen der Bevölkerung in die Schnellteste sehr rasch verloren gehen.

Bei einer Wahrscheinlichkeit von über 96 Prozent, zwar im Schnelltest positiv zu sein, im PCR-Kontrolltest aber negativ zu sein, ist eine umfassende Aufklärung über diese Limitationen der Schnellteste vorher zwingend notwendig, bevor man anlasslose Massen-Schnellteste in Schulen/Kindertagesstätten einführt.«[18]

Es ginge wirklich viel einfacher und wirksamer. Wenn man solche Angst vor Viren hat, dann braucht man keinen ungeeigneten und einseitigen Test, sondern kann einfach alle Kinder mit Rotznasen oder Erkältungszeichen nach Hause schicken, weil man dann gleichzeitig die ach so ängstliche Lehrerschaft ja auch vor Influenza-, Metapneumo-, RS-, Adeno-, Rhino- und weiteren hundert Viren aus den oberen Atemwegen der Kinder gleichzeitig schützen würde. Was aber ist mit den Lehrern, die auch Kinder haben? Merken Sie, wie fachlich unhaltbar und pädagogisch grausam solche infektionsepidemiologischen Laienspiele sind?

---

1 Hier der ganze Artikel, der endlich am 29. Februar 2020 im *Flensburger Tageblatt* veröffentlicht wurde (S. 29): https://www.wodarg.com/app/download/8945158814/+20200225+Corona+Artikel+WW.pdf?t=1600963115

2 https://www.andrewkaufmanmd.com/sovi

3 Prof. Martin Neil, Queen Mary University of London, »Positive results from UK single gene testing for SARS-COV-2 may be inconclusive, negative or detecting past infections«; https://arxiv.org/abs/2102.11612

4 Vor zahlreichen Fußballspielen sollten positiv getestete Spieler ausgeschlossen werden. Wenn die Mannschaftsärzte nachtesten ließen, waren sie jedoch alle negativ.

5 PEI: »Covid-19-Tests: NAT-Tests gelten als Goldstandard«, https://nebenwirkungen.bund.de/DE/
newsroom/hp-meldungen/2020/200323-covid-19-nat-tests.html (aufgerufen 13.01.2021)

6 *Corona-Ausschuss*, Termin 4 : »Der Drosten-Test, die Immunität und die zweite Welle«,
https://youtu.be/pKllIdIiMpl

7 WHO-Warnung für PCR, https://www.who.int/news/item/14-12-2020-who-information-notice-for-
ivd-users

8 https://www.wiwo.de/technologie/forschung/virologe-drosten-im-gespraech-2014-die-who-kann-
nur-empfehlungen-aussprechen/9903228-2.html

9 https://cormandrostenreview.com/report

10 Corman Victor M., Landt Olfert, Kaiser Marco, Molenkamp Richard, Meijer Adam, Chu Daniel KW,
Bleicker Tobias, Brünink Sebastian, Schneider Julia, Schmidt Marie Luisa, Mulders Daphne GJC,
Haagmans Bart L, van der Veer Bas, van den Brink Sharon, Wijsman Lisa, Goderski Gabriel,
Romette Jean-Louis, Ellis Joanna, Zambon Maria, Peiris Malik, Goossens Herman, Reusken Chantal,
Koopmans Marion PG, Drosten Christian, »Detection of 2019 novel coronavirus (2019-nCoV)
by real-time RT-PCR«, *Eurosurveillance* 2020;25(3):pii=2000045.
https://doi.org/10.2807/1560-7917.ES.2020.25.3.2000045

11 https://multipolar-magazin.de/artikel/krieg-gegen-einen-joker

12 https://www.gisaid.org/phylodynamics/global/nextstrain/, Hadfield et al, Nextstrain: real-time
tracking of pathogen evolution, Bioinformatics (2018); Sagulenko et al, TreeTime: Maximum-
likelihood phylodynamic analysis, Virus Evolution (2017)

13 https://eur-lex.europa.eu/legal-content/DE/TXT/?uri=CELEX:52020XC0415(04)

14 Stern D., Böttcher S., Oh DY, Staat D., Albrecht S., Willrich N., Zacher B., Mielke M., Rexroth U.,
Hamouda O., Seifried J., »Erfassung der SARS-CoV-2- Testzahlen in Deutschland«,
Epid Bull 2021;6:13 -19 | DOI 10.25646/8001

15 Website der WHO

16 Hier ein leicht verständlicher Artikel dazu: https://sciencefiles.org/2021/01/25/rt-pcr-covid-19-test-
mehr-falsche-als-richtige-ergebnisse-studie

17 https://pflegeethik-initiative.de

18 Quelle und ganzer Text: https://www.dgkj.de/detail/post/schnellteste-fuer-kinder-und-jugendliche-
testverfahren-sinnvoll-einsetzen?fbclid=IwAR1cldM_VPw3yEX9-E7dV7KxyJ1wugAo3OwWIJWkURsz
yu561YExP-Atp3U

9

ÜBERFORDERUNG VON AMTS WEGEN

GESUNDHEITSÄMTER UNTER DRUCK

Am 12. März 2020 rief die WHO eine Pandemie aus und setzte damit die Internationalen Gesundheitsvorschriften (IGV) weltweit in Kraft. Der Deutsche Bundestag folgte mit großer Mehrheit dem Antrag der Bundesregierung und erklärte zum 28. März 2020 für Deutschland eine »epidemische Lage von nationaler Tragweite«. Damit waren die Gesundheitsbehörden in Alarm versetzt.

Bei einer bedrohlich sich ausbreitenden Seuche tragen Landräte, Oberbürgermeister oder Amtsärzte große Verantwortung für den Schutz der Menschen in Städten und Kreisen, denn zur kommunalen Daseinsvorsorge gehört selbstverständlich der Schutz der Bevölkerung vor möglichen Gesundheitsgefahren. Und die Redakteure der Regionalzeitungen werden Fragen stellen: Warum bei uns?

Vor allem müssen die Amtsärzte das Infektionsschutzgesetz (IfSG) vor Ort umsetzen. Dabei haben sie in einigen Bereichen einen großen eigenen Entscheidungsspielraum, in anderen Fällen schreiben ihnen Bund oder ermächtigte Verordnungsgeber Maßnahmen bis in Einzelheiten vor. Die Maßnahmen des Gesundheitsamts gegenüber den Einwohnern sind Verwaltungsakte und müssen den Betroffenen erläutert und begründet werden. Die Mitarbeiterinnen und Mitarbeiter der Ämter müssen in jedem Fall die Verhältnismäßigkeit ihrer Maßnahmen beachten und darüber gegebenenfalls mit den Betroffenen das Gespräch suchen. Auch bei medizinisch begründeten Maßnahmen des Seuchen- und Gesundheitsschutzes gilt das Gebot des »Primum nihil nocere« (zuerst nicht schaden!). Die Verantwortlichen in den Gesundheitsämtern stehen immer im Konflikt zwischen den erforderlichen oder angeordneten Maßnahmen zum öffentlichen Gesundheitsschutz und den persönlichen Bedürfnissen einzelner Betroffener. Das ist eine undankbare Rolle, bei der die dort Tätigen in den vergangenen Jahrzehnten sehr wenig politische Unterstützung erfahren haben.

Anders als in der Individualmedizin geht es in der öffentlichen Gesundheitspflege nicht nur um Einzelne, sondern auch um die Vermeidung von Schäden in ihrem Umfeld. So müssen die Mitarbeiterinnen und Mitarbeiter des sozialpsychiatrischen Dienstes regelmäßig schwierige Entscheidungen treffen, wenn zum Beispiel ein Mensch in einer psychischen Ausnahmesituation andere an Leib und Leben stark gefährdet. Im Umgang mit übertragbaren Krankheiten sind die Konflikte ähnlich. Wer möchte schon gern vom Zahnarztbesuch eine Hepatitis B mit nach Hause nehmen, im Restaurant mit Staphylokokkentoxinen vergiftet werden, sich in der Disco eine Tuberkulose oder im Whirlpool Chlamydien einfangen? Von Influenza-, Corona-, Rota-, Noro- und anderen Viren ganz zu schweigen?

Auch die Fragen ängstlicher Eltern nach dem Nutzen und möglichen Nebenwirkungen der vielen von der Ständigen Impfkommission (STIKO) empfohlenen Impfungen kann kein Automat beantworten, sondern die Beantwortung kann nur in einfühlsamen und verantwortungsbewussten Gesprächen erfolgen.

Im Jahr 2020 haben viel mehr Menschen als sonst Erfahrungen mit den amtsärztlichen Maßnahmen und Entscheidungen machen müssen. Nun kamen die Corona-Verordnungen zu den schon immer möglichen vorübergehenden Schließungen von Gemeinschaftseinrichtungen oder Kindertagesstätten wegen eines Krankheitsausbruchs oder einer notwendigen Entseuchung bei massivem Befall mit Läusen oder Wanzen hinzu. Jede amtsärztliche Entscheidung hat von Fall zu Fall erhebliche belastende soziale oder wirtschaftliche Folgen für die Betroffenen und erfordet ein fachlich abgesichertes Wissen.

Vor dem Hintergrund solcher Einzelentscheidungen und der Routine im Umgang damit ist das, was seit Frühjahr 2020 von den Gesundheitsämtern verlangt wurde, eine in jeder Hinsicht stark belastende Überforderung. Durch meinen guten Draht zu einigen ehemaligen Kollegen habe ich Alarmierendes zu hören bekommen. Mancher Angestellte eines Gesundheitsamtes hatte sich schon im April 2020 sehr verzweifelt an mich gewandt und mir über schier unlösbare Konflikte berichtet, die durch die eingreifenden Maßnahmen täglich entstehen. Aufeinander angewiesene Menschen aufgrund von PCR-Testergebnissen voneinander zu trennen, obwohl niemand eine Krankheit oder Bedrohung wahrnehmen kann, weder die Gesundheitsfachkraft noch die Betroffenen, ist schon menschlich unzumutbar, abgesehen davon auch noch seuchenhygienischer Unsinn.

So sollten zum Beispiel wegen fragwürdiger Testergebnisse gesunde Kontaktpersonen von ebenfalls gesunden, aber positiv getesteten Kollegen oder Nachbarn, von ihren Kindern oder Enkeln getrennt werden. Derart kranke Regelungen überlasten nachvollziehbar den gesunden Menschenverstand und das ebenfalls gesunde Mitgefühl aller Beteiligten.

Doch dieser Unsinn scheint in vielen Ländern wie in Deutschland zur Routine geworden zu sein. Der Bundesgesetzgeber versucht zunehmend, sich blinde, weil zentrale Entscheidungsermächtigungen zuzuschreiben, und schränkt den Ermessensspielraum der Verantwortlichen vor Ort durch neue Testzwänge zur »Fallfindung«, durch Kontaktverfolgungen und durch brutale, vereinheitlichte Entscheidungsmaßstäbe für Quarantäne und Lockdown-Regelungen ein.

AMTSÄRZTE IM KONFLIKT

Kaum jemand weiß, dass durch die letzten Veränderungen der Internationalen Gesundheitsvorschriften (IGV) von 2005 die WHO ab 2007 eine enorme Macht bei der Definition von Pandemien und bei der Setzung von Normen zum Infektionsschutz erhielt.[1] Die einschlägig bekannten Angstmacher der WHO in Genf dürfen also zentrale, direkt wirksame Normen und Regeln für Pandemien bestimmen. Eine Public-private-Health-Partnership übt den Einstieg in die hyperglobalisierte Gesundheit, die sie durch ihre Algorithmen steuert. Damit muss man vor Ort erst einmal fertig werden. Armer Amtsarzt!

Wenn jetzt sogar per Bundesgesetz die Einschätzungen und Fallzahl-Grenzwerte der WHO zu direkten Maßstäben für Entscheidungen in Städten und Kreisen gemacht werden, ist höchstes Misstrauen angebracht. Die völlig aus der Luft gegriffenen Grenzwerte für Wocheninzidenzen missbraucht die Politik zur Stilllegung des Alltagslebens. Diese Grenzwerte werden ja nur aus positiven Testwerten errechnet, die weder etwas mit der Krankheit noch mit Infektiosität zu tun haben.[2]

Die Zahl der verantwortungsbewussten Amtsärzte, die dagegen Sturm laufen, wird hoffentlich zunehmen. Ein erstes Beispiel ist der gemeinsame Protest aller zwölf Berliner Amtsärztinnen und Amtsärzte gegen die von Bund- und Länderchefs pauschal festgelegten Wocheninzidenzen von 35 oder 50 pro 100.00 Einwohner, den *Die Zeit* am 24. Februar veröffentlichte: Es handele sich bei den angestrebten Zahlen um eine politische Festlegung, die nicht auf epidemiologischer Grundlage beruhe, schreiben die Amtsärzte. Aus der Wissenschaft könne man diese Werte nicht unbedingt ableiten, meinten die, die von der Problematik sehr viel mehr verstehen als alle Politiker zusammen. Die Reaktion der Senatsverwaltung bleibt abzuwarten. Es hat mich sehr getröstet, dass diese ehemaligen Kollegen hier sich mit ihrer Expertise zur Wehr setzen.

Wer als Amtsarzt den Ehrgeiz hat, seine Arbeit gut zu machen – und davon gibt es viele –, der sollte genauso geerdet sein wie ein Hausarzt. Der darf den Kontakt zu den unterschiedlichsten Bewohnern seiner Gemeinden und Viertel nicht verlieren. Amtsärzte und ihre Teams haben die Hand am Puls des Alltags in ihrem Kreis oder ihrer Stadt. Sie können den Menschen Angst nehmen und viel für ein gesundes Lernen, Gebären, Wachsen, Arbeiten, Zusammenleben und Alt-werden tun. Doch das erfordert gut eingespielte multiprofessionelle Teams in allen Gesundheitsämtern. Leider haben viele politisch Verantwortliche diese Tatsache jahrzehntelang missachtet.

Wenn jemand ernsthaft erkrankt, ist es oft zu spät, sich einen guten Hausarzt zu suchen. Dann muss man Glück haben. Vergleichbares geschieht derzeit mit den Gesundheitsämtern. Der Versuch, ihren Personalmangel bei einem plötzlichen Bedarf mit Hilfskräften beheben zu wollen, so wie es überall in der Corona-Panik geschieht, muss nach hinten losgehen.

Die Arbeit der Gesundheitsämter geht weit hinaus über die Hilfen bei Grippewellen, Tuberkulose, Salmonellen, Hepatitis, Läusen und Flöhen in Schulen oder Gemeinschaftseinrichtungen, Masern, Windpocken, Geschlechtskrankheiten und anderen im Infektions-schutzgesetz (IfSG) genannten übertragbaren Krankheiten. Die Teams dort müssen viele andere Gefahren und vermeidbare Belastungen durch physikalische, chemische, biologische oder funktionelle Faktoren bedenken und möglichst entschärfen. Das Spektrum der amtsärztlichen Herausforderungen reicht von Riesen-Bärenklau-Pflanzen oder Katzenkot auf Kinderspielplätzen über mehr oder weniger giftige Altlasten bis zur gesundheitlichen Hilfe und zum Schutz für psychisch Kranke, Suchtkranke, Obdachlose oder für das Personal im Rotlichtviertel. Und da in einigen Landesteilen Deutschlands etwa 80 Prozent der Verstorbenen feuerbestattet werden, ist der Amtsarzt häufig der letzte, der vor jeder Einäscherung noch einmal nach dem Rechten schaut, da diese Leichenschau zum Ausschluss unnatürlicher Todesursachen vorgeschrieben ist.

Gesundheitsämter sind wie Hausarztpraxen ein Ort für Generalisten. Wie die Hausärzte müssen sich Amtsärzte mit guten und vertrauenswürdigen Spezialisten vernetzen. Sie brauchen die Spezialisten aus Toxikologie, Hygiene, Mikrobiologie, Epidemiologie, Juristerei oder Statistik, denn als Generalisten stehen sie vor zwei wichtigen Herausforderungen: Sie sollten ihre Patienten und deren Alltag kennen und sie sollten wissen, wo sie sich bei besonders schwierigen Fragen schnell vertrauenswürdigen fachlichen Rat holen können.

Da große Seuchenausbrüche oder gar die Bewältigung von Pandemien zum Glück nicht zur Routinearbeit von Landräten, Bürgermeistern und Amtsärzten gehören, sind auch diese – genau wie Bundes- oder Landesregierungen – auf Expertenwissen und auf verlässliche und relevante Informationsquellen angewiesen. In einer solchen Situation reicht es nicht, mit Ärztinnen oder Ärzten aus der Bekanntschaft einen Plan zu improvisieren. Diese stehen routinemäßig vor völlig anderen Herausforderungen und behandeln in ihren Praxen oder Kliniken eine Vielfalt an Einzelpatienten. Daher beantworten sie Fragen nach Krankheitsrisiken auf der Basis ihrer speziellen Erfahrungen. Bei Maßnahmen zur Eingrenzung einer Seuchengefahr geht es jedoch viel weniger um einzelne Patienten, sondern um infektionsepidemiologische Fragestellungen, um Ansteckungsgefahren, Präventionsmaßnahmen oder Beschaffung von angemessener Gesundheitshilfe, also um Aufgaben für das öffentliche Gesundheitswesen und dessen Epidemiologen.

WELCHE SPEZIALISTEN SOLL MAN FRAGEN?

An den wöchentlich erscheinenden bunten Karten des RKI-*Grippe-Web*[3] ist sehr schön zu beobachten, dass zum Glück nicht jede saisonale Grippewelle von »nationaler Tragweite« und eine Besonderheit ist. Aber wann wird eine saisonale Infektionswelle zur Notlage? Reicht da ein einzelner Virologe aus, der sich vorwiegend mit Gensequenzen von Corona- und anderen Viren beschäftigt, um eine solche Bedrohung zu prognostizieren?

Eine Gesellschaft sollte gut darauf achten, dass sich die Verantwortlichen auf ein mehrdimensionales Bild als bestmögliche Entscheidungsgrundlage einigen. Da darf kein wichtiger Aspekt vergessen werden. Kein einzelner Aspekt sollte dazu führen, dass sie anderes wichtiges Wissen gar nicht bemerken und berücksichtigen. Eine weitere Schwierigkeit entsteht in starren Organisationen, in denen einem armen Koordinator die Verantwortung aufgebürdet wird, die perspektivisch unterschiedlichen Stellungnahmen der Spezialisten und Subspezialisten zu einem entscheidungsrelevanten Ganzen zusammenzustellen. Seine Arbeit enthält meist nur das, was der Koordinator vorher schon wusste.

Unterschiedliche Sichtweisen zusammenzuführen ist in einer Demokratie übrigens eine Daueraufgabe der Politik. Die Demokratie lebt bekanntlich vom geregelten Ausgleich der Interessen, vom Streit zwischen Regierung und Opposition und von Kompromissen, die in mühsamen Abwägungsrunden erarbeitet werden. Was mehrheitlich entschieden wurde, das gilt. Jedenfalls so lange, bis die Mehrheit etwas anderes entscheidet. Deshalb gibt es beim Innenminister einen nationalen Krisenstab, und auch andere Ministerien sowie das Kanzleramt können selbstverständlich Spezialisten zusammentrommeln und befragen. Dasselbe gilt für die Fraktionen, sie haben ebenfalls ihren Stamm von Experten für alle auftretenden Probleme. Der typische Ort für die Austragung der Meinungsverschiedenheiten sind Arbeitsgruppen, Projektgruppen, Ausschüsse oder Kommissionen, die auch vorübergehend beauftragt und befragt werden können. Der Politik steht damit also immer und jederzeit alles Wissen im Lande in gewünschtem Umfang zur Verfügung. Nur wird es anscheinend nicht immer gewünscht.

Von offenen und strittigen Diskursen hat die Öffentlichkeit bei den Entscheidungen zur epidemischen Lage von nationaler Tragweite und den damit verknüpften Notstandsregelungen wenig vernommen, im Vergleich zum Beispiel zur Diskussion um die Pkw-Maut oder über die Zukunft der Wölfe in unseren Wäldern.

Ein pflichtbewusster Beamter aus dem Innenministerium, der sehr geübt darin ist, solche Krisenszenarien interdisziplinär zusammenzurufen und zu koordinieren, war übrigens einer der ersten Whistleblower zu Beginn der epidemischen Notstandsmaßnahmen. Er wurde umgehend seines Postens enthoben und hofft jetzt schon mehrere Monate auf die verdiente Rehabilitation.

Leider habe ich in der Politik oft erlebt, dass im Wettbewerb um die Macht nur jene Wissenschaftler gefragt werden, welche die eigenen politischen Interessen und Vorhaben mit ihren Sichtweisen untermauern. Solange Parteien dieses Vorgehen thematisieren und strittige Fragen transparent abstimmen, können dennoch schwere Irrtümer vermieden werden. Aber nur solange.

LEITLINIEN UND VORGESETZTE MACHEN PROBLEME

Wer liefert bei besonderen oder selteneren Herausforderungen das erforderliche Wissen und wann ist auf Spezialisten Verlass? Was müssen Amtsärzte wissen und wen können sie fragen, um alles richtig zu machen? Wie können sie sich vor einer Instrumentalisierung durch Politik oder Privatinteressen schützen? Nach Beratungen mit den Landesregierungen erlässt die Bundesregierung »Leitlinien gegen Ausbreitung des Coronavirus«,[4] die alles andere als medizinische Leitlinien sind, obwohl sie Maßnahmen des Infektionsschutzes medizinisch begründen sollen. Seit wann verfassen Politiker medizinische Handlungsleitlinien? Und dann noch ein Gremium, das dafür keinerlei Legitimität besitzt?

Leitlinien können sehr wohl auch fehlleiten, da sie leider oft auch interessengeleitet erstellt werden. Das hatte die Arbeitsgruppe Gesundheitswesen bei *Transparency International* vor drei Jahren thematisiert.[5] Die *Arbeitsgemeinschaft der Wissenschaftlichen Medizinischen Fachgesellschaften* (AWMF) hat zum Beispiel zur Krise eine neue S2-Leitlinie zur Indikation von Masken zum Schutz vor SARS-CoV-2 erstellt. Sie empfiehlt Masken und zitiert fast ausschließlich Arbeiten aus 2020. Die einzige ältere dort zitierte Studie aus 2019, die den Sinn oder Unsinn von Masken zum Schutz vor Influenza untersuchte, rät davon ab, Masken zu tragen – übrigens wie die meisten vor 2020 veröffentlichten Arbeiten. Welche Faktoren mögen für diesen plötzlichen wissenschaftlichen Umschwung wohl eine Rolle gespielt haben? Woran liegt es wohl, dass die maskenbefürwortenden Studien mit der Corona-Krise wie Pilze aus dem Boden schossen? Bei *Leitlinienwatch*[6] müsste schnellstens die rote Ampel aufleuchten.

Viele Leserinnen und Leser werden sich an Zeiten erinnern, da sprachen sich Wissenschaftler mehrheitlich für Atomenergie aus. Später hatten sie dann die Sonne endlich entdeckt. Auch in der Agrarforschung kommt solche »Strömungswissenschaft« vor. Diese strömt meistens bergauf, dahin, wo die Forschungsgelder sprudeln.[7]

Wegen stark wachsender Ansprüche an das erforderliche Wissen teilt die Wissenschaft die Arbeit meist unter Spezialisten auf. Die Spezialisierung geht manchmal so weit, dass es Generalisten schwerfällt, wen sie fragen sollen. Ist der gewählte Wissenschaftler für die Fragestellung genau der Richtige? Und außerdem steht man da wieder vor dem oben geschilderten Problem der »Fachidioten«. Es treten im Umgang mit dem theoretisch zur Verfügung stehenden Wissen drei Hauptprobleme auf:

→ Die Übersicht über die arbeitsteiligen Fachgebiete und ihre Schwerpunkte (Transparenz der laufenden Forschungsthemen/Achtung: Patentproblematik),

→ die Vertrauenswürdigkeit der fachlichen Berater (Transparenz der individuellen und der institutionellen Interessenkonflikte),

→ die bedarfsgerechte Erreichbarkeit der Berater, das hat gegebenenfalls auch etwas mit dem eigenen Budget und den Vernetzungsstrukturen zu tun.

Wer gut entscheiden und segensreich arbeiten will, muss also ein vielfältiges Netzwerk jederzeit ansprechbarer, vertrauenswürdiger Spezialisten aufbauen und pflegen.

Seitdem die Versorgungslandschaft durch marktwirtschaftliche Strukturen und die Wissenslandschaft durch drittmittelabhängige Universitäten und sponsorengeleitete Fachgesellschaften geprägt sind, gestaltet sich die Beantwortung der Vertrauenswürdigkeit oft am schwierigsten.

Eine gut organisierte lokale Gesundheitsbehörde braucht die Ratschläge und Weisungen einer fernen und intransparenten Weltgesundheitsorganisation nicht. Auch das Robert Koch-Institut kann bei konkreten Fragestellungen vor Ort wenig helfen, aber als Sammelstelle für themenbezogene und generalisierbare Erfahrungen dienen. Das RKI könnte auch eine Best-Practice-Stelle werden, die den Austausch von neuen Verfahren, Methoden oder Tools im Öffentlichen Gesundheitswesen pflegt und moderiert. Verbindliche Weisungen sollte es nicht geben dürfen. Das Risiko des Missbrauchs und fremder Einflussnahme wäre angesichts einer schwer vermeidbaren Unübersichtlichkeit zu groß.

In Schweden gilt eine sehr kluge Regelung, sodass die regional gegliederten und subsidiär arbeitenden Gesundheitsbehörden weitgehend unabhängig von politischer Einflussnahme in ihrer eigenen Zuständigkeit schalten und walten können. Das hat sich in der Corona-Krise sehr zum Wohle des Landes und der Menschen ausgewirkt. Daher zieht es viele Menschen aus Deutschland und anderen Ländern in diesen Zeiten nach Schweden.

In Deutschland werden kritische Amtsärzte gemaßregelt, wenn sie keine Büttel der Politik sein wollen, sondern nach bestem Gewissen die medizinisch notwendigen und fachlich korrekten Maßnahmen vertreten und umsetzen möchten. Obwohl die Politik in Deutschland noch so dummes Zeug beschließt, schweigen zu viele Fachleute im Lande und halten sich – bis auf wenige rühmliche Ausnahmen[8]– zurück.

1 Die WHO schreibt: »Die Internationalen Gesundheitsvorschriften (2005) (IHR) bilden einen

   übergreifenden Rechtsrahmen, der die Rechte und Pflichten der Länder im Umgang mit

   gesundheitlichen Ereignissen und Notfällen definiert, die das Potenzial haben, Grenzen zu

   überschreiten.« Die IHR sind ein Instrument des Internationalen Rechts, das für 196 Länder,

   darunter die 194 WHO-Mitgliedsstaaten, rechtsverbindlich ist.

   https://www.who.int/health-topics/international-health-regulations#tab=tab_1

2 https://www.zeit.de/wissen/gesundheit/2021-02/controlcovid-strategie-rki-corona-lockerungen-

   lockdown-oeffnung-stufenplan

3 https://grippeweb.rki.de/Default.aspx

4 https://www.bundesregierung.de/breg-de/themen/coronavirus/leitlinien-bund-laender-1731000

5 https://www.transparency.de/publikationen/detail/article/normsetzung-im-gesundheitswesen-

   erarbeitung-und-qualitaet-von-medizinischen-leitlinien

6 http://www.leitlinienwatch.de überwacht die Qualität von Leitlinien in Bezug auf Interessenkonflikte,

   Transparenz und Unabhängigkeit.

7 Wolfgang Wodarg, »Transparenz in Forschung und Lehre« (Workshop 9),

   in: *Solidarische Bildung. Crossover: Experimente selbstorganisierter Wissensproduktion*,

   Redaktion: Johannes Angermüller u. a., VSA-Verlag, Hamburg, 2012

8 https://www.br.de/nachrichten/bayern/versetzter-gesundheitsamts-chef-kritisiert-

   staatsregierung,SFYyuwS

10

WAS PASSIERT IN KLINIKEN UND HEIMEN?

SCHRECKLICHE GESCHICHTEN AUS INTENSIVSTATIONEN

Bei der Abschätzung der epidemischen Lage wies die Bundesregierung immer wieder darauf hin, dass die Auslastung der ambulanten und stationären Versorgungseinrichtungen kritisch werden könnte. Neben den erwähnten Sentinels des Robert Koch-Instituts, die den Schwerpunkt auf die ambulante Versorgung richten, wird seit Anfang Mai 2020 in einem elektronischen Register (DIVI) täglich die Lage im Bereich der Intensivbetten dokumentiert. Zwischen diesen statistischen Daten und dem Medienbild von COVID-19 tun sich Widersprüche auf, die eine nähere Betrachtung erforderlich machen.

Wer nicht in die Statistiken schaut, erfährt die Pandemie aus den täglichen Bildern und Berichten der großen Medien. In Talkshows berichten zum Beispiel immer wieder angeblich schwer von COVID-19 Betroffene über lange Verläufe und bleibende Folgen ihrer Erkrankung. Ich möchte die Berechtigung dieser individuellen Leidensgeschichten nicht infrage stellen. Doch tragische Berichte ersetzen auf keinen Fall eine verantwortungsbewusste Prüfung der epidemiologischen Lage. Aussagefähige Beobachtungen reichen über Einzelschicksale hinaus.

Auch mich beeindrucken diese dramatischen Schilderungen und ich nehme solche Berichte sehr ernst. Sie erinnern mich aber auch an Situationen auf Aufnahme- und Intensivstationen in Kliniken, in denen ich gearbeitet habe. An die Alarm- und Hilferufe, die ich als Stationsarzt an die Verwaltungen geschickt habe. An die vollen Flure, Überstunden und den Schlafmangel, die fehlende Zeit für Patienten und für gründliche Hygiene, den chronischen Personalmangel, der in Zeiten gehäufter Infekte mit aus Altenheimen geschickten Patienten kaum noch auszuhalten war. Das ist ohne Zweifel mit Einführung der Fallpauschalen (DRGs), mit zunehmender Bürokratie, weiterer Personaleinsparungen im Pflegebereich, überbordender technischer Diagnostik und verkürzten Liegezeiten alles noch viel schlimmer geworden. Wer möchte heute in solch einem Profitcenter für *Helios*, *Rhön*, *Asklepios* oder andere Aktiengesellschaften länger als nötig arbeiten? In deutschen Kliniken war schon vor COVID-19 der Ärger groß und völlig berechtigt.

Hinzu kommt ein weiterer wichtiger Faktor, der gerade in einer solchen angstgesteuerten Zeit eine enorme Rolle spielt. Die englischsprachigen Länder fassen das unter dem Begriff »Emergency Use« zusammen. Auf Deutsch könnte man flapsig sagen: In der Not wird vieles ausprobiert. Wie viele COVID-Opfer wurden durch stark überdosiertes Hydroxychloroquin[1] oder leichtfertige Remdesivir-Behandlungen, durch zur falschen Zeit gegebene Kortikoide oder durch die maschinelle Beatmung erzeugt? Das will offenbar keiner wissen. In ihren Berichten erwähnen die Pathologen zwar häufig Mikrothromben und Multiorganschäden, aber kaum die dem Tode vorangegangene Medikation.

Die Öffentlichkeit wird in die Irre geführt, wenn viele mögliche Ursachen für Krankheit, Tod und Missstände in den Kliniken jetzt mit dem Etikett COVID-19 übertüncht werden. Noch dazu, wenn gleichzeitig der massivste Bettenabbau der letzten 30 Jahre betrieben wird und zahlreiche Kliniken in der Krise – einfach schnell – geschlossen werden. Derzeit verdienen die

Kliniken durch Personalabbau, an der COVID-19-Diagnostik und COVID-19-Codierungen[2], Bettenstreichungen oder leer stehenden Betten sehr viel Geld – unser Geld! Für einen PCR-Test erhält die Klinik seit dem 15. Oktober 2020 19 Euro. Fällt der Test positiv aus, fließen täglich je nach Versorgungsgrad erheblich mehr Gelder. Außerdem können größere Kliniken bei diesem Geschäft mehr Vorteile abgreifen als kleinere.

Der Bericht 2/2021 der *Arbeitsgruppe Influenza* des RKI stellt die Lage in deutschen Kliniken in Bezug auf schwere Atemwegserkrankungen (SARI) wie folgt dar:

»Die Zahl stationär behandelter Fälle mit akuten respiratorischen Infektionen (SARI-Fälle) ist in der 1. KW im Vergleich zu den Vorwochen insgesamt stabil geblieben. In den Altersgruppen bis 59 Jahre sind die SARI-Fallzahlen im Vergleich zur Vorwoche leicht gestiegen, in der Altersgruppe 60 bis 79 Jahre sind sie dagegen wieder leicht gesunken. In der Altersgruppe 80 Jahre und älter sind die SARI-Fallzahlen weiterhin sehr hoch, vergleichbar mit dem Höhepunkt der Grippewelle in den Vorjahren. Der Anteil an COVID-19-Erkrankungen bei SARI-Fällen ist leicht zurückgegangen und lag in der 1. KW 2021 bei 65 Prozent.«[3]

Ganz offensichtlich ist also bei den schweren, stationär behandelten akuten Atemwegskrankheiten (SARI) in den Kliniken deutlich weniger los als zum Beispiel im Winter 2017/2018. Und trotzdem starben seit Beginn der neuen Maßnahmen in den Heimen im Herbst 2020 auffällig viele alte Menschen. Die Lockdown-Opfer in den Heimen sind in bestimmten Regionen nicht zu übersehen. Das In-Quarantäne-Schicken von Altenpflegepersonal ist das Gegenteil von Schutz vulnerabler Gruppen.

Zudem fehlen die sonst üblichen schweren Grippefälle. Im Winter 2020/2021 sind es insgesamt nicht mehr als sonst.

Aber weil der Test so viel anzeigt und weil Ärzte bei jedem grippalen Infekt oder Schnupfen sogar ohne Testergebnis COVID-19 eintragen dürfen, wenn es in der Nähe jemanden mit positivem Test gegeben hat, laufen in Kliniken jetzt 65 Prozent der Patienten ohne Testnachweis als COVID-19-Fälle. Das bringt ja auch viel mehr Geld und die Zahlung erfolgt dieses Mal nicht aufgrund der Leistung des medizinischen Personals, sondern das Geld verdanken die Kliniken den Codierern.

Die genannten 65 Prozent ab November 2020 und die über 70 Prozent COVID-19-Fälle in der ersten Kalenderwoche 2021 auf den Intensivstationen stehen in krassem Gegensatz zu den gleichzeitig weniger als 8 Prozent Atemwegserkrankten in den Sentinel-Arztpraxen der *Arbeitsgemeinschaft Influenza* des RKI. Ich schlage dafür den Begriff »nosokomiale Codierung« vor. Wer in das wirkliche Leben auf unseren Intensivstationen einmal hineinschnuppern möchte, der sollte nicht nur auf die Lobbyisten der Gesundheitswirtschaft hören, sondern sollte sich auch die Seite vom »Pflege- und Krankenhauspersonal für Aufklärung«auf deren *Telegram*-Kanal zu Gemüte führen.[4]

Das, was in den Bettenbelegungsstatistiken zu sehen ist, sieht aus wie eine Folge der seit Anfang Oktober bestehenden COVID-19-Codierungsanreize und erweckt den Verdacht auf institutionalisierte Abrechnungsmanipulation. Gleichzeitig sind die Zahlen Wasser auf die Mühlen der Angst. Wo bleiben die Proteste der Krankenkassen? Der Medizinische Dienst der Krankenversicherung (MDK)[5] soll anscheinend bei den Kliniken nicht so genau hinschauen, denn dessen Kontrolldichte hat Bundesgesundheitsminister Jens Spahn per Verordnung gleichzeitig weiter ausgedünnt. Er setzt sich offenbar wirksam dafür ein, dass im Trüben gefischt werden darf.

DIE KRANKEN-FABRIKEN

In der Gesetzgebung aus dem Jahr 2020 ist die Handschrift der Lobbyisten sehr deutlich zu lesen, die unsere Krankenhäuser am liebsten zu großen Gesundheitsfabriken umbauen möchten. Wie in anderen Bereichen unserer Wirtschaft werden auch bei den Kliniken die Anreize so gesetzt, dass Mindestgrößen, Mindestauslastungen und kalkulierbare technische Leistungen zur Voraussetzung für staatliche Fördermittel werden. Mindestauslastung lässt sich durch mehr Patienten erreichen oder durch Bettenabbau, selbstverständlich möglichst bei der Konkurrenz. Genau das geschah so prompt, als wäre es lange vorbereitet gewesen.

Ach so, aber wo ist der Notstand? Da darf ja jetzt codiert werden, bis die COVID-19-Mindestfallzahlen für eine Förderung erreicht sind. Die reduzierten Kontrollen des MDK entspringen wohl dem Wunsch, einen derartigen Schwindel möglichst unter den Teppich zu kehren. Die Politik braucht »Fälle« und belohnt die, die da mitmachen und schweigen.

Durch Mindestbelegungsquoten und besondere Belohnung von Beatmungsfällen, durch Zuweisung von täglichen Sonderpauschalen für COVID-19-Codierungen und durch weitere komplexe und für Laien undurchschaubare Kandaren und goldene Zügel wird das deutsche Krankenhaussystem während der »epidemischen Lage von nationaler Tragweite« so umgebaut, dass nur noch einige gut darauf vorbereitete Klinikunternehmen ihren Vorteil daraus ziehen können. Vor allem kleinere oder öffentliche, breiter aufgestellte Kliniken werden Probleme haben oder haben bereits aufgegeben.

Mit dem Narrativ der Notlage wird auch in der Krankenhauspolitik jetzt die Schock-Strategie[6] umgesetzt, die Naomi Klein am Beispiel der Privatisierung der Schulen und Bildungseinrichtungen in New Orleans im Zusammenhang mit dem Hurrikan »Katrina« sehr klar analysiert hat.

Wenn die meisten Menschen in Panik und Angst versetzt sind, haben es diejenigen leicht, die mit drastischen Maßnahmen Abhilfe versprechen. Dieser Trick wird in Corona-Zeiten weitestgehend angewandt. Deregulierungen ohne demokratische Abstimmungen, Verordnungsermächtigungen im Zusammenspiel mit gut vorbereiteten Playern aus Beratungsfirmen, PR-Agenturen und Wirtschaftskonzernen gehen dann sehr schnell und die neuen privat besetzten Funktionen und Einrichtungen können sich in der Krise unabkömmlich machen und fest etablieren. Wenn die kleinen Kliniken pleite sind und das Personal sich umorientieren muss, wird es sehr schwer, in der Situation noch ein kommunales oder regionales Gesundheitszentrum im Gemeinwohlinteresse zu etablieren.

Andererseits erhalten all jene riesige öffentliche Finanzhilfen, die beim offiziellen Narrativ mitmachen. Gesundheitsdaten und andere private Daten, die vorher gut geschützte Geheimnisse waren, werden aus Profitinteresse weitergeleitet. Kleine Unternehmen werden vernichtet und der Markt für die Großen »bereinigt«, Schutz- und Arbeitsnormen geschleift und Subsistenzwirtschaft zerstört, um Abhängigkeiten und Monopole zu errichten. Wir erleben gerade, wie erschreckend reibungslos diese Veränderungen nicht nur nach einem Hurrikan in New Orleans oder einem Militärputsch in Chile, sondern auch bei uns in Europa mit »einer kleinen Pandemie« über die Bühne gehen. Rechnen Regierungen, Finanzwirtschaft und Big Data etwa damit, dass Demokratie und Rechtsstaat zurückweichen, bis die Pandemie beendet wird und sich eine »neue Ordnung« ohne Demokratie und bürgerfreundlichen Rechtsstaat etabliert hat? Das Weltwirtschaftsforum und seine Freunde in Deutschland scheinen genau das zu betreiben.

WAS STECKT HINTER DEN SÄRGEN
VON BERGAMO?

Wie läuft das Ganze nun praktisch ab? Von Anfang Oktober bis Mitte November 2020, also etwa innerhalb von nur sechs Wochen, stieg der Anteil der angeblichen COVID-19-Patienten auf deutschen Intensivstationen um das Zehnfache. Etwa die Hälfte der Betten war plötzlich mit COVID-19-Patienten belegt. Dabei blieb der Belegungsgrad aber nahezu unverändert, das heißt, es waren also nicht mehr Menschen stationär behandlungsbedürftig geworden, sondern die Patienten waren zum größeren Teil zu COVID-19-Fällen mutiert. Dazu gehörte auch der sonst Gesunde mit Beinbruch, falls sein PCR-Test positiv ausfiel. Wo aber sind all die anderen Kranken geblieben? Und weshalb fand das RKI-Sentinel zur gleichen Zeit nur bei unter 8 Prozent der ambulanten Atemwegserkrankten Hinweise für SARS-CoV-2? Wurde hier eine »zweite Welle« herbeigetestet und herbeicodiert? Finanzielle Anreize dafür gab es jedenfalls. Das sind aber nur Zahlen. Um das Narrativ einer schrecklichen Pandemie lebendig zu halten, müssen die Medien regelmäßig schreckliche Bilder zeigen.

So erzeugten im Frühjahr die Bilder aus Kliniken in Wuhan, Bergamo, Madrid und New York die Angst, die stärker war als alle Vernunft. Diese Aufnahmen schafften die Akzeptanz für harte Maßnahmen. Die Angst vor Bergamo ließ vielen Menschen das Eingreifen der Regierungen in ihre Freiheiten vernünftig erscheinen.

In Gesprächen mit Ärzten aus Norditalien und mit Zeugen der Ereignisse vom März 2020 hat der *Corona-Ausschuss* die Hintergründe der Schreckensbilder aus der Lombardei beleuchtet.

In Bergamo brachte man wegen des sich zuspitzenden Pflegekräftemangels gebrechliche und chronisch Kranke aus Angst auf Intensivstationen oder setzte sie – wenn sie dort nicht starben – in Heimen schlecht versorgt unter Quarantäne. Erst dadurch kam es nicht nur auf den wenigen Intensivstationen zu Enge und chaotischen Szenen, sondern auch zu einem Stau bei den Beerdigungsunternehmen. Deren Personal soll wegen der vielen Kontakte zu einem großen Teil selbst in Quarantäne gewesen sein. Auch durfte man die Toten nicht – wie in Italien üblich – beerdigen, sondern musste diese einäschern lassen. So stauten sich einmalig die Toten in den Einrichtungen, bis von der Politik herbeigerufene Militärlaster in einmaliger Aktion die etwa 60 gehorteten Särge zum Krematorium transportierten.[7] So entstanden dann die Bilder, die mir empörte Verängstigte mit den Worten vor Augen hielten: »Und was ist mit Bergamo? Haben Sie denn nicht die vielen Toten gesehen?«

Viele der so fehlbehandelten Alten waren erst nach dem Tode durch PCR-Tests, die eine sehr hohe Falsch-Positiv-Rate gehabt haben sollen, zu COVID-19-Opfern geworden. Weitere Bilder von Beatmeten aus den besonders zur Grippezeit chronisch überlasteten Intensivstationen taten das ihre. Bei solchen Gelegenheiten entstanden dramatische Aufnahmen, die ganz Europa schockierten. Bilder sind für die meisten Menschen überzeugender als alle epidemiologischen oder medizinischen Berichte.

Bei diesen Schilderungen drängt sich mir der Vergleich mit den Nachrichten aus Zittau in Sachsen vom Heiligabend auf, in dem die Beerdigungsunternehmer klagen: »Wir räumen hier gerade die Altenheime leer!«[8] Durch den Lockdown und die Reiseerschwernisse hatte sich vor allem in den Pflegeeinrichtungen in Grenznähe die personelle Lage auffällig verschlechtert. Dort wird vermehrt kostengünstiges Pflegepersonal aus den Nachbarländern Polen oder Tschechien eingesetzt. Durch die geschaffenen Hindernisse wurde diese personelle Ressource natürlich erheblich geschwächt – wie in Bergamo. Ob und in welchem Ausmaß dieser Umstand gerade in den Heimen der Grenzregionen zu unsagbaren Zuständen und zu vermehrten Todesfällen beigetragen hat, bedarf dringender Klärung.

IMMER GENUG BETTEN FREI

Bergamo war also Mitte März 2020 das Signal für Berlin. Denn gleichzeitig mit dem Lockdown Mitte März 2020 wurde die Angst vor einem Versorgungsnotstand geschürt. Zudem wurde durch eine an den Haaren herbeigezogene Priorisierungsdebatte Stimmung gemacht. Die läuft immer so: Es sind nur noch wenige Plätze frei und wir überlegen, wer zuerst dabei sein darf ...

Das ist der uralte Verkäufertrick, den viele von jeder Flugbuchung, von Zimmerreservierungen kennen, und jetzt wird er auf Klinikbetten angewendet. Bei dieser Inszenierung haben der Deutsche Ethikrat und andere ethisch bewegte Gremien kräftig mitgeholfen. Sie beschäftigten sich bei COVID-19 hauptsächlich mit der Frage der Priorisierung von Impfstoff[9] oder von Behandlungsmöglichkeiten. Wer muss bei einer angeblichen Impfstoffknappheit zuerst geimpft werden? Wer muss warten, wenn die Krankenhäuser angeblich überfüllt sind?

Was ist in diesen Gremien los? Sind unsere Ethiker erblindet? Als gäbe es für den Ethikrat angesichts der fragwürdig gesundheitlich begründeten Freiheitseinschränkungen nicht erheblich wichtigere Themen. Zum Beispiel solche, die mit der erzeugten Personalnot in Heimen, der Indikation der Quarantäne oder mit Schaden und Nutzen eines gentechnischen Eingriffes bei über Achtzigjährigen zu tun haben. Auch die ethische Vertretbarkeit, menschliche Grundbedürfnisse oder gar Grundrechte für einen fragwürdigen Gesundheitsschutz zu beschneiden, muss Thema des Ethikrates sein. Man kann nicht jahrelang über Sterbebegleitung theoretisieren und stillschweigend wegschauen, wenn massenhaft alte Menschen lebensbedrohlich gequält und geschädigt werden.

Knappheit lässt sich in der Klinik leicht erzeugen: Zu wenig Personal, Betten sperren, ganze Kliniken schließen und so weiter. Genau das hat man gemacht und viele Patienten in ihrer Not allein gelassen. Seit Mitte März 2020 gerieten zum Beispiel viele Krebs- und

Herzpatienten in Not, weil ihnen wegen der gesperrten Betten der Zugang zur stationären Behandlung erschwert war und einige Krankenhäuser Teile ihres Personals in Kurzarbeit nach Hause geschickt hatten. Das alles geschah, um einer angeblichen Welle von Seuchenopfern Herr werden zu können. Der Effekt ließ nicht lange auf sich warten, denn gleich nach Beginn des Lockdowns, Anfang April 2020, registrierte das Statistische Bundesamt prompt eine leichte Übersterblichkeit.

Während der Sommerferien wurde auch den Viren eine Verschnaufpause gegönnt und die Kliniken durften bis September für jedes leer stehende Bett weiterhin 560 Euro pro Tag kassieren.[10] In derselben Zeit starben viele Patienten, weil sie nicht oder nicht rechtzeitig behandelt wurden. Obwohl die leichte Übersterblichkeit in Deutschland wie in anderen Ländern erst nach Beginn des Lockdowns auftrat, wurden die Lockdown-Opfer fälschlicherweise der Pandemie zugerechnet.

Erst nach Ausrufung der epidemischen Lage von nationaler Tragweite, bei der ja die angebliche Überlastung der Intensivstationen als wichtiger Anlass für den Beschluss des Bundestages herangezogen wurde, haben die entsprechenden Krankenhäuser ein elektronisches Register (DIVI[11]) angelegt. Dieses erlaubt ein Monitoring von Zahl und Belegung der Intensivbetten in Deutschlands Krankenhäusern.

Die Grafik auf der folgenden Seite zeigt anhand der Zahlen des DIVI-Registers deutlich den Abbau der Intensivbettenzahl (über 5.000 Betten) bei gleichbleibender absoluter Belegung. Die absoluten Belegungszahlen ändern sich auch nicht durch die COVID-19-Codierungen, die seit Anfang Oktober zunehmen. Seit dem 1. Oktober erhalten die Kliniken in Deutschland pro Tag 100 Euro Zuschlag für Patienten mit der Diagnose COVID-19. Diese muss nicht die Hauptdiagnose, also der Grund für die stationäre Behandlung sein, sondern kann als Zusatzdiagnose hinzugefügt werden.

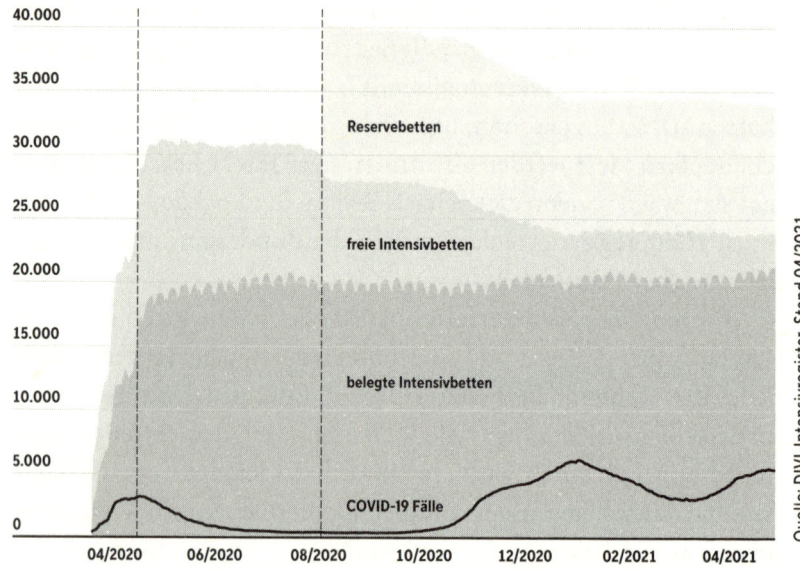

Quelle: DIVI-Intensivregister, Stand 04/2021

Von März bis September 2020 stand, trotz ausgerufener epidemischer Lage nationaler Tragweite, auf den Intensivstationen der allermeisten deutschen Kliniken ein Großteil der Betten leer. Die Kliniken kassierten für leere Betten und verhandelten mit den Kostenträgern über weitere Vorteile in der Krise.

Einige Kliniken fanden die Entschädigungen für den Leerstand zu gering, andere waren zufrieden und schwiegen. Um dem Verteilungsstreit innerhalb der Branche gerecht zu werden, ruderten Regierung, Krankenkassen und die Krankenhausindustrie daraufhin ohne viel Aufsehen leicht zurück. Sie staffelten das Entgelt für leer stehende Betten nach Klinikart und Region, was kleinere Kliniken in Not und den großen Klinikkonzernen Profite brachte.

Außerdem wurden die Sonderzahlungen für Corona-Behandlungen vom Belegungsgrad der Intensivbetten abhängig gemacht. Den Belegungsgrad einer Station kann man sehr schnell und wirksam steigern, indem man einfach die Bettenzahl reduziert beziehungsweise so steuert, dass immer mindestens 75 Prozent oder mehr der Betten belegt sind. Eine Station mit zehn Betten, von denen nur fünf belegt sind, hat einen Belegungsgrad von nur 50 Prozent. Streicht die Klinik einfach die fünf leer stehenden Betten, ist sie sofort zu 100 Prozent belegt und erhält staatliche Unterstützung. Eine gute Zusammenstellung hierzu brachte das *Exomagazin* am 26. 4. 2021.[12]

Dieser Mechanismus scheint sich zu lohnen, denn er wurde von vielen Kliniken erkennbar genutzt. Aus den Meldungen des DIVI ist dieser Sachverhalt belegbar. Nicht alle Häuser haben das mitgemacht, aber bei vielen wurde die Bettenzahl genau nach dem Patientenaufkommen gesteuert. Das hat natürlich mit Bettenbedarfsplanung oder mit dem Sinn von Versorgungsverträgen nichts zu tun. Den Gesundheitsministern schien das gerade recht zu sein, denn so konnten sie immer auf die »überhöhte Auslastung der Intensivstationen« hinweisen und mussten nicht bekennen, dass es in Deutschland keine epidemiologische Notlage gab. Wer den Betrug mitmachte und den Mund hielt, der wurde finanziell gut belohnt.

Dieses Beispiel zeigt einmal mehr, Klinikkonzerne sind Wirtschaftsunternehmen und reagieren als solche vernünftig – aber nur als solche!

Die meisten Kliniken machen den Corona-Hype mit, denn ihre Lobby hatte früh dafür gesorgt, dass ein großer Teil der für COVID-19 aus dem Fenster geworfenen Steuergelder und Beiträge bei den Kliniken landet. Ein Erfolg der Lobbyarbeit: Schon im März 2020 wurde für jedes belegte Bett ein Corona-Zuschlag von 50 Euro pro Tag gezahlt. Genial war auch das bereits erwähnte Leere-Betten-Honorar von 560 Euro pro Tag. Für jedes neu aufgestellte Intensivbett erhielt die jeweilige Klinik sogar 50.000 Euro Zuschuss. Unabhängig davon, ob die Betten gebraucht wurden, haben viele Häuser dieses Geschäft mitgenommen. Leer stehende Betten brauchen kein Personal und bringen in Corona-Zeiten trotzdem gutes Geld.

ABRECHNUNGSMANIPULATIONEN
SCHAFFEN »FÄLLE«

Hinzu kommt eine neue Möglichkeit, die die WHO rechtzeitig zur Pandemie vorbereitet hat. Als Behörde, die für die ganze Welt Krankheiten klassifiziert, hat sie für COVID-19 zwei extra Ziffern geschaffen, die es Ärzten erleichtern, Pandemie-Diagnosen abzurechnen. Eine der ICD-Ziffern, U07.1!, gilt für COVID-19 mit Virusnachweis, und da reicht der WHO der positive PCR-Test, während die andere ICD-Ziffer, U07.2!, sogar ohne Labornachweis benutzt werden kann.[13] Besteht bei jemandem der Verdacht, dass er sich mit SARS-CoV-2 infiziert haben könnte, der Kontakt mit einem positiv Getesteten reicht aus, dann kann der Arzt ihn mit der Ziffer U01.2! als COVID-19-Fall abrechnen.

Die *Initiative Qualitätsmedizin* (IQM) hat für ihre 310 Kliniken im ersten Halbjahr 2020 die COVID-19-Fälle gezählt. Bei 24 Prozent war der Test auf SARS-CoV-2 positiv und 76 Prozent wurden ohne jeden Hinweis auf Erreger als COVID-19-Fälle abgerechnet. Im IQM-Bericht steht:

> »Die Beobachtung, dass circa dreimal mehr Fälle mit Covid-Verdacht als mit einer nachgewiesenen Infektion kodiert waren, ist absolut erstaunlich. Allerdings findet sich ein vergleichbares Verhältnis in den InEk Daten[14] von Ende Mai für ganz Deutschland, wo neben den 34.916 U07.1-Fällen 111.769 U07.2-Fälle kodiert sind.«[15]

Nach den ersten Lockdown-Turbulenzen war von COVID-19 im stationären Sektor nicht mehr viel zu merken. Die Belegung der Intensivstationen in Deutschland lag von März bis Ende September 2020 durchschnittlich bei 50 bis 75 Prozent. COVID-19-Fälle wurden nur vereinzelt behandelt. Die Statistik hat sich, wie schon erwähnt, seit Oktober geändert. Aber schwere Atemwegserkrankungen traten im Winter 2020/2021 bis Mitte Januar 2021 nicht häufiger auf als die Jahre zuvor. Die Kliniken erhielten am 12. Oktober rückwirkend ab 1. Oktober 2020 weitere finanzielle Anreize, sodass sich die Belegung der freien Betten wieder mehr rechnet, aber nur für COVID-19-Fälle.

Nach § 5 Absatz 3i KHEntgG für 2020 (Corona-Mehrkostenzuschlagsvereinbarung 2020) gewährte der Gesetzgeber den Krankenhäusern wesentlich höhere Zuschläge. Gleichzeitig sollte der Medizinische Dienst in der »Notlage« die Augen zudrücken und nur noch weniger als halb so oft kontrollieren, wohin unser Geld fließt. Für jeden Behandlungsfall mit Diagnose COVID-19 und für jeden Fall mit klinischen Symptomen, die als COVID-19 gedeutet werden können, erhalten Kliniken also seit dem 1. Oktober 2020 bis zum Ende der »epidemischen Lage von nationaler Tragweite« pro Tag zusätzliche 100 Euro COVID-19-Sonderentgelt. Da ist es nicht verwunderlich, dass die Kliniken die Möglichkeiten der großzügigen Codierung von COVID-19 seit dem 1. Oktober offenbar in erstaunlich großem Maße nutzen. Auch wenn sich die Auslastung der Intensivstationen – schon wegen der Personalknappheit – insgesamt nicht wesentlich veränderte, so stieg der Anteil der »COVID-19-Fälle« rasant an: von Anfang Oktober bis Mitte November, also etwa innerhalb von nur sechs Wochen, um das 15-fache.

Erschreckend finde ich dabei den Anteil beatmeter COVID-19-Fälle von 56 Prozent. Hoffentlich wurden unter den invasiv Beatmeten viele nur wegen eines positiven Testbefundes, also mit und nicht primär wegen COVID-19 in diese Statistik aufgenommen. Invasive Beatmung von als COVID-19 behandelten Patienten hat sich weltweit inzwischen als lebensgefährliches Zusatzrisiko herausgestellt.

Gern wüsste ich von den Kassen, wie sich die Altersverteilung der Intensivpatienten seit Mitte September 2020 verändert hat und wie hoch der Anteil von Patienten aus Alteneinrichtungen ist. Bisher habe ich vergeblich auf Daten der Kassen gewartet. Die Kostenträger müssten längst über diese Entwicklung gestolpert sein, aber die

Stellen zur Kontrolle von Fehlverhalten beziehungsweise Fehlabrechnungen in den Krankenkassen scheinen bei diesem Great Reset der Bettenbelegung lieber nicht so genau hinzuschauen.

PFLEGEPERSONAL WIRD DURCH TESTUNGEN UND QUARANTÄNE STRÄFLICH AUSGEDÜNNT

Seit Herbst 2020 wurde die Test-Strategie wieder geändert. Mit weniger Tests mehr Treffer und mehr Angst vor der Seuche? Ja, das geht. Selbst wenn man zum Beispiel nur gesundes Personal in Altenheimen oder Kliniken testet, so hat das eine enorme Wirkung.

Jeder positive Test beim Personal führt zum vorübergehenden Arbeitsverbot, zur Nachverfolgung und Testung möglicher Kontaktpersonen und damit automatisch zu einer Verschlechterung des Personalschlüssels. Dabei zeigen die arbeitsfähigen Heim- und Klinikangestellten in der Regel keine klinischen Symptome. Selbst nach den Regeln der WHO lässt ein positiver PCR-Test keinerlei Aussage über Ansteckungsfähigkeit zu. Von den vielen zu erwartenden falsch positiven Tests einmal ganz abgesehen.

Ein positiver Test allein ist deshalb auch nach den Regeln der WHO eindeutig kein hinreichender Grund für eine Quarantäne oder eine Umgebungsuntersuchung.

Jede in Quarantäne versetzte Pflegekraft schwächt das ohnehin überlastete Personal. Viele Pflegekräfte mussten vorher schon bis zu 60 Stunden pro Woche arbeiten. Doch unter den Ausfällen leiden natürlich erst recht die Heimbewohner und Hilfsbedürftigen. Diese Situation verschärft sich noch, wenn Angehörige oder Freunde die Bewohner nicht mehr besuchen dürfen. Dabei reden alle dauernd vom Schutz besonders vulnerabler Gruppen. Die neuen Regelungen bringen die Betroffenen alten und hilfsbedürftigen Menschen jedoch in eine prekäre Lage und isolieren sie weitgehend in ihrer ohnehin meist schmerzlichen Einsamkeit.

Meine Mitstreiterin bei *Transparency Deutschland,* Adelheid von Stösser, ist eine mutige Kämpferin für Rechte und Lebensqualität alter und pflegebedürftiger Menschen. Sie hat in ihrer Zeitschrift für Pflegeethik[16] schon beim ersten Lockdown sehr bewegende Schicksale dieser Betroffenen geschildert. Stösser ist entsetzt über die Brutalität, mit der durch Hygienepläne die lebenswichtigen Bedürfnisse von Menschen an ihrem Lebensabend hintangestellt werden und damit vielen Betroffenen der Lebensmut genommen wird.

Welche Möglichkeiten haben Politiker unter Rechtfertigungsdruck, um wie in Bergamo auch in Bremen, Bielefeld oder Berchtesgaden eine verängstigte Bevölkerung bei der Stange zu halten? Ob 2009 in Mexiko, Anfang 2020 in Wuhan oder Bergamo, immer vermittelten die Bilder das Gefühl einer Pandemie. Sie sind offenbar wirksamer als Tabellen, Laborwerte, unübersichtliche Krankenakten oder umsichtige Epidemiologie. Trotz monatelanger Recherchen, Nachforschungen, Gesprächen mit Wissenschaftlern und trotz jahrzehntelanger Erfahrung mit den Tücken der Infektionsepidemiologie wird mir nach allen mühevollen Erläuterungen auch heute noch immer wieder entgegengehalten: »Aber haben Sie denn nicht gesehen, was in Bergamo los war?«

Angstmacher aus Politik und Wissenschaft haben ja immer wieder neue »Wellen« angekündigt. Woher wussten sie das? Warum haben sie ihre drohenden Warnungen nie begründet? Weshalb durften sie in den Medien solche Angst verbreiten, ohne dass Journalisten oder Talkmaster sie nach einer Begründung oder den wissenschaftlichen Quellen für ihre Behauptungen fragten?

Bisher habe ich trotz häufiger Fragen noch keinen Mediziner gefunden, der bei saisonalen Atemwegserkrankungen jemals eine »zweite Welle« gesehen hätte. Es ist jedes Jahr nur eine. Und wer so etwas Besonderes wie eine zweite, dritte, vierte oder Dauerwelle ankündigt, der muss dafür nachvollziehbare Argumente bringen. Mir kommt das Ganze vor, als wollten unsere Angstmacher die Bevölkerung in der Panik gefangen halten und einen

Grund für die Beibehaltung der allgemeinen Maskerade liefern. Angst hatte ich eigentlich nur davor, dass sie versuchen würden, mit Tricks, mit künstlich gemachter Not und deren Opfern uns immer wieder neue Wellen vorzugaukeln. Diese Angst erscheint mir immer mehr berechtigt.

Deutsche Medien können ebenfalls jederzeit in deutschen Kliniken Aufnahmen zu Not, Hektik und Elend machen. Dabei haben sich die typischen Szenen auf Intensivstationen bewährt. Ein verkabelter Leib, viele Schläuche, maskiertes und verhülltes Personal und dazu ein Interview mit einer erschöpften Oberärztin, welche die Gelegenheit nutzt, dass sich endlich einmal jemand für die Hektik, den Personalmangel, die anstrengenden Schichtdienste und das dadurch entstehende Elend für Patienten und Personal interessiert. Als Krankenhaushygieniker und früher sogar Personalvertreter und Intensivmediziner habe ich – wie gesagt – für solche Bilder weiterhin viel Verständnis. Gestorben wird übrigens auf allen Intensivstationen, und zwar immer und leider relativ häufig. Wenn dann fast nur noch über Achtzigjährige dort liegen, grenzte es schon an ein Wunder, wenn davon die Hälfte lebend wieder auf eine normale Station verlegt werden könnte.

Wer viele Alte auf Intensivstationen verlegt und auch noch invasiv beatmet, der erzeugt eine Situation wie in Bergamo. Finanzielle Anreize für deutsche Intensivstationen sind an die Dauer der Beatmung gekoppelt und je länger die Beatmung dauert, umso weniger Patienten überleben. Von den riskanten Medikamentenversuchen ganz zu schweigen. Erinnert sich überhaupt noch jemand an die Ideale der Palliativmedizin? Oder war das nur eine vorübergehende Marketingkampagne der Krankheitsindustrie?

VORSICHT, JEMAND MAßT SICH AN,
SIE SCHÜTZEN ZU WOLLEN

Als jetzt »zum Schutz vulnerabler Gruppen« in Altenwohnanlagen und Heimen verpflichtende Testungen für Mitarbeiterinnen und Mitarbeiter vorgeschrieben wurden, riss man eine tiefe Lücke in die Versorgungsstrukturen. Bei einer für die Grippesaison zu erwartenden Test-Positiv-Rate von zum Beispiel 8 Prozent ist mit erheblichen Betreuungslücken und mit einer Verschlechterung der Pflege zu rechnen. War das Kalkül, als man diesen Schwerpunkt für die künftige Teststrategie definierte? Der Gesundheitsminister hatte sich doch wegen des »Pflegenotstands« gerade für eine Stärkung dieser wichtigen Berufe eingesetzt. Und jetzt das? Ob ein Test richtig oder falsch positiv ausfällt, spielt beim Pflegepersonal sicher keine Rolle, denn es werden ja arbeitsfähige Gesunde getestet. Da reichen schon 8 Prozent »Positive« aus, um unter den Beschäftigten und den Betreuten eine riesige Quarantäne-Lücke aufzureißen.

Deshalb finde ich es makaber, wenn drei Minister in der Corona-Krise ihre »Konzertierte Aktion Pflege«[17] auf einer Pressekonferenz loben und gleichzeitig mit Lockdown, gezielten Test- und Quarantänemaßnahmen für Pflegekräfte und mit Besuchsverboten die Not der abhängigen Bewohner und den Stress der verbleibenden Pflegekräfte ins Unerträgliche steigern. Das, was aus dem Marburger Pflegeheim *Haus Waldblick* im Dezember 2020 wohl aus Versehen in die Öffentlichkeit gelangte und durch den Katastrophendienst danach »sofort in Ordnung gebracht wurde«, war mit Sicherheit nur die Spitze des eisigen Berges der geschäftsmäßigen Altenentsorgung, die wir uns, unseren Eltern und Großeltern zumuten.[18] Praktisch das ganze Personal, von Pflegekräften über Küchenmitarbeiter bis zu Verwaltungsangestellten, war in Marburg in Quarantäne. Die zumeist hochbetagten Bewohner lagen hilflos und allein in ihren Betten, ein Bewohner war bereits seit Tagen tot, das Ausmaß des Elends möchte ich mir gar nicht vorstellen.

10

VON BERGAMO
NACH BAYERN ODER SACHSEN?

Was ist das Ergebnis, wenn ein Großteil des Pflegepersonals gesund, aber »positiv« zu Hause bleiben muss? Wie in Marburg werden gerade die Vulnerablen, die Alten und Hilfsbedürftigen, wegen des Personalmangels unterversorgt, ruhiggestellt, sie trocknen aus (Thrombose- und Emboliegefahr) oder werden »sicherheitshalber« oder wegen eines positiven Testergebnisses gleich in die Klinik eingewiesen. Wenn jetzt also per Test die Alten und chronisch Multimorbiden in die Kliniken geschafft werden, kann man sich vorstellen, welche Bilder dadurch für die Angstmacher inszeniert werden können. Hier ein Alarmruf aus Bayern vom 11. November 2020:

> »Seitdem Patienten/Bewohner und Personal systematisch durchgetestet werden, passiert es, dass von jetzt auf gleich die Hälfte des Personals wegfällt, weil sie entweder positiv getestet wurden oder aber Kontaktpersonen waren. So wie im Krankenhaus in Schongau, wo 600 Mitarbeiter Ende Oktober für mindestens 10 Tage in Quarantäne geschickt wurden und die Klinik vorübergehend schloss. Was das für die Patienten bedeutet, die dort liegen und so schnell nicht in andere Häuser verlegt werden können, lässt sich denken.«[19]

Von wegen »Konzertierte Aktion Altenpflege« und Klatschen auf dem Balkon. Es gibt andere und ehrlichere Wege, einen Pflegenotstand zu verhindern und auch in Stresssituationen seinen alten und Schwachen menschenwürdig zur Seite zu stehen. Wir sollten da mal häufiger nach Skandinavien schauen.

FÜR 15 EURO MACHEN SIE MIT

Wer uns mit diesen Not- und Paniksituationen weiter Angst machen und sein Süppchen drauf kochen will, der muss also nur dafür sorgen, dass in Pflegeeinrichtungen, Heimen und Kliniken noch mehr getestet wird. Für Einrichtungen ordnet das der Verordnungsgeber einfach an: Dann läuft das Positiven-Domino bundesweit von ganz allein. Aber auch in den Kassenarztpraxen kann ein probates Mittel die Kooperation der Ärzteschaft steigern: mehr Geld! Das wird ja jetzt massenhaft gedruckt und scheint keine Rolle mehr zu spielen. Ein niedergelassener Kassenarzt hat mir entrüstet gemeldet, wie sich das auswirkt:

»Erst gab es keinen Cent für die Tests und viele Kollegen (fast alle bei uns in der Region) haben so gut wie gar nicht getestet. Nun bekommen wir für einen Test (Dauer 1 Minute) beim gesunden Menschen mehr Geld (15 Euro) als für eine komplette Abdomen-Sonographie bei akutem Abdomen (12 Euro für 15 Minuten). Deshalb wird jetzt plötzlich überall getestet.«

DAS GESCHÄFT MIT KRANKHEIT UND NOT

Im Gesundheitswesen beziehungsweise bei den Kliniken geschieht dasselbe wie in anderen Bereichen unseres Lebens auch: Im Einzelhandel, in der Müllentsorgung, in der Energieversorgung, bei den Medien, bei der Mobilität, in der Telekommunikation und zunehmend auch im Kultur- und Freizeitbereich werden sich nach anfänglichen Wettkämpfen eine Handvoll großer Unternehmensgruppen einig und teilen sich den Markt untereinander auf. Dabei verschachteln sie sich und schachern untereinander, ohne dass die Menschen, die von ihren Leistungen abhängig sind, oder die Ratsdamen und -herren davon viel merken. Transparenz und Geschäftsgeheimnisse schließen einander nun mal aus. So richtig lohnt sich das Geschäft für die Investoren erst, wenn ein Monopol entstanden ist und viele davon abhängig sind.

Die Dominanz wirtschaftlicher Interessen prägt unseren Alltag. In Wirtschaft und Handel gilt, je stärker die Nachfrage oder die Not und je knapper das Angebot, umso höher der Preis. Das erscheint den meisten plausibel und sie kennen die Tricks der künstlichen Verknappung à la »Nur noch drei Plätze frei ...« oder »Greifen Sie schnell zu, es sind die letzten zwei Exemplare«.

Aber im Gesundheitswesen? Was ist da los, wenn leer stehende Klinikbetten wegen eines möglichen Ansturms von COVID-19-Fällen frei gehalten werden und Krebspatienten bis zu ihrem dringend notwendigen Termin leider sehr lange warten müssen? Oder wenn der Gesundheitsminister uns allen Angst macht, dass ein Impfstoff, den keiner braucht, nicht für alle reichen könnte? Sind das die Tricks einer profitorientierten Gesundheitswirtschaft, die uns etwas aufschwatzen will, was wir möglicherweise gar nicht brauchen?

DIE »GOLDENEN ZÜGEL«

Unser Gesundheitswesen wird »mit dem goldenen Zügel« gesteuert, wie es mir einmal der unparteiische Vorsitzende des Gemeinsamen Bundesausschusses (GBA) Professor Joseph Hecken erläuterte. Das heißt, mit Geld werden die Anreize für das gesetzt, was Patienten erleben und ausbaden müssen. Finanzielle Fehlanreize wirken sich im Krankenhaus auch auf unsere Gesundheit aus. Und zwar nicht nur in Corona-Zeiten. Gesundheitsökonomen haben gerade für die großen Klinikkonzerne politisch jahrelang für Fallpauschalen gekämpft. Diese prägen inzwischen die Abläufe in allen Klinikbetrieben. Nun zählen Fallzahlen und nicht das Wohl der Behandelten.

Überall gibt es versteckte institutionalisierte – also legalisierte – Korruption. Mit Bonuszahlungen für Chefärzte, mit Monopolisierung von Versorgungsketten oder durch geschicktes Zusammenarbeiten mit Apotheken, Medizinprodukteherstellern und Pharmaunternehmen werden immer mehr und immer teurere Leistungen möglichst kostengünstig erbracht und abgerechnet. Nicht weil Patienten diese unbedingt brauchen, sondern weil dadurch das finanzielle Ergebnis des Profitcenters Krankenhaus optimiert werden kann. Kostengünstig arbeitet eine solche Klinikfabrik dann, wenn sie mit möglichst wenig Personal möglichst viele lukrative Fälle abrechnen kann.

»Wenn wir keine zweistellige Rendite einfahren, machen wir den Laden hier dicht«, hatten mir die Manager der *Helios*-Kette vor Jahren in ihrer Klinik in Damp an der Ostsee unverblümt zu verstehen gegeben. Mein eigentliches Anliegen damals war, dass diese Klinik sich mehr für die unzureichende Notfallversorgung auf dem Lande öffnen möge. Aber da war ich wohl zu naiv, wie mir das damalige Mitglied des Aufsichtsrates der *Rhön*-Kliniken, der Genosse Karl Lauterbach, vorwurfsvoll lächelnd zu verstehen gab. Also setzen die Spahns, Lauterbachs und Söders den *Bertelsmann*-Vorschlag zur weiteren Konzentration und Privatisierung der Kliniklandschaft jetzt eiskalt um. Milton Friedman und die Schocktherapie lassen grüßen!

Wie stark die Lobby der großen Gesundheitskonzerne die Regierungsparteien beeinflusste und beeinflusst, zeigt die Corona-Krise. Solch einen Lockdown macht wohl nur jemand aktiv und engagiert mit, der entweder von der Macht oder vom Geld oder von beidem etwas erwartet oder Angst davor hat, dieses zu verlieren, wenn er sich verweigert. Die Konzerne der Gesundheitswirtschaft können zufrieden sein, alles läuft offenbar reibungslos oder wie geschmiert, mit goldenen Zügeln.

Für die Patienten bedeutet die Verknappung der Versorgungskapazitäten: verlängerte Wartezeiten, Verschleppung von Krankheiten und vermehrte Todesfälle, wie wir sie überall nach Beginn der Lockdownmaßnahmen nicht nur in Bergamo und New York, sondern sogar in Deutschland sehen konnten. Die Not, gegen welche die Erklärung einer epidemischen Lage von nationaler Tragweite eigentlich helfen sollte, wurde durch die in dieser Ausnahmesituation möglichen Schiebereien aber gerade erst geschaffen. Die Initiative *Gemeingut in BürgerInnenhand*[20] teilte schon am 9. Dezember 2020 mit, dass während und trotz der Pandemie 13 Krankenhäuser geschlossen wurden und für 19 Kliniken ein entsprechender Beschluss gefasst worden sei. Es gehe um 2.144 Betten und 4.000 Beschäftigte – mindestens. Mitte Februar 2021 berichtete die *ARD*:[21]

→ Kleine Krankenhäuser haben gerade in Pandemiezeit kaum Chancen zu überleben,

→ 20 Kliniken wurden bereits im letzten Jahr trotz Corona geschlossen,

→ kleine Klinken können bei Fixkosten nicht mithalten,

→ teure, große Operationen finden meistens in Städten statt,

→ Nachteil für kleine Krankenhäuser auf dem Land bei den Fallpauschalen,

→ Vorwurf: Gesundheitsökonomen reden kleine Kliniken in Studien schlecht,

→ Grundversorger-Kliniken von Rettungsschirm ausgeschlossen,

→ Kliniksterben geht 2021 weiter – auch bei großen Häusern.

Diese Entwicklung entspricht in etwa den Plänen der *Bertelsmann Stiftung* und ihrer Lobbyisten. Ihre Forderungen werden jetzt bilderbuchartig nach dem bewährten Schock-Rezept von Milton Friedman umgesetzt und verhöhnen gleichzeitig das gesamte Parlament und die angebliche epidemische Notlage, die die Parlamentarier ja auch wegen drohender Bettenknappheit ausgerufen haben.

WIR KAUFEN JEDEN MONAT EIN KRANKENHAUS

Noch vor wenigen Jahren begrüßten neoliberal begeisterte Parlamentarier Privatisierung und Deregulierung auch im Gesundheitswesen. Aber diese Entwicklung sieht heute selbst die FDP wohl kritischer, verliert sie doch unter den Freiberuflern immer mehr

Anhänger beziehungsweise Wähler. Denn jetzt sehen zum Beispiel Ärzte, Zahnärzte, Psychotherapeuten und Apotheker immer deutlicher, dass ihre freiberuflichen Ideale und ein liberaler Wettbewerb nicht mehr zum Stil digital globalisierender Gesundheits-Monopolisten passen.

In der Corona-Krise demonstrieren die grauen Herren aus der Privatwirtschaft, was sie vom ärztlichen Ethos halten. Wie es aktuell aussieht, haben sie recht. Ethik wurde eine Sache des Preises: 170 Euro pro Impfstunde, 15 Euro pro Rachenabstrich, Extrageld für COVID-19-Codierung. Das funktioniert anscheinend, denn die ärztliche Selbstverwaltung fragt nicht mehr wofür, sondern nur noch wie viel.

Die großen Player im Gesundheitswesen nutzen die Chancen, die ihnen die institutionell korrumpierte Politik bietet. Ich hielt es noch für Angeberei, als mir etwa im Jahr 2007 der frühere Geschäftsführer und jetzige Aufsichtsratsvorsitzende der *Rhön-Klinikum AG*, Eugen Münch, bei einer gesundheitspolitischen Veranstaltung vorschwärmte: »Wir kaufen jeden Monat ein neues Krankenhaus.« Aber das ging tatsächlich immer schneller so weiter. Nicht nur Kliniken, auch Altenheime, Reha-Einrichtungen, Labore und ambulante Praxen gab der Gesetzgeber zum Aufkauf frei. Damit spielen große, regional taktierende Konzerne und sogenannte »Heuschrecken«, die dann ihre Beute sektorübergreifend zu monopolisierten Strukturen zusammenfassen, weiterverkaufen oder dichtmachen.

Schon immer gab es einzelne, typisch korrupte Politiker auch in deutschen Parlamenten und Ministerien. Das ist nichts Neues. Was ich aber mit institutionell korrumpierter Politik meine, ist viel mehr und viel prägender für unsere Zeit. Damit meine ich den Verrat oder das Vergessen der vielen eigentlichen, für das Gemeinwohl unbedingt notwendigen Aufgaben, die der Politik durch unsere Verfassung und durch die Wählenden anvertraut werden.

Mangelndes Selbstbewusstsein unserer politischen Vertreter scheint diesen Prozess noch zu beschleunigen. Wo das Geld ist, ist der Erfolg, und wo der wirtschaftliche Erfolg ist, da sieht jeder auch die Macht. Deshalb bedeuten für viele verlorene Demokraten die Treffen in Davos wohl so etwas wie die Runde um den Heiligen Gral, etwas, bei dem sie unbedingt dabei sein möchten.

Dabei verpflichtet uns aber alle das Grundgesetz auf die Prinzipien eines Sozialstaates.

1 https://www.wodarg.com/medical-detectives

2 »Anpassung der Vereinbarung nach § 26 Abs. 2 KHG über ein Zusatzentgelt für Testungen auf das Coronavirus SARS-CoV-2 im Krankenhaus. Die Vertragsparteien auf der Bundesebene haben sich auf eine Änderungsvereinbarung zur Vereinbarung nach § 26 Abs. 2 KHG über ein Zusatzentgelt für Testungen auf das Coronavirus SARS-CoV-2 im Krankenhaus verständigt. Die wesentliche Änderung ist die Ergänzung des Zusatzentgeltes für Antigen-Tests zum direkten Erregernachweis des Coronavirus SARS-CoV-2. Die Höhe des Zusatzentgeltes für diese Testungen beträgt rückwirkend für alle Aufnahmen ab dem 15. 10. 2020 19,– €. Es besteht die Möglichkeit einer Nachtragsrechnung für bereits entlassene Fälle bis zum 31.12.2020. Das Zusatzentgelt für die PCR-Testungen bleibt unverändert bei 52,50 €.« Quelle: https://www.dkgev.de/themen/finanzierung-leistungskataloge/covid-19/vereinbarung-nach-26-abs-2-khg

3 https://influenza.rki.de/Wochenberichte/2020_2021/2021-02.pdf

4 https://t.me/pflegeinder_c_krise

5 »Vereinbarung nach § 9 Absatz 1a Nr. 9 KHEntgG über Vorgaben für Zuschläge nach § 5 Absatz 3i KHEntgG für 2020 (Corona-Mehrkostenzuschlagsvereinbarung 2020). Die Vertragsparteien auf Bundesebene haben sich für die Abrechnung von Zuschlägen für nicht anderweitig finanzierte, coronabedingte Mehrkosten nach § 5 Abs. 3i KHEntgG auf eine Vereinbarung nach § 9 Abs. 1a Nr. 9 KHEntgG verständigt, mit der übergangsweise vom 01. 10. 2020 bis zum 31. 12. 2020 die bisherigen gesetzlich vorgegebenen Zuschläge in Höhe von 50,00 beziehungsweise 100,00 Euro (Covid-Patient) im Anwendungsbereich des Krankenhausentgeltgesetzes und der Bundespflegesatzverordnung fortgeführt werden.«

6 Naomi Klein, *Die Schock-Strategie*, S. Fischer Verlag, Frankfurt a. M. 2007

7 Sehr gründlich hat hier auch *OVALmedia* im Dokumentarfilm *CORONA.film* recherchiert, der im März 2021 erschien und dessen Veröffentlichung den Produzenten sehr erschwert wurde.

8 https://www.n-tv.de/panorama/Wir-raeumen-gerade-die-Altenheime-leer-article22254600.html

9 Über den Sinn oder – besser – Unsinn einer Impfung gegen saisonale Atemwegsviren s. o.

10 Covid-19 Krankenhausentlastungsgesetz vom 27. März 2020

11 https://www.intensivregister.de/#/aktuelle-lage/zeitreihen

12 Robert Fleischer, »Wie ist die Lage auf den Intensivstationen wirklich? Die fragwürdigen Zahlen des Intensivregisters«, April 26th, 2021: https://odysee.com/@c0r0na:7/Wie-ist-die-Lage-auf-den-Intensivstationen-wirklich_-Die-fragw%C3%BCrdigen-Zahlen-des-Intensivregisters:b

13 Im ICD-Verzeichnis des DIMDI/BfArM steht: »U07.1! Covid-19, Virus nachgewiesen, Coronavirus-Krankheit-2019, Virus nachgewiesen, Benutze diese Schlüsselnummer, wenn Covid-19 durch einen Labortest nachgewiesen ist, ungeachtet des Schweregrades des klinischen Befundes oder der Symptome. Benutze zunächst Schlüsselnummern, um das Vorliegen einer Pneumonie oder anderer Manifestationen oder von Kontaktanlässen anzugeben. U07.2! Covid-19, Virus nicht nachgewiesen, Covid-19 o.n.A. Benutze diese Schlüsselnummer, wenn Covid-19 klinisch-epidemiologisch bestätigt ist und das Virus nicht durch Labortest nachgewiesen wurde oder kein Labortest zur Verfügung steht. Benutze zunächst Schlüsselnummern, um das Vorliegen einer Pneumonie oder anderer Manifestationen oder von Kontaktanlässen anzugeben.«

14 Aufgaben im Zusammenhang mit der Einführung, Weiterentwicklung und Pflege des neuen Vergütungssystems haben die Selbstverwaltungspartner im Gesundheitswesen – die Deutsche Krankenhausgesellschaft, die Spitzenverbände der Krankenkassen und der Verband der Privaten Krankenversicherung – der InEK GmbH als deutsches DRG-Institut übertragen.

15 https://www.initiative-qualitaetsmedizin.de/effekte-der...

16 http://pflegeethik-initiative.de/2020/04/15/corona-krise-falsche-prioritaeten-gesetzt-und-ethische-prinzipien-verletzt

17 https://www.youtube.com/watch?v=WxbM9ygwkpU

18 https://www.op-marburg.de/Marburg/Keine-Pfleger-mehr-Hilfeschrei-aus-Marburger-Altenheim

19 https://www.merkur.de/lokales/schongau/schongau-ort29421/schongau-krankenhaus-corona-ausbruch-mitarbeiter-angefeindet-90092945.html

20 https://www.gemeingut.org/neues-buendnis-klinikrettung-de-fordert-sofortigen-stopp-der-schliessungen-von-krankenhaeusern

21 https://www.daserste.de/information/wirtschaft-boerse/plusminus/sendung/sr/Sendung-vom-17-02-2021-Kliniksterben-in-der-Pandemie-100.html

11

DER EINGRIFF MIT
DER SPRITZE

MIT DER ANGST GELD VERDIENEN

Vor der öffentlich immer wieder angekündigten »Erlösung« durch Impfungen kann ich bei saisonalen Atemwegsviren weiterhin nur dringlich warnen.[1] Als Amtsarzt war ich für das Impfen zuständig. Und aus meiner Tätigkeit als Berichterstatter für Gentechnik und für biomedizinische Themen im Bundestag und beim Europarat weiß ich auch, welche Risiken die derzeitigen gentechnischen »Impfungen« bergen. Diese Risiken sind sehr groß und oft schwer zu erkennen. Im Interesse jener, denen die Impfung angeboten wird, ist eine ehrliche, offene und evidenzbasierte Abwägung von Nutzen und Schaden unentbehrlich. Das halte ich bei Impfungen für ganz besonders wichtig, denn die Impfstoffe werden ja Menschen injiziert, die gesund sind und bleiben wollen.

Derzeit halte ich die Furcht vor potenziellen Nebenwirkungen einer Impfung für nachvollziehbar und deshalb auch für berechtigt. Welche Impfungen die zuständigen staatlichen Institutionen wem und wann empfehlen, hat sich in den letzten Jahrzehnten nicht nur wegen neuer Technologien sehr wesentlich verändert. Das mag unter anderem daran liegen, dass seit den 1970er Jahren die Arzneimittelindustrie zunehmend die Herstellung und den Vertrieb von Impfstoffen übernommen hat. Das trifft jedenfalls auf die westlichen Länder ohne staatliches Gesundheitswesen zu. Vor über 50 Jahren lagen Impfstoffherstellung und Impfungen auch im

Westen noch weitgehend in staatlicher Verantwortung. Das blieb in der DDR bis kurz nach der Wiedervereinigung so, war sehr wirksam und kostengünstig. Unter solchen Verhältnissen ist das Impfen kein Geschäft, sondern eher eine notwendige Belastung aller Beteiligten. Die Gefahr, dass unnötige und schädliche Impfstoffe eingesetzt werden, ist unter Verantwortung des Staates tendenziell geringer, allerdings nur, wenn Korruption ausgeschlossen werden kann. Das gilt aber global und für alle Systeme.

Die letzten staatlich gelieferten Impfstoffe habe ich auf Schiffen im Hamburger Hafen verimpft. Das war eine in die Haut der Oberarme von Seeleuten eingebrachte Pockenlymphe und später noch der offizielle deutsche Gelbfieber-Impfstoff, den das Paul-Ehrlich-Institut tiefgekühlt ins Gesundheitsamt lieferte.

Durch die vollständige Privatisierung des Impfwesens ergab sich für die Industrie eine hervorragende Möglichkeit, risikoarme Geschäfte zu machen. Der Staat fördert weitgehend die Infektions- und Grundlagenforschung an Universitäten und Instituten oder vergibt Fördergelder an andere Forschungseinrichtungen. Seine Zustimmung zu einer großzügigen Patentierungspraxis hat Spekulanten interessante Gewinne ermöglicht. Zudem wurden Ausgründungen an Universitäten und staatlichen Instituten sowie Public-private-Partnerships rechtlich möglich, um die Privatisierung eines Wissens zu erleichtern, das eigentlich der Gesellschaft zusteht.

Im Rahmen solcher Gewinn versprechenden Forschung waren die Anreize groß, nach immer neuen Anwendungsmöglichkeiten und Märkten für eine Impfprophylaxe zu suchen. Der Staat übernahm seinerseits sogar weitgehend die Werbung für Impfprogramme: Die Bundeszentrale für gesundheitliche Aufklärung (BZgA) wirbt und die Ständige Impfkommission (STIKO) empfiehlt den Kassen die Kostenübernahme. Damit werden dann auch gleich die Impfstoffhersteller bei Impfschäden entlastet.

In den letzten 30 Jahren explodierte das Impfangebot förmlich. Jedes Mal wenn eine Impfinnovation vermarktet werden soll, läuft automatisch ein mediales Fearmongering, ein Angstmachen an, um die Nachfrage nach Impfstoffen gegen Krankheiten zu erzeugen, von deren Auftreten vorher kaum jemand etwas bemerkt hatte oder deren Risiken man bisher in Kauf genommen hatte.

Ob Hepatitis für Kinder, FSME für Naturfreunde oder *Gardasil®* für junge Teenager, inzwischen empfiehlt die Bundeszentrale für gesundheitliche Aufklärung (BZgA) Neugeborenen bis 12-Jährigen Impfungen gegen 16 verschiedene Krankheiten in unterschiedlicher Frequenz. Zur Durchsetzung einer weitgehenden Impfpflicht gegen Masern hat man lange Zeit intensiv nach Fällen gesucht, die man Impfskeptikern vor Augen halten konnte.

Um nicht missverstanden zu werden: Für manche Impfungen gibt es gute Gründe. Die gehen aber oft in den Auseinandersetzungen zwischen Impfstoffherstellern und verängstigten, zu Recht politisierten Gegnern eines staatlichen Impfzwangs völlig unter.

Eine transparente, öffentlich verantwortete Impfstoffforschung, -entwicklung und -anwendung bei gleichzeitigem Verbot einer Patentierung von Impfstoffen würde meiner Meinung nach Kosten sparen helfen und dazu beitragen, unerwünschte Wirkungen frühzeitig zu erkennen. Bei einer solchen Strategie würden Spekulanten ihr Interesse an Pandemien schnell verlieren. Wenn öffentliche Impfaktionen aber vor allem den Interessen der Impfstoffinvestoren dienen, wie beim infektionsepidemiologisch unsinnigen gentechnischen Großversuch mit Corona-Impfstoffen, hat die Perversion der Impfidee alle Grenzen überschritten.

Die Impfstoffindustrie lief im Corona-Jahr 2020 auf Hochtouren und wird es sicher auch danach tun. *Pfizer, BioNTech, Moderna* und alle, die mitmachen, verdienen sich derzeit eine goldene Nase. Sie können die angstgetriebene Öffentlichkeit mit ihren patentgeschützten gentechnischen »Innovationen« erpressen und riesige Gewinne einfahren. Analysten von Großbanken schätzen, dass *Pfizer, BioNTech* und *Moderna* allein im Jahr 2021 je 10 bis 20 Milliarden US-Dollar einnehmen werden.[2]

Impfungen sind heutzutage eine Goldgrube für die Pharmaindustrie. Offenbar ist der Nachweis der Notwendigkeit (Indikation) einer Impfung einer Optimierungsideologie gewichen. Mithilfe von psychologisch und politisch geschickt manipulierendem Lobbying und mit verängstigender Werbung wird die Nachfrage künstlich erzeugt, die für politische Entscheidungen ausschlaggebend ist. Die Einführung der *Gardasil*-Impfung für junge Mädchen oder die der indirekten Masern-Impfpflicht sind dafür erschreckende Beispiele, die die Industrie sogar gegen die überwiegenden Empfehlungen der Ärzteschaft politisch durchboxte. Bei der Corona-Impfung hat diese korrumpierende Einflussnahme der Impflobbyisten gespenstische Ausmaße angenommen.

RATIONAL CHOICES

Wenn Pharmaunternehmen in den Preis ihrer Medikamente und Impfstoffe mögliche Strafgelder und Schadensersatzforderungen einkalkulieren, dann spricht man in der Wirtschaftslehre von Rational Choices. Besonders lukrativ wird die Vermarktung dann, wenn es durch geschickte Lobby- und Öffentlichkeitsarbeit gelingt, die möglichen Haftungsansprüche auf andere abzuwälzen. Das geschah bei den geheimen Lieferverträgen der Regierungen mit *Glaxo*, *Novartis* und weiteren Pharmaunternehmen über unnütze und schädliche Schweinegrippe-Impfstoffe vor elf Jahren und dasselbe geschieht gerade wieder mit den unnützen und hochriskanten Impfstoffen gegen COVID-19. Sogar in den USA wurde von der Lobby eine grundsätzliche Haftungsfreistellung per Gesetz bei Impfstoffen erreicht.[3]

Da die Impfungen ja im öffentlichen Interesse gesetzlich gefördert und gesponsert werden, macht sich das die Industrie jetzt vermehrt zunutze. Bereits 2009 sorgte sie sowohl im Bundestag als auch bei der EU dafür, das die Verabreichung von Nukleinsäuren, also die gentechnische Veränderung menschlicher Zellen, arzneimittelrechtlich auch unter den Begriff »Impfung« fallen kann. Und seit einigen Jahren wird von biotechnischen Unternehmen an einer Gentherapie gegen Krebs gearbeitet. Weil man weiß, dass die Einbringung von Nukleinsäuren wie mRNA, wenn sie Impfung genannt wird, arzneimittelrechtlich privilegiert ist, spricht man schon länger von einer therapeutischen »Impfung« gegen Krebs, obwohl es sich natürlich um eine gentechnische Veränderung menschlicher Körperzellen handelt.

Für Laien verständlich hat das 2017 der *Moderna*-Forschungschef Dr. Tal Zaks in einem *TED Talk* dargestellt.[4] Auch Bill Gates spricht als einer der Hauptinvestoren immer wieder händereibend von riesigen Chancen im Impfmarkt. Kein Wunder, wenn jetzt alle möglichen gentechischen Beeinflussungen immunologischer Funktionen als »Impfung« bezeichnet werden dürfen. Da die »Impfung« gegen Krebs auch noch individuell »maßgeschneidert« (tailored drug) wird, kann man davon ausgehen, dass dieses Verfahren horrende Gewinne verspricht. Wer will schon an Krebs sterben, wenn eine maßgeschneiderte Impfung helfen könnte? Das Erpressungspotenzial gegenüber Patienten und Krankenkassen ist riesig.

Big Pharma streicht den Gewinn ein, Staat und Steuerzahler kommen für die Schäden auf und die Betroffenen müssen vor Gerichten darüber streiten, wer für die Impfschäden aufkommt. Währenddessen trifft Big Pharma schon die nächsten Rational Choices. Sollen wir einem der derzeitigen Hauptinvestoren, Bill Gates, glauben, der ankündigt: »You know we will have to prepare for the next one, that you know i'd say will get attention this time?« Das Lächeln von Melinda Gates bei diesen Worten ihres Mannes hat sich mir tief eingeprägt.[5]

Rational, also vernünftig, sind solche Kalkulationen aus betriebswirtschaftlicher Sicht allemal, denn kaum eine andere Branche geht schon so lange und wirtschaftlich erfolgreich immer wieder über Leichen wie diejenige, der es angeblich um unsere Gesundheit geht. Eigentlich ist es selbstverständlich: Wenn wir unsere Gesundheit dem Markt anbieten, dann macht er damit, wozu er da ist: Geschäfte!

Solche Eindrücke schärfen bei manchen die kritische Haltung gegenüber den Einflüsterern der Medizin- und Arzneimittelindustrie – nicht nur bei Ärzten. Skandale der pharmazeutischen Industrie mit vielen Opfern haben aber leider immer nur sehr kurz zu Wachsamkeit geführt. Der dänische *Cochrane*-Wissenschaftler Peter C. Gøtzsche hat in seinem Buch *Tödliche Medizin und organisierte Kriminalität* reichlich Beispiele für das Vorgehen der Pharmaindustrie gesammelt und auch gerade ein entsprechendes Werk über Impfungen veröffentlicht.[6]

DIE GRIPPE-IMPFUNG – EINE GENIALE GESCHÄFTSIDEE

Die Grippe-Impfstoffe enthalten inaktivierte Bestandteile von meist drei bis vier zirkulierenden Influenza-Subtypen. Die ausgewählten Viren werden auf Hühnereiern oder auf schnell wachsenden standardisierten Zellkulturen in Bioreaktoren angezüchtet, dann extrahiert, inaktiviert, in unterschiedlichem Maße mit Konservierungsstoffen und Wirkverstärkern versetzt und zumeist als Einmalspritze vermarktet und angewendet.

In den letzten Jahren mehren sich die Zweifel am Nutzen der Grippe-Impfung. Das kommt daher, weil Grippe eben nicht gleich Influenza ist. Zur Grippezeit wetteifert eine Vielzahl von Viren um einen Platz auf unseren Atemwegsschleimhäuten, um sich dort zu vermehren. Und wenn man eine Virenart durch Impfung verhindert, freuen sich die anderen.[7] Die meisten Menschen wissen nicht einmal, dass die Grippe-Impfung nicht gegen alle Grippeviren schützt, sondern – wenn man Glück hat – nur gegen einige Influenza-Subtypen. Und zwar nur gegen solche, die man vor Herstellung der Impfstoffe bereits irgendwo gefunden und analysiert hat.

Das ist ja das Geniale an der Geschäftsidee der Grippe-Impfung: Eine evidenzbasierte Aussage zu ihrem Nutzen wird niemals Entscheidungsgrundlage für ihre Anwendung sein können. Selbst wenn der Nutzen eines Impfstoffs in randomisierten und doppelblinden Studien nachgewiesen wurde, ist das Ergebnis irrelevant für die Frage, ob er für die nächste Grippesaison von Nutzen ist. Die klinische Superstudie würde nur etwas über die geprüften Viren in einer bereits vergangenen Grippewelle aussagen und wäre für die Zukunft schon deshalb ohne Wert, weil die Influenzaviren von Jahr zu Jahr variieren. Sonst wäre die »Herde« ja ohnehin immun und bräuchte gar keine Impfung. Übrigens sind Coronaviren mehr oder weniger bei jeder Grippe dabei. Sie machen oft sogar einen größeren Teil aus als Influenzaviren, gegen die man sich impfen lassen kann. Und auch sie verändern sich laufend, wenn auch angeblich etwas langsamer als Influenzaviren.

Ich finde es schon sehr eigenartig, dass der seit Jahren laufende Apparat mit all den Viro- und Immunologen, den Spezialisten des Paul-Ehrlich-Instituts, der STIKO beim RKI, des CDC und anderen Wissenschaftlern der Infektiologie diese Zusammenhänge noch nie problematisiert und diskutiert hat. Dass die Impfstoffhersteller sich dieses lukrative Geschäft nicht verderben lassen möchten, ist leichter nachvollziehbar.

Bei der normalen Grippe weisen meist nur kleine nüchterne Meldungen im Fernsehen und Aushänge in öffentlichen Toiletten darauf hin, wie man sich oder andere vor einer Infektion schützen kann. Auch für die Grippe-Impfung wurde früher neutral geworben. Das Ganze wirkte aufklärend und beruhigend. Ganz anders als jetzt, obwohl doch nur eines der bekannten Grippeviren die ganze Welt lahmlegt.

GRUNDSÄTZLICHES ZUM IMPFEN

Für oder gegen eine Impfung sprechen sehr unterschiedliche Gründe. Immer spielen jedoch die spezifischen Eigenschaften der Erreger, ihr Vorkommen und ihre Art und Weise sich auszubreiten eine wichtige Rolle. Zum einen ist unser Immunsystem jedes Jahr neu mit saisonalen Viren konfrontiert, zum Beispiel mit Grippe-, Influenza-, Parainfluenza-, Rhino- und Coronaviren. Diese müssen sich laufend verändern und unterliegen einem hohen genetischen Anpassungsdruck, weil sie sonst wegen bestehender breiter Immunität in der Bevölkerung keine Chance hätten, sich zu vermehren. Zum anderen haben konstantere Arten, wie Hepatitis-, Masern-, Herpes-, FSME-, Tollwut- und Rötelnviren, jeweils spezifische Infektionswege »gewählt« und begegnen uns zum Glück seltener. Einige von ihnen, wie Masern oder Röteln, lieben die Jahreszeit, in der unser Immunsystem wohl wegen des Vitamin-D-Mangels etwas schwächelt. Andere werden in der warmen Jahreszeit zur Gefahr, weil sie, wie FSME, Zwischenwirte brauchen, die nur im Sommer unterwegs sind.

Ein weiteres epidemiologisch bedeutsames Kriterium ist die Übertragungsweise der Erreger.

Einige brauchen zu ihrer Verbreitung Vektoren, zum Beispiel FSME-Viren die Zecken oder Dengue-, Chikungunya- oder Zikaviren Mücken. Werden Viren durch Nahrungsmittel oder Trink- und Badewasser verbreitet, wie Noro- oder Rotaviren, häufen sie sich meist an den Orten, wo mangelnde Körper- und Nahrungsmittelhygiene sowie engerer zwischenmenschlicher Kontakt die Ausbreitung erleichtern.

Weitere Fragen sind: Können die Viren Tiere und Menschen gleichermaßen krank machen, wie die Tollwutviren? Bilden sich Reservoire in Tieren, denen die Viren nichts anhaben können, die die Viren aber auf Menschen übertragen können? Mikrobiologisches Leben sucht sich in unendlich vielen Variationen seine Nischen, um zu überleben. Jeder Versuch einer Klassifikation entspringt dem Bedürfnis, die unendliche Vielfalt der Lebensformen zu vereinfachen, damit wir uns darüber verständigen können. Dasselbe Phänomen gilt übrigens für die menschliche Gesellschaft.

Zu den Eigenarten der Erreger kommt die Eigenart ihrer Wirte. Die Möglichkeiten, auf einen Erreger zu reagieren, entwickeln sich beim Menschen bereits vor seiner Geburt und erst recht danach, ähnlich wie seine kognitiven Fähigkeiten, äußerst individuell.

Die sogenannte erworbene Immunität umfasst die Unmenge aller erlernten und erinnerten Reaktionsmöglichkeiten unseres Immunsystems auf alles, was ihm begegnet ist. Das geschieht ohne kognitives Zutun, automatisch und mit einer Kapazität und funktionellen Rationalität, welche die so hochgelobte Künstliche Intelligenz alt aussehen lässt.

Und genau in diese Abläufe pfuscht eine Impfung hinein.

Bisher eingesetzte Impfungen bringen nicht-infektiöse Varianten oder nur Teile von Erregern in unseren Körper. Gegen diese bildet dann unser Körper Abwehrkräfte, die eine mehr oder weniger ausgeprägte Immunität hervorrufen. Ob ein Immunsystem das schafft, hängt davon ab, was es bisher gelernt hat. Leben, auch Überleben, ist Kommunikation und wie bei jeder Kommunikation kommen auch innerhalb unseres Körpers Missverständnisse vor. Sollte dies geschehen, können erhebliche Krankheitsprozesse in Gang gesetzt werden.

IMPFUNGEN IM ZEITALTER DES GREAT RESET

Die möglichen Reaktionen zwischen Viren und Wirten sind wichtig für die laufende Diskussion um »neue Impftechnologien«. So sind die Risiken von Impfstoffen mit mRNA als gentechnisches Stimulans zur Antigenbildung am Menschen kaum bekannt. Vor allem wissen wir nicht genau, welche Zielzellen oder »Targets« die Nanopartikel oder Virusvektoren aussuchen, um ihre RNA aktiv werden zu lassen, und wie unser wachsames Immunsystem damit umgeht. Weshalb treten so viele anaphylaktische Reaktionen auf? Woher kommen Lähmungen und Nervenschäden bei einigen Versuchspersonen?

Aber vor allem hat niemand eine Ahnung und kann ja auch noch niemand etwas darüber wissen, wie sich diese Gentechnik langfristig auswirkt. Außerdem enthalten die Spritzen nicht nur mRNA, sondern auch durchaus riskante Additive wie Lipid-Nanopartikel als Zellöffner oder Polyethylenglykol (PEG) als Immunbooster.

Durch die injizierte mRNA ergeben sich möglicherweise besondere Risiken für Autoimmunreaktionen oder für das sogenannte Antibody-Dependent Enhancement (ADE), eine überschießende Immunantwort bei erneutem Kontakt mit der Wildform der Erreger, gegen deren Bauteile das Immunsystem durch die vorangegangene Impfung nur unvollständig sensibilisiert wurde.

Über gentechnische Eingriffe unter der »falschen Flagge« einer Impfung und über ihre Bedeutung für unsere Gesundheit habe ich auf meiner Homepage viel berichtet.[8] Bisher fehlt jegliche Erfahrung, ob die Impfung mit mRNA das menschliche Genom verändert. Theoretisch wäre eine Veränderung der vererbbaren genetischen Informationen nur in Gegenwart eines passenden Enzyms, der Reversen Transkriptase, möglich. Die im Impfstoff enthaltenen mRNA-Schnipsel müssen erst in DNA, das heißt genetische Information, umgeschrieben werden. Das geschieht normalerweise im Zellkern, wo die mRNA aber gar nicht hinkommen soll. Allerdings sollen sich auch Impfstoff-Varianten mit dem Zusatz der entsprechenden Reverse Transkriptase in der Erprobung befinden. Zudem kann die gleichzeitige Gegenwart mancher Viren eine solche Transkription ermöglichen. Kurz gesagt, auch dieses Risiko der mRNA-Impfstoffe besteht, ist aber derzeit nicht quantifizierbar.

Gemeinsam mit einer Gruppe kritischer Wissenschaftler ist es mir nicht gelungen, die Zulassung der mRNA-Impfstoffe von *BioNTech/Pfizer*, *Moderna* und weiteren Herstellern zu verhindern. Millionen Impfdosen sind inzwischen verkauft und von »Sondereinsatzkommandos« in speziell eingerichteten Impfzentren hastig verabreicht worden. Seit Anfang 2021 erreichen mich fast täglich neue Meldungen über Schäden, welche diese Kampagne anrichtet. Diese umfassend zu beurteilen, erfordert Jahre. Das Ergebnis käme für viele der unnötig Geimpften aber zu spät.

Ein derartig hohes Risiko sind die Zulassungsbehörden und die Verantwortlichen in den Organisationen bei Impfstoffen bisher nicht eingegangen. Und wer sagt, er sei stolz darauf, in so kurzer Zeit einen Impfstoff auf den Markt gebracht zu haben, kann nur an seinen eigenen finanziellen Vorteil denken und nicht aus ärztlicher Verantwortung heraus handeln. Wer unter Umgehung der üblichen Schaden-Nutzen-Abwägungen Millionen gesunder Menschen einem erheblichen Risiko aussetzt, um eine minimale Schutzwirkung gegen das Coronavirus, also gegen eines der Grippeviren, zu erreichen, agiert ohne infektionsepidemiologisch ausreichende evidenzbasierte Grundlage.

Immer mehr Pressemeldungen berichten von Pflegekräften und Bewohnern von Altenheimen, deren PCR-Test nach der Impfung positiv ausfiel. Nur wenige davon sind ernsthaft erkrankt. Manche erkrankten aber doch schwer und einige starben einige Tage bis wenige Wochen nach der Impfung. Starben nur Geimpfte? Oder genauso viel Umgeimpfte? Die Zahlen sind unübersichtlich. Nach einer solchen Impfaktion müsste das Gesundheitsamt die Frage beantworten können, ob Umgeimpfte genauso häufig einen positiven PCR-Test mit oder ohne Symptome hatten oder gar verstorben sind wie die Geimpften. Oder waren die Nicht-Geimpften etwa besser geschützt? Zu diesem Sachverhalt habe ich bisher keine Zahlen erhalten. Das Narrativ der Corona-Hofpresse lautet: Vermutlich hätten sich die PCR-Positiven schon kurz vor der Impfung angesteckt und die Impfung habe bei ihnen schwerere Verläufe verhindert. Auch gefährliche neue Mutanten werden für die Pannen verantwortlich gemacht. Ich kann mir keinen Amtsarzt vorstellen, der sich mit dieser Erklärung zufriedengibt. Da die Meldungen über Impfschäden, Sterbefälle und vermehrte Testpositive aus Heimen und Kliniken nicht abreißen, sollte das Paul-Ehrlich-Institut (PEI) sehr intensiv nach weiteren möglichen Nebenwirkungen suchen.

Das PEI hat eine kaum tragbare Verantwortung für dieses Massenexperiment übernommen. Dieses Experiment läuft wie ein

Großversuch ab, der nach kurzen und intransparenten Vorstudien in ein wiederum intransparentes Verfahren ohne klare Studienplanung überführt wurde. Derzeit findet eine riesige Beobachtungsstudie ohne systematische und verantwortungsvolle Beobachtung statt, die als Rettung vor einem Erreger verkauft wird, der in seiner Pathogenität den üblichen Grippeviren entspricht.

Als Verkäufer dieses Vorgehens treten jene auf, die öffentlich angekündigt haben, dass die Impfung kein Anlass für Hoffnungen auf ein Ende dieser angeblichen Bedrohungen ist. Offenbar soll diese Angst immer wieder geschürt und aufrechterhalten werden, solange das Fearmongering mit immer neu entdeckten Erregern und Mutanten funktioniert. Die Impfindustrie hat schon bei der Schweinegrippe skrupellos und berechnend agiert, um ihre Renditen einzufahren. Aktuell sieht es so aus, als sei sie sich diesmal ihrer Sache noch sicherer. Und wieder schützt uns die eigene Regierung nicht vor dem absehbaren Schaden. Sie umgeht sogar ihre eigenen Spezialisten für Nutzen-Risiko-Bewertungen.

Aus meiner Sicht soll dieser Großversuch nicht die Wirkung der Impfstoffe auf unsere Gesundheit herausfinden, sondern die Eignung solcher Kampagnen für Nachfolgekampagnen und für noch mehr Profite, für das Einsammeln persönlicher Daten und für die Gängelung mit elektronischen Impfpässen.

Wie oben geschildert, wird die Frage »Impfung oder keine Impfung« seit einigen Jahrzehnten durch starke Sekundärinteressen überlagert. Unsere Gesellschaft beugt sich seit längerer Zeit denjenigen Kräften, die zuallererst fragen: Kann man damit Geld verdienen oder nicht? Doch seit einigen Monaten wird vielen Menschen in aller Welt immer klarer, dass es denen, die schon Unmengen Geld angehäuft haben, inzwischen nicht mehr nur um Geld, sondern auch um Kontrolle, das heißt um Macht über Menschen geht.

Die Mehrheit scheint in ihrer Angst vor Viren blind dafür, dass eine machtbesessene Gruppe weniger Pandemisten eine ökologisch und technologisch verbrämte, neue Art der Abhängigkeit einführt.

Alle, die sich bei diesem »Umschwung« als Helfer zur Verfügung gestellt haben, werden reichlich belohnt. Wer nicht dabei ist, geht pleite, wird arbeitslos, gesperrt, verunglimpft oder krank. Bill Gates und andere Impfstoffinvestoren haben bei der Europäischen Kommission offenbar eine Reihe an Vergünstigungen für sich ausgehandelt. Eine europäische Impfagenda[9], die Europa zu einem Paradies und zu einer Übungswiese für die Impfmafia macht, wurde 2019 rechtzeitig fertiggestellt und wird nach Zeitplan derzeit umgesetzt. Wer Genaueres über die Verplanung unserer Gesundheit durch die Impfindustrie und ihre EU-Partner in Brüssel erfahren will, der kann folgende drei Dokumente lesen:

1. Den »Final Flash report of the Plenary Meeting of the Health Security Committee«[10]
2. die »Roadmap on Vaccination«[11] und
3. die »Ten Actions towards vaccination for all«[12].

THROMBOSEN DURCH DIE NEUEN IMPFSTOFFE

Es kam ja auch gleich nach Beginn der Impfkampagnen zu ersten Meldungen über alte Menschen, die Stunden oder wenige Tage nach den Spritzen mit mRNA in Heimen verstorben waren. Whistleblower aus einem Berliner Heim berichteten, dass in ihrem Pflegeheim innerhalb von vier Wochen nach der ersten Impfung mit dem *BioNTech/Pfizer*-Impfpräparat *Comirnaty*® acht von 31 Senioren, welche zwar an Demenzerkrankungen litten, aber sich vor der Impfung in einem ihrem Alter entsprechenden guten körperlichen Zustand befanden, verstarben.[13]

Solche Fälle traten weiterhin immer mehr auf und auch jüngere »Geimpfte« aus dem ebenfalls prioritär behandelten Personal in Kliniken und Heimen starben plötzlich mit neurologischen Symptomen, an Lungenembolien oder Herzkomplikationen. Sofort hieß es von verantwortlicher Seite, dass ein Zusammenhang mit der Impfung für unwahrscheinlich gehalten wird. Der »Impfstoff« von *AstraZeneca* geriet deswegen in den Fokus, weil er vermehrt bei Jüngeren eingesetzt wurde. Und wenn eine vorher gesunde junge Mutter sich nach der Spritze in Krämpfen windet oder gar plötzlich stirbt, so erregt das mehr Gemüter als der Tod auffällig vieler alter Menschen in den unzugänglichen Heimen. Amtsärzte, Heime und Staatsanwälte hatten außerdem ein auffällig geringes Interesse an pathologischer Abklärung der Todesursachen.

Der Vektorimpfstoff von *AstraZeneca* wurde deshalb vorübergehend in einigen Ländern so lange ausgebremst, bis die Europäische Arzneimittel-Agentur die thromboembolischen Komplikationen als nicht über das zu erwartende Maß auftretend bewertete und die Fortsetzung der Anwendung sogar empfahl.

Aber auch die Impfstoffe von *BioNTech* und *Moderna*, die beiden Konkurrenten, die mRNA in die Zellen bringen sollen, hatten zwischenzeitlich zu sehr auffälligen Häufungen von unerwünschten Wirkungen und zu schweren und tödlichen Komplikationen geführt. Alle gentechnischen »Impfstoffe« sollen zu einer Corona-Spike-Produktion der durch sie veränderten Körperzellen führen. Diese Spike-Proteine sind es aber gerade, die dann den Immunzellen präsentiert werden und die damit unter anderem die Bildung von Antikörpern auslösen.

Ein Problem dabei ist, dass die meisten Menschen ja bereits mehrfach mit früheren Coronaviren Kontakt hatten und dass ihre Immunzellen sich solche Kontakte gemerkt haben. Solche Gedächtniszellen sind die T-Lymphozyten, die durch den Körper strömen und patrouillieren und die in den lymphatischen Organen »ausgebildet« werden. Sie sind geschult, solche Virusbruchstücke oder mit Viren befallene Zellen sofort zu erkennen und einen Alarm auszulösen, der weitere Zellen herbeiruft und einen Entzündungsprozess unter Beteiligung von zwei Typen von Makrophagen[14] in Gang setzt, von denen der Typ 1 die infizierten Zellen zerstört, abräumt und Platz für Reparaturen durch andere Zellen schafft. Diese Prozesse laufen normalerweise kontrolliert ab und die Entzündung wird deshalb durch Makrophagen Typ 2 gebremst, wenn die Störung beseitigt ist. Für die Steuerung dieser Prozesse gibt es zahlreiche Botenstoffe.

Weil ich in verschiedenen Quellen gelesen hatte, dass bei einer schweren Corona-Infektion gerade solche Spike-Proteine, wenn sie in Kontakt mit Blut kommen, massive Mikrothrombosen auslösen würden, war ich sehr beunruhigt.

Die oberflächlichen stachelartigen Fortsätze der Coronaviren sollen es sein, die mit vielen Zellen im Blut und an den Gefäßwänden reagieren. Sie nutzen dafür die sogenannten ACE 2-Rezeptoren aus. Diese gibt es in vielen Organen und besonders an den Endothelzellen der meisten Blutgefäße. Endothelzellen bilden eine tapetenartige dünne Schicht, welche die Adern von innen glättet. Die Endothelzellen übernehmen aber auch vielfältige Funktionen für die Steuerung der Durchblutung. Wenn ins Blut gelangte Nanopartikel mit mRNA oder Adenovektoren mit entsprechenden genetischen Bauplänen für Spike-Proteine über die dortigen ACE 2-Rezeptoren in die Endothelzellen gelangen, beginnen sie sofort die Bauteile für Spikes zu produzieren und auf ihren Oberflächen zu exprimieren und dem Blutstrom zu präsentieren. Auf diese Weise haben Coronavirusteile Kontakt mit den im Blut zahlreich vorhandenen Immunzellen und die herbeigerufenen Makrophagen beginnen sofort mit der Arbeit, die veränderten Endothelzellen zu zerstören. Dabei kommt es auch zu einer Aktivierung von Thrombozyten und zur Bildung von Thromben.

Eine weitere mögliche Ursache für Thrombenbildung durch im Blutstrom vorhandene Spike-Proteine ist deren direkte Verbindung mit den Blutplättchen, die ebenfalls ACE 2-Rezeptoren besitzen. Auch dann wird gleichzeitig eine Blutgerinnungskaskade in Gang gesetzt. Es ist klar, dass diese Prozesse dort beginnen, wo die gentechnischen Moleküle ihre »Targets«, also ihre Zielzellen, gefunden haben und diese Zellen dann Spike-Proteine als Antigene produzieren und im Blut präsentieren. Das geschieht dort am leichtesten, wo das Blut langsamer fließt, also in Kapillaren und Venen. Die gehäuften Sinusvenenthrombosen passen gut zu dieser Erklärung, da die Venen der oberen Körperhälfte einen sehr niedrigen Druck haben, was den Kontakt mit den Endothelzellen erleichtert.

Wie oft so etwas passiert, ist dann schwer zu sagen, wenn die Pharmakovigilanz, also die Überwachung möglicher Nebenwirkungen, nur sehr zögerlich betrieben wird. Schon bei *Pandemrix®*, dem Impfstoff gegen Schweinegrippe, gab es in Deutschland nur halb so viele Meldungen von Nebenwirkungen wie in Schweden, wo das Medikament genauso oft verwendet wurde wie in Deutschland. Das lag schon damals nicht daran, dass die Deutschen härter im Nehmen sind als die Schweden. In Skandinavien passt man einfach besser auf Nebenwirkungen auf als im Pharmaparadies Deutschland.

BLENDETE DAS PAUL-EHRLICH-INSTITUT EINE GEFÄHRLICHE NEBENWIRKUNG DER IMPFUNG AUS?

Am 9. Februar 2021 erschien in der Online-Ausgabe der Zeitschrift *iScience* eine neue Arbeit aus dem Paul-Ehrlich-Institut (PEI)[15], die sich mit der Gefährlichkeit von Coronaviren befasst. Sie trägt die Überschrift: »Quantitative assays reveal cell fusion at minimal levels of SARS-CoV-2 spike protein and fusion from without«[16]. Das Team, zu dem auch der Direktor des PEI, Klaus Cichutek, gehört, hatte herausgefunden, dass die Spike-Proteine der Viren etwas mit unseren Zellen machen können: SARS-CoV-2 sind in der Lage, eine Fusion, also eine Verschmelzung benachbarter Zellen, herbeizuführen. Bekannt ist das schon länger, zum Beispiel seit den 1960er Jahren vom Newcastle-Disease-Virus[17] oder danach von HIV-Viren[18], wo sogar Teile der Virushüllen solche krankhaften Zellfusionen verursachen. Auch für die zum Glück seltene Masernvirus-Encephalitis werden solche virusbedingten Zellverklumpungen im Gehirn verantwortlich gemacht. Und nachweislich stimulieren Herpesviren Zellfusionen, die zu den typischen Hautveränderungen beitragen.

Spike-Proteine sind übrigens die Eiweißmoleküle, aus denen die typischen stachelartigen Fortsätze der Coronaviren gebaut sind. An ihren Spitzen sitzt ein Molekül, das als Schlüssel für ACE-2-Rezeptoren der Wirtszellen dient und so diese Zellen für das Virus öffnet.

Besonders überraschend war für die Forscher des PEI, dass die Spike-Proteine benachbarte Zellen selbst dann fusionieren, wenn sie nur als isolierte Virusteile auf Zellen treffen – ohne dass das intakte Virus präsent ist. Diesen Vorgang bezeichnen Wissenschaftler als Fusion-from-without (FFWO). Die Forscher berichten, dass unter Vermittlung der Spike-Proteine immer wieder Riesenzellen aus bis zu hundert verschmolzenen Zellen entstehen, die dann absterben.

Je nach Ort und Umfang der Zellfusionen können dadurch schwere gesundheitliche Schäden entstehen. Das PEI schreibt: »Verschmolzene Zellen in den Lungen von an COVID-19 verstorbenen Patientinnen und Patienten lassen vermuten, dass das Spikeprotein von SARS-CoV-2 nicht nur den Zelleintritt des Virus selbst, sondern auch die Fusion infizierter mit nicht infizierten Zellen ermöglicht.« Dieser Vorgang dient als Erklärung für die zum Glück seltenen schwereren Verläufe der Virusinfektion.

Bei einer »normalen« Infektion mit Coronaviren sind solche Prozesse sehr selten, weil unser Immunsystem die eingedrungenen Viren offenbar vorher erfolgreich unschädlich gemacht hat.[19] Das geschieht meistens schon in den oberen Atemwegen, denn im lymphatischen Rachenring warten T-Zellen. Diese werden schon im Kleinkindalter jährlich trainiert (Rotznasen). Einige von ihnen räumen die infizierten Zellen gleich ab, andere sorgen für die Produktion von neutralisierenden Antikörpern durch B-Lymphozyten. Diese Torwächter schaffen es offenbar bei den allermeisten Menschen, dass Spike-Proteine im übrigen Körper kein Unheil anrichten können. Nur in wenigen Fällen, bei Menschen mit geschwächter Immunabwehr, sei es durch hohes Alter, schwere Krankheit oder durch Medikamente, die das Immunsystem ausbremsen, erreichen die Viren mit ihren Spikes tiefere Organe, wo sie dann Schaden verursachen können.

Mit dieser sehr schönen wissenschaftlichen Arbeit hat das Paul-Ehrlich-Institut einen wichtigen Beitrag zur Wirkweise von SARS-CoV-2 geliefert. Vermutlich haben die Forscher wohl nicht bedacht, dass dadurch die Impfpläne ihrer obersten Chefin, Bundeskanzlerin Angela Merkel, ins Wanken kommen könnten. Merkel hatte ja auf dem G7-Treffen am 19. Februar 2021 verkündet: »Die Pandemie ist nicht vorbei, bevor nicht alle Menschen auf der Welt geimpft sind.« Was die Forscher des Paul-Ehrlich-Instituts selbstverständlich genau wissen, aber mit keinem Wort erwähnten, ist die Tatsache, dass die gentechnischen »Impfungen« im Körper der Geimpften eine Eigenproduktion von Spike-Proteinen bewirken sollen. Die von den gentechnisch veränderten Körperzellen produzierten Spike-Proteine sollen dann quasi als innerer, selbst hergestellter Impfstoff wirken und unser Immunsystem dazu veranlassen, neutralisierende Antikörper gegen echte Coronaviren herzustellen. Durch die Impfung werden also die normalen Abwehrmechanismen in Nase und Rachen umgangen.

Was passiert eigentlich, nachdem die gentechnischen Moleküle in den Schultermuskel gespritzt wurden? Die meisten Geimpften berichten nach kurzer Zeit über heftige und schmerzhafte lokale Reaktionen an der Impfstelle, hohes Fieber, zum Teil mit Schüttelfrost, starke Kopf-, Gelenk- und Muskelschmerzen im ganzen Körper, Durchfälle, Erbrechen und weitere manchmal länger andauernde Symptome. Nach Impfungen des Personals in Heimen und Kliniken hätten die Nebenwirkungen zu erheblichen Ausfällen und Störungen des Betriebsablaufes geführt.

Manche Geimpfte berichten auch von schweren Folgen, zum Beispiel über zentralnervöse Beschwerden, Lungenfunktionsstörungen oder Kreislaufprobleme. In einer erschreckend großen Zahl starben in den Altenheimen kurz nach der Impfung auffällig viele Bewohner ohne vorher erkennbare Symptomatik.[20] Diese Reaktionen sprechen für eine sehr heftige Immunreaktion, die an ungewöhnlichen Orten gegen die fremden Proteine stattfindet. Ich gehe davon aus, dass diejenigen, die ohnehin gegen Coronaviren immun sind, so eine Immunreaktion besser überstehen. Wer nicht immun genug ist, wird eher zu den Opfern der Impfung gehören. Das ist pervers, denn wer die Spritze überlebt, war schon immun und brauchte die Impfung gar nicht. Die anderen, die durch eine Impfung erst geschützt werden sollen, werden durch sie aber gerade am meisten geschädigt oder gefährdet.

Wenn es stimmt, was das Forscherteam des PEI bereits am 21. Oktober 2020 in der wissenschaftlichen Zeitschrift *iScience* schreibt, dann müssten überall dort, wo die rekombinanten Nukleinsäuren, zum Beispiel mRNA, in Zellen eingedrungen sind und angefangen haben, Spike-Proteine zu produzieren, solche Zellfusionen und Zellverklumpungen in deutlich spürbarem Maße stattfinden. Deshalb kommt es sehr darauf an, welche Target- oder Zielzellen die mRNA im Körper der »Geimpften« findet und verändert.

Da der Impfstoff in den gut durchbluteten Deltoideus-Muskel gespritzt wird, gelangen die dort produzierten Spike-Proteine, aber vielleicht auch die Nanopartikel oder sonstigen Vektoren mit ihren Nukleinsäure-Schnipseln, sehr schnell mit dem venösen Blutstrom über die rechte Herzkammer in die Lunge und dann bis in die sehr fein verzweigten Kapillarnetze um die Lungenbläschen. Hier fließt das Blut allerdings sehr viel langsamer und der Kontakt mit Kapillarendothelien und Alveolarzellen ist sehr eng. Daher könnten die Spike-Proteine auch hier Schaden anrichten. Welche Rolle dabei die als Zellöffner für die einzuschleusende Nukleinsäure eingesetzten Nanopartikel spielen, sollte geklärt werden. Ich halte es für möglich, dass die gentechnischen Impfungen gegen COVID-19 in solchen Fällen auch ein Krankheitsbild mit starker Luftnot erzeugen können, wie es sonst nur bei schweren Verläufen einer Corona-Infektion auftritt.

Weiterhin ist zu befürchten, dass die durch Spike-Proteine ausgelösten unkontrollierbaren Zellfusionen andere starke Gewebsschäden verursachen und auch entsprechende immunologische und hämatologische Komplikationen. Gewebszerstörungen, Mikrothrombosen und sekundäre Immunkomplikationen könnten diverse schwere Krankheitsbilder oder gar den Tod zur Folge haben. Die bei solchen Ereignissen beobachteten Abfälle der Thrombozytenwerte sprechen für viele kleine Thrombosen, bei denen diese Blutplättchen verbraucht werden. Ob bei diesen Prozessen die Nanopartikel ebenfalls eine Rolle spielen, müsste auch geklärt werden. Nicht umsonst dauern Impfstoffstudien sonst mehrere Jahre und nicht – wie aktuell – wenige Monate.

Mir ist völlig unverständlich, dass die Autoren des Paul-Ehrlich-Institutes, welche die Gefahren durch Spike-Proteine genau untersucht und beschrieben haben, nicht daran gedacht haben, was die gentechnische Impfung auslösen kann. Das PEI trägt nämlich auch die Verantwortung für die Sicherheit gerade jener gentechnischen Impfstoffe, die genau solche Spike-Proteine in den Körpern der »Geimpften« produzieren sollen. Ein solches naheliegendes Risiko der Impfung erwähnen die Autoren in der Arbeit nicht einmal.

Zudem kenne ich keine andere klinische Studie, die ein solches Risiko explizit bei den Impfstoffen beobachtet oder vorher ausgeschlossen hätte. Von den bisher bekannten unerwünschten Wirkungen ließen sich durchaus mehrere durch den Fusion-from-without-Effekt (FFWO) erklären. Weitere Untersuchungen scheinen dringend angebracht. Insbesondere sollten alle Geimpften, die innerhalb von ein bis drei Wochen nach der Impfung sterben, pathologisch untersucht und gleichzeitig mit histologischen und immunhistologischen Methoden nach möglichen Impfnebenwirkungen gesucht werden.

Dieses angesichts der verkürzten Studienzeiten und der großen Unsicherheiten zu unterlassen, halte ich – erst recht wegen der Ankündigung der Kanzlerin – für mehr als grob fahrlässig. Geimpfte mit Nebenwirkungen sollten das Recht haben, sich sofort von einer unabhängigen (!) Stelle untersuchen zu lassen. Kann danach eine Gefährdung durch die Impfung nicht sicher ausgeschlossen werden, wäre das ein weiterer dringender Grund, alle gentechnischen »Impfungen«, die zu einer Bildung von Spike-Proteinen führen sollen, sofort zu stoppen. Im Übrigen sollte das *Institut für Qualität und Wirtschaftlichkeit im Gesundheitswesen* (IQWIG) unverzüglich beauftragt werden, eine Risiko-Nutzen-Analyse zu den Corona-Impfungen durchzuführen.

BEWERTUNG DER mRNA-IMPFUNGEN

Um die Frage nach dem Sinn einer Impfung sach- und fachgerecht beantworten zu können, sind Informationen über die Expositionsrisiken und die Immunitätslage entscheidend. Wichtig ist noch die Unterscheidung, ob die gesamte Bevölkerung schwer an den Erregern erkrankt oder ob die Erreger – wie bei Zika- und Rötelnviren – nur bei Schwangeren oder einer eingrenzbaren Bevölkerungsgruppe ernste Schäden verursachen können. Aus der Perspektive des Öffentlichen Gesundheitswesens werden meistens zwei unterschiedliche Impfziele genannt, die fast immer gleichzeitig Bedeutung haben. Bei den Impfzielen wird zwischen einer infektionsepidemiologische Indikation und einer individuellen Indikation unterschieden:

1. Durch die Impfung kann man andere Menschen vor Ansteckung schützen. Das ist eine infektionsepidemiologische Indikation: Es soll eine Herdenimmunität erreicht werden, wie bei Masern, oder eine Krankheit soll in einer Bevölkerung ganz ausgerottet, also eradiziert (von Radix = die Wurzel) werden, wie bei Pocken, Tollwut oder Polio. Die Möglichkeiten solcher Maßnahmen werden meistens stark überschätzt.

2. Die Geimpften selbst sollen vor einer ansteckenden Erkrankung geschützt werden (individuelle Indikation). Die Entscheidung folgt hier primär einer individuellen Nutzen-Schaden-Abwägung.

Im Falle der Corona-Impfung werden beide Ziele genannt, obwohl bei SARS-CoV-2 offenbar eine breite Herdenimmunität vorhanden ist. Das Immunsystem schützt die weit überwiegende Mehrheit der Menschen vor ernsten Coronavirus-Infektionen und gegen die laufend neu zu erwartenden Unterarten beziehungsweise Mutanten gleichermaßen. Man spricht dann von einer Kreuzimmunität. Anhand der RKI-Daten kann man grob abschätzen, dass unter 10 Prozent der Bevölkerung jährlich durch Coronaviren für einige Tage leicht erkranken. Eine differenzialdiagnostische Abklärung in Bezug auf die konkurrierenden oder gar synergistischen Effekte durch häufig gleichzeitig auftretende andere Viren fehlt aber völlig.

GIBT ES INFEKTIONSEPIDEMIOLOGISCHE GRÜNDE FÜR EINE IMPFUNG GEGEN CORONAVIREN?

Klare Antwort: NEIN! Bei allen Statistiken zu Morbidität und Mortalität von COVID-19 fehlen die typischen Merkmale einer grundsätzlich neuen, überdurchschnittlich gefährlichen oder ansteckenden Erkrankung. Die Sterblichkeit von Corona-Infektionen ist gering und versteckt sich immer in der Gesamtzahl aller Grippe-Fälle. Auch dort, wo neue Mutanten gefunden wurden, haben sich Morbidität oder Letalität bisher nicht verändert. Die meisten an oder mit COVID-19 Verstorbenen sind über 84 Jahre alt und hatten Vorerkrankungen.[21] Menschen unter 64 Jahren hingegen versterben nur sehr selten an oder mit COVID-19. Die bisherige Sterblichkeit der seropositiv mit COVID-19 Erkrankten entspricht selbst weltweit der einer normalen Grippe.[22] Auch in Deutschland verschwinden die mit COVID-19-Diagnose Verstorbenen in einer insgesamt durchschnittlichen Sterbekurve. Dass in einigen Regionen während der Lockdown-Maßnahmen mehr Menschen starben, ist eine Folge des Lockdowns, durch Missmanagement, Zugangshemmnisse für andere Kranke und damit verbundene Unterversorgung zu erklären, aber nicht Folge einer Infektion mit SARS-CoV-2. Die schlimmsten Lockdown-Folgen in den Entwicklungsländern blenden wir gewöhnlich aus.[23]

Außerdem beruht die gesamte COVID-19-Fallstatistik auf irreführenden PCR-Daten, die 2020 monatelang wegen einer sehr geringen Prävalenz zu weit mehr als zur Hälfte falsch positiv sein mussten und deren Qualität extrem unterschiedlich zu sein scheint. Die Qualität der eingesetzten Tests wird trotzdem – wie bereits erwähnt – nicht laufend amtlich überprüft.

Zudem spiegeln weder die offiziellen Sentinel-Daten des RKI noch die Daten zur Belegung und Inanspruchnahme der ambulanten beziehungsweise stationären Bereiche der Kliniken das angebliche infektionsepidemiologische Gewicht der SARS-CoV-2-Infektionen wider.

Die epidemiologische Bedeutung der Erreger wird zusätzlich dadurch verzerrt, dass die PCR-Tests keine Aussage über vermehrungsfähige Viren und damit über eine Ansteckungsfähigkeit zulassen[24] und dass die Statistik der Diagnosen durch neue, von der WHO geschaffene Codierungsmöglichkeiten und durch finanzielle Fehlanreize für eine COVID-19-Diagnose systematisch verfälscht wird. Außerdem werden alle Erkrankungen oder Todesfälle bei positivem PCR-Test ohne weitere Differenzialdiagnostik wahrscheinlich oft falsch als COVID-19-Fälle gezählt. Nach den anderen, in über 80 Prozent der Grippe-Fälle infrage kommenden oder gar gleichzeitig auftretenden Viren, wie Influenza, wird gar nicht mehr gesucht. Zusammenfassend gibt es keine infektionsepidemiologisch begründbare Indikation für eine Impfung gegen Coronaviren.

GIBT ES INDIVIDUELLE GRÜNDE
FÜR EINE IMPFUNG GEGEN CORONAVIREN?

Hier lautet die klare Antwort ebenfalls: NEIN! Jeder könnte sich auch fragen: Nützt es mir, wenn ich mich impfen lasse?

Weil bei den meisten Menschen (50 bis 80 Prozent) eine langfristige zelluläre Kreuzimmunität gegen Coronaviren besteht, erkrankt weniger als 1 Prozent der Bevölkerung ernsthaft. Aus demselben Grund fällt bei etwa 10 Prozent der Bevölkerung mit oder ohne leichte Symptomatik ein Antigentest auf SARS-CoV-2 in der Grippesaison positiv aus. Das entspräche – wenn man den PCR-Tests glauben könnte – der üblichen Beteiligung von Coronaviren an der saisonalen Grippe von 5 bis 15 Prozent.

DIE KLINISCHE IMPFSTOFFSTUDIE

In einem Bericht an die US-Zulassungsbehörde FDA vom 10. Dezember 2020 fasst der Impfstoffhersteller *Pfizer/BioNTech* die zur Notfallzulassung (EUA) eingereichten Zwischenbefunde so zusammen:

»Derzeit läuft eine randomisierte und placebokontrollierte Phase-3-Studie mit BNT 162b2 an rund 44.000 Teilnehmern, um die Sicherheit und Wirksamkeit des Impfstoffs zu untersuchen. Die Wirksamkeit des Impfstoffs für den primären Endpunkt gegen bestätigte Covid-19, die mindestens 7 Tage nach der zweiten Dosis auftrat, betrug 95,0 Prozent mit 8 Covid-19-Fällen in der Impfstoffgruppe im Vergleich zu 162 Covid-19-Fällen in der Placebogruppe. Daten von etwa 38.000 Teilnehmern, die 1:1 randomisiert wurden und im Median 2 Monate nach der zweiten Impfstoffdosis nachbeobachtet wurden, zeigten ein günstiges Sicherheitsprofil bei einer Dosis von 30 g bei Teilnehmern ab 16 Jahren. Am

20. November 2020 reichten *Pfizer* und *BioNTech* bei der FDA einen EUA-Antrag für ihren Covid-19-Impfstoff (BNT 162b2) zur Vorbeugung von Covid-19, verursacht durch SARS-CoV-2 ein.«[25]

Mit anderen Worten: Von 38.000 aus 44.000 ausgewählten Probanden, die zu Beginn der Studie negativ getestet waren, hatte die eine Hälfte, also 19.000, zweimal 30 g Impfstoff und die andere Hälfte, also auch 19.000, zweimal ein Placebo, jeweils mit 28 Tagen Abstand erhalten. Bei der randomisierten Doppelblindstudie sollte gezählt werden, wie viele Nebenwirkungsfälle nach dem siebten auf die zweite Impfung folgenden Tag in jeder Gruppe auftreten würden. Die Beobachtungszeit wurde auf zwei Monate nach der letzten Impfung festgesetzt und dauerte bis in den November hinein. Eine künstliche Exposition mit SARS-CoV-2 erfolgte nicht.

DAS STUDIENERGEBNIS LAUTET:

In der geimpften Gruppe hatten 8 Personen leichte Symptome mit einem positiven Test (»bestätigt Fälle«) und in der Placebogruppe waren es 162 Personen. Von den 19.000 Geimpften waren 154 Personen somit weniger erkrankt als in der gleich großen Placebogruppe. Die Relative Risiko-Reduktion (RRR) für die Geimpften betrug also 154 : 162 = 0,95 (95 Prozent). Das hört sich gut an und wurde als 95-prozentige Wirksamkeit überall propagiert (RRR = 95 Prozent).

Wenn man jedoch bedenkt, dass 19.000 Personen geimpft werden mussten, damit 154 Personen davon profitierten, klingt das schon etwas enttäuschend, denn 154 von 19.000 sind nur 0,81 Prozent, bezeichnet als Absolute Risiko-Reduktion (ARR). Für jeden der 154 Geschützten müssen also 123 Personen geimpft werden, Number Needed to Vaccine (NNV) = 123. 99,19 Prozent der Geimpften müssen demnach mit Nebenwirkungen der Impfung rechnen, werden aber nicht zusätzlich zu ihrer ohnehin bestehenden Immunität geschützt. Das ist extrem wenig Schutz durch eine außergewöhnlich risikoreiche Impfung.

Die erheblichen Mängel der Studie hatten Dr. Michael Yeadon und ich in einer Petition an die Europäische Arzneimittel-Agentur (EMA) geschickt, um deren Abbruch zu fordern.[26] Auch Peter Doshi vom *British Medical Journal* (BMJ) hat in einem ausführlichen Kommentar viele weitere Schwächen der *BioNTech/Pfizer*-Studie kritisiert.[27] Übrigens war Michael Yeadon bis vor einigen Jahren Forschungsdirektor bei *Pfizer* und ist ein exzellenter Spezialist, wenn es um die Qualität von biomedizinischen Studien geht. Unsere Kritik bezieht sich überwiegend darauf, dass ungeeignete PCR-Kriterien genutzt wurden und dass keinerlei Aussagen über das eigentliche Ziel einer Impfung vor deren Zulassung möglich sind. Ziele wären zum Beispiel die Verhinderung schwerer Verläufe oder die Reduktion der Ansteckungsraten. Wir kritisierten zudem in der Petition, dass die Studie nicht geeignet war, schwere, bei der Art von Impfstoffen naheliegende Nebenwirkungen, wie Antibody-Dependent Enhancement (ADE), eine lebensgefährliche immunologische Komplikation, oder Unfruchtbarmachung, auszuschließen.

Bei der allgemein als zu kurz angesehenen Beobachtungszeit können natürlich erst recht unerwünschte Langzeitfolgen nicht beurteilt werden. Krankheiten des Immunsystems wie Autoimmunerkrankungen, systemische Gewebsschädigungen oder gar Krebs sind möglich, treten aber meist viel später auf. Dass es sich um ein Notzulassungsverfahren handelt, klingt allerdings sehr beschönigend. Was nützen spätere Erkenntnisse über schwere Nebenwirkungen, wenn die gesamte Bevölkerung schon geimpft ist? Die Katastrophe wäre gigantisch.

So hätte man beispielsweise in Tierversuchen mit kleinen Säugern schnell ausschließen können, ob es wegen der genetischen Ähnlichkeit zwischen dem von Behandelten produzierten Spike-Antigen und einem für die Plazenta-Ausbildung bei Säugern wichtigen Protein

(Syncytin[28]) zu einer Antikörperbildung kommt, die das Syncytin unwirksam macht. Daten hierzu fehlen bisher.

Wenn Sie also denken, Sie könnten dadurch, dass sie sich »solidarisch« impfen lassen, die Gesundheit anderer Menschen schützen, so ist das nur zu 0,81 Prozent richtig. Sie könnten mehr für andere tun, wenn Sie sich gegen unnötige oder riskante Impfung einsetzen. Wenn Sie noch der Meinung sind, Sie könnten sich durch die Impfung selbst gegen Gesundheitsschäden schützen: Leider auch falsch, denn gegen schwere Risiken durch SARS-CoV-2 sind Sie bereits ohne Impfung zu 99,19 Prozent geschützt. Sie würden sich allerdings unbekannten und durchaus möglichen Nebenwirkungsfolgen aussetzen.

WEHRLOSE IM GROßVERSUCH

Der Deutsche Ethikrat und andere wichtige Gremien haben sich ja Gedanken gemacht, wer zuerst in den Genuss eines solidarischen Impfschutzes kommen sollte. Dabei haben sie die besonders vulnerablen Gruppen, die in Heimen oder zu Hause von der Betreuung anderer abhängen, an die erste Stelle gesetzt. Heimbewohner, Pflegebedürftige und ihr Personal in allen möglichen Einrichtungen sollten also zuerst geimpft werden. Sehr schnell hat man bemerkt, dass gerade unter ärztlichem und pflegerischem Personal die Skepsis gegenüber diesem erneut staatlich empfohlenen Pandemie-Impfstoff sehr groß war. So hätte erneut passieren können, dass man wie mit *Pandemrix®* bei der Schweinegrippe auf den zig Millionen Dosen bereits bezahlten Impfstoffes sitzen bleibt.

Daher entschied man sich für die sehr durchsichtige und fragwürdige Taktik, die Impfungen an der kritischen Ärzteschaft vorbei mit sehr gut bezahlten Sonderimpftrupps in Impfzentren durchführen zu lassen oder die Impfkandidaten der ersten Phase in den Einrichtungen aufzusuchen. Als Vorwand dafür diente die Eilbedürftigkeit, ein anderer war der besondere logistische Aufwand einer speziellen

Kühlkette. Das Honorar für die Impftrupps war sehr verlockend, zum Beispiel für ärztliche Kräfte 150 bis 175 Euro pro Einsatzstunde. Viele Landräte und Bürgermeister forderten die Bundeswehr zur organisatorischen und logistischen Unterstützung der Teams an. Schließlich befinden wir uns im »Krieg gegen die Viren«.

Ich finde es ethisch sehr fragwürdig, alten oder behinderten Menschen, die oft wenig fragen und sich schlecht wehren können, den hoch risikoreichen gentechnischen Impfstoff zuerst zu injizieren. Wenn die Impfung dann noch mit der Botschaft verbunden wurde, dass die Heimbewohner danach wieder mehr Besuch empfangen dürfen, so ist das sachlich nicht zu begründen und rechtlich wohl eher eine Nötigung. Inzwischen hat sich ja herausgestellt, dass die Behörden der Impfung doch so wenig Schutzwirkung zutrauen, dass fast alle Erleichterungen für Geimpfte wieder gestrichen werden.

Außerdem bleibt festzuhalten: Unsere Regierungen haben den Impfstoff blind gekauft und sogar das Haftungsrisiko der Hersteller übernommen. Keines der sonst zuständigen Fachgremien für Schaden-Nutzen-Abwägungen (GBA, IQWIG, STIKO) wurde von der Bundesregierung bis kurz vor Beginn der Impfaktionen in die Entscheidung über die Anschaffung und Anwendung in transparenter Weise eingebunden. Als die STIKO ihr Votum abgab, war ohnehin bereits alles entschieden.[29] Dem IQWIG fehlten die für eine Bewertung notwendigen Daten und der GBA war angeblich gar nicht zuständig.

Professor Jürgen Windeler, der Chef des Instituts für Qualität und Wirtschaftlichkeit im Gesundheitswesen (IQWIG), kommentierte noch vor Beginn der Impfaktion im IQWIG-Jahresbericht 2019:

»Unter schwierigen Umständen ist schnelles Handeln und sind schnelle Ergebnisse gefragt. Und trotzdem sind Qualitätsanforderungen nicht zu vernachlässigen. Methodisch schlecht gestützte, erst recht falsche Ergebnisse sind immer noch schädlicher als Nichtwissen. Wir alle sind deshalb gut beraten, bei

Fragen zu Nutzen und Schaden von medizinischen Interventionen zur Behandlung von Covid-19 auf die Ergebnisse qualitativ hochwertiger klinischer Studien zu setzen. Der kurzfristige Hype um das Anti-Malaria-Mittel (Hydroxy-)Chloroquine, der aus völlig inadäquaten ›Studien‹ resultierte, mag dafür ein beredtes Beispiel sein.«[30]

Im Oktober 2020 setzte sich Windeler in einem Gastbeitrag in der *Süddeutschen Zeitung* unter dem Titel »Wir sollten einander wieder zuhören« für die Voraussetzungen wissenschaftlichen Fortschritts, also für Neugier, Zweifel und gegenseitiges Zuhören, ein.[31] Am 2. Dezember 2020 sagte er der Wochenzeitung *Die Zeit* in einem Interview:

»Das IQWiG kann nur tätig werden, wenn es einen Auftrag bekommt, vom Gemeinsamen Bundesausschuss oder vom Bundesgesundheitsministerium. Wir haben aber keine Anfrage zu Covid-19 erhalten. Dabei interessiert auch uns natürlich die Frage, ob Maßnahmen wie etwa Schul- oder Restaurantschließungen tatsächlich wirksam sind. Aber eine Gegenfrage: Interessiert sich überhaupt jemand dafür, ob die Maßnahmen wissenschaftlich belegt sind?«

Und weiter:

»Es gibt viele – teils begründete – Vermutungen dazu, aber sehr wenig Beweiskraft. Da hätten wir nach acht Monaten Pandemie mehr haben können. Wir wissen zum Beispiel nicht, wie viele Menschen tatsächlich infiziert sind oder waren. Deshalb haben wir bis heute keine Daten aus Deutschland zur Infektionssterblichkeit. Wie ist es um die Antikörperbildung und die Immunität bestellt? Wir wissen auch nicht, wie viele Infektionen völlig unauffällig verlaufen.«

Trotzdem wurden unter dem großen Druck von Bund und Ländern Millionen gesunder Menschen auf der Basis völlig inadäquater Studien zu Versuchskaninchen einer gierigen Impfindustrie. Dieses Vorgehen wirft für mich alles über den Haufen, was ich bisher als Arzt, als Politiker oder als ehrenamtlicher Patientenvertreter ernst genommen habe. Welche Gründe führen zu einem solchen Verhalten?

CORONA-IMPFUNG UNNÖTIG UND RISKANT – DREI GRÜNDE

1. Eine Impfung ist gar nicht erforderlich.
Infekte mit Coronaviren verlaufen überwiegend asymptomatisch und eventuell auftretende Symptome sind meist mild. Die Sterblichkeit von Corona-Infektionen ist gering und immer in der Gesamtzahl der Grippe-Fälle versteckt. Die meisten an oder mit COVID-19 Verstorbenen sind über 84 Jahre alt und hatten Vorerkrankungen. Menschen unter 64 Jahren hingegen sterben nur sehr selten an oder mit COVID-19. Demnach hat auch die altersstandardisierte Gesamtsterblichkeit seit Auftreten von Corona nicht zugenommen und war im langjährigen Jahresvergleich relativ gering. Der Impfstoff schützt höchstens eine Person von 141 Geimpften (0,81 Prozent) zusätzlich vor einer Infektion, wie oben angeführt.

2. Der Nutzen der Impfung ist vorher nicht evidenzbasiert bestimmbar.
Lediglich während des Lockdowns mit seinen massiven restriktiven Maßnahmen starben in unterschiedlichen Regionen mehr Menschen als sonst, was aber nicht durch die Virusinfektion zu erklären ist. Selbst eine wirksame Impfung brächte folglich kaum einen Nutzen beziehungsweise würde die ohnehin geringe Sterbewahrscheinlichkeit kaum weiter verringern. Eine Impfung gegen den Pflegenotstand, die Vereinsamung und Fehlbehandlungen alter Menschen gibt es nicht. Eine präventive Impfung mit evidenzbasiertem

Nutzennachweis ist bei den rasch wechselnden Erreger-Subtypen wie auch bei der Influenza nicht möglich. Nachträgliche Auswertungen haben keinen prädikativen Wert für die nächste Saison.

3. Die Sicherheit der Impfung ist wegen fehlender Nachbeobachtungszeit ungewiss.

Anders als bei Grippe-Impfstoffen wird gegen SARS-CoV-2 kein Impfstoff mit den jeweils aktuellen abgetöteten Virusbestandteilen versetzt, sondern eine völlig neue Technologie verwendet. Dieser mRNA-Impfstoff soll die Patientenzellen dazu bringen, selbst Virusbestandteile herzustellen, die die Zellen nach außen abgeben und die eine Antikörperreaktion hervorrufen sollen. Von dieser erhofft man sich eine Immunisierung der Geimpften. Man weiß aber noch nicht einmal, welche Zellen gentechnisch verändert werden (targets). Durch einen derart neuen Eingriff in das Immunsystem sind zahlreiche ernste Spätfolgen wie Autoimmunerkrankungen oder bei erneuten Erregerkontakten Fehlreaktionen der Immunabwehr möglich. Die Warnungen vor Problemen einer solch ungenügend geprüften Zulassung sind daher berechtigt. Dass zum Beispiel *Pandemrix®* bei der Schweinegrippe-Impfung Narkolepsie ausgelöst hat, haben viele sicher noch gut in Erinnerung. Die Beobachtungszeit eines derart neuen Verfahrens müsste deshalb länger und nicht kürzer sein als bei herkömmlichen Impfstoffen.

SEIT DER KINDHEIT SIND DIE MEISTEN GEGEN CORONAVIREN IMMUN

Eine Studie aus Peking aus dem Jahr 2013 zeigte eindrucksvoll, dass Kinder die Infektionen mit diversen sogenannten endemischen Coronaviren in den ersten Lebensjahren, ohne viel zu merken, durchmachen und dadurch eine lange zelluläre Immunität aufbauen. Die Autoren schreiben:

»Von 794 getesteten Blutproben waren nur 29 (3,65 Prozent) negativ für Anti-S-IgG. Die Seropositivität der vier Anti-S-IgG-Antikörper lag in der Allgemeinbevölkerung bei > 70 Prozent. Die Mehrzahl der Serokonversionen für Vier-HCoV-Positivität trat zuerst bei Kindern auf. Sowohl S-IgG- als auch S-IgM-Antikörper waren bei Kindern nachweisbar und nahmen mit dem Alter zu, wobei sie im Alter von 6 Jahren ein Plateau erreichten. Bei gesunden Erwachsenen wurde jedoch kein Anti-S-IgM nachgewiesen. Schlussfolgerung: Große Anteile von Kindern und Erwachsenen in Peking weisen Anti-S-IgG gegen vier der HCoVs nach, und die Erstinfektion mit allen vier Nicht-SARS-HCoVs findet in der Kindheit statt.«[32]

Diese Befunde fügen sich in eine Reihe weiterer ähnlicher Studienergebnisse gut ein und erklären die Tatsache, dass überhaupt nur ein sehr kleiner Teil der Bevölkerung etwas von diversen Coronaviren bemerkt. Das heißt aber auch, dass eine Impfung nicht nur unnötig ist, sondern eine bestehende Immunität zusätzliche Risiken bergen kann. Da Impfungen präventiv verabreicht werden, sollte man sich lieber vorher abgesichert haben, dass die Impflinge nicht schon immun sind.

Besonders unverständlich erscheint mir, dass inzwischen sogar die Impfung von Kindern und Jugendlichen geplant und durch Studien vorbereitet wird. Wie bereits gesagt, es sind nach Aussagen zweier Fachgesellschaften in der Pandemie-Zeit seit Anfang März 2020 nur vier von rund 14 Millionen Kindern in Deutschland an Corona-Infektionen verstorben.[33]

Bei der Studie der Universität Innsbruck in Ischgl wiesen die Forscher bei mehr als 42,4 Prozent der Einwohner Antikörper nach.[34] In einer großen repräsentativen Studie der *Statistik Austria* und der Universität Wien wurden diese jedoch nur bei 4,7 Prozent der Teilnehmer gefunden. Allerdings schützen neben Antikörpern sogenannte T-Lymphozyten vor einer erneuerten Infektion, sogar auch dann noch, wenn längst keine Antikörper mehr nachweisbar sind. Derartige zelluläre Immunität schützt weit mehr Menschen und über längere Zeiten als Antikörper.[35] Die an der Innsbrucker Universitätsklinik durchgeführte Studie kommt zum Schluss, dass Patienten nach einer überstandenen Corona-Infektion eine stabile Langzeitimmunität aufweisen.[36] Es bestehe also kein Grund zur Sorge vor einer abermaligen Infektion. Wegen einer breiten Kreuzimmunität, die auch vor verwandten Viren oder Mutationen schützt, wird man nicht krank und kann niemanden anstecken. Folglich sind voraussichtlich wesentlich mehr Menschen tatsächlich vor einer neuerlichen Corona-Infektion geschützt, als die Antikörper-Bestimmung vermuten lässt. Die wenigen Menschen, die höchstwahrscheinlich bisher nicht in Kontakt mit dem Virus gekommen sind, hätten offensichtlich bei einem tatsächlichen Kontakt kaum ein Risiko, sich damit zu infizieren.

Festzuhalten ist, dass weder über die Dauer eines Impfschutzes noch über die Verhinderung schwerer Verläufe etwas bekannt ist. Der Hersteller des zuerst in Deutschland zugelassenen *Comirnaty*® schreibt in der Produktinformation einschränkend, dass »der Impfstoff ... zum Schutz gegen Covid-19 beitragen kann«, aber »wie bei jedem Impfstoff schützt die Impfung mit Comirnaty® möglicherweise nicht jeden Geimpften«. Ferner ist »die Dauer der Schutzwirkung des Impfstoffs nicht bekannt, da sie noch in weiterhin andauernden klinischen Studien ermittelt wird«.[37] Auch können Geimpfte möglicherweise weiterhin andere anstecken. Doch der Sinn einer Impfung sollte sein, dass nicht nur die Geimpften vor einer Infektion geschützt sind, sie soll ebenfalls verhindern, dass diese andere anstecken. Derzeit ist sogar die letztgenannte Forderung fraglich.

So fasst die Europäische Arzneimittel-Agentur die verfügbaren Daten zum Thema zusammen, ob die Impfung die Übertragung des Virus verringern würde:

»Es ist noch nicht bekannt, ob die Ausbreitung von SARS-CoV-2 durch die Impfung beeinträchtigt wird. Es ist noch nicht bekannt, in welchem Ausmaß geimpfte Menschen das Virus immer noch in sich tragen und weitergeben können.«[38]

NEBENWIRKUNGEN SIND HÄUFIG, ABER LÄNGST NICHT ALLE BEKANNT

Da der aktuell verfügbare Impfstoff *Comirnaty®* sehr rasch entwickelt wurde, blieb zu wenig Zeit, die Wirksamkeit und die Nebenwirkungen genau zu untersuchen. Daher erhielt die Impfung lediglich eine »Bedingte Zulassung«. Alle Angaben zu Nebenwirkungen sind folglich unvollständig und werden erst in den nächsten Jahren eine zuverlässige Aussage ermöglichen. Im Beipacktext aufgeführt sind bereits jetzt:

»Müdigkeit (mehr als 60 Prozent), Kopfschmerzen (mehr als 50 Prozent), Muskelschmerzen und Schüttelfrost (mehr als 30 Prozent), Gelenkschmerzen (mehr als 20 Prozent), Fieber und Schwellungen an der Injektionsstelle (mehr als 10 Prozent).«

Obwohl die Nebenwirkungen von *Comirnaty®* laut Hersteller »üblicherweise geringgradig oder mittelstark ausgeprägt« sind und innerhalb von ein paar Tagen abklingen, beeinträchtigt die Impfung doch sehr häufig stark das Befinden der Geimpften. Seit Anlaufen der Impfaktionen sind bei älteren Geimpften zudem schwere neurologische Nebenwirkungen aufgetreten und in manchen Altenheimen – nicht nur in Deutschland – starben nach der Impfung vermehrt die Bewohner.[39] Diese Fälle wurden bisher nicht staatsanwaltschaftlich untersucht und ebenso fand keine vergleichende Untersuchung von neu festgestellter PCR-Positivität und von Todesfällen wenige Tage nach der Impfung bei Geimpften und Nicht-Geimpften statt.

Mehrere renommierte Immunologen warnen, dass bei manchen Geimpften eine schwere Form einer antikörperinduzierten Überreaktion auftreten könnte, wenn sie später Kontakt mit den Wildviren haben würden. Bei mit SARS-Impfstoffen geimpften Katzen hatten Expositonsversuche jedenfalls zum Tod der Tiere geführt. Man hatte damals deswegen die Idee einer Impfung gegen SARS-Viren ad acta gelegt. Angesichts der dürftigen Wirkung ist die lange Liste der bekannten Nebenwirkungen[40] und den nicht ausgeschlossenen Risiken auf jeden Fall erschreckend. Möglicherweise wird man diese noch ergänzen müssen.

ÜBRIGENS: DIE WHO DEFINIERT DIE HERDENIMMUNITÄT NEU

Am 31. Oktober 2020 veröffentlichte die WHO auf ihrer Website:

> »Was ist ›Herdenimmunität‹? ›Herdenimmunität‹, auch bekannt als ›Populationsimmunität‹, ist ein Konzept, das für Impfungen verwendet wird, bei dem eine Bevölkerung vor einem bestimmten Virus geschützt werden kann, wenn ein Schwellenwert für die Impfung erreicht wird. Herdenimmunität wird erreicht, indem man Menschen vor einem Virus schützt, nicht indem man sie ihm aussetzt.«[41]

Diese Verdrehung der natürlichen Gegebenheiten ist ein Indiz für die hinter der WHO weiterhin wirksamen Geschäftsmodelle. Herdenimmunität nur durch Impfung. Anscheinend hatte den Impfstoffinvestoren, den Strategen des *Global Preparedness Monitoring Board* (GPMB) und den mit der WHO kooperierenden Beratungsfirmen große Kopfschmerzen bereitet, dass so viele Menschen – wohl weit über 90 Prozent – offenbar eine mehr oder weniger starke natürlich erworbene Immunität gegen die meisten zirkulierenden

Atemwegsviren besitzen. Das mag Bill Gates ärgern, aber für uns ist das gut so, denn unser Immunsystem trainiert ja schließlich in jeder Grippewelle! Die »Herde« – das sind wir alle – ist offenbar so immun, dass immer nur ein kleiner Teil etwas spürt, wenn wir jedes Jahr ein kostenloses Anti-Viren-Update verpasst bekommen. Hatschi, Rotznase, etwas Glieder- oder Halsschmerzen und wir sind wieder vor den neuesten Viren geschützt. Das ist bisher die Herdenimmunität und das versteht jeder. Um in der Computersprache zu bleiben: Nur bei Immun-»Hardwareschäden«, überalterten »Systemen« oder medikamentöser »Malware« drohen Komplikationen, sonst verläuft das jährliche Anti-Viren-Update ohne Probleme und, ohne dass wir uns darum kümmern müssten, seit einigen Tausend Jahren automatisch.

Die WHO hat uns also eröffnet, was ihrer Meinung nach Herdenimmunität in Zukunft bedeuten soll. Die Herdenimmunität hat bei der WHO nichts mehr mit natürlich erworbener Abwehrkraft zu tun. Biologische, natürliche Immunabwehrkraft zählt für die Impflobby in Genf nicht mehr. Die WHO gebraucht das Wort jetzt synonym zum bisher in Gesundheitsbehörden gängigen Begriff Durchimpfungsgrad.

Nach den Wünschen der Impfinvestoren haben deren Vertreter bei der WHO ein neues Framing, ein Umdenken eingeführt, welches die Verantwortung für Immunität in die Cloud von Silicon Valley verlagern soll. Die WHO sagt: Immunität = Impfstatus. Damit ignoriert sie tatsächlich unsere Biologie, unsere immunologische Identität, unser Immungedächtnis. Gleichzeitig ermöglicht sie einen Immunitätsausweis, der sich nicht auf unsere selbst erworbenen Immunitäten bezieht, sondern ausschließlich auf unsere Impfungen. Der neue Immunitätsnachweis wäre dann ja nichts weiter als eine Quittung für erduldeten Impfstoff.

Und was passiert, wenn unser Immunsystem sich wehrt? Wenn die künstlichen Stimuli unser System durcheinander- oder sogar zum Absturz bringen? Viele Experten beobachten voller Sorge die laufenden Impfungen. Wann und wie reagiert die alte Herdenimmunität

auf die Beta-Version aus der Spritze? Wer eine Pandemie nach ökonomischer Opportunität definiert, der kann das nach Belieben ebenso
mit anderen Begriffen machen, jedenfalls solange wir den Unsinn
mitmachen.

Grün ist man in Zukunft offenbar nur noch nach Impfung oder
bei laufend wiederholten negativen Testergebnissen. Das »digitale
grüne Zertifikat« ist bei der EU in Arbeit. Nur wer sich brav impfen
und testen lässt, für den soll die ehemals so gerühmte Freizügigkeit
in der Europäischen Union noch gelten. Es sieht so aus, als wolle
uns jemand die europäische Idee mit der Spritze austreiben.

1 Viele Argumente gegen die Corona-Impfung hier: https://www.wodarg.com/impfen

2 https://www.woz.ch/2107/coronaimpfung/ein-stoff-der-reich-macht?fbclid=IwAR0rvqExXuCf304Rj0 H1Z2CNyk2X26wTYgEHC3oDeFeArAr2mxLmJ6BqJh8

3 https://www.hrsa.gov/vaccine-compensation/about/index.html

4 https://youtu.be/FU-cqTNQhMM

5 23. Juni 2020, Interview von C-SPAN mit Bill und Melinda Gates: https://www.c-span.org/ video/?473341-1/bill-melinda-gates-covid-19#

6 »Vaccines: truth, lies and controversy«, *People'sPress*, 06.02.2020, Kindle-Ausgabe

7 https://pubmed.ncbi.nlm.nih.gov/28931240

8 https://www.wodarg.com/impfen

9 Council Recommendation of 7 December 2018 on strengthened cooperation against vaccine-preventable diseases (2018/C 466/01)

10 https://ec.europa.eu/health/sites/health/files/preparedness_response/docs/ev_20191211_flash_en.pdf

11 https://ec.europa.eu/health/sites/health/files/vaccination/docs/2019-2022_roadmap_en.pdf

12 https://ec.europa.eu/health/sites/health/files/vaccination/docs/10actions_en.pdf

13 https://2020news.de/whistleblower-aus-berliner-altenheim-das-schreckliche-sterben-nach-der-impfung

14 Makrophagen sind weiße Blutkörperchen, die aus dem Knochenmark stammen (Monozyten).

15 https://www.pei.de/DE/newsroom/pm/jahr/2021/03-gewebeschaeden-zellfusion-covid-19-rolle-spikeprotein.html;jsessionid=41364821D3339F93F7C3ECB5E14718D0.intranet242?nn=172068

16 Theuerkauf S. A., Michels A., Riechert V., Maier T. J., Flory E., Cichutek K., Buchholz C. J. (2021), »Quantitative Assays Reveal Cell Fusion at Minimal Levels of SARS-CoV-2 Spike Protein and Fusion-from-Without«, *iScience* Feb 9 [Epub ahead of print]

17 Bratt, M. A., and W. R. Gallaher, 1969, »Preliminary analysis of the requirements for fusion from within and fusion from without by Newcastle disease virus«, Proc. Natl. Acad. Sci. USA 64:536-543

18 Clavel F., Charneau P., »Fusion from without directed by human immunodeficiency virus particles«, J Virol. 1994 Feb; 68(2):1179-85. doi: 10.1128/JVI.68.2.1179-1185.1994. PMID: 8289347; PMCID: PMC236557

19 Takuya Sekine et al., »Robust T cell immunity in convalescent individuals with asymptomatic or mild Covid-19«, published in *Cell* doi: 10.1016/j.cell.2020.08.017

20 https://2020news.de/whistleblower-aus-berliner-altenheim-das-schreckliche-sterben-nach-der-impfung

21 CoDAG-Bericht Nr. 4, 11. Dezember 2020, Küchenhoff, H et al. zu den Sterbezahlen:

»1. Durch Covid-19 – Adjustiert auf die Einwohnerzahl – zeigt sich keine ausgeprägte Übersterblichkeit.

2. Es gibt Problematische Entwicklung der Fallzahlen bei den Hochbetagten – Die bisherigen

Corona-Maßnahmen verfehlen notwendigen Schutz der Ältesten.

3. Die aktuellen Analysen zum Verlauf der Pandemie ergeben keinen deutlichen Rückgang nach dem

Lockdown. Seit der dritten Oktoberwoche gibt es insgesamt einen stabilen Verlauf.«

22 John P. A. Ioannidis, »Infection fatality rate of Covid-19 inferred from seroprevalence data«,

Bulletin of the World Health Organization; Type: Research; Article ID: BLT.20.265892

23 10546/621149/bp-the-inequality-virus-250121-en.pdf, 25. Januar 2021

24 Das RKI schrieb zur Aussagekraft der PCI bei »biologischen Gefahren«: »Die PCR ist sicher nicht die

›eierlegende Wollmilchsau‹ der Diagnostik infektiöser Erreger, auch die Real-Time-PCR ist es nicht.

Betrachtet man, was die PCR nachzuweisen nicht im Stande ist, nämlich intakte Partikel, deren

Infektiosität oder erregerspezifische Proteine, mag man (zuerst) am Nutzen der PCR zweifeln.«

Andreas Nitsche, »Stellenwert der Real-Time-PCR in der BT-Erregerdiagnostik«, RKI, 2011

Proceedings: Biologische Gefahren in Deutschland, Band 6, S. 390

25 Vaccines and Related Biological Products Advisory Committee Meeting, December 10, 2020;

FDA Briefing Document *Pfizer-BioNTech* Covid-19 Vaccine; Sponsor: *Pfizer and BioNTech*

26 Die Texte der Petition Wodarg/Yeadon und den Artikel von Peter Doshi habe ich auf meiner

Homepage auf Deutsch zur Verfügung gestellt: https://www.wodarg.com/impfen.

Sie enthalten auch die erforderlichen Quellenangaben.

27 https://blogs.bmj.com/bmj/2021/01/04/peter-doshi-pfizer-and-modernas-95-effective-vaccines-

we-need-more-details-and-the-raw-data

28 Gallaher B., »Response to nCoV2019 Against Backdrop of Endogenous Retroviruses« [Internet]:

http://virological.org/t/response-to-ncov2019-against-backdrop-of-endogenous-retroviruses/396

29 https://www.rki.de/DE/Content/Infekt/Impfen/ImpfungenAZ/Covid-19/Impfempfehlung-

Zusfassung.html;jsessionid=4F239D63F28D16BB58F758CAD3578410.internet081

30 https://www.iqwig.de/presse/pressemitteilungen/pressemitteilungen-detailseite_19264.html

31 https://www.sueddeutsche.de/meinung/corona-debattenkultur-gastbeitrag-1.5095534

32 Weimin Zhou et al., »First infection by all four non-severe acute respiratory syndrome human coronaviruses

takes place during childhood«, BMC Infect Dis. 2013 Sep 16;13:433. doi: 10.1186/1471-2334-13-433

33 Hospitalisierung und Sterblichkeit von Covid-19 bei Kindern in Deutschland, Stellungnahme der

Deutschen Gesellschaft für Pädiatrische Infektiologie (DGPI) und der Deutschen Gesellschaft für

Krankenhaushygiene (DGKH)

Download: https://dgpi.de/wp-content/uploads/2021/04/Mortalitaet-Kinder 21_04_2021_korr.pdf, Stand 21.04.2021

34 »4,7% der österreichischen Bevölkerung hatten Mitte/Ende Oktober Antikörper gegen SARS-CoV-2«, Studie der Statistik Austria und der Medizinischen Universität Wien, Oktober 2020, www.statistik.at/ web_de/statistiken/menschen_und_gesellschaft/gesundheit/covid19/124959.html

35 »Our results indicate that roughly twice as many people have developed T-cell immunity compared with those who we can detect antibodies in.«, press release: »Immunity to Covid-19 is probably higher than tests have shown«, 18. August 2020, https://news.ki.se/immunity-to-covid-19-is-probably-higher-than-tests-have-shown

36 Deisenhammer, Florian et al., »6-month SARS-CoV-2 antibody persistency in a Tyrolian Covid-19 cohort.«, *Wiener klinische Wochenschrift*, 1–8, 9. Dezember 2020, doi:10.1007/s00508-020-01795-7, www.ncbi.nlm.nih.gov/pmc/articles/PMC7734454

37 Produktinformation und Zulassungsbedingungen des Impfstoffs *Comirnaty*® durch die Europäische Arzneimittel-Agentur (EMA), www.ema.europa.eu/en/documents/product-information/ comirnaty-epar-product-information_de.pdf

38 https://www.ema.europa.eu/en/documents/product-information/comirnaty-epar-product-information_de.pdf

39 »Whistleblower aus Berliner Altenheim: Das schreckliche Sterben nach der Impfung«: https://2020news.de/whistleblower-aus-berliner-altenheim-das-schreckliche-sterben-nach-der-impfung

40 Die aufgeführten Nebenwirkungen betreffen lediglich einen Teil der bekannten Beschwerden. Eine ausführliche Liste findet sich in der Produktinformation: www.ema.europa.eu/en/documents/ product-information/comirnaty-epar-product-information_de.pdf

41 Website der WHO

12

PANDEMIE ALS MITTEL DER POLITIK

VIREN SIND NICHT DAS PROBLEM – BLEIBEN SIE BESONNEN

Dieser Satz stand von Anfang an ganz oben auf meiner Homepage. Er ist immer noch richtig, aber er erhält inzwischen durch laufend neue Berichte und neue Ereignisse eine weitere irritierende Bedeutung. Angesichts der sich steigernden staatlichen Drangsalierungen und Bedrohungen fragt man sich: Wenn es nicht die Viren sind, was ist es dann?

Inzwischen wird immer deutlicher, dass man mit rein medizinischen Betrachtungen und einer Fokussierung auf Gesundheit das Thema zumindest zum Teil verfehlen könnte. Ein Gespräch ausschließlich über Viren und deren Bedeutung für unsere Gesundheit ist in der alltäglichen Wirklichkeit für viele bereits zweitrangig geworden. Immer mehr Menschen spüren, dass Viren nur der Vorwand für eine ganz andere Agenda sind, und immer mehr merken zudem, dass nicht die Viren Schaden anrichten, sondern die unverhältnismäßigen Verordnungen und Maßnahmen, die inzwischen viele existenziell gefährden und sogar krank machen.

Anfang des Jahres 2020 hatte ich mich als Arzt bemüht, den Alarm aus Wuhan fachlich zu bewerten. Meine ersten Stellungnahmen begründete ich aus infektionsepidemiologischer Sicht. Nach den Erfahrungen mit früheren angeblichen Pandemien war mein Verdacht groß, dass die ganze Sache erneut von solchen Akteuren inszeniert worden war, die an Impfstoffen und teuren Tests möglichst viel Geld verdienen wollen. Auch meldeten sich wieder dieselben Virologen mit den gleichen Sprüchen und streuten das Narrativ einer Corona-Pandemie.

Mit dem ersten Lockdown wurde immer deutlicher, dass nicht nur wirtschaftliche Vorteile als Motiv infrage kamen, sondern dass dieses Mal auch eine politische Agenda im Hintergrund eine Rolle spielen musste. Als ich bemerkte, dass meine beruhigende Einschätzung der angeblichen Bedrohung durch ein neues Virus medial unerwünscht war und ich sogar ohne fachliche Diskussion unvermittelt ad personam diffamiert wurde, erwachte meine Neugier nach den Hintergründen solcher Kampagnen.[1]

Die Planspiele und gemeinsamen praktischen Übungen des Weltwirtschaftsforums, der Weltbank, mit China, der EU, den Impfinvestoren, mit der WHO und den Vertretern der Datenwirtschaft, sie alle wurden durch authentische Videoaufzeichnungen und schriftliche Veröffentlichungen publik. Es gab schon länger viele andere Initiativen, in denen das vorbereitet wurde, was uns jetzt als Pandemie gesellschaftlich umkrempeln soll. Man hat dort in den letzten Jahren sehr intensiv und detailliert vorbereitet, was die meisten von uns seit Anfang vorigen Jahres überrascht. Wir hätten es sehen und lesen können und haben es laufen lassen, ohne zu ahnen, wie es die Grundfeste unseres Lebens erschüttern würde. Hier einige Beispiele:

2018 hatte die WHO zusammen mit der Weltbank das *Global Preparedness Monitoring Board* (GPMB) gegründet. Der erste Jahresreport dieses pandemischen Steuerungsgremiums hieß »World at Risk« und erschien im September 2019.[2] Ebenfalls in dieser Zeit fand in Brüssel der erste »Global Vaccination Summit« statt, bei dem die Europäischen Kommission im Netz ihre Impfagenda veröffentlichte. Die Initiative zur Schaffung eines globalen digitalen Identifikationssystems namens *ID 2020*[3], das *Known Traveller Digital Identity*-Konzept, welches Anfang 2018 auf der Jahrestagung des

Weltwirtschaftsforums in Davos vorgestellt wurde, die so positiv klingenden Ziele der *Agenda 2030*, die Roadmap der EU-Kommission zum EU-weiten elektronischen Impfpass aus 2018,[4] alle diese Planungen waren zumeist lange vor Beginn der Krise für jeden nur ein paar Klicks entfernt. Zudem sind die Pläne zur Abschaffung des Bargeldes[5] und die Überlegungen, das Bankenwesen global umzubauen, inzwischen bekannt. Öffentlich diskutiert wurde und wird darüber aber kaum.

Spätestens aber durch das Buch *Covid-19: The Great Reset*[6] des WEF-Geschäftsführers Klaus Schwab erfuhr im Sommer 2020 die ganze Welt offen von den Ideologien der Persönlichkeiten, Konzerne und Organisationen hinter dieser Bewegung und von deren lange vorbereiteten, eitlen Plänen. Diese standen und stehen weiterhin wie ein großer Elefant im Raum. Im Hintergrund hört man von zunehmenden außenpolitischen Spannungen und von beunruhigendem militärischem Säbelrasseln.

Die involvierten Regierungen und ihr »embedded journalism«[7] geben sich aber nach wie vor Mühe, so zu tun, als ginge es um Infektionsschutzmaßnahmen. Sie verrenken sich inzwischen in grotesker Weise, indem sie um den Elefanten im Raum wie irre herumreden und herumschreiben. Ein beredtes Beispiel bieten die aufgezeichneten Antworten der Bundesregierung auf die unermüdlich bohrenden Fragen des Journalisten Boris Reitschuster in der Bundespressekonferenz.[8]

BAD GOVERNANCE OHNE OPPOSITION

Da ich die europäischen Nachkriegswehen erlebt und die schmerzlichen Lektionen aus Deutschlands faschistischer Vergangenheit gelernt und verinnerlicht habe, fehlen mir bei der Programmatik des Weltwirtschaftsforums mindestens zwei Komponenten: Demokratie und Rechtsstaatlichkeit. Beide für die deutsche verfassungsmäßige Governance wichtigsten Nachkriegserrungenschaften wurden in der Corona-Krise in beängstigender Weise hintangestellt.

Für den geplanten »großen Umbruch« künstlich Angst zu erzeugen und nachhaltig zur Machtsicherung einzusetzen kostet Kraft und erfordert die richtigen Unterstützer und eine Infrastruktur. Dazu wurden eine willfährige EU-Kommissionspräsidentin, ein WHO-Generalsekretär, der zu allem bereit ist, und willige Regierungschefs gebraucht. Nicht zu vergessen überzeugend wirkende Virologen, Biomathematiker und andere Wissenschaftler in hervorgehobenen Positionen, möglichst viele politisch und/oder finanziell erpressbare Regierungen sowie leicht beeinflussbare Medien. Tausende von Young Global Leaders, Shapers und Influencers hatte man bereits ausgebildet, vernetzt und durch großzügige Förderung für sich gewonnen.

Kein Diktator hätte die Agenda konsequenter umsetzen können als die Alumna der ersten Davoser Kaderschmiede, die deutsche Kanzlerin Angela Merkel. Wegen schneidiger »Governance«, wegen ihrer Führungskraft (Leadership), lobte das Ehepaar Gates die deutsche Kanzlerin ausdrücklich vor dem europäischen Publikum als beispielhaft. Melinda Gates schwärmte von ihr, weil sie während ihrer Telefonate die richtigen Fragen stelle. Die DDR-Musterschülerin, die mal zugegeben hat, ein Faible für Autoritäres zu haben, wirkt bei allen öffentlichen Auftritten jedoch erkennbar innerlich angespannt. Trotzdem kann ihr der Lockdown offenbar gar nicht hart genug sein.

Die Kanzlerin und die Regierungen in Bund und Ländern haben Parlamente und Gerichte auf die Zuschauerbänke verbannt, ihnen die Masken als Maulkorb verpasst und sie allem Anschein nach bis zum Great Reset entmachtet. Die Regierungsfraktionen und die Young Leaders der Grünen, wie die derzeit dort in Ausbildung befindliche Annalena Baerbock, sind offenbar begeistert vom Kurs aus Davos und haben ihre politischen Schwerpunkte neu geordnet, um nicht über ihre alten Themen wie Demokratie, Gentechnik oder Menschenrechte, zum Beispiel in China, zu stolpern.

Viele von ihnen gehören zu einer Clique von Politikern, die seit vielen Jahren von den Organisatoren des Weltwirtschaftsforums in einem besonderen Ausbildungs- und -Vernetzungsprogramm als politische Interessenvertreter der Superreichen ausgewählt, geschult, vernetzt und unterstützt werden. Angela Merkel wurde 1992 als eine der Ersten ausgewählt und gehörte wie Tony Blair und sein Finanzminister Gordon Brown, der spätere EU-Kommissar José Manuel Barroso, der spätere spanische Regierungschef José María Aznar, sein französischer Kollege Nicolas Sarkozy und viele andere zum Netzwerk der Global Leaders for Tomorrow.

Inzwischen heißen sie die Young Global Leaders, treffen sich einmal im Jahr an der Harvard University und zum Beispiel in China und sind über 1.300 Mitglieder. Unter ihnen Vorstände von großen Konzernen, Mark Zuckerberg, Gründer des Unternehmens *Facebook*, Schauspieler wie Leonardo di Caprio, Nachwuchspolitiker, Minister und Leiter von gemeinnützigen Organisationen, wie *change.org*. Seit 2016 gehören auch der derzeitige deutsche Gesundheitsminister Jens Spahn sowie die Regierungschefs von Frankreich und Österreich, Emmanuel Macron und Sebastian Kurz, zu ihnen. In die Klasse 2020 wurde auch die Kanzlerkandidatin und Vorsitzende von Bündnis 90/Die Grünen, Annalena Baerbock, aufgenommen. So suchen sich die Plutokraten ihre Kanzler und Ministerpräsidenten aus und können dann offenbar, wie Josef Ackermann, ihren Geburtstag im Kanzleramt feiern.

Und wehe, jemand unterbricht oder gefährdet die öffentliche Schockstarre und schafft es, noch irgendwo anderer Meinung zu sein. Demokratie? Mal sehen, ob Bundestags- oder sonstige Parlamentswahlen aus Pandemiegründen nicht einfach bis auf Weiteres verschoben werden. Die Impfmafia droht ja schon mit neuen, viel gefährlicheren Virusvarianten und stimmt die Völker dieser Welt darauf ein, dass sie sich wohl an solche immer wiederkehrenden pandemischen Notlagen gewöhnen müssten. Man werde natürlich weiterhin an geeigneten Impfstoffen arbeiten. Israel unter seinem korrupten Staatschef Benjamin Netanjahu macht es der Welt inzwischen vor, wo die Reise hingehen soll. Durch einen elektronischen Immunitätsausweis, den sogenannten Grünen Pass, erwerben die geimpften Einwohner Israels bereits Privilegien vor Nicht-Geimpften und sollen sich dafür aber zweimal im Jahr mit jeweils zwei Spritzen impfen lassen. Gegen was eigentlich?

Netanjahu hatte durch einen Vertrag mit *Pfizer* besiegelt, dass Israel zu einer Art klinischem Versuchslabor wird und alle relevanten Real-World-Daten der Firma *Pfizer* zur Verfügung stellt. Die Details des Deals sind jedoch geheim. Und auch die EU hat inzwischen die Einführung des digitalen europäischen Impfausweises, der unter dem Namen »Digitaler Grüner Nachweis« läuft, beschlossen.

Gleichzeitig will die WHO – wie erwähnt – eine Herdenimmunität nur noch durch Impfungen schaffen.[9] Per Dekret will man unser in Millionen Jahren entwickeltes und fantastisch funktionierendes Immunsystem einfach wegdefinieren? Was die alles können!

UND WAS MACHT DIE OPPOSITION?

Die große Mehrheit der Politiker macht die Panikshow leider mit oder schweigt still, wenn uns die Grundrechte unter dem Vorwand außergewöhnlich infektiöser Massenerkrankungen beschnitten werden. Die Ausstrahlung globaler Konzerne und die blendende Macht des Geldes wirken auf viele Abgeordnete häufig stärker als die ihnen von ihren Wählern anvertraute Macht. Offenbar reden sich zu viele unserer politischen Vertreter ein, dass es für die Welt und ihre Umwelt besser wäre, wenn sie den erfolgreichen Machern der großen Wirtschafts- und Finanzwelt folgen.

Dahinter steckt die bekannte neoliberale Ideologie: Der Markt wird es schon richten. Offenbar trauen es sich zu viele Politiker nicht selbst zu, sich das für eine gute und nachhaltige Gesetzgebung notwendige politische Können und Wissen anzueignen. Trauen sie wirklich eher den Geldmächtigen aus Davos, Peking, Frankfurt oder dem Silicon Valley? Hoffen sie etwa, dass dort die komplexen gesellschaftlichen und ökologischen Probleme mit großen Würfen gelöst werden?

Weil vor allem die Große Koalition und die Grünen sich jetzt total dem Great Reset gewidmet haben und dem Impffanatiker Bill Gates an den Lippen hängen, herrscht bei vielen Wählern trotz gekaufter Umfragen derzeit eine breite politische Ratlosigkeit. Als langjähriger streitbarer Parlamentarier kann ich es jedenfalls schwer aushalten, wie sich der Deutsche Bundestag mit seinen 709 Abgeordneten so an der Nase durch die Pandemie führen lässt. Von der Corona-Politik der Regierungsparteien bin ich entsetzt und angewidert, wenn ich die moralisch aufgeladenen, wissenschaftlich klingenden und angsteinflößenden Wichtigtuereien ihrer medialen Repräsentanten höre. Für mich ist das unverantwortliche evidenzferne Angstmache.

Aber die Opposition? Wo bleibt der Einsatz der Grünen gegen den Genimpfstoff? Dagegen hätten die Grünen noch vor nicht allzu langer Zeit Tausende zur Demo ans Brandenburger Tor getrommelt. 2020 meinte ihr Vorsitzender, dass man die Menschen gegebenenfalls sogar zu solchen gentechnischen Impfungen zwingen müsse. Ist Robert Habeck, den ich früher in Flensburg als wachen und klugen Menschen kennengelernt habe, jetzt nicht mehr in der Lage, den voreiligen Einsatz solcher Impfstoffe zu bemerken? Traut er sich aus taktischen Überlegungen nicht, seinen Wählern reinen Wein einzuschenken, oder wird er erpresst, da mitzumachen? Wie kann es angehen, dass man jahrelang gegen gentechnisch veränderte Organismen (Genetically modified organisms, GMOs) in den Nahrungsmitteln zu Felde zieht und gegen Gensoja im Tierfutter protestiert und jetzt plötzlich damit einverstanden ist, wenn möglichst alle Menschen direkt gentechnisch verändert werden sollen? Genmais ist schlimm – aber Genmensch macht nix? Die geplanten

Impfungen sind de facto Gentherapie. Auch wenn sie umdefiniert wurden, bleiben sie doch hochriskant. Gentherapie wird normalerweise nach schrecklichen Erfahrungen in Frankreich und ebenfalls in Hannover nur unter strengsten Auflagen im Einzelfall und unter Studienbedingungen genehmigt.

Bei den gentherapeutischen Verfahren müssen vor der jeweiligen Anwendung umfangreiche Sicherheitsstudien durchgeführt werden. Dieses geschieht in Tierversuchen. Dabei beobachten die Forscher am Tiermodell intensiv toxikologische und immunologische Wirkungen und weitere Parameter für die Verträglichkeit der Methode. All das legten die Impfstoffhersteller nicht in der üblichen Form vor. Das sollte jeder verantwortliche Politiker wissen!

Die französische Parteifreundin von Robert Habeck, Michèle Rivasi, ist seit 2009 Mitglied des Europäischen Parlaments und Mitglied von Europe Écologie Les Verts (EÉLV). Rivasi ist Spezialistin für Umwelt- und Gesundheitsfragen im Europäischen Parlament und hat im Sommer 2020 mit den französischen Grünen gegen eine Corona-Sonderregelung für die GMO-Impfstoffe gekämpft und gestimmt. Zu den Grünen im Europäischen Parlament gehören auch Deutsche. Reden die beiden Gruppen nicht miteinander?

Zudem habe ich immer noch nicht ganz verstanden, weshalb auch die Linken und die FDP-Abgeordneten diesem Vorgehen zustimmen. Bei der eingespielten Rollenverteilung in Berlin beschleunigt die AfD durch ihren Widerstand geradezu den Great Reset. Ihr rechtes Image liefert im Parlament dem erleichterten Rest des Hauses die Möglichkeit, jedwede inhaltliche Kritik schon deshalb nicht ernst zu nehmen, weil AfD-Abgeordnete sich ähnlich äußern. So sagte mir vor längerer Zeit ein erfahrener Lobbyist: Wer einen Beschluss des Bundestags verhindern will, der sorge – wie auch immer – dafür, dass eine verfemte Partei das infrage kommende Thema zu ihrer Sache macht. Aber warum sollte ein Parlamentarier vor einer Partei mehr Angst haben als vor mächtigen Wirtschaftsspekulanten oder größenwahnsinnigen Milliardären?

STERNSTUNDEN DES PARLAMENTES –
DAS WÄRE WIEDER MAL WAS!

Wer für Good Governance, also Gute Regierungsführung, kämpft, sollte zumindest den inhaltlichen Argumenten anderer gegenüber offen sein, wenn er seine eigenen Argumente vertritt. Im Interesse sachlich richtiger Entscheidungen sollten alle Parlamentsabgeordneten Vorwürfe oder Urteile über andere Abgeordnete hintanstellen. Das geht aber nur, wenn überhaupt ein Meinungsaustausch stattfindet.

Weshalb wünsche ich mir bloß jene Sternstunden des Parlamentes zurück, in denen wir ohne jeden Zwang, unabhängig von den Fraktionen, für die besten Lösungen um Mehrheiten werben, Kompromisse aushandeln und namentlich abstimmen konnten? Da hatten wir die Fraktionszugehörigkeit zwar nicht vergessen, aber sie war eindeutig zweitrangig. In jener Zeit habe ich große Hochachtung vor Kolleginnen und Kollegen aus gegnerischen politischen Parteien gewonnen. Zum Beispiel bei den Debatten um den Paragraphen 218, das Transplantationsgesetz, über Stammzellen oder um Fragen des Lebensendes. Diese Formen politischer Konfliktlösung entsprechen zwar noch keiner Volksabstimmung, sind aber immerhin Abstimmungen jedes einzelnen verantwortlichen Volksvertreters. Auch in der öffentlichen Debatte und in den Wahlkreisen wird jedes Parlamentsmitglied als Person gefordert.

Ich fände es spannend, einer freien, durch vielseitige wissenschaftliche Expertise vorbereiteten, fraktionsübergreifend organisierten Parlamentsdebatte zur Frage der Beendigung der »epidemischen Lage von nationaler Tragweite« zuzuhören.

ETHIK, MONETIK UND GESUNDHEIT –
KAMPF UM MENSCHENWÜRDE

Schon als neu in den Bundestag gewählter Abgeordneter habe ich lernen müssen, dass nur selten die echte Sorge um Gesundheit die politischen Entscheidungen steuert, aber weit häufiger das Geschäft mit der Krankheit. Dadurch gewannen ethische Diskussionen in der Politik an Bedeutung. Besonders kritisch wurden zu meiner Zeit als Abgeordneter Fragen zum Lebensende, um Schwangerschaft, aber auch um die neuen Möglichkeiten der Gendiagnostik, der Gentechnik und der Patentierbarkeit von Leben gesehen. Eine sehr schnell wachsende biotechnologische Industrie mit einer Heerschaar von agilen Investoren ist laufend auf der Jagd nach Patenten und sucht neue Entwicklungsmöglichkeiten und Märkte für Organ- und Gewebe-Ersatz, Stammzelltherapie, Gendiagnostik oder Gentherapie. Wegen dieser Tatsache hatte ich mich mit anderen Abgeordneten aus allen Parteien vernetzt und mein Büro entwickelte sich damals mithilfe einiger sehr kluger und engagierter junger Wissenschaftler zu einer Art Keimzelle für eine von uns geforderte »Enquetekommission Ethik und Recht der modernen Medizin«.

Nach der Bundestagswahl 1998 sah die neue rot-grüne Koalition in der Biotechnologie vor allem einen wirtschaftlichen Hoffnungsträger. Nur durch enge überfraktionelle Zusammenarbeit im »Bündnis für Menschenwürde« gelang es unserer »Keimzelle«, zur parlamentarischen Begleitung der biotechnologischen Regierungsträume doch noch eine Enquetekommission einzurichten.[10] Der damalige Bundeskanzler Gerhard Schröder hatte mit Unterstützung seines Forschungsstaatssekretärs Wolf-Michael Catenhusen und der Abgeordneten Margot von Renesse zunächst dafür gesorgt, dass meine Fraktion meinen Antrag auf Einsetzung der Parlamentskommission ablehnte, hatte dann aber nach einem prompten Protest in vielen Medien eingelenkt. Er gab also der Fraktion wenige Wochen später doch noch grünes Licht, nachdem er sich mit der Einrichtung einer Nationalen Ethikkommission ein handverlesenes Gegengewicht schaffen konnte. Für den Vorsitz der Enquetekommission wurde nicht ich, sondern Margot von Renesse lanciert, die vorher gegen deren Einsetzung gestimmt hatte. Damals diffamierten wirtschaftsnahe Kräfte uns Ethiker unter den Abgeordneten als »Bedenkenträger« und »Fortschrittsverweigerer«. Anders als heute interessierten sich die Medien rege für den gesellschaftlichen Streit um richtige Entscheidungen in diesen schwierigen Fragen zu Leben, Sterben, Autonomie, Recht und Menschenwürde. In keinem anderen Land der Welt wurden die heute im Rahmen der mRNA-Anwendung wieder aktuellen Themen der Gentechnik am Menschen, der Verwertung embryonalen Gewebes, der Sterbehilfe, der Präimplantations- oder Pränataldiagnostik, der Patentierbarkeit von Lebewesen oder Genen so intensiv und öffentlich wie in Deutschland diskutiert. Die Entscheidungen fanden unter großer öffentlicher Aufmerksamkeit und ohne Fraktionszwang im Bundestag statt und wurden von den Medien als Sternstunden des Parlamentarismus gefeiert. Ich glaube, dass Gerhard Schröder in nicht geringem Maße zur Popularität dieser Debatten beigetragen hat, als er mit seinem Gegenpol, dem Nationalen Ethikrat, den Streit zwischen Regierung und Parlament in Deutschland institutionalisierte.

Eine vom Fraktionszwang befreite Parlamentsdebatte mit freien Anhörungen und offenen Abstimmungen wäre in der gegenwärtigen Pandemie-Krise ein möglicher Ausweg. Mit dieser Möglichkeit könnten verantwortungsvolle Parlamentarier ohne Druck und ohne Gesichtsverlust für einen Ausweg aus den unheilvollen Pandemie-Wirren sorgen.

2020 EMBEDDED ETHICS

Bald nach dem Beschluss, einen Deutschen Ethikrat zu schaffen, hat sich das sonst so streitbare Parlament aus den wichtigen Debatten um die ethischen Grundlagen neuer Rechtssetzungen selbst ausgeschlossen. Als gäbe es Fachleute für Moral!

Ähnlich wie die Leopoldina ist auch der Deutsche Ethikrat zu einem Instrument der sie finanzierenden Bundesregierung mutiert und sorgt mit ihrem Namen für die Akzeptanz deren Maßnahmen. Diese regierungsnahen Gremien sind spätestens im Sturm der Corona-Krise umgeknickt, obwohl sie als Leuchttürme eine freie und der Wissenschaftlichkeit verpflichtete Debatte führen müssten.

Wegen der geplanten gentechnischen Veränderungen an Milliarden Menschen habe ich übrigens gleich im Frühjahr 2020 mit einem Mitglied des Deutschen Ethikrates telefoniert, das ich als kritischen Geist in der früheren Parlaments-Ethikkommission kannte. Dort hatte ich die Wissenschaftlerin als Gegnerin riskanter gentechnischer Eingriffe schätzen gelernt. Nun handelt es sich zwar bei der mRNA-Impfung nicht um *gezielte* Eingriffe in die menschliche Keimbahn, aber die geplanten Impfungen sind in jedem Fall massenhafte gentechnische Eingriffe in zelluläre Funktionen. Sie entsprechen faktisch einer Gentherapie, wurden aber vom Gesetzgeber 2009 als »Impfung« umetikettiert. Allerdings ist nicht ausgeschlossen, dass die injizierten mRNA-Fragmente durch in unseren Zellen vorhandene Transkriptase umgeschrieben und damit doch neue Sequenzen in das Erbgut eingebaut werden. Durch die mRNA-Impfungen werden in jedem Fall Millionen Menschen zu GMOs gemacht und »freigesetzt«.

Durch mein Telefonat im Frühjahr hatte ich das Ethikratsmitglied für diese Vorgänge sensibilisiert und sie versprach mir, sich um diese Fragestellung zu kümmern und mich dann zu informieren. Leider hat sie sich nicht mehr bei mir gemeldet und so herrscht zu diesem Kernthema Deutscher Ethikräte in Zeiten von

Corona nur Schweigen im Walde. Stattdessen machen sich zahlreiche Gremien intensiv Gedanken über die ethischen Grundlagen
einer Priorisierung. Sie diskutieren nicht das Ob, sondern nur noch,
wem dieser gentechnische Masseneingriff wohl zuerst »zugute-
kommen« soll.

Der Ethikrat schweigt sogar, wenn in der Tagesschau Bill Gates
lächelnd und ausführlich ankündigt, dass er sieben Milliarden Menschen gentechnisch modifizieren will. Gates konnte seine Pläne nur
deshalb durch das Wort »impfen« verniedlichen, weil die EU und
der Bundestag im Juli 2009 – unbemerkt vom Ethikräten und Parlamenten – einfach per definitionem die Anwendung und Freiset-
zung von gentechnisch verändernden Arzneimitteln am Menschen
bei der Prävention und Bekämpfung von Infektionskrankheiten als
Anwendung von Impfstoffen umetikettiert haben.

Offenbar gehört es auch zum neuen politischen Umgang mit
Ethikkommissionen, dass Kritiker ohne viel Federlesen aus diesen
Gremien entfernt werden können.[11] Ein Mitglied des bayerischen
Ethikrates, Professor Christoph Lütge, äußerte sich kritisch zur
Lockdown-Landespolitik und »schwups« hatte ihn der Regierungs-
chef vor die Tür setzen lassen. Vermutlich kann er jetzt außer-
halb des bayerischen Hofethikrates mehr für ethisch vertretbare
Entscheidungen bewirken als mit Mund-Nasen-Bedeckung in
Blau-Weiß.

DAS SCHWEIGEN DER SCHWARZEN ROBEN

Und die Gerichte? Von den Verwaltungsgerichten erwartet – soweit
ich aus Anwaltskreisen fast einstimmig gehört habe – derzeit in
Deutschland kaum jemand mehr ein auf Evidenz- und Beweisauf-
nahmen gegründetes Urteil. Die meisten Klagen gegen die Corona-
Willkürmaßnahmen und Pandemie-Gehorsamkeitsrituale der
Gesundheits- und Innenbehörden, gegen die schamlose Verletzung

aller Datenschutz- und Persönlichkeitsrechte und gegen die Verletzung der Rechte zur freien Meinungsäußerung in unabhängigen, nicht zensierten, nicht politisch oder wirtschaftlich korrumpierten Medien werden unter Verweis auf die regierungsamtlichen Direktiven und auf die Einschätzungen des Robert Koch-Institutes ohne Beweisaufnahmen kurzerhand abgebügelt. Solche Entscheidungen traf sogar das Bundesverfassungsgericht. Da kommt der Verdacht auf, dass der Chef des Bundesverfassungsgerichts möglicherweise in einen Interessenkonflikt geraten könnte, denn als guter Freund der Kanzlerin war er kurz zuvor zum obersten Richter des Bundesverfassungsgerichts ernannt worden. Noch einmal zur Erinnerung: Das Robert Koch-Institut und das Paul-Ehrlich-Institut sind weisungsabhängige Ämter der Bundesregierung und damit Partei. Der Rechtsstaat wurde wohl auch in Quarantäne geschickt. Durchgehend verwiesen die Richter bei den Verfahren kurzerhand auf die offiziellen Verlautbarungen der beklagten staatlichen Gewalt. Die Staatsanwälte in Deutschland sind ja ohnehin weisungsgebunden und müssen offenbar untätig zuschauen, wie sich die letztlich verantwortlichen Justizminister die ganze Schuld persönlich aufladen. Die wissen hoffentlich, was auf sie zukommen kann, wenn sie zum Beispiel der Vorbereitung von schweren, wissentlich in Kauf genommenen Körperverletzungen tatenlos zuschauen.

Verstöße gegen das Arzt- und das Arzneimittelrecht, die Nötigung, unsinnige Masken zu tragen und sich impfen zu lassen, bewirken neue und zurechenbare Körperschäden und vermeidbare Todesfälle. Solche Folgen werden im Zusammenhang mit der Zulassung und Verabreichung von Genimpfstoffen, der Maskenpflicht[12] für Kinder oder der Umgehung der normalen ärztlichen Versorgungswege und Vorsorgeverpflichtungen jetzt zuhauf schweigend geduldet. Weitere Rechtsverstöße aufzuzählen überlasse ich den Juristen.

Viele der von gehorsamen Verwaltungen vollzogenen Maßnahmen entsprechen strafbewehrten Delikten, zumal sich keiner mehr mit

Unwissen herausreden kann. Die Untauglichkeit der praktizierten Tests als Grundlage für die Anordnung der Seuchenschutzmaßnahmen ist eindeutig wissenschaftlich erwiesen und selbst die WHO hat dies amtlich zugegeben. Auf die Rechtsverstöße und Gesundheitsgefahren, die mit den geplanten, als Impfung umetikettierten gentechnischen Masseneingriffen verbunden sind, gehe ich noch gesondert ein.

SEUCHENANGST ALS SCHOCK-STRATEGIE

Wie die gegenwärtige Situation zeigt, hat sich das Phantom einer Pandemie zum Angstmachen sehr dabei bewährt, unsere Demokratie und unseren funktionierenden Rechtsstaat zu lähmen und unsere Grund- und Persönlichkeitsrechte weitestgehend außer Kraft zu setzen. Wenn Menschen Angst haben, lassen sie sich leicht verführen oder erpressen. Wie Angst als Werkzeug zum gesellschaftlichen und ökonomischen Umbau bereits mehrfach genutzt wurde, kann man zum Beispiel im Bestseller von Naomi Klein mit dem Titel *Die Schock-Strategie – Der Aufstieg des Katastrophen-Kapitalismus* nachlesen.[13] Sie beschreibt, wie schwere Katastrophen oder politische Unruhen immer wieder gezielt ausgenutzt werden, um politische und vor allem wirtschaftliche Resets durchzusetzen. Jede Schock-Strategie braucht einen Schock. Und wer einen Reset – oder im Deutsch von Klaus Schwab »Umschwung« – will, der muss auf eine Katastrophe warten, einen Militärputsch inszenieren oder selbst eine Katastrophe, zum Beispiel eine »kleine Pandemie«, basteln.

Der Guru des Neoliberalismus, der Ökonom Milton Friedman, ist nicht nur theoretisch, sondern auch sehr praktisch als politischer Berater vor Ort aktiv an derartigen Resets beteiligt gewesen. Naomi Klein beschreibt eindrucksvoll, wie mit seiner Hilfe nach dem Hurrikan »Katrina« das Bildungssystem in New Orleans im Handstreich privatisiert wurde. Sie schildert auch, wie in den brutalen faschistischen Wirren nach dem Militärputsch durch General Pinochet der aus den USA geschickte Ökonom Milton Friedman und seine Kollegen die grausamen Unterdrückungen in Chile nutzten, um eine neoliberale Reform mit zahlreichen Reprivatisierungen öffentlicher Einrichtungen und Organisationen durchzusetzen.

Da die Familie eines von der Pinochet-Junta gefolterten und dem Tode gerade noch entkommenen Gewerkschaftlers durch Vermittlung eines Freundes für mehrere Wochen bei mir Zuflucht fand, habe ich den Putsch in Chile sehr persönlich erlebt. Wir sangen zusammen Lieder von Victor Jara und ich war entsetzt über das Unrecht und die Gewalt, mit der die demokratisch gewählte, hoffnungsvolle und sozial orientierte Regierung Allendes abgeräumt worden war. Einige Wochen später hatte ich Gelegenheit, im Rahmen einer schifffahrtsmedizinischen Studie beim Bernhard-Nocht-Institut als Schiffsarzt auf einem großen Kombifrachter die Häfen der südamerikanischen Westküste abzuklappern. Weil zu der Zeit noch Pinochet in Chile herrschte, bin ich nicht bis dorthin mitgefahren, sondern vorübergehend von Bord gegangen, als das Schiff chilenische Häfen anlief. Auf der Hinfahrt empfand ich es als große Qual, mit reichen reaktionären Chilenen am Esstisch in der Messe sitzen zu müssen, die frohlockend vom Erfolg des Generals erzählten. Die Putsch-Gewinner freuten sich, dass der »sozialistische Spuk« in Chile vorbei war und sie jetzt wieder in Santiago willkommen wären. Der Kapitän hatte Mitleid und entband mich für die weitere Reise von meinen gesellschaftlichen Verpflichtungen.

Die Wirtschaft in Chile erholte sich nach einiger Zeit und das Bruttoinlandsprodukt stieg. Die Wirtschaft, das sind dann aber meistens globalisierte Konzerne, die versuchen, aus jedem Land das herauszuholen, was herauszuholen ist, und das leider oft so lange, bis für die Menschen nichts mehr bleibt, worauf sie stolz sein können. Auch die Werte, die Brüderlichkeit, die selbstbewussten, friedlichen, sozialen und selbst organisierten Gemeinschaften mit ihren hoffnungsvollen Menschen, das alles wurde nach Pinochets Putsch und Milton Friedmans Reset für lange Zeit geschädigt.

Obwohl viele die Tricks der Schock-Deregulierer eigentlich kennen und Milton Friedman auch im Bundestag gelegentlich zitiert wird, scheint sich dort niemand vorstellen zu können, dass auch Länder wie Deutschland und andere starke und reiche Demokratien mit einer so plumpen Masche völlig umzukrempeln und auszurauben sind.[14]

Im Rahmen von Preparedness- beziehungsweise Katastrophenschutz-Überlegungen hat sich vor einigen Jahren die Große Koalition in Berlin unter Federführung des Innenministeriums sehr ausführlich mit Szenarien auseinandergesetzt, die ein Land wie Deutschland völlig aus dem Trott bringen könnten.[15] Unter anderem dachte man an ein Hochwasser, das noch schwerere Schäden als das Oder-Hochwasser anrichten könnte. Außerdem glich eines der Szenarien erstaunlich detailliert dem, was uns das Kanzleramt seit März 2020 als Schock präsentiert und was der Anlass für dieses Buch geworden ist. In Chile versetzte das Militär das Land in einen Schock, in New Orleans der Hurrikan und aktuell in vielen Ländern gleichzeitig die Angst vor einem Virus beziehungsweise nur ein PCR-Test, der als solcher noch nicht einmal etwas über Infektionsgefahren aussagen kann.

General Pinochet, der mit seinem von der US-Regierung unterstützten Putsch in Chile die privatwirtschaftlichen Übernahmen ermöglichte, wurde für die grausamen Morde, Folterungen und Verschleppungen nie verurteilt. Vielmehr hat er bis zu seinem friedlichen Tod unter dem Schutz mächtiger Gönner seine Pension genießen dürfen. Hoffen die politisch Verantwortlichen von heute, auch so glimpflich wegzukommen und in Schutz genommen zu werden? Es widerspricht jedem Gerechtigkeitsgefühl, wenn die Täter ungeschoren bleiben, aber die Opfer verelenden.

ÜBER DEN MISSBRAUCH VON SEUCHEN

Bisher haben Regierungen bei Pandemie-Alarmen überwiegend Impfstoffe oder Medikamente finanziert, aufgekauft und für Impfungen die Propaganda übernommen. In der Corona-Panik organisieren sie sogar die Angst vor der Seuche mit. Unter den Wissenschaftlern finden sich leider immer genügend Weißkittel, die dabei kräftig mithelfen. Schließlich locken Popularität und Forschungsgelder. Doch aktuell malen nicht nur die Gigolos der Virologie das Gespenst der Pandemie immer wieder genüsslich an die Wand. Alle, die mitmachen, machen schnell (und kurz) Karriere, und wer nicht mitmacht, riskiert seinen Job.

Durch das Schüren von Angst vor Viren oder Terroristen, vor Fremden oder Naturkatastrophen ist bisher noch nichts nachhaltig Gutes für die Bevölkerung entstanden. Immer wieder handelten die Regierungen falsch und richteten großen Schaden an. Aber was vielen Menschen schadet, ist für wenige – wie bei der Vogelgrippe gezeigt – ein großer Gewinn.

Eine Demokratie lebt von Menschen, die keine Angst haben und die bereit und in der Lage sind, mit anderen Menschen bestehende Konflikte aufzulösen und besonnene Kompromisse zu finden. Sie handeln in dem Bestreben, dass sich unsere Welt möglichst für alle friedlich und nachhaltig entwickeln kann. Die Demokratie abzuschaffen wäre normalerweise nicht so einfach. Wer das versuchen wollte, hätte in einer angstfreien Gesellschaft keine Chance. Aber wer das weiß, kann immer wieder versuchen, uns in Angst zu versetzen und zu drangsalieren.

Was wir derzeit erleben, ist der Versuch einiger Geldmächtiger, die Welt nach ihren Vorstellungen zu verbessern. Sie müssen vermutlich selbst an diese Mission glauben, denn nur so können sie es wohl schaffen, in ihrem Gewissen das Leid auszublenden, das sie über die Menschheit bringen. Genau so hat es bei den meisten Diktatoren in der Vergangenheit funktioniert. Alle marschierten sie über Berge von Leichen ohne Scham und Reue in Richtung der Fata Morgana ihres Bildes einer besseren Welt.

Auch jetzt verkündet der Club vom Weltwirtschaftsforum seinen Followern, man werde gemeinsam die Welt retten. Einer mit seinen Impfstoffen, andere mit Elektroautos, digitalen Überwachungssystemen, Versandhandelsmonopolen, Big-Data-Algorithmen, privaten Militär-, Sicherheits- und Geheimdienstfirmen. Wieder andere möchten uns einen bargeldlosen Zahlungsverkehr aufzwingen, durch den sie in Kombination mit einer lückenlosen räumlichen Überwachung das Wohlverhalten der gesamten Bevölkerung wirkungsvoll finanziell steuern und kontrollieren könnten.

Ganz nebenbei soll sicher auch noch Luft aus der extremen Schuldenblase abgelassen werden, die durch Bankenspekulationen, unkontrollierte Geldschöpfung, Steuerhinterziehungen und betrügerische Geschäfte riesig angewachsen ist. Selbstverständlich sollen die Geld- und Machtspekulanten, die die Blase verursacht oder davon profitiert haben, möglichst wenig vom Crash zu spüren bekommen. Wer die Mechanismen des marktradikalen Kapitalismus kennt, wundert sich nicht, wenn Milliardäre jetzt mithilfe korrupter Politiker die Bauern in Indien, Europa und anderswo ihrer Lebensgrundlage berauben und vom Acker jagen. Die Profiteure der Angst werden die öffentliche Schockstarre so lange dauern lassen, bis sie ihren Reichtum vor dem großen Zusammenbruch des Finanzsystems sicher in Farmland und anderen krisensicheren »Assets« angelegt haben. Das ist Schock-Strategie in globalem Ausmaß. Wenn sie niemand bremst, gehört die Welt bald den großen Monopolisten, die uns durch unbegründete Angst gelähmt, getäuscht und enteignet haben.

Wer daran gewöhnt ist, Korruption als Wechselkurs zwischen Macht und Geld zu nutzen, kommt schnell auf die Idee, auch die Rettung der Welt zu kaufen. Wie immer solche Rettung in den Köpfen selbst ernannter Weltverbesserer aussehen mag, sie kann nur in Gewalt und Unterdrückung münden. Wie oft haben wir schon geglaubt, solche archaischen, teuflisch-verführerischen Muster des Größenwahns durch Menschenrechte, Demokratie und Rechtsstaatlichkeit überwunden zu haben?

1 https://clubderklarenworte.de/dr-wodarg-dossier/?fbclid=IwAR2WXVed7s4B2mQRX0Rdn3Wr2JPh9

  BVzbdsowuYj414HeUcspCogh2OsxGs

2 GPMB_annualreport_2019.pdf

3 https://id2020.org

4 https://norberthaering.de/die-regenten-der-welt/dsgvo-impfpass

5 https://fairmaster-konzept.com/eu-legt-plan-zur-abschaffung-des-bargelds-vor

6 Klaus Schwab/Thierry Malleret, *COVID-19: Der große Umbruch*, Lightning Source, 2020

7 Das sind normalerweise Journalisten, die mit der Truppe in den Krieg geschickt werden, um von den

  Heldentaten der eigenen Soldaten zu berichten. Da wir uns laut Ankündigung des französischen

  Ministerpräsidenten Macron im Krieg gegen das Virus befinden, passt dieser Begriff jetzt recht gut.

8 https://reitschuster.de/post/category/bundespressekonferenz

9 https://www.who.int/news-room/q-a-detail/herd-immunity-lockdowns-and-covid-19

10 https://www.aerzteblatt.de/archiv/30140/Bioethik-Buendnis-erneuert oder in der taz:

   https://taz.de/!1170525

11 https://www.br.de/nachrichten/bayern/ethikrat-staatsregierung-entlaesst-lockdown-kritiker-

   luetge,SOjalPE

12 Weder bei der Maskenpflicht noch bei den Impfungen finden die notwendigen und

   vorgeschriebenen Aufklärungen, Einweisungen und begleitenden Nachsorgen und

   Vorsichtsmaßnahmen im notwendigen Maße statt.

13 Naomi Klein, *Die Schock-Strategie. Der Aufstieg des Katastrophen-Kapitalismus*, S. Fischer Verlag,

   Frankfurt a. M. 2007

14 https://fragdenstaat.de/dokumente/4123-wie-wir-covid-19-unter-kontrolle-bekommen

15 Deutscher Bundestag – 17. Wahlperiode – 55 – Drucksache 17/12051 Anhang 4 Risikoanalyse

   Bevölkerungsschutz Bund Pandemie durch Virus »Modi-SARS« Stand: 10.12.2012

⑬

SCHÖNE NEUE WELT

DAS TRILEMMA

Wer die 260 Seiten der Zukunftsversion *COVID-19: Der große Umbruch* von Klaus Schwab und Thierry Malleret genau liest, wird bemerken, dass die Begriffe Menschenrechte, Demokratie und Rechtsstaatlichkeit, die nach dem Zweiten Weltkrieg zur Grundlage der Europäischen Verfassungen wurden, nur noch als Störgrößen der Hyperglobalisierung eine Rolle spielen.[1]

Dieses Buch, die Veröffentlichungen der *Rockefeller-Stiftung* vom Mai 2010[2] und die des *Global Preparedness Monitoring Board* (GPMB)[3] zeigen sehr deutlich den Willen, einen Umbruch ohne die in Demokratien üblichen Meinungsbildungsprozesse zu bewirken.

Vor allem die von der *Bill & Melinda Gates Stiftung* beeinflusste WHO konstruiert seit Jahren die Gefahr einer durch Viren hervorgerufenen globalen Katastrophe. Wie schon die Schweinegrippe ist COVID-19 die Basis für extrem lukrative Impfstoffgeschäfte, in die Bill Gates als einer der wichtigsten Investoren vielfach eingebunden ist. Eine Virus-Pandemie wird aber in Zusammenarbeit von Weltbank, WHO und anderen politisch und wirtschaftlich interessierten Playern – besonders in Gremien wie dem *Global Preparedness Monitoring Board* – auch als Hebel verstanden, mit dem der demokratiefeindliche Umbruch gelingen könnte. Da gehen Profitinteressen der Pharmamilliardäre Hand in Hand mit plutokratischen Machtfantasien.

Klaus Schwab, der Initiator und Geschäftsführer des Weltwirtschaftsforums, trägt die Unvereinbarkeit von Demokratie, nationalen Rechtsräumen und Globalisierung wie eine Monstranz, ein unumstößliches Dogma vor sich her. Dabei zitiert er den aus der Türkei stammenden Harvard-Ökonomen Dani Rodrik[4] und präsentiert dessen Narrativ von einem politischen Trilemma der Weltwirtschaft[5] als alternativloses Szenario:

>>Wir können Hyperglobalisierung, Demokratie und nationale Selbstbestimmung nicht auf einmal haben. Wir können höchstens zwei von drei Optionen haben. Wenn wir Hyperglobalisierung und Demokratie wollen, müssen wir den Nationalstaat aufgeben. Wenn wir den Nationalstaat behalten müssen und auch die Hyperglobalisierung wollen, dann müssen wir die Demokratie vergessen. Und wenn wir die Demokratie mit dem Nationalstaat verbinden wollen, dann heißt das bye-bye tiefe Globalisierung.<<

Während Rodrik in seinen Büchern die Vorzüge der Demokratie und von demokratisch kontrollierbaren nationalen Rechtsräumen sehr wohl sieht, halten die Paternalisten aus Davos den weltweiten, hyperglobalisierten >>Stakeholder-Kapitalismus<< für das Modell der Zukunft.[6] Sie freuen sich, dass in den letzten zehn Jahren der >>Stakeholder-Kapitalismus sowie Umwelt-, Sozial- und Governance-(ESG-)Erwägungen für die nachhaltige Wertschöpfung immer relevanter wurden<<. Die Botschaft ist klar: Die Reichen und Geldmächtigen sind dabei, ihre private Strategie für eine >>nachhaltige Wertschöpfung<< umzusetzen.

Dabei bleibt ungeklärt, welche Anteile (stakes) diejenigen noch halten können, die man in der Corona-Krise gerade um ihre klein- und mittelständischen Unternehmen, ihre Arbeitsplätze, ihre Altersrücklagen oder ihre sonstigen Existenzgrundlagen bringt.

Kulturelle Vielfalt, der eigentliche Reichtum Europas, hat das WEF offenbar ganz vergessen oder neu definiert. Der Begriff Kultur kommt im Buch von Klaus Schwab fast nur als >>agriculture<<,

»culture of immediacy« oder »hire and fire-culture« vor. Sprache und Kultur, Religion und Philosophie sowie die zahlreichen Formen der sozialen Selbstorganisation sind aber in Europa und überall in der Welt bei Weitem vielfältiger als Nationalitäten. Sie sind der eigentliche Reichtum vieler Regionen auf dieser Erde. Sie sind der Grund für unsere neugierige Reiselust und bieten die Möglichkeit, voneinander zu lernen. Zudem könnten wir durch frei zugängliche, demokratisch behütete Medien der modernen Kommunikation unser Wissen erweitern und uns über Grenzen hinweg austauschen, wenn uns nicht die GAFAM-Mafia (*Google, Amazon, Facebook, Apple, Microsoft*) ihre Monopole und ideologisch programmierten Algorithmen aufzwingen dürfte.

Ich finde es absurd, wie der österreichische Ministerpräsident nach einem Chinabesuch im Jahr 2019 von den wirtschaftlichen Vorteilen schwärmt, die sich in autoritären Überwachungsstaaten wie China »auch ohne Demokratie« hervorragend entwickeln würden.[7] Er hat den ersten Artikel der österreichischen Verfassung, ohne den es weder Österreich noch einen österreichischen Ministerpräsidenten gäbe, offenbar schon hinter sich gelassen und sollte konsequenterweise sein Mandat zurückgeben oder eine Volksabstimmung über eine neue Verfassung beantragen. Oder freut sich schon wieder ein Politiker klammheimlich auf seine Anschlussverwertung beispielsweise bei *Ernest & Young, Amazon, BlackRock* oder *Mastercard*?

DATEN SIND MACHT UND GELD

Vielleicht hat den österreichischen China-Freund die Perfektion so geblendet, mit der sich die Regierenden in China der Kontrolltechnologien bedienen können. Sie haben ihr Volk offenbar deutlich stärker im Griff, als das in einer Demokratie wie Österreich möglich wäre. Scheinbar sind einige demokratieabtrünnige europäische

Regierungschefs neidisch auf Chinas Leadership mit Punktesystem für Wohlverhalten, mit Steuerungsmechanismen über das elektronische Konto, mit permanenter Beobachtung, Internierungslagern für Oppositionelle und Unbelehrbare und weiteren autoritären Werkzeugen, mit denen die Regierung das erreicht, was sie für richtig hält.

Dass auch in westlichen Demokratien bereits an ähnlichen Modellen gestrickt wird, war eigentlich nie so richtig geheim. Wir konnten westliche Varianten der Zukunftsmodelle chinesischer Bauart seit Jahren wachsen sehen. Dabei existieren zwischen Medizin und Bevölkerungskontrolle viele Verbindungen. Wer Macht ausüben oder Geld verdienen möchte, muss wissen, wie er Menschen dazu bringen kann, das zu tun, was seinem Ziel dient.

Solches Wissen über Menschen lässt sich aus dem Gesundheitsbereich sehr gut abgreifen. Gesundheitsdefizite schaffen Not und machen die Betroffenen abhängig von fremder Hilfe. Wenn diese Hilfe solidarisch als gemeinsame Last organisiert und getragen wird, muss sich niemand ernsthaft Sorgen machen, dass seine private Not gesucht und ausgenutzt wird. Wer jedoch in einem Land lebt, wo der Gesundheitsmarkt als Wachstumsmarkt entwickelt und für Investoren zur Vermehrung ihres Reichtums freigegeben ist, für den wird es gefährlich, seine Schwächen zu offenbaren.

Ein Stichwort unserer Zeit, die individualisierte Medizin, hört sich erst einmal gut an. Wie maßgeschneiderte Hilfe. Wer würde sich das nicht wünschen? Sie könnte bedeuten, dass Hausärzte ihre Patienten und deren Umfeld gut kennen und Zeit haben, auf die individuellen Beschwerden ganzheitlich einzugehen. Bei Bedarf würden sie ihren Patienten nach Absprache mit den Möglichkeiten der Medizin helfen. Hausärzte würden dann von den Krankenkassen gut bezahlt, wenn sie darauf achten, dass ihre Patienten die für sie persönlich richtige Behandlung erhalten und dass sie sich nichts Falsches oder gar Unnötiges andrehen lassen.

Bestimmen jedoch Investoren primär aus wirtschaftlichen Gründen über die Entwicklung und Vermarktung der individuellen

Medizin, dann werden diese mit einem völlig konträren Blick an die Gestaltung im Gesundheitsmarkt herangehen. Welche Gesundheitsleistungen dann wem verkauft werden, wird ausschließlich auf der Basis möglicher Gewinnerwartungen entschieden. Was sich nicht lohnt, das wird aus dem Sortiment genommen, und wer nichts bringt, ist kein Kunde. Um die Palette der Angebote im Gesundheitsmarkt investorengerecht zuzuschneiden, also um nur das anzubieten und zur Verfügung zu stellen, was gute Rendite abwirft, braucht man möglichst individuelle Daten.

Zwei Arten von Daten werden hier den höchsten Wert haben. Erstens Daten über Not und Hilfebedarf, also die Nachfragemotivation der Kunden, und zweitens Daten über ihre Zahlungsfähigkeit und ihre sonstigen Ressourcen. Den Zugriff auf Daten über die Zahlungsfähigkeit möglicher Kranker/Kunden bieten spezialisierte Dienstleister gegen Entgelt ja auch für andere Marktsegmente an, also auch für den Gesundheitsmarkt. Die Daten über Krankheiten, kurzfristigen oder langfristigen Hilfsbedarf sowie über gesundheitliche oder gar vererbbare Risiken sind aber noch viel wertvoller als andere. Auch Daten über die Verhaltens- und Verordnungsweise der vermittelnden Ärzteschaft sind begehrtes Handelsgut.

GOLDGRÄBERSTIMMUNG

Der Wirtschaftsinformatiker Key Pousttchi bestätigt das und meint:

»Es gibt im Wesentlichen zwei große Datenarten, die sehr umkämpft sind und wo eigentlich die Kriege des Silicon Valley geführt werden. Das eine ist Payment, Bezahldaten, und zwar vor allem aus der realen Welt, und das andere sind Gesundheitsdaten, und beim Gesundheitsmarkt kommt natürlich noch dazu, dass das einer der größten Arbeitgeber in vielen Ländern ist und auch vom Umsatz her extrem interessant.«[8]

Nach diesen Daten strebt die Pharmaindustrie ebenfalls seit vielen Jahren. Sie sind für die Branche »das Gold der Zukunft«. In den letzten Jahrzehnten hat es zunehmend unverschämtere und sehr raffinierte Versuche gegeben, diesen Schatz zu heben.

Da dieses Thema besonders wichtig und sehr umfangreich ist, kann ich hier nur einige Hinweise geben. Die Suche der Goldgräber nach Gesundheitsdaten befinden sich in den Händen der Organisationen und Institutionen, die gesetzeskonform solche Daten erheben und speichern dürfen. Alle, die behandeln, Befunde und Diagnosen sammeln oder abrechnen wie Ärzte, weitere Heilberufe und Kliniken, aber auch deren Vertragspartner wie Krankenkassen, Versicherungen, Abrechnungszentren, Kassenärztliche Vereinigungen oder auf bestimmte Diagnosen spezialisierte Selbsthilfegruppen, sitzen auf den wertvollen Datenbergen und wurden bisher straf- und zivilrechtlich zur Verantwortung gezogen, wenn sie die ihnen von den Patienten anvertrauten Geheimnisse nicht bestimmungsgemäß hüteten.

Die ärztliche Schweigepflicht ist auch für Patienten eine wesentliche Voraussetzung dafür, dass sie sich dieser Berufsgruppe mit ihren Nöten und in ihrer Hilflosigkeit überhaupt offenbaren. Der Status der Ärzteschaft steht und fällt mit dieser anvertrauten Rolle. Das scheint nicht allen klar zu sein, obwohl sich der sinkende Vertrauensbonus zurzeit gerade auf den Wert (und den Preis) der ärztlichen Leistung mindernd auswirkt.

Die Arztpraxen und Kliniken mussten allerdings schon seit einigen Jahren zunehmend hinnehmen, dass die im Wettbewerb stehenden Krankenkassen von der Politik das Recht erhielten, Diagnosen und Verordnungsdaten zu den ihnen ohnehin bekannten Daten über die Einkommenssituation ihrer Versicherten hinzuzufügen. Aktuell verhindert keine strenge ärztliche Schweigepflicht mehr den Zugriff der Gesundheitswirtschaft auf unsere Risiken und unsere gesundheitliche Lage. Die Schweigepflicht wurde besonders in den letzten zwei Jahren in Deutschland weitgehend abgeschafft.

Der amtierende deutsche Bundesgesundheitsminister besaß als Bundestagsabgeordneter im Gesundheitsausschuss Anteile an einem auf die Gesundheitswirtschaft spezialisierten Lobbyunternehmen. Als Minister hat er sich per Gesetz sodann gleich die Macht über die technische Ausgestaltung der digitalen »Datenautobahn« gesichert. Mit einer neu geschaffenen Stimmenmehrheit in der *gematik*, der Datenzentrale der gesetzlichen Krankenversicherung, hat er unter anfänglichem Protest der dadurch umgangenen ärztlichen Selbstverwaltung und der Krankenkassen mit Markus Leyck-Dieken einen ehemaligen Topmanager der Pharmaindustrie dort zum Chef berufen. Leyck-Dieken hat als eine seiner ersten Amtshandlungen der skeptischen Ärzteschaft per offiziellem Schreiben mitgeteilt, dass Ärzte weder zivilrechtliche noch strafrechtliche Konsequenzen zu befürchten hätten, wenn sie sich an die neuen Gesetze zur Datenübermittlung halten.[9] Zur Erinnerung: Auch die Ärzte, die im faschistischen Deutschland die Diagnosen ihrer psychisch kranken Patienten ordnungsgemäß meldeten, handelten gesetzeskonform.

Jens Spahn hat durch seinen legislativen Handstreich das Gold der Gesundheitsdaten den selbstverwalteten gesetzlichen Körperschaften weitgehend entzogen. Die *Bertelsmann*-Tochter *Avarto* erhielt durch seine Vermittlung den Zugriff auf die von der *gematik* im Rahmen der gesetzlichen Krankenversicherung anfallenden individuellen Gesundheitsdaten von circa 90 Prozent der deutschen Bevölkerung.

Die Datenautobahnverwaltung liegt damit weitestgehend in den Händen der Privatwirtschaft, die die Ernte jahrelang technisch bis ins Detail vorbereitet hat. Die Corona-Pandemie räumt jetzt noch die Überholspur für einen direkten Datenzugriff über Kontakt-App und Impfdaten et cetera frei.

Als Beispiele für das vielfältig legitimierte Sammeln und Weitergeben von Arzt- beziehungsweise Patientengeheimnissen seien genannt:

→ Einsatz von Apps zum Sammeln von Versichertendaten auf
   Kassenkosten (DVG),
→ elektronische Arbeitsunfähigkeitsbescheinigung (TSVG),
→ elektronisches Rezept (GSAV),
→ elektronische Heil- und Hilfsmittelverordnung (DVG),
→ vollständige individuelle Krankheitsdaten für den Morbi-RSA
   (GKV-FKG),
→ elektronische Patientenakte (DVG + PDSG),
→ Zugriff auf Krankenakten möglicher Organspender (GZSO),
→ Patientendaten bei Implantat-Anwendungen (EIRD),
→ zentralisierte Impfdatensammlung (§13, Abs. 5, IfSG ab
   1.3.2020),
→ Immunitätsnachweis (IfSG, geplant),
→ zentralisiertes Melderegister für übertragbare Krankheiten,
→ Infektionsschutz als Rechtfertigung für Totalüberwachung
   und
→ Tracking-App.

Die rasch aufeinanderfolgenden, vielfältigen und technisch-fachlich
komplexen gesetzgeberischen Zugriffe auf unsere Persönlichkeitsrechte haben große Teile der Öffentlichkeit, der Ärzteschaft und
der Opposition im Bundestag offensichtlich überfordert. Der ehemalige Lobbyist im Ministeramt und seine Berater haben mit einer
perfekten Überrumpelungstaktik den Interessenten aus der Datenwirtschaft den Zugang zu intimsten Gesundheitsdaten ermöglicht.
Die seuchenhygienisch begründeten Überwachungs- und Zwangsmaßnahmen im Rahmen der Angstkampagne zu COVID-19 bieten
jetzt weitere Vorwände, immunologische Befunde und Kontakt-
daten flächendeckend zu erfassen. Die Bedenken und der Protest
der Bundes- und Landesdatenschutzbeauftragten wurden bisher
dabei weitestgehend ignoriert.

GENDATEN AUS DER NASE?

Risikoreich ist zudem die Tatsache, dass die vielen Großlabore, die jetzt die PCR-Tests verarbeiten, das ihnen ins Haus gelieferte Zellmaterial dazu missbrauchen könnten, Genomdaten abzugreifen. Viele dieser Labore brauchen die Tupfer nur nach nebenan zum Sequenzer weiterzureichen. Und ob das jemals ein Datenschützer merkt, steht in den Sternen. Für genetische Daten ist bereits Platz auf der elektronischen Patientenakte reserviert und die *Bertelsmann*-Tochter *Avarto* erhielt für acht Jahre den Auftrag, das Datenhandling technisch umzusetzen.

Passend dazu ist Deutschland just zu Beginn der Corona-Krise der »1 + Million Genomes Initiative« beigetreten, einer Public-private-Partnership der Europäischen Union.[10] Damit hat sich die Bundesregierung verpflichtet, über eine Million deutscher Bürger zu veranlassen, ihre Erbsubstanz zu sequenzieren und speichern zu lassen. Diese Zahl könnte durch die Abstriche schon längst überschritten sein. Zwar taugen die PCR-Abstriche für eine Aussage zur Infektiosität nachweislich nicht, zum Gensequenzieren eignen sie sich hingegen super. Dass die Labore nicht ausreichend kontrolliert werden, habe ich schon erwähnt. Von dort erhielt man keine beruhigenden Auskünfte, nur Vertröstungen nach dem Motto, dass nicht sein kann, was nicht sein darf.

Durch Whistleblower erhielt ich Informationen, dass auf den Bildschirmformularen eines großen Laborunternehmens am Flughafen eine kleine, leicht zu übersehende Widerspruchsmöglichkeit bestand, durch deren Ankreuzen man einer weiteren Nutzung des Abstriches für Forschungszwecke widersprechen konnte. So etwas wird in der Eile vor dem Abflug leicht übersehen und bringt dann große Gewinne für die Gendatensammler.

Während sich kleine Betriebe und Vereine mit den neuen, strengen Datenschutzregeln der EU herumschlagen, machen sich die Herren aus dem Silicon Valley und ihre europäischen Partner daran, das »Gold der Zukunft« so breit und so tief zu schürfen, wie es nur geht.[11]

Das Recht auf informationelle Selbstbestimmung und die ärztliche Schweigepflicht werden zu Markte getragen mithilfe geneigter Politiker, die nach China fahren, um sich dort zu informieren, wie man mit Datensammeln Macht und Geld anhäufen kann, um angeblich die Welt zu verbessern.

DIGITALE IDENTITÄT UND GLÄSERNER BÜRGER

Am 3. November 2020 sendete der *SWR 2* einen Beitrag von Thomas Kruchem mit dem Titel: »Digitale Identität aller Menschen – Fortschritt oder globale Überwachung?« Kruchem fasst darin sehr kurz und prägnant zusammen, was jetzt offenbar unter dem Schock der angeblichen Pandemie immer mehr als Agenda zum Vorschein kommt. Er schreibt:

> »Die Organisation ID 2020[12] in New York arbeitet an einer transnationalen digitalen Identität für jeden Menschen, die möglichst alle Daten umfassen soll. ID 2020 ist eine Allianz von Hightech-Konzernen wie *Microsoft*, der Rockefeller-Stiftung, großer Hilfsorganisationen und der von Bill Gates finanzierten Impfallianz GAVI. Zu den Kooperationspartnern zählen die US-Regierung, die EU-Kommission und das UN-Flüchtlingshilfswerk UNHCR. Das Ziel: Mit Gesicht, Iris und Fingerabdruck sollen wir uns ausweisen und auf Anforderung Daten freigeben können.«[13]

Außerdem werde das Leben leichter. Ein Beispiel sei das Projekt *Known Traveller Digital Identity* (KTDI) – Digitale Identität des bekannten Reisenden –, das Reisen ohne Papiere ermöglichen soll.[14] Anfang 2021 hätten Kanada und die Niederlande ein Pilotprojekt gestartet, das passfreies Reisen zwischen diesen beiden Ländern ausprobiere. Zunächst müssten die Nutzer ihre biometrischen Daten speichern – vor allem das Gesicht, damit sie an Checkpoints erkannt werden. Zusätzlich sollen sie noch persönliche Daten wie Wohnort oder die Kreditkarten-Historie zur Verfügung stellen. Damit würden dann ihre gesamten Grenzübertritte gespeichert, was die Validität und Glaubwürdigkeit der Identitätsnachweise bei jeder erneuten Kontrolle erhöhe.

In thailändischen Lagern würden von Flüchtlingen aus Myanmar zum Beispiel das Gesicht, die Iris und die Fingerabdrücke registriert. Die neue digitale Identität[15] solle angeblich den Flüchtlingen dabei helfen, ihr Leben nach dem Aufenthalt im Lager auf solide Füße zu stellen. Die digitale Identität enthalte wie ein Personalausweis konkrete Eckdaten von jedem Menschen: Wie heißt die Person? Wo und wann ist sie geboren? Wer sind ihre Eltern? Wo wohnt sie? Welche Ausbildung hat sie? Wie sieht ihr finanzieller Hintergrund aus? Welche Impfungen erhielt sie?

In Bangladesch arbeitet *ID 2020* mit der Impfallianz *Gavi* zusammen. Da dort nur 20 Prozent aller Kinder eine Geburtsurkunde erhalten, aber fast alle Kinder gegen Krankheiten geimpft werden, sei man auf die Idee gekommen, die beiden Dinge miteinander zu verknüpfen. Einerseits würde man durch einen digitalen Impfnachweis das Impfsystem stärken, andererseits könne man die Digitalisierung des Impfsystems dazu nutzen, eine digitale Identität für die Kinder aufzubauen.

Das ist wohl die Idee. *ID 2020*-Partner Bill Gates[16] hat daher von Anfang an dafür plädiert, den Nachweis einer Corona-Impfung zur Voraussetzung für grenzüberschreitendes Reisen zu machen. Er forderte in einem Interview mit dem Online-Medium *TED Conferences* einen digitalen Impfausweis auf biometrischer Basis. So könnten die Kameras der Grenzbehörden am Gesicht erkennen, ob die Person geimpft ist. Solche Informationen könnten in einem weiteren Schritt Teil einer digitalen Identität sein. Die Mitglieder des Deutschen Ethikrats sorgen sich derweil darum, dass der Impfausweis fälschungssicher sein muss. Der Deutsche Ethikrat scheint zu einem durchsichtigen Feigenblatt für einen grundgesetzwidrigen Umbau unserer Demokratie mutiert zu sein.

Am 28. Januar 2021 hat der Bundestag einen Entwurf der Bundesregierung zur Einführung und Verwendung einer einheitlichen Identifikationsnummer beschlossen. Die Regierungsparteien stimmten für, die Opposition gegen dieses sogenannte Registermodernisierungsgesetz.[17] Damit sind auch in Deutschland trotz starken Protestes der Datenschützer die Voraussetzungen zur Umsetzung der *ID 2020*-Pläne geschaffen worden.

Augenscheinlich sind viele Regierungen und die EU-Kommission vom Projekt einer digitalen Identität angetan, weil dadurch die zahllosen virtuellen Identitäten im Netz beendet würden. Die Gesundheitsdaten sollen zwar mit Blockchain-Technologie geschützt und auf zahlreichen Servern weltweit verschlüsselt unter Pseudonym gespeichert werden. Aber irgendjemand wird das ja koordinieren und hat die Übersicht. Wer ist das wohl?

Nach der EU-Datenschutzgrundverordnung dürfen persönliche Daten eigentlich nur für genau spezifizierte Zwecke im minimal nötigen Umfang erhoben und verarbeitet werden. Die von den *ID 2020*-Akteuren geplante und von der EU-Kommission unterstützte Sammlung und Speicherung umfassender Daten zu allgemeinen Verwaltungszwecken widerspricht dieser Vorschrift. Laut Datenschutzgrundverordnung müssen persönliche Daten zudem gelöscht werden, sobald der spezifische Zweck ihrer Erhebung entfällt oder Betroffene ihre Zustimmung zur Speicherung widerrufen. Diejenigen, die demnächst oder jetzt schon alle gesammelten und verknüpfbaren Daten verwalten, unterliegen keiner Kontrolle und können nach eigenem Gutdünken damit verfahren. Wer immer das auch sein wird, allein das daraus abrufbare Wissen und der Zugriff auf solche Gesundheitsdaten verleihen denjenigen eine Macht, die schier unangreifbar sein würde. Und das wissen jene, die jetzt auf diese Daten zugreifen möchten.

DIE HEIMLICHE MACHT DER ALGORITHMEN

Der »gute« Kapitalismus nach Schwab ist digital und – wie wir jetzt schon wissen – hyperglobalisiert. Nach Schwabs Vorstellung soll er die Umwelt hauptsächlich durch Einschränkungen der Bewegungsfreiheit, Automatisierung, Roboter und Reduktion direkter menschlicher Kontakte schonen. Mobilität auf eigene Faust, auf eigenen Füßen und mit eigenen Sinnen soll weitgehend ersetzt werden durch technologievermittelte, interaktive, indirekte Erkundungen im *World Wide Web*. Über diese individuellen Bewegungen werden im Netz massenhaft Daten gesammelt, angeblich auch, um kommende Pandemien und andere Gefahren für die Gesundheit rechtzeitig erkennen zu können.

Völlig ausgeblendet wird dabei, wer die vielen intimen digitalen Daten und gesammelten Informationen, den riesigen Datenschatz über Bedürfnisse, Wünsche, Bewegungen und Begegnungen der Stakeholder zu welchen Zwecken wissen und nutzen darf. Algorithmen und moderne Datentechnik werden den neuen Herrschern dabei helfen. Achim Grunwald, der Leiter des Technikabschätzungsbüros beim Deutschen Bundestag, gab in der *Süddeutschen Zeitung* am 27. Dezember 2019 zu bedenken:

»Technikdeterminismus verschleiert, dass jede künstliche Intelligenz gemacht wird von Menschen in Unternehmen und Geheimdiensten, nach deren Interessen, Werten und Weltanschauungen. Es ist eine Machtfrage.«[18]

Wenn die Menschen unter den Augen der Seuchenwächter schon mal für die neue Zeit nach dem Great Reset üben, wie man sich mit *Skype, Zoom, Facetime, WhatsApp, Adobe Connect* oder *Cisco* im Homeoffice, in der Homeschool und der Homeuniversity fühlt, und wenn sie sich nach und nach an die neue Transparenz ihres Privatlebens gewöhnen, dann muss ich wieder an die früheren

Moralpredigten und die Kritik vieler Abgeordneter und Regierungsvertreter bezüglich der Menschenrechtsverletzungen in China denken. Haben sie all das jetzt vergessen?

Zur neuen Art unserer softwarevermittelten »Solidarität« passt noch als Beispiel das Zitat aus einem nicht genannten Märchen von Günther Anders:

> »Da es dem König aber wenig gefiel, dass sein Sohn, die kontrollierten Straßen verlassend, sich querfeldein herumtrieb, um sich selbst ein Urteil über die Welt zu bilden, schenkte er ihm Wagen und Pferd. ›Nun brauchst du nicht mehr zu Fuß zu gehen‹, waren seine Worte. ›Nun darfst du es nicht mehr‹, war deren Sinn. ›Nun kannst du es nicht mehr‹, deren Wirkung.«[19]

Was mit denen passiert, die zweifeln, widersprechen, sich nicht testen oder impfen lassen wollen oder die sich und ihren Kindern die Maske von Mund und Nase reißen, wird uns 2021 sicher weiterhin bewegen. Politiker bereiten ja schon »Quarantäne«-Lager vor. Auch da können sie von China lernen. Dort können »Dissidenten« angeblich jetzt bereits isoliert werden. Erst wird wegen ansteckender Keime weggesperrt, dann vielleicht wegen ansteckender Gedanken?

HOCHGLANZ-DYSTOPIE

Aufgrund der sehr offen kommunizierten Pläne des Weltwirtschaftsforums ist davon auszugehen, dass eben nicht die Viren[20] für einen solchen Umschwung beziehungsweise den Great Reset verantwortlich sind. Zudem untermauern die gut dokumentierten Aktionen der seit fast zwei Jahrzehnten mit dem WEF vernetzten Institutionen und Einzelpersonen aus Politik, Wissenschaft, Finanzen, Handel, Medien, Militär und Industrie diese Einschätzung. Eine gewaltige Spekulationsblase und eine damit verbundene, die meisten

Regierungen überfordernde Finanzkrise stehen wie ein dunkler Schatten hinter dem Corona-Dashboard der Johns Hopkins University und den pandemischen Drohgesten der WHO.

Die »Alles-wird-besser«-Strategie, mit der die Freunde des Weltwirtschaftsforums unsere mühsam erkämpften Menschenrechte, Demokratie und Rechtsstaatlichkeit handstreichartig ersetzen wollen, ließ mich wegen der Naivität der Hochglanzträume zumindest vorübergehend ungläubig staunen. Ihre Strategie lässt mich an die *Schöne neue Welt* des Aldous Huxley, aber auch an die »Kraft durch Freude«-Bewegung während des Nationalsozialismus denken. Dabei tritt wohl jetzt der Transhumanismus an die Stelle einer eugenischen Menschenzuchtfantasie. Ich empfehle jedem, sich das in vielen aufwendigen Werbespots vorgegaukelte, digital (von wem?) kontrollierbare, ökologische Paradies ruhig einmal anzuschauen, in dem alle, die mitmachen, ihre bessere Welt finden sollen.[21]

Ansonsten versprechen die Werbespots alles umzusetzen, wovon in christdemokratischen, sozialdemokratisch-grünen Parteiprogrammen bisher geschwärmt wurde, und es fehlt auch nicht der heroische Einsatz für die jungen Frauen in den armen Ländern. Dabei sollen unter anderem die Rettung des Klimas und die emanzipatorische Eingliederung der Frauen in die Arbeitswelt durch Bildung, Ausbildung und durch selbstbestimmte Geburtenkontrolle die Akzeptanz für weitere Themen schaffen. Gegen solche Ziele ist wenig zu sagen. Es irritiert allerdings, dass solche Visionen von teuren Werbeagenturen mit hohem Aufwand so perfekt und gegen jeden Zweifel imprägniert dargestellt werden, wie wir es sonst aus der Werbung für gesundheitsschädliche Süßgetränke kennen.

Eigentlich kann niemand übersehen, dass hier viel Geld an Wissenschaft, NGOs und Medien verteilt wird, damit die Bevölkerung den hinter diesen Kampagnen stehenden politischen Hunger nach Dominanz und globaler Kontrolle nicht so leicht erkennen kann oder sogar bereitwillig akzeptiert. Wie Banken Geld, das sie gar nicht haben, sogar ohne Druckerei in rauen Mengen und mit reichlich Boni ins Lotteriespiel der Schuldenmaschine einschleusen, hat zum Beispiel die Deutsche Bank mit ihren faulen Immobilienkrediten vorexerziert. Unter anderem hat Paul Schreyer dieses Vorgehen in seiner sehr lesenswerten Analyse *Wer regiert das Geld?* verständlich aufgearbeitet.[22] Auch Ernst Wolff gibt uns mit seinen finanzpolitischen Analysen eine Ahnung von dem, was auf uns zukommen wird.[23]

GELD GEGEN MACHT – EIN TAUSCHGESCHÄFT

Stellen Sie sich einen verrückten Milliardär vor, der in der Irrenanstalt plötzlich einen Koffer voller Banknoten hervorholt und jeden reichlich belohnt, der vorgibt, seinen Irrsinnsfantasien zu folgen. Da wäre das schlecht bezahlte Personal ja verrückt, wenn es da nicht mitmachen würde. Philanthropie ist angesagt und alle Menschen sollen von der Güte der Philanthropen profitieren, sollen in einem Stakeholder-Kapitalismus die Nutznießer der in Davos konstruierten neuen Welt nach dem Great Reset werden.

Wer Philanthrop sein kann, darüber bestimmt das Bankkonto. Pflichtbewusste Politiker oder demokratisch gewählte Staatslenker hätten wohl kaum eine Chance, als Menschenfreunde – also als Philanthropen – bezeichnet zu werden. Selbst wenn sie sich ganz und gar für das Wohlergehen der Menschen ihres Landes einsetzten. Philanthrop hat heutzutage eindeutig etwas mit Geldvermögen zu tun. Mit privatem Geldvermögen, denn für den Finanzminister, der zum Beispiel in der Corona-Krise Geld drucken lässt und verteilt, findet das Volk andere Begriffe.

Ein plutokratisches Regime, das seine Untertanen von oben nach seinen Vorstellungen regiert, unterscheidet sich grundsätzlich von einer Demokratie, in der alle Macht ja schließlich vom Volke ausgehen soll. Da in Demokratien demzufolge auch eine Richtungsänderung, eine Reform oder gar ein Neuanfang vom Volke ausgehen müsste, gleicht die Ankündigung eines Great Reset durch den Geschäftsführer des Weltwirtschaftsforums einem Putschversuch. Der Great Reset ist eben nicht das Ergebnis eines großen Volksentscheids, sondern wurde von nicht durch eine Wahl Legitimierten international geplant, inszeniert, finanziert und gesteuert – mit ihrem und unserem Geld, ihrem Einfluss und mit den für sie erreichbaren oder durch sie erpressbaren Menschen.[24]

Mit der Macht ihres Geldes schaffen sich die neuen Kaiser eine Art Hofstaat. Sie vernetzen Willfährige und Neugierige durch Preisverleihungen, Sponsoring, Stipendien sowie glänzende Events und Kongresse und schaffen so ein von ihnen auserwähltes Insider-Geflecht. Solche Rockefellers, Soros, Gates, Schwabs, Quandts oder Bertelsmänner knüpfen mit ihrem Geld parademokratische Netzwerke, die aber auch davon leben, dass demokratisch Gewählte bereit sind, ihre Verantwortung an der noblen Garderobe abzugeben.

Als vordemokratisches Fossil ist solch ein Geldadel nur deshalb noch nicht ausgestorben, weil sich die Demokratie noch im Übungsstadium befindet: Noch immer schauen sich die ermächtigten demokratischen Innehaber aller Gewalt des Volkes Hilfe suchend nach den Vätern der Vergangenheit um. Bisher hat es kein Demokrat geschafft, weltweit alle Steueroasen dichtzumachen und das Gebot unseres Grundgesetzes »Eigentum verpflichtet« einem Sozialstaat gemäß in die Praxis umzusetzen. Philanthropen verwechseln offensichtlich das Gebot »Eigentum verpflichtet« mit ihrem Paradigma »Eigentum ermächtigt«.

Die Geldmächtigen und Industrieführer versprechen zwar jetzt gönnerhaft, wie gute Fürsten, wie Philanthropen eben, Chancengleichheit für alle Menschen, gerechte Einkommen, Fairness zwischen den Generationen und Fairness gegenüber wirtschaftlich Benachteiligten. Sie tun aber seit über einem Jahr das Gegenteil.

ALLES VERÖFFENTLICHT –
ABER KEINER SCHAUT HIN

Was viele Menschen in Corona-Zeiten fassungslos zu verstehen versuchen, haben andere längst völlig schamlos und offen mit großem Eifer und viel Einsatz vorbereitet. Niemand braucht für die Analyse der Entwicklung des Weltwirtschaftsforums (WEF) von 2002 bis 2020 die Fähigkeiten eines Geheimdienstes. Paul Schreyer hat in seiner *Chronik einer angekündigten Krise* die relevanten Aspekte und Phasen der Krisenvorbereitung beschrieben und dabei gezeigt, welche Rolle die einzelnen Bündnispartner und Organisationen bei dieser nach einem Virus benannten Krise gespielt haben.[25]

Diese Pandemie als Plandemie zu bezeichnen ist gar nicht so abwegig. Sie wirkt wie eine strategisch relativ transparent entwickelte Geschäftsidee einiger ökonomischer Oligarchen mit ihren Followern aus Wirtschaft, Wissenschaft, Finanzwelt, Medien, Politik und des Vatikans. Ja, Sie lesen richtig: Papst Franziskus fördert und unterstützt mit dem »Council for Inclusive Capitalism«[26] den Great Reset. Im Dezember 2020 rief Papst Franziskus den Rat für Inklusiven Kapitalismus ins Leben. Es sei eine »historische neue Partnerschaft zwischen einigen der weltweit größten Investoren, Unternehmen und dem Vatikan«.

Mit der Gründung des Rates werde »die Dringlichkeit unterstrichen, den Kapitalismus gemeinsam zu einem leistungsfähigen Mechanismus für das Wohl der Menschheit zu reformieren, der auf moralischer Verantwortung und den Erfordernissen des Marktes basiert«. Der Rat fordert die Unternehmen auf, »ein wirtschaftliches Fundament für eine gerechtere, integrativere und nachhaltigere Welt zu legen«. Der Rat wird von finanzmächtigen Globalisierern geleitet, die sich »Wächter des inklusiven Kapitalismus« (The Guardians) nennen. Die involvierten Unternehmen repräsentieren mehr als 10,5 Billionen US-Dollar an verwaltetem Vermögen. Gegründet wurde der Rat von Lynn Forester de Rothschild, die ankündigte:

»Dieser Rat wird der Mahnung von Papst Franziskus folgen, auf den Hilfeschrei der Erde und der Armen zu hören und die Forderungen der Gesellschaft nach einem gerechteren und nachhaltigeren Wachstumsmodell zu erfüllen.«

Zu den Guardians gehören unter anderem Kenneth Frazier, Generalmanager des Pharmakonzerns *Merck*, der den Ebola-Ausbruch in Westafrika nutzte, um den weltweit ersten gentechnischen Impfstoff auf den Markt zu bringen, Alex Gorsky, Direktor des weltgrößten Pharmakonzerns *Johnson&Johnson*, der gerade einen Corona-Impfstoff anbietet, und sonst unter anderen die Chefs von *Mastercard, Allianz, VISA, Bank of America, Dupont, BP, Ernest&Young, Ford Foundation* und vielen weiteren großen Firmen und Organisationen. Ein weiterer bemerkenswerter Name auf der Liste ist Rajiv Shah, ein früherer langjähriger Mitarbeiter der *Bill & Melinda Gates Foundation*, ehemaliger Leiter von USAID und jetziger Präsident der *Rockefeller Foundation*.

ASSIMILIERUNGEN

Die Pandemie als Geschäftsidee zu bezeichnen ist deshalb richtig, weil sich alles in einer Welt abspielt, in der – nach Niklas Luhmann – das Geld als Medium die Kommunikation der Shareholder bestimmt. Dieses Projekt haben Menschen ins Leben gerufen, die ihr Weltbild im System der Wirtschaft mit geldvermittelten Geschäften in Forschung und Entwicklung, Produktion, Vermarktung, Handel und Eigentum ausgebildet und erfolgreich globalisiert haben. Das Denken in Haben und Nicht-Haben, Kaufen und Verkaufen und die Idee von privatem Eigentum haben sich global so erfolgreich verbreitet, dass sie sogar das Wissen, die Kunst, die Religion, die Bildung, die Gesundheit und jetzt – unübersehbar – die Politik assimilieren. Assimilieren heißt sich gleich machen, sich einverleiben. Das Wirtschaftssystem kann sich vermutlich besser als alle anderen globalisieren, weil sein binärer Code »Haben oder Nicht-Haben« überall auf der Welt leicht zu verstehen ist. Schwarze oder rote Zahlen.

Was käuflich ist, wird in diesem System zur Ware. Doch es gibt da einen feinen, aber entscheidenden Unterschied zwischen gewerkschaftlich gut organisierten Arbeitern, die ihren Anteil am Gewinn eines Unternehmens kraftvoll und selbstbewusst einfordern, und Sklaven, die auf das Wohlwollen ihrer Herren auf Gedeih und Verderb angewiesen sind. Viele der neuen Herren würden mit allen Mitteln verhindern, dass sich in ihren Unternehmen die Angestellten gewerkschaftlich organisieren, um selbst zu bestimmen, was sie für ein faires Einkommen und für gute Arbeits- und Lebensbedingungen halten. Bei solchen Auseinandersetzungen geht es um etwas sehr Wichtiges, um Menschenwürde und Autonomie.

Wenn alles Schöne ein Preisschild bekommt, wird es teuer und wird von Kunst zur Ware. Wenn neues Wissen privaten Zwecken dient, patentgeschützt wird und bezahlt werden muss, so verstummt professioneller Zweifel. Wenn die den Politikern vom Volke anvertraute Macht käuflich wird und die Politik ihren Erfolg in Yuan, Dollar oder Euro misst, dann hat sich das Volk seine Macht abkaufen lassen und die Regierung ist institutionell korrupt. Und wenn dem Vatikan Geld so wichtig ist, dass er sich als Ethikabteilung einer globalisierten Wirtschaftsclique verdingen muss, so verrät er Glaube, Liebe, Hoffnung und wird wieder zum Ablasshändler.

Im Gefolge des Geldadels in Davos fanden sich denn auch immer mehr und hochrangigere Politiker. Sie wurden nach und nach gezielt eingeladen und offenbar von der Sekte der Plutokraten erfolgreich assimiliert.

13

1 Klaus Schwab, Thierry Malleret, *COVID-19: Der große Umbruch*, Forum Publishing, 2020

2 »Scenarios for the Future of Technology and International Development«, *Rockefeller Foundation*, Mai 2010

3 »World at Risk 2019« und »World in Disorder 2020«, *Global Preparedness Monitoring Board*, Annual Reports 2019 and 2020. Geneva: World Health Organization; 2020. Licence: CC BY-NC-SA 3.0 IGO

4 z. B. Dani Rodrik, *The Globalization Paradox*, Norton & Company, New York 2011, ISBN 978-0-393-07161-0.

5 https://rodrik.typepad.com/dani_rodriks_weblog/2007/06/the-inescapable.html

6 Man sollte diese Idee keinesfalls mit regionalen demokratischen Genossenschaften verwechseln.

7 https://www.wochenblick.at/kurz-vorbild-china-mit-eingeschraenkter-freiheit-zu-wirtschaftlichem-erfolg

8 https://www.deutschlandfunk.de/digitalisierung-wirtschaftsinformatiker-gesundheitsdaten.676.de.html?dram:article_id=453653

9 https://www.gematik.de/fileadmin/user_upload/fachportal/files/Service/Anschluss_medizinischer_Einrichtungen_an_die_Tele-matikinfrastruktur_DVO_/Informationsblatt_Datenschutz_Haftung_TI_V1.0.0.pdf

10 https://ec.europa.eu/digital-single-market/en/european-1-million-genomes-initiative

11 https://www.fraunhofer-innovisions.de/big-data/lebendige-zukunft

12 https://id2020.org; Es handelt sich um eine globale Initiative für ID-Chips von Organisationen und Firmen, deren Arbeit wesentlich von Bill Gates bestimmt wird (*Microsoft, Gavi, accenture*)

13 https://www.swr.de/swr2/wissen/201103-digitale-identitaet-aller-menschen-100.pdf

14 https://www.biometricupdate.com/202003/world-economic-forum-spells-out-its-decentralized-biometric-travel-id-project

15 https://www.deutschlandfunkkultur.de/digitale-identitaet-leben-in-der-ueberwachten-gesellschaft.976.de.html?dram:article_id=486012

16 https://www.swr.de/swr2/wissen/digitale-identitaet-aller-menschen-fortschritt-oder-globale-ueberwachung-swr2-wissen-2020-11-03-100.html

17 https://www.bundestag.de/dokumente/textarchiv/2021/kw04-de-registermodernisierung-818730

18 Achim Grunwald, Professor für Technikphilosophie und Technikethik an der Universität Karlsruhe. Leiter des Büros für Technikfolgen-Abschätzung im Deutschen Bundestag. *Süddeutsche Zeitung*, Nr. 298, 27. Dezember 2019, S. 13

19 Günter Anders, *Die Antiquiertheit des Menschen*, C. H. Beck Verlag, München 1961, S. 97

20 Paul Schreyer, *Chronik einer angekündigten Krise,* Westend Verlag, Frankfurt a. M. 2020;

in diesem Buch hat Paul Schreyer mit sehr akribischen Recherchen gezeigt, dass die

SARS-Coronaviren als geeignete Bedrohung für die Bevölkerung ausgewählt wurden, um die

Agenda einiger weniger durch einen Great Reset umzusetzen.

21 https://www.weforum.org/agenda

22 Paul Schreyer, *Wer regiert das Geld? Banken, Demokratie und Täuschung,* Westend Verlag,

Frankfurt a. M. 2016

23 https://youtu.be/tV_VuUPjJOc

24 https://www.prnewswire.com/news-releases/der-rat-fur-einen-inklusiven-kapitalismus-mit-dem-
vatikan-ein-neues-bundnis-von-globalen-wirtschaftsfuhrern-startet-heute-854879632.html

25 s. Fußnote 20

26 https://www.inclusivecapitalism.com

14

INSTITUTIONELLE KORRUPTION

VON DER DEREGULIERUNG ZUR INSTITUTIONELLEN KORRUPTION

Als ich vor langer Zeit im Plenum des Bundestages hoffnungsvoll von einem deutschen CDC träumte, habe ich mir noch nicht vorstellen können, wie verheerend es sich auswirken kann, wenn die Arbeit normsetzender nationaler oder internationaler wissenschaftlicher Einrichtungen für öffentliche Gesundheitspflege im Rahmen von Public-private-Partnerships umgeformt oder durch korrupte Minister privatwirtschaftlichen Interessen ausgeliefert wird. Das gilt aktuell für die Weltgesundheitsorganisation (WHO), die amerikanischen *Centers for Disease Control and Prevention* (CDC), die Europäischen Agenturen EMA und ECDC, das Robert Koch-Institut (RKI) sowie das Paul-Ehrlich-Institut (PEI).

Wie wir jetzt erschrocken feststellen müssen, erfolgt solche private Einflussnahme schon viel zu lange. Sie funktioniert über käufliche oder unter Druck gesetzte Politiker. Große Lobbyagenturen in Berlin, Brüssel und anderswo beschäftigen teure Profis, die gezielt auf die wichtigen Entscheider in Parlament, Regierung und Verwaltung angesetzt werden. Dieser aufwendige Lobbyapparat sorgt für Informationen, Kontakte, Gesetzesvorlagen und veranstaltet Diskussionsrunden, bei denen die umhegten Politiker oder Beamten hofiert werden und sich wichtig fühlen können. Dabei gilt in der Branche die Regel, je höher in der Hierarchie die Beeinflussung ansetzt, umso effizienter ist sie. Denn wer den Minister kaufen kann, braucht dessen Beamten nicht mehr zu bestechen. Manchmal offenbart sich der Widerstand unbestechlicher Mitarbeiter im RKI oder in anderen Behörden, wenn sie die für die Spitze des Hauses peinlichen Wahrheiten veröffentlichen.

In der laufenden Corona-Krise erleben wir ohnmächtig staunend, wie aus der angedienten Public-private-Partnership in vielen Bereichen unseres Alltags eine Private-public-Fellowship geworden ist. Der private Riesenschwanz wedelt jetzt mit dem winzigen öffentlichen Hündchen. Diesel-Skandal, Maut-Skandal oder Banken-Skandale rufen kaum noch den Zorn der Öffentlichkeit hervor. Die intransparent-verantwortungslosen Impfstoffdeals der Regierungen oder die Kumpanei zwischen Pharmainvestor Bill Gates und der Kanzlerin geschehen inzwischen in schamloser Offenheit.

DIE WHO BIETET SICH AN

Die damalige norwegische Ministerpräsidentin Gro Harlem Brundtland nahm im Januar 1989 am Jahrestreffen des WEF in Davos teil und wurde nur vier Monate später zur Generalsekretärin der WHO gekürt. Sie spielt immer noch, lange nach ihrem Ausscheiden aus der Weltgesundheitsorganisation, eine wichtige Rolle bei der pandemischen Expansion der Gesundheitswirtschaft. An ihrer Seite plant auch die ehemalige WHO-Regionalchefin für Europa, Ilona Kickbusch, für kommende Pandemien fleißig mit. Beide früheren WHO-Frauen arbeiten weiterhin im *Global Preparedness Monitoring Board* (GPMB) für die Weltbank und die WHO mit Wirtschaftsvertretern, Gesundheitsbehördenchefs und Regierungsbeamten zusammen.

Gro Harlem Brundtland war es übrigens, die in den späten 1990er Jahren die Initiative zur Deregulierung der WHO ergriff. Angesichts ihrer Aufgaben für die öffentliche Gesundheit war die WHO eigentlich schon immer chronisch knapp bei Kasse und viele staatliche

Träger sahen die Beiträge als lästige Pflicht an. Entsprechend der Global-Compact-Direktive des UN-Generalsekretärs Kofi Annan begann Brundtland, für eine Public-private-Health-Partnership (PPHP) zu werben, und lud 2001 auf dem Weltwirtschaftsforum in Davos die dort versammelten Konzernchefs ausdrücklich zur Partnerschaft mit der WHO ein.[1] Sie argumentierte, diese exzellente Möglichkeit für praktischen Erfahrungsaustausch könne die Unternehmen zu weiterem öffentlichem Engagement inspirieren. Sie sei froh, für die WHO eine solche Initiative zu unterstützen.

Bei ihrem Engagement störte sie offenbar nicht, dass das *Transnational Resource and Action Center* (TRAC, www.corpswatch.com) schon im September 2000 einen alarmierenden Bericht unter dem Titel »Tangled up in Blue[2]« veröffentlicht hatte. Darin warnte TRAC vor der systemfremden Einflussnahme großer multinationaler Konzerne wie *Bayer*, *Rio Tinto*, *Shell*, *Aventis*, *Novartis* und anderer auf die UN-Organisationen und die WHO.

Sogar in einem 2001 von der WHO selbst veröffentlichten Assessment ihrer Industrie-Partnerschaft warnten deren Autoren Kent Buse und Amalia Waxman unter dem Titel »Public private health partnerships: a strategy for WHO« eindringlich vor den möglichen Schäden einer solchen Kooperation für die öffentliche Gesundheit und die Glaubwürdigkeit der WHO.[3] Die Autoren schilderten Beispiele für Interessenkonflikte und Einflussnahmen und empfahlen schon damals äußerste Vorsicht und große Transparenz bei der Zusammenarbeit mit diesen viel stärkeren Partnern aus der Wirtschaft. Bis zum heutigen Tag hat bei der WHO noch niemand diese Warnung wirklich ernst genommen und umgesetzt.

Als Gro Harlem Brundtland dem feudalen Club in Davos die WHO zu Füßen legte und sie die Wirtschaftsbosse einlud, in globale Gesundheit zu investieren, ließen sich die Investoren der Gesundheitsindustrie und die Chefs von Big Pharma das nicht zweimal sagen. Sie investierten mithilfe von Stiftungen oder einigen kooperierenden Regierungen in wohlklingende Impfprogramme und bestimmten mit ihren durchgehend zweckgebunden Fördermitteln zunehmend die Schwerpunkte der WHO-Aktivitäten. Schon nach wenigen Jahren hatte die Gesundheitsindustrie mit ihrer als philanthropisch getarnten Finanzierung in der WHO das Sagen. So läuft der Shareholder-Kapitalismus. Wie zu erwarten, fanden sich bei der WHO noch weitere interessierte Partner zu gemeinsamen Aktionen zusammen.

GPMB – DIE PANDEMIEWERKSTATT

Eine solche Kooperation ist das *Global Preparedness Monitoring Board* (GPMB). In den Berichten dieses Gremiums konnte man schon im September 2019, kurz vor der Übung beim »Event 201« in New York, die harte, rücksichtslose Planung und Zielstrebigkeit der Verantwortlichen zwischen den Zeilen lesen.[4] Im GPMB arbeiten seit Mai 2018 unter anderem Gro Harlem Brundtland, Dr. George F. Gao, der Direktor des *Chinese Center for Disease Control and Prevention*, Dr. Chris Elias, Präsident des »Global Development Program« der *Bill & Melinda Gates Foundation*, Sir Jeremy Farrar, Direktor des *Wellcome Trust*, UK, Dr. Anthony S. Fauci, Direktor des *National Institute of Allergy and Infectious Diseases*, USA, zusammen. Gemeinsam mit weiteren hochrangigen nationalen Gesundheitsexperten planten und forderten sie rigorose Maßnahmen in Pandemiezeiten. Kurz vor dem Pandemie-Start machten sie im September 2019 schon mal Angst.[5] Und ein Jahr später, im Bericht vom Oktober 2020, warfen sie einigen widerspenstigen Staatslenkern, die ihnen offenbar zu Recht misstraut haben, die Schuld an den von ihrer Pandemie angerichteten Schäden vor.[6]

Die Mitglieder des GPMB fordern Gehorsam und Geld für kommende Ereignisse, einfach so, frei von jeder Evidenz, mit moralisierenden politischen Floskeln. Und wenn die Lobbyisten der Impfindustrie beim GPMB von Milliarden reden, welche die Pandemien

verschlingen würden, von Milliarden, die die Länder der Welt aufbringen müssten, erkennt man unschwer, dass sie damit die Gewinne
meinen, die sich ihre Investoren von solchen Ereignissen erhoffen.
Schon vor Enthüllung der Pandemie-Ikone SARS-CoV-2 schreiben
sie im Bericht mit dem Titel »A World at Risk« vom September 2019:

> »Geberländer und multilaterale Institutionen müssen auf das
> Schlimmste vorbereitet sein. Eine sich schnell ausbreitende
> Pandemie durch einen tödlichen Atemwegserreger (unabhängig
> davon, ob er natürlich entstanden ist oder versehentlich oder
> absichtlich freigesetzt wurde) stellt zusätzliche Anforderun-
> gen an die Bereitschaft. Geber und multilaterale Institutio-
> nen müssen angemessene Investitionen in die Entwicklung
> innovativer Impfstoffe und Therapeutika, Kapazitäten für die
> Herstellung von Medikamenten, Virustatika mit breitem Wir-
> kungsspektrum und geeignete nicht-pharmazeutische Inter-
> ventionen sicherstellen. Alle Länder müssen ein System für
> den sofortigen Austausch von Genomsequenzen jedes neuen
> Krankheitserregers für Zwecke der öffentlichen Gesundheit
> entwickeln, zusammen mit den Mitteln, um begrenzte medi-
> zinische Gegenmaßnahmen zwischen den Ländern zu teilen.«[7]

Bereits beim »Event 201«[8] in New York am 18. Oktober 2019 wurden
die Abläufe der Ereignisse von 2020 strategisch in ihrer Bedeutung
für die einzelnen Shareholder aus Politik, Wirtschaft, Finanzwelt und
Sicherheitsorganen durchgespielt. Das heißt, zwei Monate vor Beginn
der COVID-19-Pandemie wurde ein gleichartiges Ereignis erstaunlich klar präsentiert und deren Umsetzung konkretisiert.

Wer so eine Pandemie plant, kann nicht auf gefährliche Erreger
warten. Die Inszenierung eines solchen Ereignisses war bei der
Schweinegrippe ja schon einmal mit harmlosen Influenzaviren
erfolgreich ausprobiert worden. Man braucht für eine Pandemie
also keinen besonders gefährlichen Erreger. Zudem findet man

jederzeit Kranke und Sterbende für die benötigten Videos und Bilder. Geeignet ist ein Erreger, der immer schon da ist, wie der Igel beim Wettlauf mit dem Hasen. Ein Erreger, der einen besonderen Namen kriegt und dessen Bild selbst Laien überall leicht wiedererkennen. Die Stachelkugel prägt sich schnell ein, eignet sich hervorragend als Angst-Ikone und kann mit intransparenten Technologien wie dem PCR jederzeit und überall aus dem Hut gezaubert werden.

Außerdem war die Virusfamilie mit dem Namen SARS seit 2002 bereits als todbringend medial eingeführt. Ihr Comeback als SARS-CoV-2 wurde folgerichtig demselben Regisseur in die Hand gelegt, der schon bei SARS mit seinem PCR-Test für die Labordefinition des Feindes verantwortlich zeichnete. SARS und SARS-CoV-2 war jeweils das, was der PCR-Schneider Christian Drosten aus seinen Computersequenzen als Erkennungsmuster für den zu bekämpfenden Feind zurechtschneiderte. Je mehr Feinde das Primer-Muster erkennt, umso wirkungsvoller und schneller können sich positive Testergebnisse ausbreiten und die erwünschte Angst erzeugen.

Schon 2017 machte der damalige Gesundheitsminister Hermann Gröhe Impfstoffinvestoren und Klaus-Schwab-Freunde wie die *Bill & Melinda Gates Stiftung,* die Vertreter der britischen Interessen vom *Wellcome Trust* sowie Ilona Kickbusch vom GPMB zu Pandemie-Beratern der Bundesregierung. Auch der SARS-Spezialist Christian Drosten gehört von Anfang an zum Team.

Dieser Stab, ergänzt durch den WHO-Generalsekretär Tedros Adhanom Ghebreyesus, war übrigens ebenfalls am 8. Mai 2019 in den Fraktionssaal der CDU/CSU eingeladen worden. Hier wurde, wenige Monate vor Beginn der Pandemie, beim Kongress »Globale Gesundheit stärken« unter Beteiligung der Kanzlerin und ihres Gesundheitsministers Jens Spahn, der Virologe aus der Charité in seine künftige Rolle als Mister Corona schon einmal eingeführt.[9] Gesprochen wurde zwar weniger über Viren, sehr viel aber über Gelder für die Forschung und über pandemische Risiken, die angeblich aus der Tierwelt kommen.

Als Deutschland, Indien, Japan, Norwegen, die *Bill & Melinda Gates Foundation*, der *Wellcome Trust* und das Weltwirtschaftsforum im Jahr 2017 die *Coalition for Epidemic Preparedness Innovations* (CEPI)[10] gründeten, um die gezielte Unterstützung der Impfstoffentwicklung zur Bekämpfung größerer Epidemien/Pandemien zu erleichtern, hatte Christian Drosten gerade mit MERS noch einmal probiert, wie geeignet Coronaviren und PCR-Tests sind, um das Angst-Framing für eine Pandemie zu liefern und zu verbreiten. Am 23. Januar 2020 ernannte ihn dann die WHO mit Chinas Einverständnis zum Hofschneider für die neue und ganz große Pandemie, als diese seinen für die Zwecke der Initiatoren bestens geeigneten Test zum Erkennungszeichen der neuen Seuche machte.

Der Test erfüllt seine Rolle zur großen Zufriedenheit aller Beteiligten, die riesige Summen an Tests, Masken, Desinfektionsmitteln, Respiratoren und natürlich – jetzt immer mehr – den Impfungen verdienen. Der Test macht richtig Angst, denn er ließ zu Anfang bei Schwerkranken und Toten und später, als massenhaft Tests produziert wurden, auch in der breiten Bevölkerung überall die Seuche auftauchen. Ein positives Testergebnis kann man bei Kranken und bei Toten jederzeit finden und das reicht offenbar immer noch aus, um diese als Pandemie-Opfer darzustellen. Schwer Erkrankte und Tote können zum Schüren von Angst oder als Begründung für Repressalien sehr leicht missbraucht werden. Durch unterschiedliche Nutzung der Tests kann man Zahl und Art der »Fälle« steigern – wie in Italien – oder sie fast völlig und schnell verschwinden lassen – wie im März 2020 in China.

GPMB – SIE PLANEN DIE ANGST

Schon 2019 im Septemberbericht des GPMB war zu merken: Die Pferde waren längst gesattelt, der Feind schon ausgesucht und die Finanzierung des vorbereiteten Pandemie-Krieges in trockenen

Tüchern. Der neue Feind war ja beim »Event 201« in New York, also einige Wochen vor den ersten Fällen in Wuhan, enthüllt worden und durfte bereits probeweise als die bekannte stachelige Kugel dabei sein.

Selbst nach Beginn des »Krieges gegen das Virus«, wie der französische Präsident formulierte, eiferte das GPMB weiter. In seinem Jahresbericht vom Oktober 2020 mit dem bedrohlichen Titel »A World in Disorder« gab das *Global Preparedness Monitoring Board* der Angst und den politischen Nötigungen neues Futter. Der Lockdown sei in vielen Ländern nicht konsequent genug durchgehalten worden und viele Politiker hätten zu zögerlich entschieden.

Die wirtschaftlichen Folgen, die rasch wachsende und entsetzliche Hungersnot in Entwicklungsländern, die Lockdown-Opfer, das Krankenhaus-Elend in Italien oder die Fehlbehandlung alter Menschen: An allem seien die gefährlichen Viren schuld – und zweifelnde Politiker, die nicht eindeutig und hart genug die Führung im Kampf gegen das Virus übernommen hätten.

Im GPMB-Bericht steht nichts über Unsicherheiten der PCR-Tests, über die verheerenden Folgen der Angstkampagne, Opfer falscher »Emergency Drugs« wie Remdesivir oder die von der WHO empfohlenen und geduldeten tödlichen Überdosierungen und den undifferenzierten Massenanwendungen des Malariamittels Hydroxychloroquin. Kein Zweifel kommt auf an der Indikation der Lockdown-Maßnahmen, am Zugrunderichten der mittelständischen Wirtschaft und am Nutzen der entwürdigenden Masken, von denen die WHO[11] selbst noch zu Beginn des Jahres 2020 nichts gehalten hatte.

Das *Global Preparedness Monitoring Board* von WHO und Weltbank zieht gemeinsam mit folgsamen Politikern die für den Great Reset geplante Schocktherapie unerbittlich durch. Im *Board* kümmert sich niemand um wissenschaftliche Ungereimtheiten, um widersprüchliche Verlautbarungen der eigenen Akteure oder ist darüber erstaunt, dass die zu einer gefährlichen Pandemie gehörenden massenhaften Erkrankungs- und Todesfälle ausbleiben. Auch geht es den Akteuren längst nicht mehr um Medizin, Gesundheit oder gar wissenschaftliche Evidenz, zwischen den Zeilen des Textes wird ihr machtpolitischer Anspruch deutlich.

Den Verfassern des GPMB-Berichtes reicht es offenbar aus, wenn massenhaft falsch positive Testergebnisse als Vorwand für Quarantänemaßnahmen dienen oder Lahmlegungen unseres wirtschaftlichen und gesellschaftlichen Lebens den Schein einer schrecklichen Pandemie möglichst lange aufrechterhalten. Für diese Strategie haben Virologen wie Christian Drosten und die dahinterstehenden Firmen das Instrument geliefert, den PCR-Test.

Wer die Macht übernehmen will, muss sein Handeln vor der Öffentlichkeit irgendwie legitimieren, zum Beispiel als Retter in einer Katastrophe. Da aber ein bisher mündiges Volk entmachtet werden soll, versuchen die neuen Herrscher, durch fingierte Katastrophen ihren Einfluss zu sichern. Das können sie in einer relativ freizügig lebenden Bevölkerung nach über 70 Jahren eingeübter Demokratie nicht so ohne Weiteres schaffen. Also greifen sie auf ein altbekanntes Mittel zurück, das die demokratische Streitlust der Bevölkerung zumindest vorübergehend lähmen kann: die Angst.

CHINA UNTER VERDACHT

Wenn ein autoritär geführtes Land, das seine Einwohner streng kontrolliert und bei unangepasstem Verhalten maßregelt, das Arbeitslager für Minoritäten und Oppositionelle unterhält und ausbaut, wenn ein Land wie China plötzlich als Vorbild für die globale Gesellschaft der Zukunft dienen soll, dann vermisse ich den für einen solchen massiven »Umschwung« von unserer Verfassung vorgegebenen breiten öffentlichen Meinungsbildungsprozess. Angesichts der unveränderbaren Prinzipien unserer Verfassung wäre ein solcher »Umschwung« rechtlich noch nicht einmal durch eine in freier Abstimmung aller Wahlberechtigten zu beschließende Verfassungsänderung zu legitimieren. Nach einem solchen immensen Great Reset wäre allerdings das Deutschland, nach dem wir doch bisher alle brüderlich mit Herz und Hand gestrebt haben, nicht mehr zu retten.

In China ist aber offenbar vieles möglich, was sich eine an Demokratie gewohnte Bevölkerung schwerlich gefallen ließe. Am 10. Januar 2021 reichten der US-amerikanische Anwalt Michael P. Senger und weitere Verfasser bei den staatlichen Behörden für Verfassungsschutz der USA, UK, Australiens, Kanadas und Deutschlands ein Ersuchen ein, in dem sie einfordern, die Hintergründe der von China und der WHO verordneten Maßnahmen des Lockdowns zu untersuchen.[12] Das Papier ist mit seinen zahlreichen Quellen ein atemberaubendes Dokument. Die Anwälte äußern darin die Vermutung, dass die chinesische Regierung den Lockdown in der Region von Wuhan inszeniert hat, damit ihn dann der von China stark geförderte Generalsekretär der WHO, Tedros Adhanom Ghebreyesus, der Welt als alternativlose Maßnahme verordnet.

Nachdem das geklappt hatte, habe China selbst diese Maßnahmen umgehend gelockert und seine wirtschaftlichen Vorteile daraus genutzt. Die chinesischen Zwangsmaßnahmen gegen Kritiker und Minderheiten hätten ja bereits bewiesen, dass Menschenrechte oder rechtsstaatliche Prinzipien dort kaum eine Rolle spielen.

Die Anwälter schreiben auch, dass solch ein Lockdown bisher noch nie als sinnvoll erachtet oder gar ausprobiert worden sei. Der Lockdown sei eine Idee des Generalsekretärs der Kommunistischen Partei Chinas (KPCh) und aus macht- und wirtschaftspolitischen Gründen werde versucht, diesen unter anderem mit Unterstützung der WHO global durchzusetzen. In dem Ersuchen der Initiative steht zum Beispiel:

»Donald Henderson[13], der Mann, dem die Ausrottung der Pocken zugeschrieben wird, schrieb 2006: ›Die Erfahrung hat gezeigt, dass Gemeinschaften, die mit Epidemien oder anderen widrigen Ereignissen konfrontiert sind, am besten und mit der geringsten Angst reagieren, wenn das normale soziale

Funktionieren der Gemeinschaft am wenigsten gestört wird.‹ Unseres Wissens hat kein Wissenschaftler jemals öffentlich die Verhängung von Abriegelungen unterstützt, bis Xi Jinping, der Generalsekretär der Kommunistischen Partei Chinas (KPCh), persönlich die ›beispiellose Abriegelung von Wuhan und anderen Städten ab dem 23. Januar‹[14] autorisierte.«

Die Autoren des Ersuchens erinnern auch daran, dass Xi Jinping wegen seiner früheren harten Maßnahmen gegen Kritiker und Minderheiten weltweit immer wieder kritisiert wird. Er habe später bestätigt, dass er den totalen Lockdown in Wuhan am 7. Januar 2020 beim Ständigen Ausschuss des Politbüros der KPCh angewiesen habe. Seine Anweisungen seien aber nie veröffentlicht worden. Der chinesische Wirtschaftsführer Ren Zhiqiang sei zu 18 Jahren Gefängnis verurteilt worden, weil er in einem offenen Brief genau diese Veröffentlichung gefordert hatte. In dem Ersuchen um staatliche Nachforschung heißt es weiter:

»Als die Abriegelung der Provinz Hubei begann, bemerkte der Vertreter der Weltgesundheitsorganisation (WHO) in China, dass ›der Versuch, eine Stadt mit 11 Millionen Menschen einzudämmen, neu für die Wissenschaft ist [...] Die Abriegelung von 11 Millionen Menschen ist beispiellos in der Geschichte des öffentlichen Gesundheitswesens‹[15] [...] Menschenrechtsbeobachter äußerten ebenfalls Bedenken. Aber diese Bedenken hielten die WHO nicht davon ab, die ›beispiellose‹ Reaktion der KPCh nur wenige Tage nach dem Beginn der Abriegelung und lange bevor sie irgendwelche Ergebnisse erzielt hatte, überschwänglich zu loben: ›Die Maßnahmen, die China ergriffen hat, sind nicht nur für dieses Land gut, sondern auch für den Rest der Welt.‹ WHO-Direktor[16] Tedros Adhanom Ghebreyesus fügte hinzu, dass er persönlich ›sehr beeindruckt und ermutigt war von der detaillierten Kenntnis des Präsidenten [Xi Jinping] über den Ausbruch‹ und lobte China am nächsten Tag dafür, einen neuen Standard für die Reaktion auf einen Ausbruch zu setzen.«

Im Februar 2020 begann die KPCh, einen exponentiellen Rückgang der COVID-19-Fälle zu melden. In ihrem Februar-Bericht schwärmte die WHO von Chinas Triumph:

»Generalsekretär Xi Jinping hat persönlich die Präventions- und Kontrollarbeit geleitet und eingesetzt. [...] Chinas kompromissloser und rigoroser Einsatz von nicht-pharmazeutischen Maßnahmen zur Eindämmung der Übertragung des Covid-19-Virus in verschiedenen Umgebungen liefert wichtige Lektionen für die globale Reaktion.«[17]

Die von Impfinvestoren wie Bill Gates weitgehend abhängige WHO[18] darf seit 2007 weltweite Normen (IHR[19]) zur Seuchenbekämpfung setzen. Davon hat sie offensichtlich sofort Gebrauch gemacht. Der Lockdown hält uns immer noch nach dem Vorbild Chinas zu Hause in Haft. China selbst hat das Theater jedenfalls bereits im letzten Frühjahr erst einmal dadurch beendet, dass es aufhörte, die eigene Bevölkerung mittels PCR-Test zu untersuchen. Ab März 2020 wurden nur noch sehr wenige eingereiste positive Fälle aus China gemeldet und im Sommer 2020 fanden in Wuhan maskenfreie Superpartys statt.

HERA ODER HERAKLES

Über zehn Jahre lang war ich im Bundestag für meine Fraktion EU-Berichterstatter für alle Themen, die mit Gesundheit zu tun hatten. Zwar ging es dabei meist um Arzneimittel oder Medizinprodukte, aber auch bei den Gesundheitsdienstleistungen hat die EU immer wieder den Hebel angesetzt, um möglichst viel von dem, was die einzelnen Nationalstaaten als Gemeingut verantworten, in den Marktbereich mit europäischer Zuständigkeit zu überführen. Argumente wie Freizügigkeit, grenzüberschreitende Versorgung oder freier und fairer Wettbewerb und Marktvorteile durch Normierung wurden dafür ins Feld geführt.

Bei allen diesen Vorstößen der EU ging es nie wirklich um Gesundheit, sondern immer um den Markt, also ums Geld. Als Verteidiger des Gemeinwohls und der Sozialstaatsidee habe ich viele trickreiche Kämpfe ausgefochten und dabei immer nach dem Cui bono? (Wem nützt es?) Ausschau gehalten. Auch bei vielen meiner Besuche in Brüssel war der Druck der Lobby allgegenwärtig. Dennoch haben die nationalen Parlamente oft selbstbewusst die Gemeinwohl-Fahne hochgehalten und den europäischen Lobbyisten der Arzneimittel-, der Agrar- und Lebensmittelindustrie einen Korb gegeben. Jetzt befinden sich wegen Corona alle Staaten Europas in Schockstarre, und die Gelegenheit für die Deregulierer und ihre Freunde in der Kommission ist günstig.

Mithilfe der Angst wird also auch Europa umgebaut. Die gesundheitliche Versorgung fiel bisher unter die Subsidiaritätsregelung, das heißt, jedes Mitgliedsland konnte selbst entscheiden, wie es die gesundheitliche Versorgung seiner Bevölkerung gestaltet. Das Modell der Skandinavier unterschied sich deutlich von den Versorgungsstrukturen Frankreichs, Deutschlands oder Italiens. Vor COVID-19 hat sich die Europäische Union auf Marktregelungen für Gesundheitsprodukte wie Arzneimittel beschränkt. Die europäischen Staaten sahen Gesundheit nicht primär als Markt, sondern als eine Angelegenheit der nationalen Daseinsvorsorge. Aber Brüssel ist offenbar für viele Europäer so weit entfernt, dass in der dortigen lobbydurchsetzten Bürokratie ganz offen und unübersichtlich neue gemeinsame Geschäftsmodelle entwickelt werden konnten.

In mehreren Projekten ist die Handschrift der grauen Herrschaften in den Public-private-Partnerships, das ist offenbar die salonfähige Bezeichnung für institutionalisierte Korruption, sehr deutlich zu erkennen: beispielsweise in der Europäischen Impfagenda, dem europäischen digitalen Impfpass mit Verknüpfung an Mobilitäts- und Freiheitsbeschränkungen, in der »1 + Million Genomes Initiative« als Goldgrube für die Entwicklung neuer Drogen und Impfindikationen und in weiteren Regelungen zur Kontrolle des Geldverkehrs. Diese Projekte haben die Profis der Wirtschafts- und Investmentberater und der Arzneimittelindustrie lange entwickelt und mit den umschmei- chelten Beamten der Kommission verhandelt und ausgebrütet. Jetzt, in der künstlichen Not der passend definierten Pandemie, will die Europäische Kommission mit ihrer ärztlichen Leitung, Ursula von der Leyen, die Gelegenheit nutzen, um eine komplette Deregulie- rung in europäischem Maßstab einzuleiten.

In ihrer Video-Rede vor dem Weltwirtschaftsforum 2021 kündigte von der Leyen die Gründung einer neuen Behörde mit dem Namen HERA (Health Emergency Response Authority) an, mit deren Hilfe künftige Pandemien besser erkannt und deren Bekämpfung koor- diniert werden soll. »Wir können nicht auf die nächste Pandemie warten, bis wir uns vorbereiten«, sagte von der Leyen und deshalb sei das Programm auch dauerhaft angelegt. HERA solle die Zusam- menarbeit von öffentlichen Institutionen mit Unternehmen ermög- lichen. Man müsse »die Innovationskraft und die Fähigkeiten der Privatwirtschaft zusammenbringen mit der Langfristperspektive, Verlässlichkeit und der Finanzierung durch den öffentlichen Sektor«, forderte die Präsidentin der Europäischen Kommission.

Da ist sie wieder die Schock-Strategie, mit der stabile politische Systeme so durcheinandergebracht werden, dass man sie ausschlach- ten und als zukünftige Pfründe umformen kann. Ich finde es bilder- buchmäßig klar, dass es den Pandemisten offenbar gelungen ist, an allen Parlamenten vorbei die Regierungen zu korrumpieren und ihre Kuckuckseier ins politische Nest zu legen. Schlüpfen werden gierige, nach immer neuen Geschäftsfeldern ausspähende, freund- liche graue Herrschaften. Diese werden sich unauffällig unter will- fährige Politiker mischen, um immer wieder Notlagen und Bedarfe zu inszenieren, und uns versprechen, diese mit ihren Produkten überstehen zu können, solange wir genügend öffentliche Steuergelder und Kassenbeiträge dafür zusammenkratzen.

DIE EUROPÄISCHE ARZNEIMITTEL-AGENTUR, EIN PARADEBEISPIEL FÜR INSTITUTIONELLE KORRUPTION

Public-private-Partnership-Institutionen, die ja politisch verantwortet werden, verstoßen selten gegen geltendes Recht und beruhen auf meistens sogar einsehbaren Verträgen. Wenn die Privatwirtschaft ihren Einfluss nicht nur über solche Verträge, oder über teure Lobbyfirmen, erkaufen möchte, sondern mehr versteckten Einfluss auf öffentliche Einrichtungen nehmen will, so tut sie das auch in zunehmendem Maße durch gezielte Personalpolitik. Sei es, dass sie ihre Vertreter in hohe öffentliche Ämter schleust, sei es, dass sie wichtigen Vertretern aus öffentlichen Ämtern attraktive Angebote zum Seitenwechsel macht. Häufig wird auch beides kombiniert. Dann spricht man inzwischen schon fast schulterzuckend von Drehtürpolitik. Auch die in Ministerien so beliebten gegenseitigen Praktika fördern nicht nur das Verständnis füreinander, sondern erleichtern auch so manche Drehtürkarriere.

Mit der nicht mehr überschaubaren Zahl solcher Karrieren lassen sich Bücherregale füllen und Organisationen wie *Lobby Control* können hier viele markante Beispiele liefern.

Für die laufende Diskussion um fehlende Transparenz bei der experimentellen Anwendung gentechnischer Manipulation zur Prävention von Corona-Infektionen – genannt Impfungen – gibt es ein besonders unverschämtes Beispiel.

Die jetzige Direktorin der Europäischen Arzneimittel-Agentur (EMA), welche in ganz Europa für die Marktzulassung von Arzneimitteln und Impfstoffen zuständig ist, heißt Emer Cooke. Sie wurde gerade rechtzeitig zur Zulassung der Corona-Impfstoffe, am 16. November 2020, auf diesen Posten gehoben. Wikipedia beschreibt ihre Karriere wie folgt:[20] Emer Cooke studierte am Trinity College in Dublin Pharmazie und Betriebswirtschaft. Nach dem Abschluss ihres Master-Studiums arbeitete sie in der irischen Pharmaindustrie. Von 1985 bis 1988 war sie in verschiedenen Positionen in der irischen Pharmaindustrie tätig, bevor sie 1988 als pharmazeutische Gutachterin zur irischen Arzneimittelregulierungsbehörde wechselte.

1991 übernahm sie die Funktion als Managerin für wissenschaftliche und regulatorische Angelegenheiten bei der EFPIA, dem europäischen Verband der pharmazeutischen Industrie in Brüssel. Danach wechselte sie zur EU-Kommission, wo sie von 1998 bis 2002 vier Jahre lang die pharmazeutische Abteilung leitete. Von dort wechselte sie zur EMA, wo sie bis 2016 zunächst noch am Sitz in London als Inspektionsleiterin und Leiterin für internationale Angelegenheiten tätig war. 2016 wurde sie zur Direktorin der Abteilung für Regulierung und Präqualifikation der Weltgesundheitsorganisation (WHO) in Genf berufen. Dort zählte zu ihren Aufgaben, die Zusammenarbeit der Mitgliedsstaaten und internationaler Partner für die Sicherstellung von Qualität, Sicherheit und Wirksamkeit von Gesundheitstechnologien zu gewährleisten. Seit dem 16. November 2020 ist sie die Direktorin der Europäischen Arzneimittel-Agentur in Amsterdam. Sie ist die erste Frau, die dieses Amt bekleidet.

Wenn man dann noch weiß, dass zurzeit 86 Prozent des EMA-Budgets aus Gebühren der Pharmaindustrie kommen und nur 14 Prozent von der EU,[21] dann kann man mit einem gewissen Recht vermuten, dass es sich bei dieser EU-Agentur um einen Selbstbedienungsladen der Arzneimittelindustrie handelt.

Erschrecken darüber sollte man spätestens, bevor man sich die mRNA von *Pfizer* oder *Moderna* oder die genmodifizierten Virusvektoren von *AstraZeneca* oder *Johnson&Johnson* in den Oberarmmuskel injizieren lässt.

Früher wurde in Europa über korrupte »Bananenrepubliken« gespottet, jetzt lachen die Menschen in Tansania oder Ecuador bei der Bananenernte ohne Maske möglicherweise über die »Gurkenunion« Europa.

Wer in seinem Land mit anderen gut leben will, der muss sich wohl von korrupten Seilschaften in der EU oder der WHO verabschieden und versuchen, neue internationale Netzwerke zu knüpfen, die nicht so leicht außer Kontrolle geraten können. Damit meine ich keinen neuen Nationalismus, sondern die Sehnsucht nach einer ehrlichen, transparenten und demokratischen Selbstorganisation europäischer Netzwerke. Ob die bestehenden europäischen Strukturen für einen solchen »Reset« taugen, hängt auch davon ab, ob wir die grauen Herrschaften aus den Tempeln der Politik verjagen können. Dafür brauchen wir nicht HERA, sondern eine Bewegung, die wie Herakles mit dem starken Strom unserer friedlichen Entrüstung den Brüsseler Augias-Stall ausmistet.

1 http://www.who.int/director-general/speeches/2001/english/20010129_davosunequaldistr.en.html

2 »Tangled up in Blue – Corporate Partnerships at the United Nations«, http://www.corpwatch.org/un

3 *Bulletin of the World Health Organization*, 2001, 79: 748–754

4 https://apps.who.int/gpmb/annual_report.html

5 https://apps.who.int/gpmb/assets/annual_report/GPMB_Annual_Report_English.pdf

6 https://apps.who.int/gpmb/assets/annual_report/2020/GPMB_2020_AR_EN_WEB.pdf

7 https://apps.who.int/gpmb/assets/annual_report/GPMB_annualreport_2019.pdf

8 https://www.centerforhealthsecurity.org/event201

9 https://youtu.be/arhEa2JlvH0

10 https://cepi.net

11 »Non-pharmaceutical public health measures for mitigating the risk an impact of epidemic and pandemic influenza«, WHO 2019; file:///C:/Users/dell6410/Downloads/WHO-Text-2019.pdf

12 https://ccpgloballockdownfraud.medium.com/the-chinese-communist-partys-global-lockdown-fraud-88e1a7286c2b

13 Thomas V. Inglesby, Jennifer B. Nuzzo, Tara O'toole, and D. A. Henderson, »Disease Mitigation Measures in the Control of Pandemic Influenza«, Biosecurity and Bioterrorism: Biodefense Strategy, Practice, and Science Vol. 4 №4, 2006, http://citeseerx.ist.psu.edu/viewdoc/download?doi=10.1.1.552.1109&rep=rep1&type=pdf.

14 Amy Qin, »China's Leader, Under Fire, Says He Led Coronavirus Fight Early On«, *New York Times*, 15.02.2020, https://www.nytimes.com/2020/02/15/world/asia/xi-china-coronavirus.html

15 Sinéad Baker, »China extended its Wuhan coronavirus quarantine to 2 more cities, cutting off 19 million people in an unprecedented effort to stop the outbreak«, *Business Insider*, 23.01.2020, https://www.businessinsider.com/china-wuhan-coronavirus-quarantine-extended-cities-cut-off-2020-1.

16 Erklärung der WHO zum IHR-Notfallkomitee zum neuartigen Coronavirus (2019-nCoV), 30. Januar 2020, https://www.who.int/dg/speeches/detail/who-director-general-s-statement-on-ihr-emergency-committee-on-novel-coronavirus-(2019-ncov).

17 World Health Organization, Report of the WHO-China Joint Mission on Coronavirus Disease 2019 (Covid-19), Feb. 16-24, 2020, https://www.who.int/docs/default-source/coronaviruse/who-china-joint-mission-on-covid-19-final-report.pdf

18 Sehr gut recherchiert und dargestellt im Dokumentarfilm *Trust WHO* von Lilian Franck, 2017

19 https://www.who.int/health-topics/international-health-regulations#tab=tab_1

20 https://de.wikipedia.org/wiki/Emer_Cooke

21 Quelle: https://www.ema.europa.eu/en/about-us/how-we-work/governance-documents/funding

DIE ROLLE
DER MEDIEN

DAS VERSAGEN DER ETABLIERTEN MEDIEN

Wie synchron in der Corona-Krise fast alle großen und für eine demokratische Gesellschaft unverzichtbaren Medien versagen, versetzt mich in Erstaunen. Eine inhaltliche wissensbasierte Diskussion und der übliche Streit um Meinungen finden nicht statt und werden durch sogenannte Faktenchecks abgewürgt. Die Vertreter der Gegenargumente werden seit einem Jahr in unabhängige Medien und in die sozialen Medien verdrängt. In den Letzteren werden sie sogar wegen angeblich gesundheitsgefährdender Informationen nach und nach gelöscht. Ganze Kanäle werden abgeschaltet, um eine inhaltliche Diskussion über die grob fahrlässigen Infektionsschutzmaßnahmen abzuwürgen. Das war schon beim »Event 201«[1] im Oktober 2019 so eingeplant. Solche Zensurmaßnahmen sind erschreckend. Die Zensoren unterstellen Menschen mit einer anderen als der offiziellen Meinung, dass sie sich nicht um die Gesundheit ihrer Mitmenschen sorgen. Was man jetzt im Internet praktiziert, ist nicht nur Zensur, das ist digitalisierte Bücherverbrennung.

Bisher gab es zwei Berufe, denen von der Gesellschaft anvertraut wurde, die nötigen Informationen für anstehende Entscheidungen unter die Menschen zu bringen: Journalisten und Wissenschaftler. Erstere berichten zielgruppenorientiert über das aktuelle Geschehen und Letztere bemühen sich, allgemeingültige Erkenntnisse zu formulieren, die als verlässliches Wissen zur Basis von gesellschaftlichen

Steuerungsprozessen dienen. Die Journalisten haben dazu als Regelwerk ihren Pressekodex und die Wissenschaftler ihre transparent fortentwickelten und immer wieder infrage zu stellenden Prinzipien der Wahrheitssuche.

Und jetzt sind da noch »Faktenchecker«. Sie arbeiten für großen Medien, Nachrichtenagenturen, *Facebook*, *Google* und andere Auftraggeber oder als selbstständige Agenturen und sogar als gemeinnützige Vereine. Die Regeln für »Faktenchecker« sind unübersichtlich, der Pressekodex scheint sie nicht zu interessieren, denn viele arbeiten im Hintergrund und anonym, wie es im Auftrage von privaten oder politischen Interessen bei geheimdienstlichen »Faktencheckern« üblich ist.

Die Faktenchecker der *Deutschen Presse-Agentur* (dpa) ignorieren sogar die Unabhängigkeit der Justiz und pfeifen auf die Schiedsrichter des Rechtsstaates, wenn sie zum Beispiel den Zugang zu einem Urteil des Verwaltungsgerichtes in Wien in den sozialen Medien zensieren, weil es angeblich auf Desinformationen beruhe.[2] Und das, weil die Wiener Richter aufgrund wissenschaftlicher Expertisen zu dem Schluss gekommen waren, dass Masken keinen wirksamen Schutz gegen die Verbreitung von Coronaviren darstellen.[3]

Es gibt jetzt aber immer mehr solche »Faktenchecker«, die sich zertifizieren lassen und damit auch werben. Bei der Suche nach den Zertifizierungsinstitutionen, welche ja wissen müssen, nach welchen Regeln »Faktenchecker« zu arbeiten haben, habe ich etwas Bemerkenswertes gecheckt. Es gibt ein *International Fact-Checking Network* (IFCN), welches die Zertifizierungen vergibt und sich so beschreibt:

»Das International Fact-Checking Network (IFCN) ist eine Abteilung des Poynter-Instituts, die sich dem Ziel verschrieben hat, Fact-Checker weltweit zusammenzubringen. Das IFCN wurde im September 2015 ins Leben gerufen, um eine boomende Menge von Fact-Checking-Initiativen zu unterstützen, indem es Best Practices und den Austausch in diesem Bereich fördert.«[4]

Das Flagschiff der Faktenchecker, das *Poynter Institute*, hat auch ein Zentrum für Ethik und Führung, welches sich so vorstellt:

»Das Craig Newmark Center for Ethics and Leadership (Craig Newmark Zentrum für Ethik und Führung) verfolgt einen praktischen Ansatz für den sich ständig ändernden Druck auf Journalismus und Demokratie. Wir sind eine maßgebliche Stimme für Journalisten, Bürger und alle, die daran interessiert sind, den Diskurs und die faktenbasierte Meinungsäußerung zu fördern und gleichzeitig Desinformation und Voreingenommenheit zu bekämpfen.«[5]

Weil ich ja als wissenschaftlich ausgebildeter Mensch gelernt habe, Dinge zu hinterfragen, und dem Titel des Buches *Wahrheit ist die Erfindung eines Lügners* von Heinz von Foerster sehr viel abgewinnen kann, werde ich bei solchen Darstellungen misstrauisch.

Die Faktenchecker-Schmiede scheint keinen Raum für widerstreitende »Wahrheiten« mehr zuzulassen. Da weiß offenbar schon immer jemand, was die Fakten sind. Voreingenommen können also immer nur die anderen sein? Heinz von Foerster hatte ja gemeint: Objektivität sei die Wahnvorstellung, Beobachtungen könnten ohne Beobachter gemacht werden. Aber wer sich irrt, das bestimmen ja, wie zu Anfang ausgeführt, die jeweiligen Machthaber.

Das hört sich alles an wie ein Programm des Ministeriums für Wahrheit in George Orwells Roman *1984*. Wer hat denn da, im *Poynter Institute*, das Sagen? Auf der Homepage sind die Fakten dazu etwas schwierig zu finden, aber unter dem Stichwort »Major Funders« kommt man weiter.[6] Man kommt sich vor wie in einer Nebenstelle des WEF aus Davos.

Das IFCN weist eigene Sponsoren[7] auf, zu denen zum Beispiel die *Arthur M. Blank Family Foundation*, das *Duke Reporters' Lab*, die *Bill & Melinda Gates Foundation*, *Google*, *Facebook*, das U.S. Department of State, die *National Endowment for Democracy*, das *Omidyar Network (Luminate)*, die *Open Society Foundations*, die *Fritt Ord Foundation*, die *Craig Newmark Philanthropies* und die *Park Foundation* gehören.

So wird es klarer, weshalb jede Kritik an der Pandemie-Inszenierung von den zertifizierten Wadenbeißern des *Poynter Institute* zerrissen werden muss. Interessenkonflikte? Was ist das denn? Ja, dieser Putschversuch der Milliardäre ist lange und aufwendig vorbereitet, aber sie können es sich ja leisten.

Kommunikation und Meinungsbildung findet ja nur zu einem geringen Teil beim persönlichen Austausch statt. Als Grundlage für ihre täglichen Entscheidungen und ihre Teilhabe am öffentlichen Leben verlassen sich viele Menschen auf die professionellen Rechercheure unterschiedlichster Medien. Wer über den alltäglichen Radius seines eigenen Erlebens hinaus wissen will, was in der Welt passiert, ist auf solche Hilfe – ob gedruckt, gesendet oder gestreamt – angewiesen.

Nachdem sich viele deutsche Journalisten zu Recht jahrelang über die Unterdrückung der freien Presse in der Türkei und in Russland aufgeregt haben, müssten sie jetzt eigentlich verschämt feststellen, dass auch unsere bisher so hochnäsige Medienlandschaft nicht mehr unabhängig funktioniert. Sicherlich arbeiten in Deutschland immer noch viele gute, kritische und unabhängige Journalisten. Seit März 2020 aber ist deutlich geworden, dass man große Teile der Presse kaufen und weitere Teile unter sehr starken politischen Einfluss setzen kann. Ohne Mitwirkung der Medien wäre keine falsche Pandemie möglich.

Hätten die Medien sich nicht an der Angstmache beteiligt, hätte niemand etwas von der Vogelgrippe noch von der Schweinegrippe bemerkt. Bei der Corona-Pandemie stellt sich die Situation etwas anders dar: Zwar bemerken alle mehr Auswirkungen, die immensen Schäden, die vor allem Betroffene spüren, sind aber sehr oft auf die mit Angst begründeten politischen und medizinischen Fehlentscheidungen zurückzuführen, an deren Vermittlung sich die Medien eifrig beteiligen.

Wie aber könnte die Unabhängigkeit der Medien besser gesichert werden? Wie lässt sich erreichen, dass sie sich in Zukunft ihrer wichtigen Rolle für die Demokratie verpflichtet fühlen? Liegt es an den Aufsichtsgremien der Presse? Wenn das Parlament und andere paritätisch und strittig besetzte Gremien keine Fragen mehr stellen, dann ist auch von paritätisch besetzten Rundfunkräten keine Ermunterung zu einer kritisch-investigativen Arbeit in Sendern und Verlagen zu erwarten. Durch Anrufe von verzweifelten Journalisten und Fernsehmitarbeitern habe ich erfahren, dass deren kritische Programmvorschläge in den Chefetagen mit Worten abgebügelt wurden wie: »Dann sind Sie hier wohl falsch am Platze.« Aufmerksame Leser und Zuschauer haben nicht übersehen, dass sich auch im Bereich der Medien seit März 2020 sehr schnell sehr viel verändert hat. Vor allem die etablierten Medien führten die Bevölkerung mit ihren Nachrichten und Bildern in die Angst.

FINANZIELLE UND POLITISCHE UNABHÄNGIGKEIT DER MEDIEN SICHERN

Viele enttäuschte Demokraten klagen über die Zwangsgebühren für die GEZ. »Solchen Mist will ich nicht kaufen müssen«, lautet eine häufige Beschwerde über die derzeitige staatliche Rundfunkund Fernsehpolitik. Ich halte es für wichtig, die Kommunikationsmedien in der Gesellschaft staatlich zu fördern und ihnen Produktionen auch aufwendigerer Beiträge finanziell zu ermöglichen. Menschen mit unterschiedlichen Meinungen sollen sich auf leicht zugänglichen Kanälen darstellen können. Dabei muss aber sichergestellt werden, dass aus Intendanz nicht Tendenz wird und dass der gute und weiterhin gültige Pressekodex[8] reale Grundlage journalistischer Arbeit werden kann. Wenn es um den Besitz von oder die politische Einflussnahme auf Kommunikationsmedien geht, unabhängig davon ob gedruckt, gesendet oder gestreamt, sollten wirksamere Mechanismen der journalistischen Selbstkontrolle zum Schutz gegen Kartelle, Monopole beziehungsweise »embedded journalism« oder institutionalisierte Korruption eingeführt werden.

Als Reaktion auf eine stark reduzierte Vielfalt in den großen Medien entstanden viele neue, spannende und dabei hochprofessionelle und vielfältige Kanäle auf *YouTube* und, seit dort kritische Stimmen zur Corona-Politik zensiert werden, vermehrt auf anderen Plattformen, die Millionen von Zuschauern anziehen. Diese Kanäle bieten unterschiedliche und in ihrer Vielfalt interessante, aber mit geringem Aufwand verwirklichte Beiträge an, die natürlich nicht in den gängigen Programmzeitschriften angekündigt werden und die deshalb das normale Fernsehpublikum nur umständlich erreichen können. Eine gemeinsame Programmplattform und die entsprechende finanzielle staatliche Förderung würden da sehr hilfreich sein. Schon lange existieren viele kleine Radiostationen, die ihre Marktchancen als Alternativen für kritische Beiträge angesichts monoton wirkender Altmedien scheinbar noch nicht erkannt haben. Genossenschaftliche Strukturen und synergistische Vernetzung ohne Hierarchien könnten die nötigen journalistischen Freiheiten sichern helfen.

Die Rolle der Medien für unsere Demokratien war auch immer ein wichtiges Thema im Europarat, in jener europäischen Institution, die sich der Pflege der Menschenrechte, der Demokratie und der Rechtsstaatlichkeit verschrieben hat. Dort wurde ebenfalls thematisiert, dass die großen pandemischen Irreführungen der letzten Jahrzehnte, ich erinnere an die Vogel- und die Schweinegrippe, gerade mithilfe käuflicher oder erpressbarer Medien funktioniert haben.

Die vom Europarat verabschiedeten Indikatoren für unabhängige Medien in der Demokratie waren anscheinend zu unscharf und zu unverbindlich.[9] Angesichts der derzeitigen Vereinnahmung der

Medien für ein wiederholtes pandemisches Fearmongering (Angstmache) müssen sie national wie international dringend überarbeitet werden. Die Garantenfunktion der großen Medien und deren Bedeutung für die Demokratie und unser gesellschaftliches Miteinander bedarf ohne Frage sehr ausführlicher gesonderter Betrachtungen.[10]

1 https://www.centerforhealthsecurity.org/event201

2 Auf *Facebook* wurden Mitteilungen über das Wiener Urteil mit der Mitteilung blockiert: »Die Entscheidung des Verwaltungsgerichts Wien enthält Desinformationen, Faktencheck durch dpa-Faktencheck«

3 Mit diesen zwei »Faktenchecks« hat man das Wiener Urteil als auf Desinformationen basierend beurteilt: https://apa.at/faktencheck/ffp2-masken-schuetzen-vor-corona-viren/ (Titel: FFP2-Masken schützen vor Corona-Viren) und dpa https://dpa-factchecking.com/austria/210129-99-221219

4 https://www.poynter.org/ifcn

5 https://www.poynter.org/the-craig-newmark-center-for-ethics-and-leadership-at-poynter

6 https://www.poynter.org/major-funders

7 https://www.poynter.org/international-fact-checking-network-transparency-statement

8 https://www.presserat.de/pressekodex.html

9 http://assembly.coe.int/nw/xml/xref/xref-xml2html-en.asp?fileid=17684&lang=en

10 https://www.wodarg.com/app/download/8959117314/edoc11683+Medienbericht+ WW.pdf?t=1588333177

16

DER ZORN WÄCHST MIT DEM DURCHBLICK

ZERO COVID?

Als der deutsche Virologe Hendrik Streeck über *Twitter* vorschlug, anstelle eines nationalen doch lieber ein europaweites »Zero Covid« anzustreben, dachte ich sofort an die Glasgower Kollegen oder die Chinesen im März 2020. Daher lautete meine Antwort: »Zero Covid? Das geht schnell: Hört einfach auf zu testen.«

Im Herbst 2020 bestätigte der Bericht eines amerikanischen Weltenbummlers meinen Vorschlag, einen solchen »Great Reset der Pandemie« durchzuführen. Der junge Mann zeigte wunderschöne Bilder aus Ägypten und berichtete, dass das Leben dort nach einem anfänglichen Lockdown fast wieder wie zuvor verlaufe. Keine Masken, kein Abstand.

Die Interviewten sagten, die Ägypter hätten irgendwann genug von den Maßnahmen gehabt. »We cancelled Covid«, sagen zwei Teenager lachend auf einem Dach in Kairo und die Bilder zeigen das bunte Treiben auf orientalischen Märkten.

Sie waren zu beneiden, die Ägypter, Bulgaren, Serben, Bosnier und einige mehr, die laut persönlicher Berichte letztes Jahr weiterhin in Cafés gehen und sich frei bewegen konnten, die sich nicht angifteten, wenn sie jemanden ohne Maske sahen. Und die dabei von ihren Regierungen, die offiziell die Maßnahmen mitmachten, weise in Ruhe gelassen und nicht als Geisel genommen wurden. Auch in Mexiko hatte die Regierung keine Ausgangsbeschränkungen verhängt und die Grenzen des Landes nicht geschlossen. Von Besuchern verlangte sie weder einen negativen Corona-Test noch eine Isolation.[1] Der mexikanische Präsident Andrés Manuel López Obrador, genannt AMLO, will offenbar ein Ende der globalen Diktatur und scheint seine Bevölkerung vor habgierigen Multimilliardären und Internetmonopolisten schützen zu wollen. Das macht Mut, ist aber anscheinend auch in Mexiko ein hartes Stück Arbeit.

Sogar in den USA haben Anfang 2021 viele Staaten die Regelungen zu Masken, Lockdown und Immunitätsnachweis abgeschafft oder gelockert, ohne dass sich epidemiologische Unterschiede in Bezug auf COVID-19-Erkrankungsraten erkennen ließen. In insgesamt neun Bundesstaaten waren Masken nie verpflichtend und Mitte April 2021 waren sie bereits in 22 Staaten nicht mehr vorgeschrieben.[2]

Sehr selbstbewusst stellte sich ebenfalls Tansanias Präsident John Magufuli gegen Testungen und Maßnahmen.[3] Der studierte Chemiker stellte bereits im Frühjahr 2020 die Glaubwürdigkeit von Corona-Tests infrage. Im Mai hatte die Europäische Union dem afrikanischen Land 27 Millionen Euro überwiesen, damit sie an der Pandemiebekämpfung teilnimmt. Magufuli nahm das Geld dankend an, um gleich darauf sein Land als coronafrei zu melden und die Pandemie offiziell als beendet zu erklären.

Seitdem lebte die Bevölkerung dort wie früher. Anfang des Jahres 2021 warnte er dann dringlich vor den neuen Impfungen. Deshalb erschien im Februar in *The Guardian*, in der von Bill & Melinda Gates gesponserten Spalte »Global Development«, ein Artikel unter dem Titel »Es ist Zeit für Afrika, den impfgegnerischen Präsidenten Magufuli zu zügeln«.[4] Der Artikel stellte ihn als eine Gefahr dar und endete damit, dass der Präsident »offen und direkt herausgefordert« werden müsse. Kurze Zeit später verschwand der 61-jährige Magufuli aus der Öffentlichkeit. Im März wurde sein plötzlicher Tod bekannt. Todesursache soll ein Herzinfarkt gewesen sein, blieb aber strittig. Seine Nachfolgerin wurde die bisherige Vizepräsidentin Samia

Suluhu Hassan, die unter anderem bereits 2010 und 2016 Tansania in Davos beim WEF vertreten hatte. Sie hat dann gleich, als sie im Amt war, die Pandemie anerkannt.

Aber während sich die Menschen in Sansibar maskenfrei anlächelten, machten in Deutschland noch die meisten die Maskerade mit. Der soziale Druck und die Polarisierung unserer Gesellschaft sind enorm. Zudem werden viele dafür belohnt, wenn sie mitmachen. Andere sind still, damit sie nicht angefeindet, ausgegrenzt oder ihrer beruflichen Existenzgrundlage beraubt werden.

KRITIKER WERDEN ZENSIERT, DIFFAMIERT UND AUSGESCHALTET

Dass bestimmte Meinungen in der Politik nicht erwünscht sind, ist verständlich, aber dass sie systematisch unterdrückt und verfemt werden, ist in der Bundesrepublik Deutschland neu. Im Rahmen der Corona-Politik ist eine regelrechte Kultur der professionellen Diffamierung entstanden. In dieser moralisierenden Destruktion Andersdenkender wurden Internetplattformen gelöscht und Menschen aus den Universitäten, Vereinen und Arbeitsplätzen gemobbt. Ihnen wurde meistens vorgeworfen, die große Gefahr zu verharmlosen. Um es noch leichter zu haben und keine inhaltliche Diskussion führen zu müssen, kamen die Kontaktschuld-Fahnder zum Einsatz. Da reicht es für eine Diffamierung schon aus, wenn die Person mit jemandem gesprochen hat, der eine verpönte Meinung vertritt oder gehabt haben soll. Kontaktschuld wiegt in solchen irrationalen Kampagnen schwerer als wissenschaftliche Evidenz, Sachargumente oder demokratische Gepflogenheiten. Diese Art, mit störenden Meinungen umzugehen, ist alt. Meine erste Kontaktschuld mit Berufsverbot habe ich schon zu Beginn der 1970er Jahre erlebt, nach einer Bürgerinitiative, die sich gemeinsam mit der DKP gegen die Privatisierung von Sozialwohnungen richtete.

Kontaktschuld ist aktuell so etwas wie ein positiver PCR-Test. Allein bei einem Interview mit den »Falschen« wird man schon als kontaminiert betrachtet und mit Maßnahmen der Ausgrenzung, Diffamierung und der medialen Quarantäne bekämpft. Da reicht sogar der Verdacht eines Kontaktes. Doch es geht noch schlimmer. Es reicht schon, dass die »Falschen«, mit denen man nie gesprochen hat und die man nicht kennt, einen irgendwo zitieren. Es reicht, wenn man mit Tausenden an einer Demonstration teilnimmt und ein »Falscher« wird dabei gesichtet. Konsequenterweise müsste man fragen: Und wenn ich mit einem »Falschen« im Supermarkt an der Kasse stehe, ist das weniger schlimm? Dieser Vergleich macht die Irrationalität solcher Denkart klar. Trotzdem scheinen die Pandemie-Gläubigen alles zu suchen und zu versuchen, um kritische Stimmen irgendwie auszuschalten.

Mich haben unter anderem zwei Spezialistinnen für Rechtsextremismus, beide Professorinnen für Sozialpädagogik und beide von derselben Stiftung gefördert, öffentlich und bei unterschiedlichen Gremien als rechts-kontaminiert an den Pranger gestellt. Ausgerechnet mich, einen ausgewiesenen Menschenrechtler und skeptischen sozialen Demokraten! Diese Erlebnisse finde ich unglaublich, denn jene, die mich verleumdet haben, kennen mich gar nicht und hielten es auch nicht für nötig, mich zu befragen, bevor sie mich blind »begutachteten«.

So ähnlich muss es bei Prozessen der Hexenverfolgung, bei Stasi-Schikanen oder bei Verhören von Dissidenten oder Angehörigen verfolgter Minderheiten in vielen faschistischen Systemen zugegangen sein. Zeugen derartiger Denunziationen fühlen das, aber keiner traut sich, gegen solche faschistoiden Methoden aufzumucken. Da finde ich besonders paradox, wenn manche vorgeben, unter »antifaschistischer« Flagge zu agieren. Ich kann die Verwirrung der Zeugen dieser Vorfälle verstehen und verzeihe allen, die ein schlechtes Gewissen haben. Wer kann schon deswegen so mal eben seinen Job aufs Spiel setzen? Das Risiko ist groß, die eigene berufliche Existenz zu zerstören.

ANGST HERRSCHT

Um den Druck aufrechtzuerhalten und die Kontrolle nicht zu verlieren, wollen viele Länder die Gehorsamkeit der Bürger mittels elektronischer Nachweise zur Bedingung für ihre Freiheiten machen. Menschen ohne elektronischen Impfnachweis werden zum Beispiel in Israel schon zu Bürgern zweiter Klasse, dürfen nicht frei reisen und an vielen gesellschaftlichen Ereignissen zurzeit nicht teilnehmen. Bei der EU, in Deutschland, Österreich, Großbritannien, Australien und weiteren Ländern denken die Regierungen über ähnliche Diskriminierungen nach. Besonders bedenklich finde ich, dass die gentechnisch Geimpften anfangen, selbst über ihre Privilegien zu wachen und es sogar als gerecht zu empfinden, Nichtgeimpfte zu diskriminieren. Die Rechnung der Urheber dieses Pandemie-Putsches scheint aufzugehen und wieder einmal gilt »divide et impera«, teile und herrsche. Wenn solch ein System erst eingeführt ist, werden Projekte wie *ID 2020* und die Impfindustrie uns noch leichter jedes Jahr etwas mehr gängeln.

Derzeit funktioniert die Machtübernahme weltweit fast ohne Waffen. Das neue Mittel der Überrumpelung heißt »Angst vor Viren«. Da Viren für das menschliche Auge zu klein sind, sind sie eine unsichtbare Bedrohung, die überall einsetzbar ist. Die neuen Herrscher müssen lediglich mit den Waffen rasseln, den abschreckenden Labortestergebnissen, damit die meisten Menschen verängstigt kuschen. Simple, nicht einmal auf ihren Aussagewert überprüfte PCR-Tests reichen aus, um uns mehrheitlich so einzuschüchtern, dass wir die Befehle der Pandemisten befolgen. Und da die Mehrheit ihnen glaubt, Angst hat, die Anweisungen ernst nimmt und sich wegen der Testergebnisse voneinander fernhält und mit Masken ihre Gehorsamkeit beweist, deshalb und nur deshalb gelangen die neuen Herrscher an die Macht. Die Macht geht zwar laut Grundgesetz weiterhin vom Volke aus, aber die Bevölkerung hat aus Angst vor Unsichtbarem die Macht denen überlassen, die ihr Angst machen.

Wie wir in Deutschland erlebt haben, führten die politischen Krisen nach dem Ersten und – etwas anhaltender – auch nach dem Zweiten Weltkrieg dazu, dass die Menschen versucht haben, neue Ideale von Menschenrechten, Demokratie und Rechtsstaatlichkeit in die Praxis umzusetzen. Solche politischen Lernprozesse zur vorbeugenden Abwehr von Schäden durch autokratische oder faschistoide Machtgier führen offenbar nicht zu einer dauerhaften Immunisierung der Gesellschaft. Diktatoren, Auto- und Plutokraten oder Oligarchen kommen nämlich – wie die Viren – in immer neuem Gewand, um unseren Argwohn zu überlisten.

MEDIENBERICHTE UND ERLEBTE WIDERSPRÜCHE

Die Ratlosigkeit großer Teile der Bevölkerung entstand vor allem dadurch, dass die öffentliche mediale Darstellung und ihre erlebte Wirklichkeit derart stark voneinander abwichen. Auf der einen Seite lieferten ihnen Fernsehsender und Zeitschriften gleichermaßen seit Anfang Februar 2020 die dramatischen Schreckensbilder aus Wuhan, Bergamo und New Yorker Kliniken in die Haushalte und Büros und dem widersprachen auf der anderen Seite die eigenen Erfahrungen und Beobachtungen in ihrem normalen Alltag. Die Umgebung der meisten Menschen hatte sich weder im Lockdown noch danach so verändert, wie das bei einer extrem gefährlichen Seuche eigentlich der Fall sein müsste. Die Nachbarn oder die Kollegen erkrankten nicht massenhaft. Kaum jemand sah hustende und fiebrige Menschen um sich herum. Auch in den Wartezimmern saßen weniger Patienten als sonst zur kalten Jahreszeit und in den meisten Krankenhäusern blieben die für COVID-19-Fälle reservierten Betten ungenutzt. Das ganze Leben verlief ruhiger als sonst.

Diesen Eindruck bestätigten auch alle Sentinel-Daten und SARI-Statistiken aus den Wochenberichten des Robert Koch-Institutes beim Vergleich mit den Vorjahren. Der Chef der *Helios*-Kliniken,

Fresenius-Vorstand Francesco De Meo, befasste sich persönlich mit der Frage, ob in seinen Kliniken mehr oder weniger Patienten wegen schwerer akuter respiratorischer Infekter (SARI) als im gleichen Zeitraum 2019 aufgenommen wurden und wie viele Menschen daran 2020 im Vergleich zu 2019 verstorben sind. Er berücksichtigte 421 Kliniken und knapp 2,8 Millionen Krankenhausfälle, also rund ein Viertel aller stationären Patienten, jeweils während des fraglichen Zeitraums von März bis August 2020. Die wesentlichen Erkenntnisse von De Meo waren:

1. 2020 gab es weniger an schweren akuten respiratorischen Infektionen Erkrankte (R/N) als 2019.
2. 2020 lagen weniger Erkrankte auf der Intensivstation und es wurden insgesamt auch weniger beatmet als in 2019.
3. Bei nur einem Viertel aller mit Verdacht auf COVID-Infektion Behandelten war der SARS-CoV-2-Test positiv.
4. Infolge der angeblich durch COVID-19 bedingten schweren akuten respiratorischen Infektionen verstarben 22,9 Prozent der Patienten in den Kliniken, während 12,4 Prozent an SARI ohne COVID-19 starben.[5]

Daher ist – wie in Bergamo – davon auszugehen, dass zum Beispiel wegen auftretender Betreuungs- und Pflegedefizite vermehrt ältere Patienten ins Krankenhaus eingeliefert wurden. Ältere Menschen, die mit schweren Atemwegserkrankungen stationär behandelt werden müssen, haben natürlich ein deutlich größeres Risiko zu versterben als jüngere. Werden diese Patienten dann auch noch maschinell beatmet, ist das Risiko zu sterben noch viel höher. Der *Helios*-Chef hebt zudem hervor:

»Überraschenderweise war die SARI-Fallzahl im ersten Halbjahr 2019 mit 221.841 Fällen höher als 2020 mit insgesamt 187.174 Fällen, obwohl darin auch die COVID-19 bedingten SARI-Fälle mit eingeschlossen wurden.«

DIE ANGST-PATIENTEN AUS DER TALKSHOW

Wer vor COVID-19 durch eine Intensivstation gehen konnte, sah dort schon immer sehr viele sehr kranke Menschen. Einige schwerkranke COVID-19-Opfer, die als Patienten in Kliniken und auf Intensivstationen gelitten hatten, wurden in Interviews oder als Talkshowgäste als Furcht einflößende Beispiele und Gegenargumente ständig den »Verharmlosern« vor Augen geführt. Das kann aber nur jemand als neu einstufen, der nicht weiß, was während einer üblichen Grippesaison auf den Intensivstationen los ist. Opfer von Zytokinstürmen und anderen schweren immunologischen Komplikationen, schwere Virusmyokarditiden oder mikrothrombotische Organmanifestationen durch immunologisch hervorgerufene Endothelschädigungen hätten die Medien auch in allen Vorjahren genauso häufig der Öffentlichkeit präsentieren können. Leider fallen jedes Jahr vor allem ältere Menschen der Grippe zum Opfer, dabei auch immer durch Coronaviren. Genau wie die zahlreichen Opfer einer nosokomialen (im Krankenhaus erworbenen) oder iatrogenen (durch ärztliche Fehlentscheidungen verursachten) tödlichen bakteriellen Infektion. Diesen beiden Risiken werden alte Menschen ausgesetzt, wenn sie wegen eines positiven Testergebnisses zu Hause oder im Heim nicht mehr versorgt und von verängstigten Verwandten oder von überlastetem Heimpersonal stationär eingewiesen werden.

Für diese Zusammenhänge beziehungsweise Kausalketten hat sich bei den pathologischen Nachuntersuchungen der mit positivem SARS-CoV-2-Test Verstorbenen nach meinem Wissen niemand interessiert. Die vielen experimentellen Therapien und zum Teil unverantwortlichen Studien mit bekanntermaßen unwirksamen oder gar schädlichen Medikamenten haben sicher auch einiges dazu beigetragen, dass die Patienten mit COVID-19-Diagnose noch schwerer erkrankten oder sogar starben. Aktuell finde ich es bemerkenswert, dass die etablierten Medien sehr wenig über die vielen schweren

Zwischenfälle oder Todesfälle nach Impfungen berichten. Dieses Thema ist für eine Talkshow wohl zu differenziert und könnte die klare Botschaft der Panikmacher verwässern.

UND WAS IST MIT DEN SÄRGEN, DIE SICH STAPELN?

Ach ja, nicht zu vergessen die Särge von Bergamo und Zittau! Solche Bilder gehen sofort am Verstand vorbei in den Kern der moralischen Entrüstung. Wer kann da noch an der grausigen Seuche zweifeln?

Andersherum wird ein Schuh daraus. Wer leugnet, dass im Winter 2017/2018 in Sachsen, in Oberitalien und in den meisten Regionen Europas mehr Menschen gestorben sind als im letzten oder diesem Winter (Stand 31. Dezember 2020), der ist ein Grippe-Leugner!

Jedes Jahr und auch im Winter 2019/2020 starben während der Grippesaison – wie in den Wintern davor – mehr Menschen als im übrigen Jahr. Die Übersterblichkeit war nur deutlich geringer als zum Beispiel im Winter 2017/2018.

Und als im ersten Lockdown die Versorgung alleinstehender Pflegebedürftiger und die Personalknappheit in den Einrichtungen immer bedrohlicher wurde (Pflegenotstand!), zeigten sich sehr bald dessen Auswirkungen. In einigen Regionen Europas sehr dramatisch, in anderen deutlich weniger. Manchmal unterschieden sich innerhalb eines Staates die Versorgungslagen total, ohne dass die Menschen dort anderen Virenmengen ausgesetzt waren.

In Deutschland ist die Personalsituation auf Kranken- und Pflegestationen in den letzten Jahren immer prekärer geworden und hat längst zu wachsenden Protesten geführt. Die Folgen der Sparmaßnahmen und bekannter Fehlentwicklungen konnten jetzt aber insgesamt als Folge von Corona verkauft werden. Fast von einem Tag auf den anderen war nicht mehr der gierige Klinikkonzern oder die Pflege-Heuschrecke, sondern das Virus für den Notstand auf den Stationen verantwortlich.

Während des Lockdowns stieg die Übersterblichkeit in einigen Regionen Europas und zum Beispiel in New York kurzzeitig stark an. In Deutschland war dieser Effekt marginal und klang schnell wieder ab. Insgesamt starben während des Lockdowns in mehreren Regionen mehr Menschen, was sich aber auf die jährliche Gesamtsterblichkeit der Länder nicht wesentlich auswirkte. Um die Ereignisse während des Lockdowns detailliert bewerten zu können, bedarf es vor allem einer Analyse des regional sehr unterschiedlichen medizinischen und pflegerischen Managements. Hier verbietet sich jede Verallgemeinerung.

Eines aber wird immer deutlicher: Die durch den Lockdown verursachten Schäden sind nicht die unvermeidbaren Folgen einer Virusepidemie. Sie sind vielmehr die Folgen politischer und administrativer Fehlentscheidungen, wenn nicht sogar einer absichtlich herbeigeführten Notlage. Die Verantwortlichen haben Namen. Sie werden auch namentlich genannt werden müssen, wenn die unnötig und grob fahrlässig Geschädigten von ihnen Rechenschaft und Entschädigung einfordern werden.

EINE ECHTE PANDEMIE WÜRDE JEDER ERKENNEN

Für die aktuelle Situation wäre viel gewonnen, wenn immer mehr Menschen die Horrormeldungen über Pandemien und die damit verbundenen Bilder, Ereignisse, Statistiken und Zahlen vernünftig bewerten, einordnen und ohne Angst betrachten könnten. Wichtig ist dabei auch das Vertrauen auf die eigene sinnliche Erfahrung und Beobachtung. Ob eine Seuche grassiert, merkt jede Schulleitung, jede Klinikangestellte und jeder Busfahrer. Wer viel mit oder für Menschen arbeitet und lebt, der kann zum Beispiel gar nicht übersehen, wenn die jährliche Grippewelle anrollt.

Bis zum Frühjahr 2020 haben keine Schulleiter, Stationsärzte oder Busfahrer mit angsterfülltem Blick über den Maskenrand geblickt, wenn ihnen Kinder mit Rotznasen bei der Arbeit oder in der Öffentlichkeit begegneten. Wenn wir jetzt nach draußen gehen, begegnet uns das Bild einer Seuche auf Schritt und Tritt nur in den Gesichtern der Menschen oder besser in Form ihrer Masken. Wenn die Masken nicht wären, würde uns die Seuche nur durch Medienberichte ins Gemüt geschrieben. Jetzt aber sind wir uns gegenseitig die Pandemie.

Es ist die Angst, die alles verändert, und es ist die Angst, die krank und einsam macht. Wie kann man seinen Verstand von dieser Klammer befreien und Auswege aus der verfahrenen Krise finden?

Der Verstand ist eine Art mentales Immunsystem, das uns hilft, mit Angst fertig zu werden. Allerdings braucht er – wie die Muskeln – regelmäßiges Training, um stark zu sein. Ein medizinisches oder biologisches Grundverständnis der Vorgänge um Mikroorganismen und um unser Immunsystem gewinnt zunehmend an Bedeutung, denn die nächsten Pandemien scheinen bereits geplant.[6] Jeder sollte sein Verständnis für unser natürliches Zusammenleben mit Viren trainieren, um in Zukunft sofort zu erkennen, wenn jemand versucht, Menschen mit Angst zu entmündigen und gefügig zu machen.

Dabei kommt es gar nicht so sehr auf die Kenntnis der vielen kleinen Moleküle und Proteine an, sondern vielmehr auf Neugier und Offenheit gegenüber der Natur. Wer sich dessen bewusst wird, dass er ein Produkt unübersehbarer und permanenter biologischer Einflüsse ist und das Ergebnis vieler Kontakte und Auseinandersetzungen mit Mikroorganismen, der wird etwas gelassener sein und sich nach den wesentlichen Anzeichen einer wirklichen Gefahr umsehen. Das ist einfacher, als es zunächst scheint, und schützt vor Pandemisten und Geschäftemachern mit der Angst. Mit dem Begriff Pandemisten möchte ich all jene bezeichnen, die eine epidemische Notlage wegen einzelner saisonaler Atemwegsviren wie Influenza-, Corona- oder weiterer saisonaler Erreger aktiv herbeiführen oder unterstützen. Es lohnt sich, in der Situation eine offene

Skepsis und selbstbewusste Neugier an den Tag zu legen. Zudem sollte man sich daran erinnern, dass Spezialisten typischerweise Gegenstände ihres Arbeitsgebiets überschätzen, vor allem wenn sie im Auftrag handeln.

DIE ANGST IST MIT TESTS UND EUROS DOSIERBAR

Kliniken erhielten im letzten Jahr viel Geld dafür, dass sie Betten leer stehen ließen und Hilfesuchende abschreckten. Niedergelassene Ärzte werden für braves Mitmachen und Schweigen belohnt. Wer jedoch Zweifel und Kritik äußert oder seine Patienten vor gesundheitlichen Schäden durch für sie stark belastende Masken schützen will, wird sogar von Kollegen angezeigt, als Corona-Leugner bedroht, mit Praxisdurchsuchungen unter Druck gesetzt und ausgegrenzt. 15 Euro für einen schnellen Rachenabstrich – da lockt ein hoher Nebenverdienst. Die Praxis eines Hausarztes suchen täglich durchschnittlich um die fünfzig Patienten auf. Wenn dann der Termin beim Arzt von einem Test abhängt, verstummt ärztliche Kritik an Sinn und Aussagekraft der PCR-Tests sang- und klanglos. Dass im Winter 2020/2021 deutlich weniger Menschen die Sentinel-Praxen des RKI und anderswo aufsuchten, liegt vermutlich nicht an einer Verringerung der Atemwegsinfekte, sondern an der Scheu vor der erschwerten Terminvergabe.

Das Schreckgespenst Pandemie braucht heutzutage keine Leichen auf Schritt und Tritt und qualvoll überfüllte Kliniken, sondern diese werden ersetzt durch dramatische mediale Bilder aus Intensivstationen, von Krematorien, von Särgen oder von verhüllten Figuren, die in leer geräumten Straßen Desinfektionsmittel versprühen. Vielleicht sorgen hier und da Lockdown und ähnliche Zwangsmaßnahmen doch noch für sichtbare Opfer.[7] So lässt sich durch Personalverknappung leicht eine politisch zur Rechtfertigung der Zwangsmaßnahmen benötigte Übersterblichkeit in Heimen herbeiführen.

Auch riskante Impfungen, deren Opfer man dann gefährlichen Mutanten zuschreiben kann, können in solche Planungen einbezogen werden. Abenteuerliche Medikation mit »Emergency-Drugs« kann, wie zum Beispiel das von der WHO anfangs in starker Überdosierung empfohlene Hydroxychloroquin[8], bei Menschen mit Favismus Tausende von Opfern zur Folge haben, die dann ebenfalls zu den COVID-19-Opfern gezählt werden. Die Hersteller der Tests, der Hygiene-Utensilien und der Impfstoffe sowie die Kliniken, Ärzte, Apotheker und deren Standesorganisationen, die solche durchschaubar unsinnigen Maßnahmen ohne Widerstand mitmachen, lassen sich für das Schock-Theater gut bezahlen.

Für diese Krise ist typisch, dass nicht die Häufigkeit der Coronaviruserkrankungen zum Maßstab staatlicher Maßnahmen gemacht wird, sondern die Messaktivitäten der nach dem Virus suchenden Spezialisten.[9] Die Diagnosestatistiken zu COVID-19 dokumentieren deshalb vor allem, wo es sich finanziell gelohnt hat, Fälle zu suchen und zu codieren. Sie zeigen, wo Geld investiert wurde, um genug Fälle zu finden, mit denen die Angst aufrechterhalten werden kann. Die Statistiken sind ein Abbild der zum Angstaufbau investierten Bestechungsgelder.

Besonders deutlich wurde das im Winter 2020/2021, wo angeblich circa zwei Drittel der Krankenhauspatienten die Erst- oder Zweitdiagnose COVID-19 erhielten.[10] Dabei lagen in den Kliniken insgesamt nicht mehr Patienten als sonst zu dieser Jahreszeit, sondern eher weniger. Das zeigte auch der Rückgang der Notaufnahmen zu Zeiten des Lockdowns.[11] Gleichzeitig fanden die Ärzte der Sentinel-Praxen des RKI trotz intensiver Suche nur bei 8 Prozent der Patienten mit akuten Atemwegsinfektionen SARS-CoV-2.[12] Mit hoher Wahrscheinlichkeit hat dieser Prozentsatz weniger mit der Art der Krankheitserreger als vielmehr mit den lukrativen Anreizen der COVID-19-Codierung zu tun.

Die verängstigte Bevölkerung zeigt durch freiwilliges Verbinden von Mund und Nase ihre Ergebenheit oder zieht sich resigniert zurück. Sie solidarisiert sich mit denen, die auch Angst haben, und verstößt die Gefährder dieser neuen Solidarität. Seit einiger Zeit erleben wir eindrucksvoll, dass Pandemien zur Erzeugung von Angst und Folgsamkeit wirksamer sind als herkömmliche Feinde oder ein Terroristen-Netzwerk.

Die unsichtbaren mikrobiologischen Feinde im Krieg gegen die Viren können bei Bedarf überall durch einfache Tests herbeigezaubert werden. Wenn ihre Spuren überall sichtbar gemacht werden können, bei Gesunden, Kranken und Sterbenden, dann hat derjenige, der über den Test als Erkennungsinstrument verfügt, den strategischen Vorteil, dass er den Feind immer dort suchen und nachweisen kann, wo er ihn braucht. Wer einen solchen Feind mit drastischen Maßnahmen angeblich bekämpft und der Bevölkerung dabei schmerzende Opfer abfordert, kann jederzeit etwas Druck ablassen, indem er weniger testet und dann weniger Positive findet. Unter der Überschrift Präventionsparadox können hörige Epidemiologen solche Phasen als erfolgreiche Seuchenbekämpfung darstellen. Bis das Spiel aufs Neue losgeht und die Angst vielleicht sogar mit angeblich gefährlicheren neuen Mutanten wieder geschürt wird.

Durch die Corona-Politik und deren Umsetzung durch die Vertreter der Staatsgewalt ist vielen Menschen Unrecht geschehen. Mit Entsetzen habe ich beobachtet, wie sehr sich viele Gerichte auf Aussagen und Bewertungen der staatlichen Ämter zurückgezogen haben, die eigentlich selbst auf der Anklagebank sitzen. Ein Richter, der Recht sprechen will und dabei die verfassungsmäßige Gewaltenteilung achtet, wird nicht ohne Beweisaufnahme auskommen, bei der er die berechtigte Kritik an den vom Robert Koch-Institut getragenen Maßnahmen berücksichtigt. Den durch falsche oder irregeleitete Maßnahmen Geschädigten muss Gerechtigkeit oder zumindest rechtliches Gehör verschafft werden. Es widerspricht jedem Gerechtigkeitsgefühl, wenn die Täter ungeschoren bleiben, aber die Opfer verelenden.

SOLIDARISCH SEIN MIT EINER LÜGE?

Inzwischen erscheint mir die politische Lage in Deutschland und vielerorts in der westlichen Welt total verfahren zu sein. Die Begründungen der Virologen, Epidemiologen oder Politiker für ihr Handeln wirken widersprüchlich und konfus und in der Bevölkerung wird eine immer düstrere Stimmung spürbar. Eine Stimmung, die aus Unsicherheit und Druck geboren wird. Nach meiner Wahrnehmung müssen sich die Menschen sehr anstrengen, rationale Argumente zu verdrängen und zu verleugnen. Eine Lüge aufrechtzuerhalten ist anstrengend, während die Wahrheit mühelos von allein steht.

Mit einer Lüge sollen wir dazu gebracht werden, uns solidarisch zu verhalten. Inzwischen sagt selbst die WHO, dass der PCR-Test wegen der geringen Prävalenz der Erkrankung und wegen der vielen Fehlermöglichkeiten in der Praxis nicht ausreicht, um eine Infektion nachzuweisen, und dass er auch nichts über die Infektiosität des Getesteten aussagt.[13] Das hat sogar der wendige Virologe Christian Drosten bereits 2014 zugegeben.[14] Was hat er jetzt davon, dass wir mit seinem Test so belogen werden?

Öffentliche und amtliche Berichte zeigen eindeutig,

→ dass die positiven PCR-Tests nichts über das Vorliegen einer Infektion oder gar über Ansteckungsfähigkeit aussagen können, obwohl sie die Grundlage aller Maßnahmen sind,

→ dass sich die Qualität der wöchentlich etwa 1,5 Millionen PCR-Tests in Deutschland mit der Menge noch verschlechtert und dadurch die überwiegende Zahl der positiven Befunde sich nicht bewerten lässt. Selbst wenn der Test zu Beobachtung einer Erregerprävalenz benutzt würde, fehlt jedes Qualitätsmonitoring zur Aussagekraft und Vergleichbarkeit der Testungen,

→ dass in den Kliniken nicht mehr Patienten lagen als in den Vorjahren und dass sogar massiv Betten und Personal abgebaut wurden,

→ dass Häufigkeit, Schwere und Letalität von Atemwegsinfekten, inklusive COVID-19, auch 2020/2021 denen der jährlichen Grippe gleichen,

→ dass immer mehr Menschen zu Opfern des Lockdowns werden und ab Oktober 2020 vermehrt Kranke und Notfallpatienten ohne rechtzeitige Hilfe starben,

→ dass die wachsende Zahl sehr alter Menschen, wie zu erwarten, die Todesfälle in diesen Altersgruppen leicht erhöhte,[15]

→ dass der Pflegenotstand größer denn je ist und vermehrt alte Menschen nicht wegen einer Virusinfektion, sondern an Hilflosigkeit und Einsamkeit sterben,

→ dass Kinder und junge Menschen sehr selten erkranken, weil sie meist gegen alle Coronaviren immun sind,

→ dass Kinder jetzt in einer beängstigenden Umgebung traurige Erfahrungen sammeln und immer häufiger wegen psychischer Störungen oder Suizidgedanken behandelt werden,

→ dass sogar die zelluläre langfristige Kreuzimmunität gegen Coronaviren bei ihren Eltern und Großeltern verleugnet wird, um bei Kindern Angst und Schuldgefühle zu erzeugen,

→ dass die aufgenötigten gentechnischen Impfstoffe völlig neuartig und nur unzureichend erprobt sind und mit vermehrten Todesfällen und schweren Komplikationen einhergehen,

→ dass die Impfstoffe für alle riskant sind, aber nur bei weniger als 1 Prozent der Geimpften einen fraglichen Zusatznutzen versprechen, allein schon deshalb, weil sehr viele Menschen bereits eine zelluläre Kreuzimmunität entwickelt haben,

→ dass nicht nachgewiesen wurde, ob durch die Impfungen schwere Verläufe, Todesfälle oder Ansteckungen verhindert werden,

→ dass die Maskenpflicht mehr Infektionen verursacht als verhindert und

→ dass Depressionen, Suizidalität, Alkoholmissbrauch und alle Formen psychischer Krankheiten enorm zugenommen haben und Bewegungsmangel zu weiteren Risiken führt.

Unsere Regierungen betrügen und nötigen uns absichtlich, ruinieren uns wirtschaftlich und rauben uns unsere Freiheiten. Wir könnten sofort ein normales Leben wie vor den Lockdowns führen, wenn wir aufhörten zu testen und wenn wir die unnützen Masken im Alltag ablegen würden. Dann würden nicht mehr Menschen erkranken als in den Vorjahren. Zudem sind die sehr riskanten Impfungen teuer, unnötig und schon deshalb ohne medizinischen Nutzen.

MASSNAHMEN MIT NEBENWIRKUNGEN

Die in Praxen und Kliniken Beschäftigten warteten vielerorts vergeblich auf die angekündigten Massen schwerkranker Pandemie-Opfer und machten sogar Kurzarbeit. Andererseits bekamen schwerkranke Schmerz-, Krebs- sowie Herzinfarktpatienten keine beziehungsweise zu spät Termine bei Ärzten in Praxis und Klinik. Ein Teil der Lockdown-Übersterblichkeit wird genau hierauf zurückgeführt. Eine weitere traurige Rolle spielen zudem die um sich greifenden Depressionen und Suizide. Diese Lockdown-Zusammenhänge zeigt deutlich die schon im Mai 2020 veröffentlichte Grafik von John Pospichal[16], der sich die amtlichen Sterbestatistiken vornahm, die Daten der Verhängung von Maßnahmen eintrug und sehr klar nachvollziehbar feststellte:

»Überraschenderweise begannen diese Erhöhungen jedoch nicht vor der Verhängung der Sperrungen, sondern danach. Außerdem begannen sie in fast allen Fällen unmittelbar danach. Oft waren die Sterblichkeitszahlen auf einem Abwärtstrend, bevor sie sich plötzlich umkehrten, nachdem die Sperren verhängt worden waren.«

In seinen Grafiken wird die zeitliche Abfolge sehr deutlich, aus der man erkennen kann, dass überall die Erkrankungshäufigkeit längst zurückging, als der Lockdown verhängt wurde.

Außerdem verursachten offenbar nicht die Viren solche Ausschläge, sondern andere nationale oder regionale Faktoren. Denn es gibt kein Virus, das in Dänemark weniger gefährlich ist als in Spanien oder in Österreich weniger als in Belgien.

Inzwischen hat sich auch herausgestellt, dass sich die Sterblichkeit während des ganzen Jahres 2020 in allen europäischen Ländern auf einem vergleichbar hohen Niveau bewegte wie der Durchschnitt der letzten Jahre.[17] Wenn plötzlich viele Gefährdete sterben, dann sinkt die Zahl der Toten, denn sterben kann man bekanntlich nur einmal.

Nachdem ich anfangs froh war, durch die *Euromomo*-Statistiken[18] etwas über die Sterberaten in verschiedenen europäischen Ländern zu erfahren, hat mich die fehlende Nachvollziehbarkeit der Datenquellen, ähnlich wie beim Dashboard der Pandemisten an der Johns Hopkins University, sehr bald irritiert und ich habe dann versucht, bei Bedarf die originalen nationalen Quellen zu nutzen.

In Deutschland leben aktuell viel mehr über 80-Jährige als noch vor zehn Jahren. Da bekanntlich in einer Gesellschaft mehr alte Menschen als jüngere sterben, ist allein durch die Verschiebung der Alterspyramide in Deutschland eine steigende Mortalität zu erwarten. Zieht man also diesen Effekt bei der Beurteilung der Mortalitätsentwicklung ab, erhält man die von Bernhard Gill zusammengestellte Tabelle mit statistisch zu erwartenden und tatsächlich gezählten Sterbefällen auf der Basis der offiziellen Daten des Statistischen Bundesamtes.[19]

	2011	2012	2013	2014	2015	2016	2017	2018	2019	2020
erwartet	850.355	867.195	881.397	893.561	909.649	921.052	935.011	946.239	957.508	972.307
tatsächlich	852.328	869.582	893.825	868.356	925.200	910.902	932.272	954.874	939.520	966.000*
Abweichung	+0,23 %	+0,27 %	+1,41 %	-2,82 %	+1,71 %	1,10 %	-0,29 %	+0,91 %	-1,88 %	-0,75 %

* Schätzwert mit exponentiellem Anstieg der Covid-Todesfälle von der 46. bis 52. KW um 20 % pro Woche.

Quelle: Statistisches Bundesamt

Sie zeigt, dass für das Jahr 2020 trotz der epidemischen Lage von nationaler Tragweite keine übermäßige Sterblichkeit in der Bevölkerung zu sehen ist. Im Lockdown sind offenbar kurzfristig viele alte Menschen gestorben, die aller Wahrscheinlichkeit nach sonst noch länger gelebt hätten. Vermutlich genau aus diesem Grund ist die jährliche Sterblichkeit in 2020 auch in den meisten anderen Ländern trotz kurzer hoher Lockdown-Zacken nicht erhöht.

Wegen der vielen Tests und der Quarantänemaßnahmen hat allerdings die im Winter 2021 verstärkte Ausdünnung des Personals in Pflegeheimen den Pflegenotstand vergrößert. Dadurch sind viele alte Menschen vereinsamt, das Leben fiel ihnen schwerer und etliche sind vorzeitig gestorben. Auch die kurz nach den riskanten Impfungen in Heimen und anderen Einrichtungen auffällig häufig Verstorbenen könnten die Zahl der Toten noch in die Höhe getrieben haben.

Wer den Statistiken nicht glaubt, der kann natürlich auch dahin gehen, wo die Särge sich angeblich stapeln. Es gibt mehrere Interviews mit rechtschaffenen Bestattungsunternehmern, die schon über Jahrzehnte die winterlich schwankende Übersterblichkeit, die Kapazitäten der Krematorien und technischen oder administrativen Pannen in ihren Betriebsabläufen beobachten.

So zum Beispiel ein Bestattungsunternehmer, der in einem offenen Interview[20] einem Journalisten berichtete, dass er schon 32 Jahre als Bestatter im Berliner Randgebiet arbeite und dass es so zwischen Ende Oktober und Ende März jedes Jahr die meisten Todesfälle gebe. Das habe sich auch 2020 und 2021 nicht verändert. Es seien auch nicht mehr als sonst gestorben, nur auf den Totenscheinen tauchte eine neue Todesursache auf, COVID-19. Aber auf keinen Fall gab es eine erhöhte Sterblichkeit. Das sei völliger Blödsinn.

Auf die Frage, wie es denn zu sich stapelnden Särgen käme, nannte er mehrere Ursachen. Zum Beispiel um Weihnachten herum habe er immer sehr viele Todesfälle. Über die Feiertage seien auch die Ämter geschlossen – und 2021 seien auch noch viele Mitarbeiter im Homeoffice gewesen. Deswegen habe die Bearbeitung in den Standesämtern sehr lange gedauert, in Berlin bis zu drei Wochen. Ohne Papiere vom Standesamt nehme aber kein Krematorium einen Toten ab. Dann komme seit Corona dazu, dass man nicht mehr in die Krematorien in Polen, Tschechien oder Holland komme. Mit den Krematorien im benachbarten Ausland hätten viele Bestatter aus den Grenzregionen und aus Berlin aus Kostengründen zusammengearbeitet. Er selber fahre seit Jahren nur nach Eberswalde. Dort stapelten sich die Särge manchmal, weil jetzt notgedrungen alle Verstorbenen in Deutschland eingeäschert werden müssten.

Ein weiterer Punkt führe zu Stauungen: Havarien oder turnusgemäße Reparaturen an den Öfen konnten nicht zeitnah durchgeführt werden, weil es jetzt keine problemlose Zulieferung von Ersatzteilen gebe. So sei der Stau zum Beispiel in Chemnitz auch entstanden, weil dort ein Ofen längere Zeit außer Betrieb war. Wenn sich also Särge stapeln, so sei das allein logistisch erklärbar, und alles andere seien dreiste Horrorgeschichten, die nichts mit den wahren Gründen zu tun haben. Die Sarg-Fotos seien nicht entstanden, weil die Pandemie so gewütet habe. Aber diese Bilder würden sich natürlich wunderbar eignen, um Horrorgeschichten über die Pandemie zu erzählen.

Auf die Frage, ob die Corona-Toten, die er bestattet habe, nach seinem Kenntnisstand allein an COVID-19 gestorben seien, antwortete er klar: »Nein, nie! Sie waren alle aus einem anderen Grund in einem extrem moribunden Zustand. Alle waren schwerst vorerkrankt, weit über 80 oder stark übergewichtig. Zu den Vorerkrankten zählten Patienten mit nur einem Lungenflügel, mit COPD oder Krebs im Endstadium, Patienten im Koma oder mit doppelter Beinamputation und ähnliche Fälle. Da hätte auch eine Fliege im Nasenloch gereicht.«

Es gebe allerdings wirklich unwürdige Zustände in etlichen Seniorenheimen, also den Hotspots der Krankheitsverbreitung. So habe er zum Beispiel zweimal in Berliner Altenheimen Verstorbene aus ihren Pflegebetten geholt, in deren Zimmer im Nachbarbett noch ein weiterer Bewohner lag, welcher noch nicht als COVID-Fall galt.

Seine Geschichte passt sehr gut zu einer Schlagzeile der *BILD-Zeitung* vom 12. März 2018, dem starken Grippe-Winter. Sie lautete: »Totenstau im Krematorium, Drei-Schichten-Betrieb wegen immer mehr Grippe-Fällen.« Im Krematorium Meißen seien im März 2018 wegen der schlimmen Grippe täglich 60 statt 40 Tote eingeäschert worden.

Solche Bilder lassen sich also – wie Fotos von Beatmeten auf Intensivstationen – bei Bedarf leicht finden und zum Angstschüren missbrauchen.

DER LOCKDOWN TÖTET
NICHT NUR IN DEUTSCHLAND

Das derzeitige Elend und der tödliche Hunger in den armen Ländern des Südens hat nichts mit Viren zu tun. Durch die Lockdowns verloren dort Hunderte Millionen Menschen ihre Arbeit und verelendeten in kürzester Zeit. In Armut leben seit März 2020 laut *Oxfam* um 200 bis 500 Millionen mehr als vor dem Lockdown. Zudem habe sich die Zahl der Hungernden auf 270 Millionen beinahe verdoppelt. Selbst in den reichen USA sollen aktuell fast 30 Millionen Menschen an Hunger leiden. *Oxfam* schätzt, dass durch die Maßnahme im Rahmen der pandemischen Schock-Strategie im ersten Jahr 6.000 bis 12.000 Menschen *täglich zusätzlich* an Hunger sterben. Hingegen sei das Vermögen der Milliardäre von März bis Ende 2020 um 3.900 Milliarden auf nun etwa 12.000 Milliarden US-Dollar angewachsen.[21]

So viel zum »Stakeholder-Kapitalismus« des WEF oder zum »Inklusiven Kapitalismus«.

GRIECHENLAND ÜBERALL?

Geld regiert offensichtlich die Welt und ist zunehmend ungleich verteilt. Doch es wird immer deutlicher, dass jenen, die durch ihre Macht- und Habgier unsere Welt an den Rand des Abgrundes bringen, nichts wirklich Neues einfällt. Sie greifen immer wieder auf die Tricks zur Angstmache zurück, mit denen sie so lange wie möglich ihre Machtstellung erhalten möchten. Die Finanzjongleure unter ihnen haben zwar mit ihrer Spekulationsblase den eigenen Zusammenbruch vor Augen, sind jedoch moralisch bankrott und wollen lieber die Welt verändern statt sich selbst. Dafür ist ihnen keine Lüge zu schade, und das nennen sie dann den Great Reset.

Während einige Superreiche und korrupte Politiker die Welt in Corona-Schockstarre versetzen, lassen sie riesige Mengen Geld drucken, kaufen Farmland,[22] Immobilien und Rohstofflager auf und sichern sich möglichst viele Daten über uns und unsere Gesundheit. Letztlich tun sie alles, um die Weltbevölkerung nach dem Great Reset unter Kontrolle halten zu können, unter ihrer Kontrolle.

Die Finanzminister in ganz Europa geben in der Krise ohne Hemmungen riesige Geldsummen aus, damit die geschockte Bevölkerung weiterhin folgsam bleibt. Durch die wachsende Verschuldung und die in der wirtschaftlichen Krise ausbleibenden Steuereinnahmen geraten selbst reiche Staaten wie Deutschland langsam, aber sicher in eine Lage, wie wir sie in Griechenland gesehen haben.

Selbst wenn alle durch die Lockdown-Maßnahmen Geschädigten bei Gerichten ihre Klagen gewinnen und vom Staat Schadenersatz erhalten, würden dadurch die Staatskassen noch leerer. Die Gehälter und Pensionen der Beamten und Staatsangestellten müssten gekürzt werden und die Gläubiger könnten unsere Länder ausplündern. Wenn die Polizisten und andere Staatsdiener das auch nur im Entferntesten ahnten, würden sie sich vielleicht den Demonstranten anschließen.

Wie in Griechenland würden die Gläubiger der Finanzwirtschaft, die vorher großzügig ungedeckte Kredite durch eigene

Geldschöpfung vergaben, die lukrativen Schlüsselfunktionen des Gemeinwesens privatisieren und so nicht nur die Demokratie aushebeln, sondern auch die finanzielle Basis der Nationalstaaten nachhaltig zerstören. Nicht zufällig sitzen die Antreiber der Schock-Strategie in Brüssel. Wir werden sehen, welche Post-Corona-Troika die Daumenschrauben der Privatisierung an unsere Staatshaushalte und unsere Gemeingüter ansetzen wird. Einer plutokratischen Weltherrschaft nach den Ideen der Pandemisten kämen sie damit wieder ein Stück näher.

Aber weshalb machen das so viele unserer politischen Vertreter mit, die wir gewählt haben, damit sie Schaden von uns halten, und denen wir bisher zwar nicht immer, aber doch weitgehend geglaubt haben? Haben sie vergessen, dass sie uns ihre Macht verdanken?

IHRE MACHT GEHÖRT UNS

Aktuell sieht es so aus, als wollten die Regierungen und ihre Drahtzieher die Schockstarre unserer Gesellschaft möglichst lange aufrechterhalten. Inzwischen kaufen sie auf, was sie ergattern können, sammeln unsere Daten und demütigen uns mit Masken, Abstrichen und aufgenötigten Impfungen. Sie lassen immer neue Mutanten medial beängstigend aufblasen, sie gehen bei ihren Maßnahmen über Leichen, um uns diese als Opfer der inszenierten Pandemie zu verkaufen. Damit fügen sie der Bevölkerung unvorstellbar großen Schaden zu. Menschen leben in Angst, sterben in Verzweiflung, hungern oder distanzieren sich voneinander. Viele verlieren Orientierung und Hoffnung. Allerdings merken auch immer mehr, dass sie die Opfer einer infamen Lüge sind, einer Lüge, die theatralisch inszeniert und mit Gewalt durchgepeitscht wird. Während wir zu Hause gefangen sind, fliegen andere mit Privatjets um die Welt und lassen alles aufkaufen, was die Opfer ihres Lockdowns nicht mehr nutzen dürfen und was deshalb günstig zu haben ist. Aber immer mehr Bauern in Indien, Europa und anderswo merken das und lassen es sich nicht mehr gefallen. Ebenso wie der Einzelhandel oder die Tourismuswirtschaft.

Wir erleben zurzeit ein immenses Verbrechen gegen die Menschheit. Offenkundig treibt die Corona-Profiteure nicht die Sorge um die Umwelt und unsere Gesundheit oder der Schutz vor Erderwärmung an. Ihre Triebkraft ist, wie schon lange vorher, ihre kranke Gier nach Reichtum, Monopolen und Macht. Und sie haben Helfershelfer gefunden. Investoren der Test- und Impfindustrie unterstützen sie dabei, eine neue Form der Herrschaft mit der Angst vor Viren möglichst lange aufzubauschen. Das Geschäft ist lukrativ und erstickt jede aufkeimende Kritik wegen angeblich gesundheitlich erforderlicher Zwänge. Wer mitmacht, bekommt – wie bei der Mafia üblich – seinen Anteil.

So wie die Viren unser Immunsystem auszutricksen versuchen, indem sie häufig mutieren, präsentieren uns die Vertreter von Macht- und Geldgier die Angst vor den Viren in immer neuen Variationen. Eine perfide Geschäftsidee, die seit Jahrzehnten entwickelt, mehrfach ausprobiert wurde und gerade verstetigt werden soll. Testungen, Vereinzelung, Masken- und Impfzwang als Schutz vor Bedrohungen, welche die angeblichen »Retter« aber gerade erst selbst geschaffen haben. Das entspricht verblüffend genau der klassischen Schutzgelderpressung der Mafia. Das lange und aufwendig organisierte Verbrechen kauft gerade hinter der Fassade einer falschen pandemischen Notlage die Macht.[23] Wir sollten nicht vergessen: Alle Macht geht von uns aus. Sie ist nicht käuflich und verliert ihren Wert, wenn sie nicht dafür eingesetzt wird, wofür wir sie anvertraut haben. Also keine Angst vor solchen Leerkäufen, das Land bleibt unser.

Aber was muss geschehen, damit Machtspekulanten und institutionelle Korruption keine Chance haben? Nach all dem Elend der Corona-Monate sehnen sich inzwischen viele Menschen danach, gemeinsam mit anderen und ohne Masken über menschenwürdige, gerechte und sichere Lösungen zu diskutieren und verlorene Freiheiten zurückzuerobern.

Auf unsere gewohnten demokratischen Regeln und Institutionen scheint kein Verlass mehr zu sein. In Deutschland und anderen europäische Demokratien wurden die bisher staatstragenden Worte über Menschenwürde, Freiheit, Demokratie und Rechtsstaatlichkeit von einem Narrativ aus Davos beiseitegedrängt und verschwanden plötzlich – wie weggeblasen – aus den öffentlichen Medien. An ihre Stelle traten Appelle an unsere Solidarität. Solidarität wurde zwar gesagt, aber gemeint war die dahinter verborgene Einforderung von Gehorsam. »Glauben Sie nur seriösen Quellen«, sagte die Kanzlerin und meinte damit nur die Quellen, die ihre Botschaft gehorsam verbreiten. So entstand eine »Solidarität« der Verängstigten – nicht unmaßgeblich durch den Einsatz zusätzlicher Hilfssheriffs, Bußgelddrohungen und Förderung nachbarlicher Denunziation.

Neben der Demokratie schienen auch Föderalismus und Subsidiarität plötzlich in ganz Europa abgeschafft. Alle Regierungsvertreter trugen dieselben Sprüche auf allen Kanälen unisono vor. Mit »build back better«[24] stottern sie weltweit den Great Reset des Clubs der Milliardäre aus Davos in die Hirne der Zuhörer und machen dabei Gesichter, als hätten sie Angst, das gerade Gelernte nicht richtig über die Lippen zu bringen. Was der Begriff »back« wohl bedeutet? »To build back« kann heißen »wiederaufbauen«, kann aber auch »zurückbauen« bedeuten, im Sinne von »zerstören« vielleicht? Wenn Klaus Schwab das mit der Geste eines globalen Führers in Peking verkündet, frage ich mich, wie weit er und seine Anhängerschaft denn bereit sind zurückzubauen und was unsere sonst so streitbaren demokratischen Parteien dazu gebracht haben könnte, sich diesem anzudienen.

Die Bundeskanzlerin kommandiert die Länderchefs immer wieder zum COVID-19-Rapport und schuf damit, an den Parlamenten vorbei, ein durch unsere Verfassung nicht legitimiertes Notfallgremium, mit dem sie die Corona-Verordnungen der

Gesundheitsbehörden in Bund und Land weitgehend gleichschaltete. Die Länder haben den Befehlen der Berliner Regentin leider Folge geleistet. Der Ministerpräsident Bayerns legte in vorauseilendem Gehorsam meistens noch etwas drauf und profilierte sich als autoritärer Kanzlerkandidat.

Auch der letzte Anker des Rechtsstaates, das Bundesverfassungsgericht, greift nicht richtig. Dem von Angela Merkel persönlich protegierten neuen obersten Richter fällt es offenbar schwer, sich gegen die Entscheidungen seiner Gönnerin groß zu engagieren. Immerhin haben seine Vorgänger in den Medien bereits ungeduldige Kommentare abgegeben und ich möchte die Hoffnung nicht aufgeben, dass sich deren Haltung in der Rechtsprechung des obersten deutschen Gerichtes widerspiegeln wird.

Brauchen wir vielleicht mutige Kabarettisten und Clowns, die uns die gewaltige Absurdität und Widersprüchlichkeit dieses mit brutalem Ernst durchgezogenen Theaters fühlen lassen? Könnten sie es so ad absurdum führen, dass die Menschen sich die Masken herunterreißen, dass ihnen vor Erleichterung die Tränen kommen, während sie ihre Angst endlich vergessen?

Wer schon einmal versucht hat, Kindern über längere Zeit etwas weiszumachen, der weiß, dass es selbst bei ihnen nicht lange funktioniert. Sogar Kinder spüren, wenn etwas nicht stimmt. Sie prüfen vorsichtig die Details, lassen sich das eine Weile noch gefallen, aber dann plötzlich zeigen sie mit ihren kleinen Fingern auf den Lügner und lachen ihn aus.

So wie es das Kind in dem Märchen *Des Kaisers neue Kleider* getan hat.

Doch was wird geschehen, wenn der Plan des Great Reset nicht gelingt? Wenn die Lügen offensichtlich werden? Viele haben falsch gehandelt. Viele haben Schuld auf sich geladen. Wie werden wir damit umgehen? Werden wir am Ende Versöhnungskommissionen brauchen? Was machen wir mit der angedrohten Impf-Diktatur? Wer nimmt sich dieser organisierten Kriminellen an? Den Haag?

1 https://www.wienerzeitung.at/nachrichten/politik/welt/2089966-Mexikos-Praesident-Andres-Manuel-Lopez-Obrador-an-Covid-erkrankt.html

2 https://tkp.at/2021/04/12/usa-22-staaten-ohne-maskenpflicht-und-12-staaten-verbieten-impfpass

3 https://africaexplained.com.ng/tanzania-took-27-million-euros-from-the-european-union-embezzled-it-and-then-declare-the-country-as-coronavirus-free/;

4 https://www.theguardian.com/global-development/2021/feb/08/its-time-for-africa-to-rein-in-tanzanias-anti-vaxxer-president

5 https://www.initiative-qualitaetsmedizin.de/effekte-der-sars-cov-2-pandemie-auf-die-stationaere-versorgung-im-ersten-halbjahr-2020

6 GPMB Annual Report »World at Risk«, 2019

7 https://www.wodarg.com/covid-19-in-italien

8 https://www.wodarg.com/medical-detectives

9 Hier der ganze Artikel, der endlich am 29. Februar 2020 im *Flensburger Tageblatt* veröffentlicht wurde: https://www.wodarg.com/app/download/8945158814/+20200225+Corona+Artikel+WW.pdf ?t=1600963115

10 RKI, AG Influenza Wochenbericht, Kalenderwoche 5, S. 7

11 Slagman, Anna et.al., »Medizinische Notfälle während der Covid-19-Pandemie«, *Deutsches Ärzteblatt* Int 2020; 117(33-34): 545-52; DOI: 10.3238/arztebl.2020.0545

12 RKI, AG Influenza Wochenbericht, Kalenderwoche 5, S. 4

13 Hier ein vernichtender Peerreport von 20 namhaften Fachwissenschaftlern, der die völlige Unbrauchbarkeit der laufenden PCR-Testungen vor Augen führt, die ja der einzige Haken sind, an dem das ganze Pandemie-Gebilde hängt: https://cormandrostenreview.com/report; Pieter Borger et al., »External peer review of the RTPCR test to detect SARS-CoV-2 reveals 10 major scientific flaws at the molecular and methodological level: consequences for false positive results«, Review report Corman-Drosten et al., *Eurosurveillance*, 27. 11. 2020

14 https://www.wiwo.de/technologie/forschung/virologe-drosten-im-gespraech-2014-die-who-kann-nur-empfehlungen-aussprechen/9903228-2.html

15 CoDAG-Bericht Nr. 4, 11. Dezember 2020, LMU, Lehrstuhl für Statistik und ihre Anwendungen in Wirtschafts- und Sozialwissenschaften, statistisches Beratungslabor (STABLAB), Helmut Küchenhoff, Felix Günther, Andreas Bender, Michael Höhle, Daniel Schlichting https://www.covid19.statistik.uni-muenchen.de/index.html: 1. Todesfälle durch Covid-19 – Adjustiert auf die Einwohnerzahl zeigt sich keine ausgeprägte Übersterblichkeit, Goeran Kauermann, Giacomo De Nicola, Ursula Berger

2. Problematische Entwicklung der Fallzahlen bei den Hochbetagten – Die bisherigen Corona-Maßnahmen verfehlen notwendigen Schutz der Ältesten, Marc Schneble, Goeran Kauermann

3. Aktuelle Analysen zum Verlauf der Pandemie: Kein deutlicher Rückgang nach dem Lockdown. Seit der dritten Oktoberwoche gibt es insgesamt einen stabilen Verlauf.

16   https://medium.com/@JohnPospichal/questions-for-lockdown-apologists-32a9bbf2e247

17   Gute grafische Darstellungen über die Entwicklung der Sterblichkeit in mehreren Ländern findet man auf den Seiten der *Ärzte für Aufklärung*: https://www.aerzte-für-aufklaerung.de/europa

18   https://www.euromomo.eu/graphs-and-maps

19   https://www.heise.de/tp/features/Keine-Uebersterblichkeit-trotz-Covid-5001962.html

20   https://www.hauke-verlag.de/bestatter-gerald-ramm-ueber-das-sterben-in-corona-zeiten-das-sind-dreiste-horrorgeschichten/?fbclid=IwAR1V3i2fITMTlitItstn08EecE25Gl2jSnPg9K8vKzkF4TAJ-Lcs7Bj_M6Y

21   https://oxfamilibrary.openrepository.com/bitstream/handle/10546/621149/bp-the-inequality-virus-250121-en.pdf

22   Bill Gates ist jetzt der größte Farmland-Besitzer der USA.

23   Peter C. Gøtzsche, *Tödliche Medizin und organisierte Kriminalität. Wie die Pharmaindustrie das Gesundheitswesen korrumpiert*, Riva Verlag, München 2019

24   https://www.youtube.com/watch?fbclid=IwAR0CwhzHHUH1JURIkjtCv5QZ7WA6MvwwVZgzyaUqHpMRODIh1yw9P1qvjg0&v=YkcaeaD45MY&feature=youtu.be

17

DER CORONA-
AUSSCHUSS

Die Vergewaltigung unserer Demokratie durch an den Haaren herbeigezogene Notstandsverordnungen erzeugt ein vielfältiges Echo in unserer Gesellschaft. Überall organisieren sich kritische und selbstbewusste Fachgremien und Initiativen, die sich medizinisch, rechtlich oder politisch mit der Krise auseinandersetzen und sich mithilfe moderner Kommunikationsmedien schnell vernetzen.

Als eine gute und erfolgreiche Plattform für notwendige Nachforschungen und Diskussionen, in der Krise und danach, betrachte ich den von Rechtanwälten koordinierten *Corona-Ausschuss*.[1] Seit Mitte Juli 2020 untersucht er wöchentlich in mehrstündigen öffentlichen Livesitzungen, warum die Bundes- und Landesregierungen im Rahmen des Coronavirus-Geschehens beispiellose Beschränkungen verhängt haben und welche Folgen diese für die Menschen hatten und haben. Dieser Ausschuss ist aus einer Arbeitsgruppe hervorgegangen, von deren Mitgliedern einige bereits früher bei *Transparency International Deutschland* (TI-D) gemeinsam gegen Korruption im Justizwesen gekämpft hatten. Im Vorstand von *Transparency International Deutschland* war ich für diese Arbeitsgruppe Justiz zuständig, in der wir uns unter anderem für die Einführung einer echten Sammelklage auch in Deutschland einsetzten. Mit einer solchen Klagemöglichkeit würde mehr juristische »Waffengleichheit« bei Verbrauchern entstehen. Kunden könnten sich für eine Sammelklage zusammentun und sich einfacher und kostengünstiger gegen die

Übermacht der mit reichlich eigenen Juristen bewaffneten großen Konzerne wehren.

Durch solche derzeit bestehenden Macht-Ungleichheiten befindet sich unser Rechtsstaat zunehmend in einer gefährlichen Schieflage. Aber auch die Möglichkeiten, sich gegen staatlich verordnetes Unrecht zu wehren, sind – wie wir in Corona-Zeiten sehr deutlich erleben – stark davon betroffen. Doch möchte ich in diesem Zusammenhang daran erinnern, dass andererseits auch etliche Juristen mit der Aufrechterhaltung solcher schiefen Rechtsverhältnisse ihr Geld verdienen. Verständlicherweise regt sich in deren Reihen starker Widerstand gegen eine Neu-Balancierung unseres Rechtsstaates, wie wir sie beispielsweise bei TI-D angestrebt haben. Unterstützung erhalten solche Juristen von großen Konzernen, Banken und Investor-Lobbyisten. Übrigens auch von Politikern, denen die wirtschaftlichen Erfolge großer Konzerne – aus welchen Gründen auch immer – wichtiger sind als ein fairer Rechtsausgleich für ihre Wähler. Im öffentlichen Bereich kommt eine intransparente politische Vetternwirtschaft bei der Besetzung leitender Positionen in Gerichten und Justizministerien hinzu. All diese Sachverhalte korrumpieren die Justiz institutionell und gefährden den Rechtsstaat.

Die genannten Sachverhalte waren Themen der *Transparency*-Arbeitsgruppe Justiz. Doch die engagierte AG wurde auf Betreiben einiger aus der Industrie kommender oder mit Lobby- und Beratungsfirmen verbundener Mitglieder des Vorstandes von TI-D kurz vor Beginn der Corona-Krise unter dem falschen und absurden Vorwand der Inaktivität und gegen meinen Widerstand aufgelöst.[2] Dasselbe Schicksal erfuhr die AG Gesundheitswesen Anfang 2021, weil sie sich unter meiner Leitung mehrheitlich gegen die massive institutionelle Korruption wenden wollte, die im Gesundheitswesen während der Corona-Krise überdeutlich wurde. Die Organisation hatte sich mit dem Wind gedreht und der neue Vorstand drängte Fragen nach den Hintergründen der falschen Pandemie von Anfang an beiseite und diffamierte die Fragesteller ohne weitere Diskussion.

Ich bin schon sehr gespannt, ob *Transparency International* beim nächsten »Corruption Perception Index« (CPI)[3] die institutionelle Korruption vieler westlicher Demokratien im Rahmen des Great Reset überhaupt noch wahrnimmt.

Die Vorgänge um die beginnende Corona-Krise traten bei den Treffen der Juristengruppe immer mehr in den Vordergrund, vor allem juristische Fragestellungen. Sie waren stark verbunden mit Fragen zur Angemessenheit von Verordnungen und Verwaltungshandeln und damit natürlich auch mit spezifischen medizinischen Sachverhalten. Wir wurden uns einig, dass es für viele Betroffene der brutal durchgezogenen Corona-Maßnahmen von großer Bedeutung sein würde, exemplarische Fälle zu sammeln und diese medizinisch wie juristisch zu bewerten. Die rechtliche Beurteilung der Lage wurde von immer neuen Verordnungen und ihren Folgen beeinflusst, deren Angemessenheit medizinisch wie juristisch hinterfragt, diskutiert und bewertet werden mussten. So entstand die Idee, einen *Corona-Ausschuss* einzurichten, der – wie ein juristischer Untersuchungsausschuss – Betroffene, Verantwortliche, Zeugen und Experten einladen und unter den Augen der Öffentlichkeit befragen und zu Wort kommen lassen sollte. Der Ausschuss wurde von den vier Rechtsanwälten Viviane Fischer, Antonia Fischer, Reiner Füllmich und Justus P. Hoffmann gegründet. Meine Rolle blieb die eines fachlichen Beraters. Besonders hervorheben möchte ich das unermüdliche und umsichtig-fürsorgliche Engagement der Rechtsanwältin und nachsichtigen Mediatorin Viviane Fischer. Ohne sie wäre der Ausschuss wohl kaum zustandegekommen.

In der Zwischenzeit hat sich durch die zahlreichen Ausschuss-Sitzungen sehr viel beeindruckendes Material angesammelt. Dadurch entstand ein immer klareres Bild der laufenden Maßnahmen, ihrer Hintergründe und ihrer Folgen. Gleichzeitig vernetzte sich der Ausschuss international und hinterfragte zum Beispiel mit italienischen Juristen und Medizinern das Narrativ von Bergamo. Alle Ausschuss-Mitglieder waren immer wieder erschüttert, wenn Pfleger,

Ärzte und Juristen aus aller Welt als Zeugen über die Brutalität berichteten, mit der die sogenannte Pandemie bei ihnen vor Ort in Szene gesetzt worden war.

Der Ausschuss enthüllte beispielsweise die beschämende epidemiologische Bedeutungslosigkeit des millionenfach angewandten Drosten-Tests und kooperierte mit hochkarätigen internationalen Fachleuten. Auch die Fragen um Nutzen, Risiken und Strategien der als Impfung verkauften massenhaften gentechnischen Manipulationen standen von Anfang an im Fokus des Ausschusses. Mehr und mehr untersuchte der Ausschuss die politischen und finanzwirtschaftlichen Hintergründe der Corona-Krise. Finanzwissenschaftler und -Insider machten in ihren Aussagen deutlich, dass seit Jahrzehnten gerade in der Finanzwirtschaft organisierte Kriminalität immer stärker an Einfluss gewonnen hat.[4] Der Ausschuss war häufig sehr bestürzt, erfahren zu müssen, dass sich der Satz »Geld regiert die Welt« gerade in der Corona-Krise bewahrheitet. Wo bleibt unsere Gesundheit, wenn man sogar die Weltgesundheitsorganisation kaufen kann?

Der *Corona-Ausschuss* ist als Stiftung angelegt und wird wohl noch lange und viel zu tun haben. Seine Arbeit hat in mehreren Ländern Nachahmer gefunden und ich fände es sinnvoll, in Deutschland regionale Ausschüsse zur Aufarbeitung von Willkür und Leid während der Krise einzurichten. Dabei sollten solche Ausschüsse in ihrer Arbeit nach vorne schauen und im Auge behalten, dass sie gerechte Lösungen finden müssen, die Menschen langfristig wieder zusammenbringen. Zu den wichtigen Funktionen der Ausschüsse gehört es, Wege zu entwickeln, die es unserer Gesellschaft ermöglichen, solche Fehlentwicklungen in Zukunft gemeinsam zu vermeiden. Die Arbeit des *Corona-Ausschusses* und ähnlicher Plattformen ist dann erfolgreich, wenn diese sich überflüssig gemacht haben. Aktuell sind sie ein Ersatz oder eine Ergänzung rechtsstaatlicher Aufgaben, können jedoch langfristig kein verantwortliches Organ der Rechtspflege ersetzen.

1 https://corona-ausschuss.de/sitzungen

2 Wenn in einer »Koalition gegen Korruption« die Vertreter der Wirtschaft, die als korporative Mitglieder und als Einzelmitglieder inzwischen bei TI-D das Sagen haben, bei Abstimmungen zum Schutz von Gemeingütern vor feindlichen Übernahmen ihre Lobbyisten entsenden und abstimmen lassen können, dann ist es so, als wenn die Schlachterinnung über die Einführung vegetarischer Speisekarten mitstimmen darf.

3 Der CPI ist ein von *Transparency International* entwickeltes Maß für die in den Staaten wahrgenommene Korruption. Dafür werden diverse Organisationen und Fachleute nach einem festgelegten Schema befragt. Es ergibt sich eine Rangfolge, deren Aussagewert immer wieder zu Diskussionen führt.

4 https://earthheroestv.com/programs/catherine-austin-fitts-full-interview-planet-lockdownmp4-508b4a

⑱

DIE MACHT
DER NARRATIVE

Es ist schon spannend zu beobachten, wie schnell die ganze Welt nur mit Geschichten verändert werden kann. Einfach nur Geschichten. Oder mit Narrativen, das klingt nicht so banal. Aber wir wählen, welchen Geschichten wir lauschen und welche wir uns zu eigen machen. Hier zwei Beispiele.

NARRATIVE DER ANGST

Wir schweben in Lebensgefahr! Ein unbekanntes todbringendes Virus kam aus China zu uns. Der Erreger zerstört unsere Lungen und ist hochgradig ansteckend. Er ist dabei, die Welt zu erobern, und bedroht das Leben von Milliarden Menschen.

*

Unsere Regierung und die besten Spezialisten aus Wirtschaft und Wissenschaft tun trotzdem alles, um Sie zu schützen und gesund zu erhalten! Sie können unserer geballten Kompetenz von Wissenschaft, Medizin und Ingenieurskunst unbedingt vertrauen. Auch vor finanziellen Schäden werden wir Sie großzügig bewahren. Doch wir brauchen Ihre Solidarität und Opferbereitschaft, um diesen unsichtbaren Feind zu besiegen.

*

Wir haben vorgesorgt und für alle Menschen auf der Welt wird es einen modernen Impfschutz geben. Ob arm, ob reich, die

Schwächsten werden wir zuerst und besonders schützen. Auch auf die absehbar kommenden Pandemie-Wellen werden wir mit Impfstoffen für alle vorbereitet sein.

*

Glauben Sie nur uns, den offiziellen Quellen. Stellen Sie unsere Anweisungen nicht infrage. Wir werden darauf achten, dass Ihnen die Wahrheit ins Haus kommt und dass niemand Opfer jener unsolidarischen Kampagnen wird, die den Viren zuarbeiten und unserer Regierung in den Rücken fallen. Gesundheitsämter, Polizei und unsere wachsamen Medien werden für einen Sieg gegen das Virus kämpfen. Mit Ihrer Hilfe und Solidarität werden wir diese schwere Zeit überstehen.

NARRATIVE DER ZUVERSICHT

Noch nie waren derart viele Menschen auf diesem Planeten so gesund wie jetzt.[1] Mikroorganismen sind ein historisch notwendiger Bestandteil unseres Inneren und unserer Umwelt, selbstverständlich auch die Viren. Daher ist die Angst vor ihnen unbegründet. Die wichtigsten Krankheitserreger sind uns bekannt und können durch Medikamente oder Hygienemaßnahmen beherrscht werden.

*

Wir wollen und brauchen menschliche Nähe und Unterstützung für unser Wohlbefinden und um unser Immunsystem zu stärken. Die Gemeinschaft mit anderen ist für unsere Gesundheit unverzichtbar.

*

Alle von der WHO angezettelten Pandemien haben sich als wirtschaftlich motivierter Betrug erwiesen. Die künstliche Corona-Pandemie ist Teil einer Schock-Strategie, mit der demokratische und rechtsstaatliche Mittel gelähmt und einer globalen Privatisierung und Deregulierung der Weg geebnet werden soll.

*

Wir, die Bevölkerung, durchschauen die antidemokratischen Manöver und Angstkampagnen einiger, die ihre weltweite wirtschaftliche Dominanz einsetzen, um auch die politische Macht nach ihren Vorstellungen zu globalisieren. Sie arbeiten dabei mit den Profis der Angst aus PR-Agenturen, käuflichen Medien und Pharmaindustrie zusammen und setzen auf korrupte Politiker.

*

Wir werden uns von solcher Bevormundung und Anmaßung befreien. Wir organisieren uns mit großer Mehrheit und Einmütigkeit nach den Prinzipien der Menschenwürde, der Demokratie und der Rechtsstaatlichkeit frei und selbst. So werden wir Kriege und Gewaltherrschaft vermeiden und eine menschenwürdige und vernunftgesteuerte Entwicklung im Einklang mit der Umwelt ermöglichen.

---

1 Sehr anschaulich nachgewiesen von Hans Rosling in *Factfullness. Wie wir lernen, die Welt so zu sehen, wie sie wirklich ist*, Ullstein Verlag, Berlin 2018

⑲

AUSBLICK 1: GRUNDGESETZLICHES

WAS HAT DIE CORONA-KRISE MIT DEM REGELKREIS ZU TUN?

Am Anfang des Buches hatte ich von meiner Entdeckung des Regelkreises im Physiologie-Lehrbuch berichtet. Für den Ausblick in die Zukunft erscheint es mir lohnend, darauf noch einmal zurückzukommen. Eine arbeitsteilige Gesellschaft ist darauf angewiesen, viele Funktionen den Spezialisten in den jeweiligen Ämtern anzuvertrauen. Auf diese soll sich die Gemeinschaft ganz und gar verlassen können. Jemand anderem zu vertrauen birgt immer ein Risiko, vor allem wenn es sich dabei um einen Fremden handelt. Weiß der andere dann noch, dass man gar nicht merken kann, wenn er das Vertrauen missbraucht, erhöht das die Gefahr, enttäuscht oder betrogen zu werden.

Aber wie schafft man Bedingungen, auf deren Grundlage ein berechtigtes gegenseitiges Vertrauen wachsen kann? An diesem Punkt kommt die Transparenz ins Spiel. Denn Geheimniskrämerei weckt Misstrauen und Widerstand. Offenheit und Transparenz sind dagegen ein Zeichen, dass alle ehrlich bemüht sind. Das schafft gegenseitiges Vertrauen und erleichtert das Leben.

Doch jeder Mensch macht Fehler, die sich häufen, wenn viel zu tun und zu entscheiden ist. Viele Augen sehen mehr als zwei und es erspart viel Kraft und Ärger, wenn Dinge, die schieflaufen, erkannt werden, bevor sie große Schäden verursachen. Und da sind wir schon wieder bei den im Vorwort erwähnten Regelkreisen. Mit ihrer Wahl vertrauen die Bürger ihren politischen Vertretern Macht an. Also erwarten sie zu Recht, dass jene diese Macht im Sinne des Gemeinwohls ausüben, damit alle öffentlichen Institutionen und Organisationen auftragsgemäß ihre Pflicht tun und niemand Sorgen haben muss, dass anvertraute Macht missbraucht wird. Je transparenter Politik ist, umso schneller merken die Wähler, wenn sie hintergangen werden, und können bei der nächsten Wahl vertrauenswürdigeren Kandidaten ihre Stimme geben.

Nach dem »Regelkreis-Modell« geht das so:

Zunächst definieren die Verantwortlichen in der Politik durch Gesetze oder Satzungen den *Sollwert,* das Maß für ein gutes reibungsloses und verlässliches Funktionieren. Ehrliche Politik erkennt man auch daran, dass man anhand festgelegter Indikatoren messen kann, ob die Politiker den Wählerauftrag erfüllen. Die mit diesen Messfühlern regelmäßig erhobenen Daten, Beobachtungen oder Berichte gehen als *Ist-Werte* an eine Stelle, den sogenannten *Regler,* der für den Soll-Ist-Vergleich zuständig ist. Zugleich muss diese Stelle die Möglichkeiten haben, über Stellwerke oder *Stellschrauben* (mehr, weniger oder andere Ressourcen, längere oder kürzere Wartezeiten, höhere oder geringere Preise und vieles andere mehr) nachzusteuern, wenn die erbrachte Leistung nicht dem Auftrag entsprach. Je nach Kompetenz für die zu erfüllende Aufgabe kommen als Regler verschiedene Institutionen in Betracht, in der jetzigen Situation beispielsweise das Robert Koch-Institut.

In der großflächigen Planwirtschaft des real existierenden Sozialismus verlangsamten Ideologie und Bürokratie solche Modelle und wurden daher im Westen verspottet. Doch in westlichen Großkonzernen der kapitalistischen Konkurrenz planen und messen die Verantwortlichen durchaus nach ähnlichen Regeln und steuern bei Bedarf nach. Nur verwenden die Manager dafür englische Fachbegriffe und die Sollwerte werden, außerhalb der Konzerne, von externen Investoren gesetzt und an der Börse beurteilt. Für die in der globalisierten Wirtschaft herrschenden Bilanzierungen sind Grundgesetz, Menschenwürde und Rechtsstaatlichkeit höchstens die Namen für zu umgehende Störgrößen. Damit das der Öffentlichkeit nicht so auffällt, leisten sich selbst die korruptesten Firmen Compliance-Abteilungen und Ethikbeauftragte. Sie geben für das sogenannte Greenwashing viel Geld aus und einige NGOs, die ihnen dabei helfen, leben gut davon. Paradebeispiele sind in der Corona-Krise die »philanthropischen« Aktivitäten der *Bill & Melinda Gates Stiftung*, die Freunde und Partner deutscher Medien bei *Google* oder *Facebook* oder die sich gemeinwohlorientiert gebende *Bertelsmann Stiftung*. Bei aller vordergründigen Wohltätigkeit ist ihr primäres ökonomisches Eigeninteresse meist leicht zu erkennen. Schnelles globales Wachstum ist kein Zeichen von Nachhaltigkeit. Auch Krebsgeschwüre wachsen schnell, aber sie zerstören taub und blind für rekursive Signale ihre eigene Existenzgrundlage.

Durch die globalisierenden ökonomischen Heuschrecken findet derzeit ein großes Artensterben statt, auch innerhalb der Gattung Mensch: Handwerker, Landwirte, Kulturschaffende, die Beschäftigten im Handel und Dienstleistungsgewerbe verlieren ihre Existenzgrundlage. Vielfach ist ihr von Generation zu Generation weitergegebenes Können, sind ihre traditionellen Kunstfertigkeiten in Nischen gewachsen, die manche als Touristen bestaunt und die ihre jeweilige Heimatregion so besonders wertvoll gemacht haben. Das kulturelle Erbe Europas soll geschützt werden, sagt zum Beispiel die Faro Convention[1] des Europarates. Der Text ist leider in Zeiten des sogenannten Umbruchs auf dem Server nicht aufrufbar.

Der uns von Großinvestoren und Monopolisten übergestülpte Great Reset kann als eine monopolisierte, globale Markt-Macht-Maschine solche Schätze gar nicht sehen, das heißt, sie sind nicht marktverwertbar und daher uninteressant. Kulturelle und traditionelle Leistungen sind also nicht ökonomisch kontrollierbar. Welcher globale Player möchte sich den Kupferschmied in Pushkar einverleiben, den Chicorée-Züchter in Klappholz, den Milbenkäse-Hersteller in Würchwitz oder den Kopfstützen-Schnitzer in Conakry? Der ökonomische Zwang zur Rationalisierung und Profitmaximierung für die Shareholder würde die Besonderheiten dieser Handwerker komplett auslöschen.

Die Soziologie liefert durchaus spannende Modelle, die uns das Verständnis der Prozesse menschlicher Selbstorganisation erleichtern können. Was Humberto Maturana[2] sein Leben lang an biologischen Systemen erforscht hat, haben Soziologen wie Talcott Parsons oder Niklas Luhmann[3] für die menschliche Gesellschaft modellhaft zu beschreiben versucht. Inzwischen verfassen zahllose Systemberater für große und mittelständische Unternehmen Schriften und Konzepte zu systemischen Ansätzen der Unternehmensführung. Im Laufe der Entwicklung dieser Wissenschaft treibt die Idee der Regelkreise, die Kybernetik, erstaunliche Blüten, je nachdem wo sie wächst und wer sie düngt. Sie ist eben nur eine Idee, ein Modell, ein Angebot.

Wahrheit ist die Erfindung eines Lügners heißt der Titel eines Buches, in dem unter anderem das berührende Interview mit dem kybernetischen »Meta-Physiker« Heinz von Foerster[4] veröffentlicht wurde. In den klugen Darstellungen des erfahrenen Wissenschaftlers wird auch deutlich, wie wertvoll der Diskurs und die einer demokratischen Gesellschaft innewohnende Kraft einer streitbaren, offenen und neugierigen Debattenkultur ist. Diejenigen, die uns jetzt in Angst versetzen, uns lähmen, alles besser wissen und kontrollieren wollen, setzen auf Berechenbarkeit, auf Künstliche Intelligenz, Algorithmen und damit auf technische Trivialitäten. Wer diesen Weg wählt, missachtet meistens sträflich die so wichtige, unvermeidbar unübersichtliche und natürliche Rückkopplung in einer demokratischen Gesellschaft, die als Streit, als Debatte oder nur als neugierige Frage unsere wunderbare menschliche Vielfalt aushält und fortentwickelt.

Autokratische Systeme unterdrücken diese Vielfalt. Da aber auf unserem Planeten neben den Autokraten Millionen cleverer und kreativer Menschen leben, die gut leben wollen, habe ich Hoffnung. Denn Leben funktioniert rekursiv. Selbst in der durchgeplanten Schock-Strategie, die wir zurzeit erleben, mit dem massiven Versuch, jede unkontrollierte Kommunikation radikal zu unterdrücken, sehen wir in einzelnen Nischen Innovationen wachsen. Ich bin zuversichtlich, dass wir unsere Kräfte sammeln können, um die verbohrten Globalisierungsideologen abzuschütteln.

WER UNSERE FREIHEIT EINSCHRÄNKT, IST BEWEISPFLICHTIG

Laut Artikel 20 des Grundgesetzes geht in Deutschland alle Staatsgewalt vom Volke aus. Wenn die vom Volke legitimierte Gewalt, also das Parlament und seine Regierung, es für notwendig halten, eine »epidemische Lage von nationaler Tragweite« zu verordnen, und damit die durch das Grundgesetz für jeden Einzelnen garantierten Freiheiten massiv einzuschränken, so sind sie und nicht die Betroffenen verpflichtet nachzuweisen, dass diese Einschränkungen sinnvoll, angemessen und notwendig sind. In Berlin kann sich auch niemand auf die von den heimlichen Herren der WHO 2005 clever novellierten Internationalen Gesundheitsvorschriften (IGV)[5] zurückziehen, die 2007 beziehungsweise am 29. März 2013 ratifiziert, also in deutsches Recht umgesetzt wurden. Damit hat sich Deutschland freiwillig in die Pandemie-Maschine integriert, die von der institutionell korrupten WHO gesteuert wird. Das könnte der Bundestag leicht ändern. Die in den IGV genannten pandemischen Ereignisse spiegeln das Interesse der Impfstoffhersteller überdeutlich wider und sind für mich, der als Hafenarzt nach den alten IGV zu Pocken, Gelbfieber, Cholera und Lassafieber gearbeitet hat, eine absurde Verzerrung der epidemiologischen

Prioritäten. Anstatt die nationale Notlage zu beschließen, hätte der Bundestag realistischerweise die Zustimmung zu den IGV besser ruhen lassen können.

Da die Regierung unsere freiheitlichen Rechte nach den Vorschriften des Infektionsschutzgesetzes beschneidet, ist sie aus meiner Sicht zur nachvollziehbaren Transparenz aller zu dieser Entscheidung führenden wissenschaftlichen Befunde, Gutachten und Bewertungen verpflichtet. Hierzu muss auch jede Frage willkommen sein, wenn nicht der Eindruck einer verfassungswidrigen Willkürmaßnahme entstehen soll. Dabei denke ich an Fragen zu den Indikatoren und deren Bewertung bei den Einschätzungen der Lage und zu Indikatoren und deren Bewertung bei der Einschätzung von Notwendigkeit, Wirksamkeit und Angemessenheit der getroffenen beziehungsweise geplanten Maßnahmen und Regelungen. Außerdem müssen die Folgen der Maßnahmen, die Art ihrer Erfassung und deren Ergebnisse transparent und plausibel dargestellt werden. Bisher fehlt die wissenschaftlich und ethisch notwendige Aufrichtigkeit, Offenheit und Diskussionsbereitschaft zu fast jedem genannten Punkt. Es hat noch nicht einmal den Versuch gegeben, die in der Wissenschaft und in der breiten Bevölkerung strittigen Fragen so aufzuarbeiten, dass eine für alle akzeptable wissenschaftliche Überprüfung erfolgen kann. Das wird eine unserer künftigen Aufgaben sein.

Bei der Maskenpflicht zum Beispiel muss definiert werden, was der gewünschte Erfolg dieser zuvor als abwegig angesehenen Maßnahme sein soll und woran man ihn erkennen kann. Das erfordert eine klare Gegenüberstellung wissenschaftlicher Meinungen und eine Einigung auf gegebenenfalls offene, noch zu klärende Fragen. Das Gleiche gilt für viele weitere Maßnahmen, beispielsweise für die Besuchsverbote in Pflegeheimen, Quarantänemaßnahmen, das Schließen von Kindertagesstätten, Schulen, Geschäften oder Gaststätten, das Verbot gemeinsamen Singens, die überbordende und chaotische Anordnung von PCR-Tests, das Ignorieren der EU-Datenschutzverordnung, die differenzialdiagnostische Rechtfertigung der

Erregersuche und die vergleichende Risikobewertung möglicher Infektionen. Insbesondere jedoch für die so übereilt aufgenötigten gentechnischen Massenversuche, die euphemistisch als Impfung bezeichnet werden.

Evidenzbasierte Rechtfertigungen staatlicher Eingriffe sind unverzichtbar und dringlich, um die massenhaften und vielfältigen rechtlichen, durch staatliches Handeln erzeugten Konflikte stimmig und in angemessenen Zeiträumen gerichtlichen Entscheidungen zuführen zu können. Noch im Sommer 2019 hingen an Bahnhöfen, Buswartehäuschen und Plakatwänden zwei aus Steuergeldern finanzierte und mit dem Bundesadler geschmückte Plakate. Das eine trug die fette Aufschrift: »Wir sind ein Rechtsstaat!«, das andere den Satz »Deutschland sucht den Impfpass«. Heute wären die passenden Slogans: »Deutschland sucht den Rechtsstaat« und »Rechte nur mit Impfpass«. Der Rechtsstaat Bundesrepublik Deutschland droht zurzeit in einer lähmenden Quarantäne zu verkümmern. Müssen uns daran erst Gerichte in Ecuador, Portugal oder unerschrockene Amtsrichter in Weimar erinnern?

Ein Urteil des Amtsgerichtes Weimar vom 11. Januar 2021, in dem ein Mann freigesprochen wird, der wegen des Verstoßes gegen eine Thüringer IfSG-Verordnung einen Bußgeldbescheid erhalten hatte, erregte zu Recht Aufsehen.[6] Der Betroffene hatte auf einem Hinterhof mit acht Personen aus sieben Haushalten am 24. April 2020 Geburtstag gefeiert. Der Weimarer Amtsrichter hatte sich vor seinem Urteilsspruch die Mühe gemacht, nach gründlichen und sehr qualifizierten Recherchen die Angemessenheit und die Verfassungsmäßigkeit des Bußgeldbescheides und der diesem Bescheid zugrunde liegenden rechtlichen Bestimmungen zu prüfen.

Diese Arbeitsweise einer offenen und umsichtigen Bestandsaufnahme beziehungsweise juristischen Beweiserhebung ist erforderlich und eine Hoffnung für die Zukunft der Rechtssprechung in Deutschland. Eine umfangreiche, mit hochrangigen wissenschaftlichen Quellen belegte Urteilsbegründung kann alle Beteiligten

überzeugen. Auf dieser Grundlage sollten alle vom Verordnungsgeber genannten Gründe für freiheitseinschränkende Maßnahmen
geprüft werden. Der Weimarer Amtsrichter hat sich in jedem Fall
um den Rechtsstaat Deutschland verdient gemacht.

Sein konsequentes Einstehen für den Rechtsstaat ermutigte inzwischen auch weitere Richter und Staatsanwälte, sich nicht von Politik
und folgsamen Medien unter Druck setzen zu lassen. Zum Schutze
der Bevölkerung fordern diese von den Behörden evidenzbasierte
wissenschaftliche Grundlagen für freiheitseinschränkende Maßnahmen im Rahmen der Beweisaufnahme ein.

Von Familienrichtern wurden zum Schutze des Kindeswohls inzwischen in Weimar und in Weilheim in Bayern die von den Verwaltungen ausgesprochenen Nötigungen der Schulen zur Misshandlung von
Kindern mit Masken, Mindestabstand oder Corona-Tests untersagt.

Wohin sind wir gekommen, dass Kinder mit derart unsinnigen
Maßnahmen gequält und gesundheitlich chronisch belastet werden
dürfen? Politik und Verwaltungen wehren sich, als Verantwortliche
beim Namen genannt zu werden, und versuchen, mutigen Rich-
tern das Leben schwer zu machen. Wir werden sehen, ob es noch
stimmt, was die Justizministerin überall auf Plakaten und in Werbespots vor der Corona-Krise verkündigen ließ: Ist Deutschland
noch ein Rechtsstaat?

RECHTSBEUGUNG DURCH DIE REGIERUNG

Der Deutsche Bundestag hat wie viele andere Parlamente auf
Wunsch der Regierung der Ausrufung einer »epidemischen Lage
von nationaler Tragweite« zugestimmt. Von deren Initiatoren wird
seither alles versucht, diesen Ausnahmezustand so lange wie möglich
aufrechtzuerhalten. Doch dabei werden die politischen Eingriffe in
den Rechtsstaat immer dreister und absurder.

Das geht so weit, dass Ende April 2021 der Bundestag nach den Wünschen von Frau Merkel eine automatische »Notbremse« in das Infektionsschutzgesetz installiert hat.[7] Mithilfe des Seuchenrechts kann danach sogar der Föderalismus weitgehend ignoriert werden. Bei einer von der Regierung selbst zu definierenden Not soll die Bundeskanzlerin ganz Deutschland lahmlegen dürfen. Diese Ermächtigung im totalen Krieg gegen ein Erkältungsvirus wird als absurdes Theater in die Geschichte eingehen. Die Mehrzahl der Parlamentarier macht dabei folgsam mit und traut sich nicht, die nötigen Fragen zu stellen.

Mit der Ermächtigung zur Festlegung eines bundesweiten Grenzwertes für positive Testergebnisse lässt sich die Schockstarre des ganzen Landes beliebig verlängern, verschärfen oder vorübergehend lockern und somit nach politischem Kalkül dosieren. Wie man das mittels Testfrequenzen, selektiven Testungen oder mit einfacher Absenkung der Qualitätsstandards macht, dafür wurden in den vergangenen Monaten einschlägige Erfahrungen gesammelt. Der PCR-Test hat sich als Joker der Macht etabliert.

Die wichtigsten Auswirkungen stehen zwar nicht explizit im Gesetzestext, zeigen aber die ausgeklügelte Planung, die hinter dieser Machtübernahme mittels Seuchenrecht steht.

Wer sich in Zukunft seiner Grundrechte beraubt fühlt und vor Gericht klagen will, dessen rechtlicher Gegner ist jetzt die Bundesregierung. Es sind nicht mehr die Instanzen der sechzehn Landesregierungen. Da kann dann kein Landesrichter mehr aus der Reihe tanzen und sich auf eigene Beweisaufnahmen stützen. Wer protestiert, der landet vor dem Bundesverfassungsgericht, und dessen Präsident ist der Günstling der Kanzlerin, die diese verfassungsfeindlichen Gesetze durchgeboxt hat.

Einige Länderchefs wollten offenbar ihr Gesicht wahren und versuchen noch eigene Gestaltungsmöglichkeiten zu retten, aber ein echter Aufschrei zugunsten unserer Verfassungsgrundsätze blieb bisher aus. Eine Normenkontrollklage könnte übrigens nicht nur von Abgeordneten, sondern auch von betroffenen Landesregierungen eingebracht werden.

Bei all diesen Skandalen stellen die regierungsnahen Medien immer noch keine Fragen nach Sinn und Nutzen solcher Eingriffe. Der Rest der Bevölkerung wird bei Bedarf mit Schlagstöcken aus den Augen der Politik vertrieben.

Als eine deutsche Regierung vor und während des Zweiten Weltkrieges sich Recht und Justiz zu Diensten machte, waren es äußere Feinde, die zur Rechtfertigung des Dauernotstandes dienten. Jetzt sind es PCR-Tests. Es ist noch nicht einmal eine echte Seuche mit übermäßig viele Schwerkranken und Sterbenden.

Damals kamen nach dem Ende der Diktatur für viele ein schmerzhaftes Erwachen und ein langer Lernprozess. Aber die Aufarbeitung der Verbrechen des faschistischen Deutschlands durch die Nürnberger Prozesse hat immerhin mehr als 70 Jahre lang geholfen, dass die Menschen in Deutschland sich miteinander wieder arrangierten. Wenn man in Zukunft über das heutige Unrecht urteilt, dann sollte man sich darüber im Klaren sein, dass jetzt wieder sehr viele Menschen beteiligt waren. Zudem sollte auch die Auseinandersetzung mit geschehenem Unrecht im Sinne der ganzen Bevölkerung so geführt werden, dass ein nachfolgender Friede nicht ausgeschlossen ist. Das bedeutet, dass alle sich danach wieder in die Augen sehen können.

GEMEINGÜTER IM AUSVERKAUF

Viele Menschen haben derzeit vergessen, was zu einem Sozialstaat unverzichtbar dazugehört. Neben der Gesundheitspflege organisiert ein solcher Staat die Hilfe von Menschen in Not, im Alter und bei Gebrechlichkeit, bei Obdachlosigkeit, bei der Erziehung der Kinder. Er sorgt für die Sicherheit im Alltag und bei der Arbeit, die gleichberechtigte Teilhabe an Kultur und Bildung, die gleichberechtigte Teilhabe an der sozialen und politischen Gestaltung unseres Zusammenlebens, den Zugang zum Recht und zu der für eine Demokratie unerlässlichen Medienvielfalt. Das alles sind *öffentliche Aufgaben der Daseinsvorsorge*. Viele junge Menschen haben nie etwas anderes erlebt als Firmenlogos überall. Für jede Dienstleistung schließt man private Verträge ab und erhält Rechnungen. Ihre Großeltern- oder Elterngeneration hat es zugelassen, dass öffentliche Kernaufgaben nach und nach an Privatunternehmen abgegeben wurden, mit dem Argument, die Fachleute aus der Privatwirtschaft könnten die Aufgaben professioneller und besser erfüllen. Wasser- und Stromversorgung, Pflege, Krankenhäuser, Müllentsorgung oder Sicherheit waren einmal alles Aufgaben, um die sich Kommunalpolitiker kümmern mussten. Sie mussten sich darin auskennen und wurden nicht wiedergewählt, wenn sie beispielsweise nicht für die Qualität der Heime oder die Sicherheit in der Gemeinde sorgten.

Welcher Kreistagsabgeordnete oder welche Gemeindevertreterin hat heute das Wissen und die Erfahrungen, die erforderlich sind, um solche Aufgaben zu managen oder zu beaufsichtigen? In vielen dieser Bereiche kommen die Praktiker heute aus der Gesundheitswirtschaft, der Pflegewirtschaft, der Sicherheitswirtschaft, der Abfallwirtschaft, der Wasserwirtschaft oder der Stromkonzerne. Alle diese Bereiche sind längst weitgehend monopolisiert und werden fern von den eigentlich verantwortlichen Kommunen gemanagt. Das ist übrigens in einigen Regionen Skandinaviens noch anders. So hat Dänemark vor vielen Jahren ein Bauverbot für Pflegeheime beschlossen, damit diese nicht zu Entsorgungsanlagen für alte Menschen verkommen. In unserem Nachbarland müssen die Gemeinden dafür sorgen, dass ihre Einwohner auch im hohen Alter noch dort wohnen können, wo sie sich zu Hause fühlen.

Zum Glück sind in Deutschland zunehmend Bewegungen wie die *Initiative Gemeingut in BürgerInnenhand*[8] entstanden, die es sich zum Ziel gemacht haben, das, was vor Ort in den Gemeinden und Regionen besser, transparenter, menschlicher und umweltfreundlicher gemacht werden kann, wieder als Gemeinwohlaufgabe zu organisieren und den privaten Konzernen abzunehmen.

POLITIK UND RECHTSSTAAT
NACH DER CORONA-KRISE

Zu viele Menschen haben dem Staatsapparat vertraut, doch der hat die ihm anvertraute Macht zum privaten Nutzen einiger großer Player missbraucht. Das zeigt sich derzeit sehr brutal. Lange lebte die Mehrheit in der Hoffnung, dass es wohl nicht so schlimm kommen werde. Aber seit einem Jahr hat Angst die Herrschaft übernommen. Doch wir sind noch hier und wir sind viele.

Korruption zu bekämpfen heißt, Transparenz zu erkämpfen. Nur diese ermöglicht, Fehlentwicklungen rechtzeitig zu bemerken und zu korrigieren. Je mehr Menschen sich engagieren und die Öffentlichkeit mit den Informationen versorgen, die ihnen die etablierten Medien verschweigen, umso besser. Fehlentwicklungen dürfen nicht erst dann erkannt und abgestellt werden, wenn schon großer Schaden entstanden ist. Transparenz, die auf einem beidseitigen Einverständnis von Anvertrauenden und Anvertrauten beruht, macht das Leben für alle einfacher. Wenn beide Seiten offen miteinander umgehen und entsprechend handeln, erübrigen sich viele Kontrollen, und es kann berechtigtes Vertrauen wachsen.

Ein solches Miteinander funktioniert nicht auf globaler Ebene und schwerlich national, weil die zu beobachtenden Prozesse viel zu komplex sind und es kaum möglich erscheint, alles Nötige im Blick zu behalten. Auf regionaler Ebene ist ein transparentes Füreinander ohne großen technischen Aufwand praktikabel und hat sich bewährt.

Wenn eine Gesellschaft so groß und komplex wird, dass sie nur noch mit aufwendigen Technologien steuerbar bleibt, dann ergibt sich ein neues Dilemma. Nämlich wenn die eingesetzten Techniken und ihre Institutionen selbst zur Quelle für neue Intransparenz und Fehlentwicklungen werden. Wir sollten deshalb für die

Zukunft mehr daran denken, dieses Dilemma durch konsequente Umsetzung des Subsidiaritätsprinzips weitgehend zu vermeiden. Das steht allerdings im krassen Gegensatz zur Globalisierung à la Davos. Das Internet jedoch kann neben seiner global verbindenden Funktion auch in vernetzten regionalisierten Gesellschaftsstrukturen eine große Hilfe sein, aber nur dann, wenn die Kommunikation mithilfe der technischen Möglichkeiten nicht wieder – so wie derzeit – durch Geld, Macht und Monopole missbraucht wird. Analoges gilt für die Wissenschaft.

Zur wirksamen Bekämpfung von erkanntem Fehlverhalten ist eine von Regierungen, Parlamenten und Wirtschaft unabhängige, nur dem Gesetz verpflichtete und handlungsfähige Justiz unerlässlich. Die Judikative als dritte Gewalt im Staat hat derzeit viel von ihrer Unabhängigkeit verloren. Diese Entwicklung müssen wir alle, besonders die Juristen, rückgängig machen.

WIR BRAUCHEN KEINE HERREN

Mit Zuversicht erfüllt mich die Erkenntnis, dass wir diejenigen, die uns in Corona-Zeiten unter Druck setzen, nicht wirklich brauchen. Für unsere Gesundheit schon gar nicht. Viele haben sich disqualifiziert und müssten sich sehr viel Mühe geben, damit wir ihnen wieder vertrauen können. Aus meiner Sicht ließen wir uns in vielen Bereichen unnötigerweise abhängig machen.

Wie können wir es schaffen, dass in Gemeinschaften, Gemeinden, Stadtvierteln den Bedürftigen überall genügend vertraute Profis zur Seite stehen? Diese müssen ja keine Alleskönner sein, aber sollten bei Bedarf mit Spezialisten gut vernetzt sein, für deren Vertrauenswürdigkeit und Können sie ihre Hand ins Feuer legen könnten, beispielsweise gute Hausärzte und Pflegekräfte, gute Lehrer, Erzieher und Polizisten. Die Gemeinschaft könnte ihnen gegebenenfalls auf die Finger schauen (und klopfen) und sie könnten wiederum stolz auf unser Vertrauen sein.

Damit sich der Nachwuchs für diese Gesellschaft begeistert, müssen überall viel mehr öffentliche Gelder für die Bildung bereitgestellt werden. Sie ist die wichtigste Infrastruktur. Mit klugen, kritischen, umsichtigen und umfassend gebildeten Menschen finden wir heraus aus den Irrwegen und Fehlleistungen eines Systems, in dem der Großteil der Bevölkerung von anonymen Konzernen abhängig ist, mit Billiglöhnen abgespeist wird und wo alle Aktivitäten an den zweistelligen Renditen der Investoren ausgerichtet werden.

Ich freue mich schon auf die Zeit nach dieser Krise, in der wir die Chance haben, gemeinsam und demokratisch Perspektiven für einen »Reset« unseres Gemeinwesens zum Guten zu entwickeln.

DEMOKRATIE IN QUARANTÄNE?

Bisher muss bedauerlicherweise aber festgestellt werden: Unser »demokratischer und sozialer Bundesstaat« nach Grundgesetz Artikel 20, Absatz 1 hat sich von der Kanzlerin leicht und ohne erkennbaren Widerstand für unbestimmte Zeit und ohne Rechtsgrundlage in Quarantäne verbannen lassen. Mit selbstbewussten und kritischen Parlamentariern wäre ihr das nicht so einfach gelungen. Dazu gehört meine Beobachtung, dass eine wirkliche Opposition, die diesen Namen verdient, ebenfalls verschwunden ist und, aus wohl nur von Historikern zu klärenden Gründen, gehorsam die Maske als Erkennungszeichen der uneingeschränkten pandemischen Herrschaft Angela Merkels aufsetzte.

Zwar nörgelten von den 709 Abgeordneten des Bundestags einige wenige, andere profilierten sich populistisch. Aber die vereinzelten Kritiker schafften es zum Beispiel nicht, eine überfraktionelle Initiative für eine Normenkontrollklage zu organisieren. Die Parlamentarier hätten die Notstandsverordnungen im Sommer 2020 mit guten, wissenschaftlich fundierten und amtlichen Daten sofort kippen können, als auch für Laien nichts mehr von einer epidemischen Lage von nationaler Tragweite zu sehen war.

Ehemalige MdB-Kollegen, die vorsichtig versuchten, eine kritische Diskussion in Gang zu bringen, wurden von ihren eigenen Fraktionschefs heftig zurückgepfiffen und blieben weitgehend nur hinter vorgehaltener Hand widerspenstig. Ich finde es beschämend, dass die übergroße Mehrheit unserer politischen Vertreter, die nur ihrem Gewissen und der Bevölkerung und deren Wohl verpflichtet sind, sich trotz ihrer starken Position nicht trauen, öffentlich laut zu werden oder gar einen Widerstand zu organisieren.

Meiner Meinung nach haben sich Parteien und ihre historische Funktion im deutschen Nachkriegsparlamentarismus überlebt und sich als Hemmnis für eine lebendige und kritische Demokratie erwiesen. Inzwischen halte ich die Macht der Parteien bei der Listenaufstellung von Kandidaten für demokratiefeindlich und sehe darin das Einfallstor für die intransparente Einschleusung von Vertretern mächtiger Player globaler Konzerne. Die Drehtüren des Bundestages zur Lobby sind jedenfalls gut geschmiert. Das lässt sich mit zahlreichen Beispielen belegen.

In Deutschland merken immer mehr Menschen, dass in der Politik ganz andere Interessen die Regie führen und dass gesundheitliche Gängelungen nur ein Vorwand für unverschämte Geschäfte und Machtspielchen sind. Die Schauspielertruppe der Bundesregierung wirkt langsam langweilig, die angestrebten Zugaben oder gar Neuauflagen der Pandemie mit immer neuen Mutanten kann sie nicht wirklich ernst meinen. Außerdem liegt Spannung in der Luft angesichts der anstehenden Bundestagswahlen. Gibt es wirklich Mehrheiten für die angedachte antidemokratische Diskriminierung Nicht-Geimpfter? Werden wir uns in einer Gesundheitsdiktatur mittels Immunitätsausweis und Impfgehorsam einrichten? Ist die Demokratie vollends abgeschafft? Verzichten die

Wähler auf ihre verbrieften Rechte oder werden sie vermehrt für diese kämpfen?

Aber wie soll die Demokratie zukünftig aussehen? Doch nicht so wie aktuell, in der uns die Politiker verraten haben und die gerade dabei ist, unsere Ideale und unser Gemeingut an die Messer der machthungrigen Finanzwirtschaft auszuliefern? Sie, unsere demokratisch Gewählten, schaffen voller Ignoranz und Missachtung die Demokratie gerade ab!

Haben wir die Menschen im Berliner Bundestag überhaupt bewusst geprüft und ausgesucht, damit sie unsere Interessen im Parlament vertreten? Wie heißen eigentlich Ihre Wahlkreisabgeordneten? Seien Sie getrost, wenn Ihnen die Namen nicht geläufig sind. So geht es der weitaus größten Mehrheit der Wahlberechtigten.

Sollten wir uns nicht lieber ehrlich eingestehen, dass wir uns das mit der Demokratie nur längere Zeit erfolgreich vorgegaukelt haben? Wenn ich an den Bundestag denke, den Lobbyeinfluss, die Machtspielchen der Fraktionsspitzen, die Feilschereien und heimlichen Kompromisse zulasten Dritter, die Seilschaften und die Erpressungen, wenn es um Listenplätze bei der nächsten Wahl geht ... Aber wie steht es um die Demokratie an der Basis, wo man sich kennt? In der Kommune, im Verein? Haben da alle das Gefühl, »im Spiel« zu sein und mitgestalten zu können? Wo funktioniert die Demokratie und wo hat sie keine Chance? Und was soll mit den Bereichen geschehen, wo sie derzeit keine Chance hat? Gibt es Brücken zwischen Klein-Klein und ganz Groß? Wie müssen Wege zwischen Groß und Klein aussehen, damit alle zusammenwirken und Belastungen ertragen können?

In unserem Körper ist alles so wunderbar geregelt. Wir werden im Durchschnitt trotz unseres komplizierten Inneren älter, als es die Bundesrepublik Deutschland bisher geschafft hat. Alle unsere Organe sind hochspezialisiert, kein Organ kann das andere ersetzen. Alle sind auf das Funktionieren der anderen angewiesen. Und während unseres ganzen Lebens verändert sich der Körper permanent, wir gehen zur Schule und lernen etwas, verlieben und vermehren uns und leben mit anderen zusammen ... Ja, und da sind wir wieder beim Problem.

Demokratie funktioniert nicht wie unser Organismus. Es existiert kein Automatismus. Demokratie ist etwas, was es zu entwickeln gilt und was sich wohl jede Generation erneut erkämpfen muss. Phasenweise waren Demokratien wohl in 20 bis 50 Staaten die optimale Staatsform zum Wohle der Bevölkerung. Demokratie lebt von der Diskussion darüber, wie es gelingt, dass möglichst alle Bürger gut leben können. Sie entwickelt sich als ein sich nach Regeln selbst organisierender Widerstreit unterschiedlichster Interessen.

Genau darum wird es in Zukunft gehen. Wir könnten versuchen, als Menschen unsere Grenzen mit anderen so abzustecken, dass jeder sich entwickeln und gleichzeitig für andere wichtig werden kann. Dabei meine ich mit Grenzen keinen Stacheldraht, keine Schlagbäume oder Mauern, sondern Verantwortungsbereiche, Rufweiten, Zuständigkeiten, Kopplungen, Abstimmungsräume, Tauschkreisläufe und anderes mehr.

Wie könnte eine Demokratie aussehen, ein Staat, in dem wir keine Objekte, sondern gleichberechtigte und stolze Träger der Menschenwürde sein können?

Diese Gesellschaft müsste von dem Bewusstsein geprägt sein, dass es sich seit Jahrtausenden unverhofft immer wieder gezeigt hat, dass Lebendes nicht berechenbar ist, nicht programmierbar, nicht simulierbar, sondern rekursiv. Und zwar rekursiv auch auf das, was Reiche und Mächtige sich von unterbezahlten Ärmeren mit Fleiß und Mühe programmieren, simulieren und mit Künstlicher Intelligenz andienen lassen. Allein die Unterschiede zwischen Menschen können in der gesellschaftlichen Selbstorganisation dazu führen, dass Reiche oder deren Nachkommen Sehnsucht nach den interessanteren Nischen entwickeln, in denen die armen Fleißigen sich eingerichtet haben. Mit Gewalt wird keine Seite einen einseitigen

»Reset« erreichen können. Aber was ohne gewalttätige Auseinandersetzungen möglich ist, hat ja eine Hälfte Deutschlands erst vor etwa dreißig Jahren unter Beweis gestellt. Schaffen wir das jetzt zusammen noch einmal?

VORSCHLÄGE ZUR STÄRKUNG DER DEMOKRATIE

Mein Traum ist ein Parlament aus direkt gewählten Frauen und Männern. Diese sollen den politischen Streit um richtige Lösungen und Kompromisse in der Bevölkerung qualifiziert moderieren. Dafür sollten aber erst mehrere Voraussetzungen geschaffen werden, die aus meiner Sicht einen wahrhaftigen demokratischen, also von der Bevölkerung mehrheitlich getragenen Neubeginn erfordern. Der hätte allerdings mit den Machtspielchen der Pandemisten nichts gemeinsam.

Folgenden Vorschlag schreibe ich auf, um eine Diskussion über bessere Vorschläge zu provozieren: Ein Ziel eines politischen Neuanfangs könnte sein, Wähler und Gewählte in eine neue und konkrete gegenseitige Verantwortung zu bringen, die das Mandat demokratisch aufwertet und die für mehr Transparenz und Teilhabe an der politischen Arbeit jeder/jedes Abgeordneten beziehungsweise ihrer/seiner Wähler sorgt. Dafür brauchen Abgeordnete sehr viel mehr Mitarbeiter und eine kommunikative Infrastruktur, die eine möglichst direkte, nicht von öffentlichen Medien abhängige Diskussion und Rückkopplung mit ihrer Wählerschaft garantiert und erleichtert.

Durch diese Forderung ergeben sich vielleicht Konsequenzen für die Größe von Wahlkreisen. Diese sollten mit dem Zuschnitt der kommunalen Gebietskörperschaften möglichst identisch sein. Eine Berichtspflicht der Abgeordneten gegenüber ihren kommunalen Ratsversammlungen wäre demokratieförderlich.

Um eine für alle gerechte politische Interessenvertretung sicherzustellen, ist es notwendig, Profi- und Lohn-Lobbyisten und deren mächtige Firmen aus dem parlamentarischen Betrieb zu verbannen. Derzeit können Menschen mit sehr viel Geld Profi-Lobbyisten damit beauftragen, Abgeordnete um den Finger zu wickeln. Profi-Lobbyismus ist die Drehtür in die Hinterzimmer des Parlamentes. Stattdessen könnten die unterschiedlichen Kräfte in den Wahlkreisen – ohne Profi-Influencer – unter transparenter Kontrolle ihre jeweils eigenen Interessen vertreten. Jede Umtauschmöglichkeit von Geld in Macht widerspricht dem System einer Demokratie.

Wichtig erscheinen mir zudem alle Maßnahmen, die Bürger motivieren und befähigen, sich in die Entwicklung und Abstimmung politischer Projekte einzubringen.

Darüber, wo und wie dieses möglich ist und für ein gutes Zusammenleben förderlich sein kann, gibt es so viel zu diskutieren, dass daraus ein eigenes Buch werden könnte.

Zudem sollte die Möglichkeit einer regionalen Neuwahl bedacht werden, um Abgeordnete bei Versagen oder Verfehlungen vorzeitig abberufen und ersetzen zu können. Dafür sollte aber vorab die Zustimmung einer ausreichend großen Mehrheit der Wählerschaft eingeholt werden. Auch ist zu überlegen, die Bundestagsabgeordneten nicht alle gleichzeitig zu wählen. Jedenfalls könnten regionalisierte und nicht synchronisierte Einzelwahlen eine Unabhängigkeit von den Verzerrungen durch bundesweite mediale Kampagnen bewirken und die Kanzlerwahlen wieder zu einer echten Sache des Parlamentes machen. Auch kann dadurch die Politik verstetigt werden. Das käme einer transparenten und nicht von Sponsoren beeinflussbaren Kandidatenaufstellung zugute.

Innerhalb des Parlamentes fielen dann die festen Fraktionen weg, stattdessen organisieren die Abgeordneten jeweils projektbezogen offene Gemeinschaften Gleichgesinnter, die dafür die notwendigen Ressourcen von der Bundestagsverwaltung erhalten. Alle Planungen und Sitzungen der Parlamentariergruppen sollten öffentlich sein und gestreamt werden. Derartige fraktionsunabhängige Selbstorganisation habe ich bei den Debatten um das Transplantationsgesetz und bei der Stammzell-Gesetzgebung mit praktiziert und die Diskussionen als erfrischend transparent und demokratisch empfunden.

Ich bin mir dessen bewusst, dass ich mit meinen Ideen nur Steine ins Wasser werfe, um Diskussionswellen zu erzeugen. Aufgrund der erschreckenden Erfahrungen in der Corona-Krise halte ich es aber für unbedingt erforderlich, unsere Demokratie wieder zu beleben und sie institutionell gegen Korruption und absolutistische Machtansprüche zu imprägnieren. Unseren Great Reset müssen wir wohl noch gründlich vorbereiten. Aber da ist vieles möglich und dafür möchte ich die Türen aufstoßen.

1 https://www.coe.int/en/web/conventions/full-list/-/conventions/treaty/199?_coeconventions_WAR_coeconventionsportlet_languageId=de_DE

2 z. B. in seinem mit Francisco Varela veröffentlichen Standardwerk *Der Baum der Erkenntnis*

3 Wer Niklas Luhmann noch nicht kennt, dem empfehle ich zum Einstieg das von Oliver Jahraus herausgebene *Reclam*-Büchlein Niklas Luhmann, *Aufsätze und Reden* (ISBN 978-3-15-018149-2).

4 Heinz von Foerster/Bernhard Pörksen, *Wahrheit ist die Erfindung eines Lügners. Gespräche für Skeptiker*, Carl-Auer Verlag, Heidelberg 1999, ISBN 3-89670-096-0

5 Gesetz zu den Internationalen Gesundheitsvorschriften (2005) (IGV) vom 23. Mai 2005 vom 20. Juli 2007 (PDF, 772 KB, Gesetz zur Durchführung der Internationalen Gesundheitsvorschriften (IGV-DG)

6 Download des Urteils hier: https://www.wodarg.com/app/download/9043317714/AG+Weimar+-+Beschluss+-11-01-2021+-+6_OWi-523_Js_202518_20.pdf?t=1611275437

7 https://www.lto.de/recht/hintergruende/h/bundesnotbremse-corona-infektionsschutzgesetz-aenderung-kein-eilverfahren-bundestag

8 https://www.gemeingut.org

⑳

AUSBLICK 2: EIN NEUES GESUND- HEITSWESEN

ES GILT DAS SOZIALSTAATSGEBOT

Weil gerade das Gesundheitswesen ein Hauptspielplatz des pandemischen Szenarios ist und weil mir dieser Bereich unserer Gesellschaft beruflich und menschlich sehr nahegeht, möchte ich ein paar Lehren aus der derzeitigen Krise für das Gesundheitswesen ziehen und diese etwas ausführlicher beleuchten.

Die Corona-Krise macht in erschreckendem Maße deutlich, wie weit sich das System und seine Akteure in den letzten Jahrzehnten von der ihnen anvertrauten Rolle für unsere Gesundheit entfernt haben und wie stark Markt- und Wirtschaftsinteressen das Gesundheitswesen dominieren. Krankheit ist inzwischen von einer solidarisch zu tragenden Last zu einer Möglichkeit mutiert, mit Kranken sichere Geschäfte zu machen und damit hohe Gewinne zu erzielen. Das entspricht nicht den Grundsätzen eines Sozialstaates.

Zu den Vorgaben der Verfassung steht die Mehrheit der Bevölkerung. Sie will, dass alle gemeinsam die Aufgaben tragen, die sich ergeben, wenn jemand krank, arm, behindert, arbeitslos oder pflegebedürftig ist. So gut wie niemand zahlt aber seine Steuern oder Krankenkassenbeiträge mit großer Begeisterung. Man sieht aber ein, dass Hilfe in guter Qualität für möglichst alle sichergestellt werden muss, und deshalb geben diese Regeln über 83 Millionen Menschen mehr Sicherheit. Doch wie sieht eine solche Solidargemeinschaft in Deutschland aktuell aus, wenn man sie näher betrachtet?

Man denke beispielsweise an die arme Uckermark im Nordosten Deutschlands und an den Multikulti-Stadtteil Neukölln in Berlin oder andererseits an die wohlhabende Gemeinde Grünwald an der Isar und das noble Quartier Uhlenhorst an der Hamburger Alster. Bundesweit geltende Regelungen oder Verträge sind weder geeignet noch ausreichend, um überall angemessene Hilfe in guter Qualität bedarfsgerecht sicherzustellen. Dazu sind die Einkommens- und Lebensverhältnisse der Menschen in den Ecken und Winkeln eines großen Staates wie Deutschland zu unterschiedlich. Hier denke man wieder an das Prinzip der Hilfe zur Selbsthilfe, denn für bedarfsgerechte Versorgung muss man den Bedarf und die konkreten Möglichkeiten vor Ort kennen. Besonders wichtig sind Vertrautheit mit den Lebensverhältnissen und den spezifischen Risiken, Erfahrung mit den Strukturen vor Ort, gute Kenntnis der regionalen Nöte und Ressourcen sowie genügend professionelle und ehrenamtliche Helfer mit Wissen und Empathie. Vertrautheit und Vertrauen sind die besten Voraussetzungen für eine menschenwürdige Hilfe.

SUBSIDIARITÄT ALS GRUNDLAGE FÜR VERTRAUEN

Angemessen auf Hilfsbedürftigkeit zu reagieren, bleibt selbst für eine insgesamt leistungsfähige Gesellschaft eine schwierige Aufgabe und sollte dennoch mit möglichst wenig Aufwand gut bewältigt werden. Die meisten Menschen sehen ein, dass die Gemeinschaft für Notfälle vorbeugen und jeder Einzelne für Sozial- und Krankenkassen Beiträge aufbringen muss. Bedürftigen soll so gut wie möglich geholfen werden – schließlich kann jeder auch selbst irgendwann Hilfe brauchen – und die Beiträge in die Sozialkassen sollten so niedrig wie möglich sein. Daher muss das Hilfesystem zwingend effizient ausgestaltet werden.

Menschen organisieren sich dort, wo sie miteinander reden, sich kennenlernen und einander deshalb zu Recht vertrauen können. Als ein solcher Sozialraum ist, wie schon gesagt, die Bundesrepublik Deutschland viel zu groß. Selbst die 16 Bundesländer sind auf eine funktionierende kommunale Ebene und sich vor Ort selbst organisierende, gute gemeinschaftliche Hilfestrukturen angewiesen.

In der katholischen Soziallehre wurde das Prinzip der Subsidiarität entwickelt, das vorschlägt, Probleme möglichst gleich dort zu lösen, wo sie entstehen. Jeweils übergeordnete Träger können dann sicherstellen, dass die Selbsthilfe an der Basis funktioniert. Sie greifen nur bei solchen Leistungen ergänzend ein, welche die Gemeinschaft vor Ort überfordern würden und die deshalb besser zentralisiert erbracht werden. Die übergeordnete Ebene ist dabei bestrebt, sich, so schnell es geht, wieder überflüssig zu machen.

Doch in unserer durchökonomisierten Welt sind Gesundheit und Pflege, Arbeit und Wohnung auch aus wirtschaftlicher Perspektive interessant geworden. Sie werden deshalb meistens mit der Endsilbe »-markt« versehen. Seit Einführung der Pflegeversicherung hat in Deutschland ein gewinnorientierter Pflegemarkt zunehmend die kommunalen Pflege- und Sorgestrukturen verdrängt. Pflegebedürftige und ihre Angehörigen stehen dieser Entwicklung weitgehend hilflos, aber mit begründetem Misstrauen gegenüber. Die Kommerzialisierung der Anbieterseite einerseits und die Angst und das Misstrauen der Betroffenen andererseits prägen die Diskussion um Pflege und medizinische Versorgung der letzten Jahre. Diesen Konflikt können viele in der Pflege Arbeitende schwer aushalten und vermutlich verliert aus demselben Grund der sonst so schöne und ehrenvolle Pflegeberuf trotz aller Regierungskampagnen immer mehr an Attraktivität.

IN DER KRISE ZEIGT DER PFLEGEMARKT
SEIN GESICHT

Die Eingriffe in unsere gegenseitige Verantwortung füreinander nehmen längst den Charakter einer brutalen Nötigung wehrloser Menschen an. Unter dem fadenscheinigen Vorwand eines »Schutzes vulnerabler Gruppen« wurden die Maßnahmen der Corona-Krise bundesweit verordnet und sogar oft unter militärischem Schutz exekutiert. Offensichtlich und vielfach nachgewiesen ist inzwischen, dass nicht die Viren, sondern die Lockdown- und Quarantänemaßnahmen überall verheerende Schäden angerichtet und Opfer gefordert haben.[1]

Flächendeckend wurden symptomlose, arbeitsfähige Menschen zwangsisoliert mit der Folge einer massiven Personalverknappung, vor allem in Pflegeeinrichtungen. Unzulässigerweise geschah das überall nur auf der Basis der dafür nicht ausreichenden PCR-Testergebnisse. Hinzu kam die flächendeckende Nötigung von Personal und Betreuten zur Teilnahme an einem gentechnischen Großversuch mit Impfungen, die klinisch noch nicht einmal ausreichend geprüft worden waren. Derzeit hören und lesen wir, dass Nachuntersuchungen bei Komplikationen kaum stattfinden und dass – trotz der angeblich laufenden klinischen Beobachtungsstudien – die zumindest an einigen Orten auffällig häufigen fatalen Folgen bei Geimpften nicht transparent dokumentiert werden. Das sind grobe organisatorische Fehler, auf die die Bezeichnung, es handle sich um einfache Fahrlässigkeit, wegen vielfacher öffentlicher Warnungen und Hinweise, kaum noch zutrifft. Aber wenn die Aufgabe, Fehler zu erkennen und zu melden, bei denen liegt, die für die Fehler selbst zur Verantwortung gezogen würden, muss man sich nicht wundern, wenn diese keine Fehler sehen.

Weshalb sterben in so vielen Heimen bis zu 20 Prozent der Geimpften in den Tagen nach der Impfung angeblich an COVID-19? Hat das Gesundheitsamt nachgeschaut und die einfache Frage beantwortet, wie viele Nicht-Geimpfte in diesen Heimen im selben Zeitraum gestorben sind? Wie sieht das Verhältnis der gestorbenen Geimpften im Vergleich zu Ungeimpften in diesen Einrichtungen aus? Hat man bei verstorbenen Geimpften eine Obduktion nach dem IfSG angeordnet, um unerkannte Zusatzrisiken der Impfung rechtzeitig zu erkennen? Wenn nein, weshalb nicht?

Die Missstände in Pflegeeinrichtungen werden dort besonders deutlich, wo diese primär als Wirtschaftsunternehmen geführt werden. Minimale Personalkosten sind dort ein wesentlicher Renditefaktor. Die am unteren Limit des Erlaubten kalkulierten Personalschlüssel sind durch Quarantänemaßnahmen und vermehrten Zeitaufwand des verbleibenden Personals für Corona-Hygiene in ihrer Wirkung weiter verschärft worden. Personeller Ersatz für Quarantäne-Ausfälle und für erschwertes Arbeiten unter »Seuchen«-Bedingungen war meistens gar nicht vorhanden. Manche Heimleitung macht gleichzeitig in Corona-Zeiten den Eindruck, als sei sie ganz froh darüber, dass durch die Besuchserschwernisse das Pflege-Elend weniger publik werden konnte.

Die »epidemische Lage von nationaler Tragweite« ist eine große Maschine, die zentral in Gang gesetzt wurde. Ein Apparat, der funktioniert und jeden beiseite drängt, der zweifelt, zögert oder gar sich widersetzt. Ein Apparat, der blind ist für die vielen einzelnen, insbesondere älteren Menschen, denen unser Grundgesetz weitestmögliche Autonomie bei ihrer Lebensgestaltung, also auch am Lebensende garantiert.

DIE GRAUEN HERREN WAREN UNTER UNS

Dass seit Jahren etwas schieflief mit unserer Verantwortung füreinander, hätten wir schon vor der Corona-Krise merken können. Denn die grauen Herren, die vielen aus dem Roman *Momo* von Michael Ende bekannt sind, redeten den Verantwortlichen für Sorge und Pflege schon seit Langem ein, wie sie alles professioneller und effizienter gestalten könnten. Sie warben in Börsenzeitschriften mit hoher Rendite, bauten ein Altenheim nach dem anderen und schluckten kleine Pflegedienste, um sie in ihre Konzerne einzugliedern. Gerade solche Monopolisierung bekommt jetzt, in der strategischen Schockstarre der falschen Corona-Pandemie, offenbar in allen Wirtschaftsbereichen einen Turboschub.

In den meisten Ver- und Entsorgungsbereichen gibt es bundesweit auch nur noch etwas über eine Handvoll Mitbewerber. Wir sind zwar noch nicht bei der Massenmenschhaltung angelangt, aber immerhin leiten schon Tierärzte jene Institutionen, die uns sagen, wie man mit Infektionen in Heimen umzugehen hat.

Gerade im Bereich der Sorge und Pflege füreinander hat die Monopolisierung und Industrialisierung der Strukturen eine verheerende Wirkung. Wenn in einer Gemeinde die mit Werbung beklebten Kleinwagen der Pflegedienstkonzerne um die Wette nach Parkplätzen suchen und Billigkräfte durch die Treppenhäuser und Vorgärten eilen, um möglichst ohne schlechtes Gewissen die Pflegeminuten für ihre Unternehmen zu erbringen, dann wundert mich, weshalb die Solidargemeinschaft der Beitragszahler das schon so lange widerspruchslos hinnimmt. Noch immer existieren zahlreiche kleine private Pflegedienste, die Dienste der privilegierten Wohlfahrtsverbände und einige wenige Pflegestationen in kommunaler Hand. Alle aber befinden sich in einem harten Wettbewerb auf dem Pflegemarkt. Da helfen weder die Herzchen auf den privaten noch die Kreuzchen auf den kirchlichen, noch die Symbole der anderen karitativen Anbieter auf den Smarts, Polos oder Toyotas. Der Wettbewerb ist gnadenlos, und wer beim Dumping nicht mitmacht, der wird von den billigeren Konkurrenten geschluckt.

Von den Hilfsbedürftigen selbst ist verständlicherweise wenig Widerstand zu erwarten und die Gemeindevertretungen antworten auf Anfragen bisher meistens mit einem ratlosen Achselzucken. Dafür sei man schon lange nicht mehr zuständig.

Gemeindeschwestern gebe es nicht mehr und die ehemals defizitären Heime seien zum Glück längst alle privatisiert. Auch die Ärzteschaft und andere selbstständige Profis laufen schon jahrelang den Anreizen hinterher, die ihnen der Gesundheitsmarkt mit zusätzlichen Honoraren schmackhaft macht.[2]

NOT ALS WACHSTUMSGRUNDLAGE

Die Marktperspektive hat sich in den letzten dreißig Jahren im deutschen Gesundheitswesen überall durchgesetzt. Selbst katholische und evangelische Wohlfahrtsverbände sind zu harten ökonomischen Konkurrenten im Gesundheits- und Pflegemarkt mutiert. Wie andere Wirtschaftszweige weisen jetzt auch das Gesundheitswesen und die Pflege die typischen Merkmale ökonomischer Primärinteressen auf: Monopolisierung, Dumping-Wettbewerb, Geschäftsgeheimnisse, Personaleinsparungen, Konzentration auf lukrative Marktsegmente, Bonuszahlungen für Umsatzsteigerung und Schaffung von Knappheit und Bedarf. Hilfsbedürftigkeit und Krankheit sind aus der Sicht des Marktes eben keine Last, sondern eine Chance, Gewinne zu erzielen. Das sieht man besonders in »Marktsegmenten« der letzten Lebensphase. Je größer Angst und Not, umso höher der Preis und die Rendite. Hilflosigkeit wird vom Markt gesucht und genutzt. Auch deshalb sind unsere Gesundheitsdaten für die Industrie Gold wert.

Selbst unsere Solidarkassen, die gesetzlichen Krankenkassen und Pflegekassen, gehorchen diesem wirtschaftlichen Primat. Seit die Politik sie in einen perversen Wettbewerb schickte, versuchen sie, marktkonform ihre Ausgaben zu minimieren und ihre Einnahmen zu maximieren. Wer wenig bringt und teuer ist, den würden sie am liebsten der Konkurrenz zuschieben. GKV-Kassen als Körperschaften öffentlichen Rechts bestechen Ärzte und geben ihnen mehr Geld, wenn diese ihre Diagnosen so verändern, dass die eigene Kasse mehr aus dem Gesundheitsfonds erhält.[3] Angesichts des harten Wettbewerbs unter den Kassen geraten Solidarität und Sozialstaatsgebot unter die Räder.

Und im Übrigen fühlt sich auch keine Krankenkasse zuständig für eventuelle Unter-, Über- oder Fehlversorgungen, denn jede Kasse ist ja nur gegenüber den eigenen Versicherten verantwortlich. Tausende von Verträgen werden möglichst heimlich und jeweils selektiv im Wettbewerb geschlossen. Zudem können Kassen auch Qualitätszertifikate kaufen.

Wenn durch Ökonomisierung die eigentlich von der Gesellschaft anvertraute Funktion ins Hintertreffen gerät und geschwächt wird, spricht man von systemischer oder institutioneller Korruption. Diese wächst so lange, bis wir als Solidargemeinschaft politisch gegensteuern.

WAS IST IN TØNDER ANDERS ALS IN HUSUM?

Die meisten Menschen wollen im Alter in ihrem sozialen Umfeld bleiben und – wenn es denn sein muss – auch dort sterben.[4] Das bestätigen viele Umfrageergebnisse und Parteien haben diesen Wunsch in ihre Programme aufgenommen. Doch weshalb klappt so etwas in Sønderborg oder Tønder und 40 Kilometer weiter südlich in Flensburg oder Husum schon nicht mehr?

In Deutschland existiert kein kommunaler Gesundheitsdienst, sondern ein diversifizierter Gesundheits- und Pflegemarkt. Doch in Dänemark würde sich eine Gemeinde wohl schämen, wenn sie schlecht für die Alten und Kranken sorgt. Dort ist man stolz, diese »Last« gut zu tragen. In Deutschland sind Alte und Kranke primär zu einer Verdienstquelle geworden und im Markt wird um Patienten als Kunden geworben und gestritten. Wir schämen uns nicht mehr, weil wir uns mithilfe des Marktes »entsorgt« haben, das heißt, der Sorge um Alte und Kranke entledigt.

Bei uns versuchen Gesundheitsunternehmen durch politische Einflussnahme die Versorgung jetzt so zu lenken, dass mithilfe von Case-Managern keine Einnahmequelle der Konkurrenz überlassen wird, angefangen von der Arztpraxis und dem Akutkrankenhaus über Rehaklinik und Hilfsmittel bis hin zum Pflegeheim oder zum ambulanten Pflegedienst. Große Anbieter gewinnen auch hier an Einfluss. Ich kann vor dieser profitgeleiteten Integration nur warnen. Trotz immer neuer Produkte wird sich in Deutschland die Qualität der gesundheitlichen Versorgung oder der Pflege für die Betroffenen nicht verbessern, solange wir die Verantwortung hierfür nicht konsequent subsidiär umgestalten und dabei darauf achten, dass Gestaltungs- und Budgetverantwortung in einer Hand sind – und zwar in öffentlicher!

WAS JETZT SCHON IN DEUTSCHLAND MÖGLICH IST

Zum Glück existieren auch bei uns bereits einige Ausnahmen. Zum Beispiel verdient eine Klinik im Kreis Herzogtum Lauenburg daran, dass die Menschen in ihrem Einzugsbereich möglichst nicht ins Krankenhaus eingewiesen werden müssen. Leider gibt es so etwas bisher nur in der Psychiatrie und nur in einigen Kreisen. In Geesthacht, zwischen Lauenburg und Hamburg, wurden die Klinikbetten weitgehend reduziert und die Mitarbeiter versorgen die Patienten in Homecare.[5] Hier erhalten multidisziplinäre Teams und ambulante Psychiatrie seit Jahren ein spezielles Regionalbudget, um 180.000 Einwohner zu betreuen, was gut funktioniert. Dieses Projekt starteten engagierte Psychiater und überzeugte Manager vor Ort. Mit Unterstützung lokaler Politiker gelang es, nicht etwa nur einige Selektivverträge abzuschließen, sondern *alle Kassen flächendeckend* zu beteiligen. Auf diese Weise können teure Klinikeinweisungen weitgehend vermieden werden. Zudem wird Geld gespart und den Patienten bleibt viel Elend erspart. Also machen alle Kassen in Schleswig-Holstein mit und profitieren so von den Vorteilen dieser vernünftigen und kostengünstigen Versorgungsform. Alle Gesundheitsberufe arbeiten Hand in Hand, wie im Krankenhaus ohnehin üblich. Betten werden weitgehend eingespart und die Patienten verschwinden nicht hinter Mauern. Das Bundesland ist klein, nicht weit entfernt von Skandinavien und die Menschen kennen sich untereinander.

Ein Dutzend der etwa 400 Kreise und kreisfreien Städte Deutschlands praktiziert inzwischen solche oder ähnliche Alternativmodelle zur Krankenhauspsychiatrie. Der Präsident der größten Fachgesellschaft für Psychiater in Deutschland (DGPPN), Professor Dr. Arno Deister, Chefarzt in Itzehoe, hatte als erster mit Unterstützung seines klugen Landrates ein Regionalbudget mit den Kassen ausgehandelt und konzipiert.[6]

DAS GEHEIMREZEPT IM NORDEN

Schweden oder Dänemark haben ein ähnliches Prinzip schon lange für viele andere chronischen Krankheiten eingeführt. Die Region erhält ein einwohnerbezogenes und risikogewichtetes Budget und versucht damit effizient, das heißt möglichst präventiv und rehabilitativ, die Bevölkerung zu versorgen. Pflegekräfte und Ärzte arbeiten ambulant eng zusammen, so wie es bei uns nur hinter Klinikmauern üblich ist. Durch die Vermeidung eines teuren sektorbezogenen Nebeneinanders und durch eine integrierte Budgetverantwortung ergibt sich eine wirklich integrierte Versorgung automatisch.

Die *Bertelsmann Stiftung* hat 2014 erstaunlicherweise eine sehr interessante Arbeit zu integrierten kommunalen Pflegebudgets herausgegeben und dabei sehr detailliert deren Machbarkeit unter den heutigen gesetzlichen und finanziellen Rahmenbedingungen untersuchen lassen.[7] Das Ergebnis dieser Studie ist sehr ermutigend. Auch der *Sozialverband Schleswig-Holstein* setzt sich dafür ein, den Kommunen die Budget- und Gestaltungsverantwortung für alle Pflegeleistungen zu übertragen. Die Kommunen sollen planen, Verträge abschließen, die Hilfe der Profis und Laien vor Ort verzahnen und mithilfe des von allen Kostenträgern vor Ort gebündelten Budgets für eine effiziente Pflege sorgen. Auch wenn eine Gemeinde sich diese Aufgabe nicht zutraut und die Arbeit teilweise vergibt, soll sie letztlich die Verantwortung behalten. Land und Bund geben den Gemeinden bei Bedarf subsidiäre Hilfestellungen. Zudem soll der Gesetzgeber alle Kostenträger dazu verpflichten, ihre Budgetanteile vor Ort zusammenzuführen.

Als ein erster Schritt ist es auch möglich, dass der Gesetzgeber einzelne Bundesländer ermächtigt, hier voranzugehen und geeignete regionale Voraussetzungen zu schaffen. Eine entsprechende Bundesratsinitiative zur regional verantworteten und integrierten Pflege halte ich für sinnvoll, möglich und unterstützenswert.

DIE GESAMTE PFLEGERISCH-MEDIZINISCHE GRUNDVERSORGUNG VOR ORT INTEGRIEREN

Weshalb sollten wir nicht gleich die ärztliche Grundversorgung in das genannte Regionalmodell einbeziehen – wie schon in der Psychiatrie im Kreis Herzogtum Lauenburg? Um eine integrierte medizinisch-pflegerische Grundversorgung mit sektorübergreifendem Budget zu formulieren und zum Beispiel durch gemeinnützige GmbHs oder Genossenschaften auf kommunaler Ebene zu verwirklichen, bedarf es noch nicht einmal einer Gesetzesänderung. In Büsum hat die Gemeinde aufgrund des Ärztemangels bereits ein Ärztliches Zentrum unter kommunaler Trägerschaft konzipiert.[8] So etwas ließe sich gut mit der pflegerischen Komponente kombinieren. Bei den Verhandlungen über die Höhe des Budgets könnte man – wie in der Psychiatrie in Itzehoe oder Lauenburg – von den regional bisher insgesamt aufgewandten Kosten ausgehen.

Wenn die außerhalb von Klinikmauern kooperierenden interdiszi-
plinären Profiteams teure Klinikeinweisungen vermeiden können
und – ganz nebenbei – erfolgreiche Prävention betreiben, kann
die Kommune zumindest den größten Teil des erwirtschafteten
Gewinns in der Region zur Verbesserung der Versorgung einsetzen.
Die kommunalen Teams können den Personaleinsatz sehr viel flexib-
ler organisieren und Ärzten oder Pflegern Teilzeitjobs ermöglichen.
Auch andere soziale Leistungen oder Ehrenamtskräfte könnten vor
Ort eingebunden werden. Lauenburg hat sogar eine »Immobilien-
therapie«, mit der konfliktreiche Beziehungen räumliche Entlastung
erhalten können, und eine enge Zusammenarbeit mit der örtlichen
Arbeitswelt zur assistierten Wiedereingliederung in einen Arbeits-
alltag eingerichtet.

REGIONALISIERTE GESUNDHEITLICH-PFLEGERISCHE GESAMTVERANTWORTUNG BRINGT ALLEN GEWINN

Alterskrankheiten, chronische Schmerz- oder Stoffwechseler-
krankungen oder Ähnliches führen beim bisherigen professionellen Nebeneinander immer wieder zu teuren »Notfallaufnahmen«.
Zudem verursachen durch ohnehin zu zahlende Fallpauschalen
(DRGs) motivierte Frühentlassungen sowohl in der Klinik als auch
im Wohnumfeld der chronisch Kranken oft Unsicherheit und teure
Fehl- oder Unterversorgung. Dieses Vorgehen ist ethisch problematisch und medizinisch nicht notwendig. Ein gut eingespieltes,
interdisziplinäres Team kann nicht nur unnötige Klinikaufenthalte
vermeiden, sondern das selbstverständliche Langzeit-Patienten-
management ohne zusätzlichen Aufwand gleich mit übernehmen.
Der Sachverständigenrat zur Begutachtung der Entwicklung im
Gesundheitswesen hat in seinem Sondergutachten 2009 ähnliche
integrierte Versorgungsformen vorgeschlagen und diese im Gutachten 2014 weiter konkretisiert.[9]

Pflege und Sorge, Betreuung, soziale Beratung und medizinische Grundversorgung sind wesentliche Elemente der Lebensqualität in den Kommunen. Doch leider kümmern sich bisher nur wenige Kommunen um diese Arbeit. Wenn Kommunen sie zu ihrer Sache machen, bekommt Daseinsvorsorge wieder ein dankbares Gesicht.

Bei einem demokratischen »Reset« sollten wir die Möglichkeiten einer konsequenten Regionalisierung nach dem Subsidiaritätsprinzip genauer untersuchen und – wo immer möglich – ausprobieren und fördern. Wichtige Voraussetzungen dafür sind dem Bedarf angemessene Sozialbudgets und eine großzügige fachliche und finanzielle Unterstützung der Kommunen. Wir sollten uns schließlich daran erinnern und manche können es vermutlich noch lernen, wie schön und menschlich erfüllend es ist, wenn wir uns umeinander kümmern und uns so das Gefühl eines Zuhause schenken können.

Diejenigen hingegen, die das Gesundheitswesen sogar globalisieren wollen, haben sich so weit von den menschlichen Bedürfnissen entfernt, dass man spotten könnte, sie lebten in Gedanken offenbar schon auf dem Mars.

1 siehe auch Kapitel »Was passiert in Kliniken und Heimen?«

2 Kommerzielle Arztportale, Anwendungsbeobachtungen und andere Scheinstudien, Fortbildungs- und Fachgesellschaft-Sponsoring und viele weitere Fehlanreize, welche die Lücken der Antikorruptionsgesetzgebung suchen und nutzen.

3 https://www.vzhh.de/themen/gesundheit-patientenschutz/krankenkasse-krankenversicherung/ patienten-werden-krank-gemacht-wer-ist-schuld

4 Klaus Dörner, *Leben und sterben, wo ich hingehöre. Dritter Sozialraum und neues Hilfesystem,* Paranus Verlag, Neumünster 2012

5 https://correctiv.org/recherchen/stories/2015/09/26/der-psychiatrie-skandal/ (abgerufen am 10.03.2018)

6 https://www.klinikum-itzehoe.de/kliniken/zentrum-fuer-psychosoziale-medizin/regional-budget.html

7 http://www.bertelsmann-stiftung.de/de/publikationen/publikation/did/pflege-vor-ort-gestalten-und-verantworten/ (abgerufen am 10.03.2018)

8 https://www.aerztezeitung.de/politik_gesellschaft/gp_specials/aerzte_fuer_deutschland/ article/893417/aerztehaus-buesum-vorzeigeobjekt-nordseestrand.html#

9 SVR Gutachten 2014 https://www.svr-gesundheit.de/fileadmin/user_upload/Aktuelles/2014/ SVR-Gutachten_2014_Kurzfassung_01.pdf

SCHLUSSWORT

FÜR DAS, WAS UNS LIEB
UND WICHTIG IST

Während ich dieses Buch schrieb, ist aus einer Katze, die anfangs in einen Handschuh passte, ein kleiner Tiger geworden. Sie hat mir beim Schreiben unentwegt zugeschaut, gelegentlich mit ihren Pfoten Texte gelöscht oder geändert und mir gezeigt, wie man angstfrei lebt. Sie interessierte sich nicht die Bohne für Corona, dafür aber bald für den schwarzen Kater, der unentwegt ums Haus schlich. Katzen können einem Dinge zeigen, die wesentlich sind im Leben: gutes Futter, geschmeidige Bewegungen, körperliche Nähe, behagliches Lager und selbstbewusster Ungehorsam. Bei meiner Arbeit an den Themen hinter der Corona-Fassade habe ich von vielen engagierten Freunden, Bekannten und sogar Unbekannten sehr viele gute Anregungen bekommen. Meistens erkannte ich auch darin selbstbewussten Ungehorsam. Und das macht Mut.

Mut braucht man immer dann, wenn es gefährlich wird. Und wir sehen, wie gefährlich die aktuelle Situation geworden ist. Wer heute mutig sein will, der steht vor schweren Entscheidungen. Die fallen aber umso leichter, je mehr Menschen sich entscheiden, zum Beispiel verfassungswidrigen Nötigungen zu widerstehen. Ich freue mich zu sehen, dass viele schon für ihre Rechte kämpfen, wichtige Fragen stellen oder dafür streiten, dass uns weiterhin Medien, abseits des Mainstreams, über alles Notwendige öffentlich und transparent informieren und wir darüber diskutieren können.

Augenscheinlich wird auf viele Druck ausgeübt, die sonst nie das getan hätten, was wir heute entsetzt sehen. Die meisten Menschen halten sich raus und schweigen lieber. Wer riskiert schon seinen

Job, sein Ehrenamt, seinen Bekanntenkreis, wenn er sich gegen die herrschende Meinung stemmt?

Wer hätte vor zwei Jahren demjenigen geglaubt, der vorausgesagt hätte, dass Deutschland sich so verändern könnte? Wenn jemand beispielsweise prophezeit hätte, dass die Medien von Informationsplattformen zu einer Propagandamaschine der Regierung werden?

Dass die Regierung Angst verbreiten kann, um Investoren, die nur ihre Privatinteressen verfolgen, Geschäfte auf Kosten der eigenen Bevölkerung zu ermöglichen?

Dass sich Gerichte hinter der Regierung verstecken und weitestgehend auf eigene Beweisaufnahmen und Sachverhaltsklärungen verzichten? Dass das Verfassungsgericht schweigt, während die Verfassung außer Kraft gesetzt wird? Dass das Parlament nur noch gemeinsam abnickt, was die Regierung für notwendig erklärt? Dass Kassenärztliche Vereinigungen lediglich höhere Honorare fordern, wenn Ärzte sich für Zwangsmaßnahmen der Regierung hergeben? Dass viele, die früher gegen Diskriminierung auf die Straße gingen, plötzlich ihre Mitbürger ausgrenzen lassen wollen, weil diese der riskanten Impfung nicht über den Weg trauen? Dass jetzt Ärzte sogar über eine Maskenpflicht für immer sinnieren, nachdem sie an so etwas selbst bei ernsten Grippewellen noch nie gedacht haben?

Dass so viele Wissenschaftler für Geld und Karriere die Wahrheit verraten und dass das Volk ängstlich auf seine Souveränität verzichtet?

Vermutlich hätte niemand geglaubt, dass die Grünen der Gentechnik, die Liberalen den Grundrechtsbeschneidungen und die Linken einem »Inklusiven Kapitalismus«, der auf brutale Weise die Deregulierung und Privatisierung öffentlicher Güter vorantreibt, zustimmen würden.

Viele gesetzlich garantierte Freiheiten der Bevölkerung sind durch Notstandsverordnungen seit gut einem Jahr außer Kraft gesetzt. Nicht einmal der Grund dafür darf infrage gestellt werden. Wer nicht auf Linie ist, wird bestraft und ausgeschaltet. Wer unerwünschte Fragen stellt, kritische Meinungen äußert oder auf verbrieften Rechten besteht, wird systematisch verunglimpft oder medial abgeschnitten. Noch unterdrücken die Pandemisten mit ihrem Einfluss auf alle großen Medien alle Zweifel und lassen jeden kritischen Beitrag löschen. Sie haben mit ihrer aus Geld geborenen Macht die Herrschaft über unser Land übernommen und mit Horrormärchen sowie verfälschten Zahlen und Bildern erreicht, dass viele Menschen Angst bekamen.

Viele engagierte Frauen und Männer aus allen Heilberufen leisten dennoch pflichtbewusst Widerstand und halten die Fahne der evidenzbasierten Medizin gegen Lohnschreiber und gekaufte oder ideologische »Faktenchecker« weiterhin hoch. Sie können nicht tatenlos mit ansehen, wie die Angst vor medizinischen Horrorgeschichten so viele Menschen lähmt, ruiniert und krank macht.

Ermutigend ist es auch zu spüren, dass viele kluge und aufrechte Menschen sich nicht belügen und verängstigen lassen wollen und dass viele sogar Risiken auf sich nehmen, um anderen gegen Unrecht beizustehen. Hinzu kommt, dass sich in unabhängigen Medien eine kritische Diskussion von erstaunlich hohem fachlichem und journalistischem Niveau entwickelt hat. Auf unterschiedlichsten nationalen Kanälen und internationalen Plattformen sind erste Sprossen eines Medienfrühlings erkennbar, mit denen es gelingen könnte, die wirtschaftlich und politisch korrumpierten morschen Medienmonopole auszutrocknen.

Viele Menschen sind jedoch immer noch in dem offiziellen Angst-Narrativ gefangen, fühlen vielleicht, dass da was nicht stimmt, denken aber: Die »Mutti« kann uns doch nichts Böses wollen? Und all die vertrauten Sprecher und Moderatoren, die wir täglich mit den Medien in unsere Stuben ließen. Es kann doch nicht sein, dass sich alle so verbiegen! Ein solcher Missbrauch darf einfach nicht wahr sein!

Diese zurückhaltenden oder gutgläubigen Menschen, die der Regierung weiterhin folgen, die sich ohne Bedenken oder sogar gern die angeblich erlösenden Spritzen geben lassen, werden sie wirklich einer Diskriminierung oder gar Zwangsmaßnahmen bei ihren Nachbarn oder Freunden zustimmen, nur weil diese anderer Meinung sind? Ich glaube es nicht. Ich hoffe lieber, dass auch sie mutig werden, mutig und nachdenklich, damit wir nicht in Zukunft durch Mauern in den Köpfen voneinander getrennt werden.

Woher kommt diese Macht, die plötzlich alles beherrscht und verändert? Auf diese Frage weiß ich nach all den Erfahrungen und Enthüllungen der letzten Monate nur eine Antwort: Es ist die Macht des Geldes. Es ist die Folge der Möglichkeit, Geld gegen Macht eintauschen zu können. Aber wenn diejenigen, denen die Macht vom Volke anvertraut wurde, diese Macht zum privaten Vorteil missbrauchen oder sich diese Macht abkaufen lassen, dann nennt man das Korruption.

Wer solchen Missbrauch verhindern will, kann versuchen zu verhindern, dass ein Tauschmittel wie Geld überhaupt für Korruption missbraucht werden kann. Dazu müsste auch die Demokratie so umgestaltet werden, dass die Bürger einen Machtmissbrauch schneller bemerken und dagegen vorgehen können. Beide Projekte sollten in Zukunft intensiv geprüft werden. Denn ich gehe davon aus, dass nicht die reichen Pandemisten, sondern der Souverän, die Bevölkerung selbst, bestimmt, wie sie in Zukunft leben will. Als Drittes sollten wir die Waffe Virusangst dringend entschärfen, denn sie ist es, mit der wir zurzeit beherrscht und gelähmt werden.

Als Arzt sehe ich es als meine Pflicht an, mich durch sachlich fundierte Aufklärung für eine wahrhaftige Medizin und gegen Angst einzusetzen. Wenn nicht so viele Menschen unnötigerweise vor Viren Angst hätten und mehr Menschen die Gründe für die derzeitigen Veränderungen erkennen würden, dann könnten wir die aktuelle Krise schnell überwinden.

Noch nie haben sich Wissenschaftler so intensiv und aufwendig mit einem einzigen Erreger beschäftigt beziehungsweise mit einer einzigen flüchtigen Virus-Variante, einer von Millionen. Diese

Aufmerksamkeit ist absurd. Vor Kurzem habe ich eine über ein-
hundert Seiten umfassende Arbeit erhalten, deren Autor sich taxonomisch damit auseinandersetzt, ob das Phantom aus Wuhan aus
einem Labor entsprungen oder von der Natur erschaffen worden
ist.[1] Dabei wissen wir lange, dass es solche Gain-of-Function-Labore
gibt, wo Virologen für die Kriegs- und Seuchenindustrie das tun,
was Philip Alcabes, Professor für öffentliches Gesundheitswesen
am Hunter College, der City University von New York, in seinem
Buch *Dread* sehr klar zusammengefasst hat:

> »Wir sollen auf eine Pandemie mit irgendeiner Art von Grip-
> peviren vorbereitet sein, weil die Virologen, die Leute, die
> ihren Lebensunterhalt mit der Erforschung des Virus verdie-
> nen und die weiterhin Fördergelder erhalten müssen, um es
> weiter zu erforschen, ihre Sponsoren von der Dringlichkeit der
> Bekämpfung einer kommenden Seuche überzeugen müssen.«[2]

Nur, inzwischen sind wir schon einen Schritt weiter. Virologen
müssen heute niemanden mehr überzeugen. Sie werden hofiert und
gesponsert, weil jene, die uns mit Krankheiten möglichst lange und
immer wieder verängstigen und von vernünftigen Entscheidungen
abhalten wollen, herausgefunden haben, dass mit Viren, PCR-Tests
und Impfungen die Schock-Strategie leicht gelingt. Eine Strategie,
welche die normalen Abwägungsprozesse innerhalb eines Landes
durch Angst paralysiert und die Schockstarre ausnutzt, um wirtschaftlich gewachsene Strukturen aufzulösen, sich diese einzuver-
leiben und um gleichzeitig öffentliche Güter und Infrastruktur zu
privatisieren und günstig zu übernehmen.

Mit dieser Doppelstrategie kann ein gesundheitliches Schreckgespenst auch noch genutzt werden, um Milliarden mit Tests, Masken,
Desinfektionsmitteln, Impfstoffen oder leer stehenden Intensivbetten zu verdienen. Staaten werden ausgeplündert, müssen sich
verschulden und werden dann – wie in Griechenland oder Italien

bereits geschehen – von irgendeiner Troika aus Brüssel oder von privaten Geldgebern hinter den Zentralbanken ferngesteuert.

Das Geschäft und das Herrschen durch Angst gelingt aber nur so lange, bis wir uns alle endlich klargemacht haben, dass Atemwegsviren selbst als Biowaffe untauglich sind. Die Viren versuchen ja schon seit Jahrtausenden ihre Verbreitung zu optimieren. Sie mutieren auch ohne die Wissenschaftler in den Laboren so intensiv und vielfältig, dass wir Schwierigkeit haben, sie dabei zu beobachten. Brächten sie uns, ihre Wirte, allerdings um, hätten sie selbst keine Chance mehr, sich weiterzuverbreiten und zu überleben. Dann befänden sie sich in einer evolutionären Sackgasse. Fürchten Sie sich also nicht vor Viren – bleiben Sie besonnen.

Es würde mich freuen, wenn ich Ihnen Mut machen könnte, sich einzumischen für das, was Ihnen lieb und wichtig ist.

1 Roland Wiesendanger, Universität Hamburg, Studie zum Ursprung der Coronavirus-Pandemie, February 2021, DOI: 10.13140/RG.2.2.31754.80323

2 Philip Alcabes, *Dread: How Fear and Fantasy Have Fueled Epidemics from the Black Death to Avian Flu*, PublicAffairs, New York 2010

Flo Osrainik

DAS CORONA-DOSSIER

Unter falscher Flagge gegen Freiheit, Menschenrechte und Demokratie

512 Seiten, Softcover, ISBN 978-3-96789-014-3

Seit nunmehr einem Jahr kennt die Politik kein anderes Thema mehr und verbreiten die Massenmedien gezielt Angst und Schrecken, um die Menschen im Dauerstress zu halten und die Entscheidungen der Mächtigen als alternativlos erscheinen zu lassen. Doch geht es wirklich um ein Virus? Ein Jahr nach Beginn der Krise fängt der Spuk erst richtig an: Die Welt wird im Sinne weniger Regenten neu geordnet, ihre Macht weiter konzentriert. Der Klassenkrieg von Reich gegen Arm eskaliert und die Verschmelzung von Staat und Technokratie ist in vollem Gange.

www.rubikon.news

Sven Böttcher
WER, WENN NICHT BILL?
Anleitung für unser Endspiel um die Zukunft
176 Seiten, Softcover, ISBN 978-3-96789-016-7

Was wird, was gibt's? Herbsturlaub, all inclusive, oder Bürgerkrieg? Inflation oder Deflation? Aktien oder Wodka? Tesla oder Fahrrad? Saatgut oder Gold? Wo parken, wenn die Barrikaden brennen? Und was horten, Armbrüste oder Keulen? Was wird? Was gibt's? Und was nie mehr? Die »alte Normalität« ist Geschichte und kehrt nicht zurück. Wie aber wird die »neue« aussehen? Wer gestaltet die neue Welt? Wer, wenn nicht Bill, könnte das schon? Einer muss es doch machen. Und wer wäre besser dafür geeignet als der reichste und einflussreichste Gutmensch der Welt? Dabei geht es nicht um Viren, sondern um alles.

www.rubikon.news